BELGIQUE

Rhin

LUXEMBOURG

ALLEMAGNE

Reims

LORRAINE

• Strasbourg

CHAMPAGNE

VOSGES

ALSACE

Rhin

FRANCHE-COMTÉ

JURA

Dijon

BOURGOGNE

Saône

SUISSE

ALPES

SAVOIE

Rhône

LYONNAIS

• Lyon

• Saint-Etienne

Grenoble •

DAUPHINÉ

Rhône

ITALIE

OC

Rhône

COMTAT

PROVENCE

NICE

Avignon •

Nice •   • MONACO

• Cannes

Marseille •

Mer Méditerranée

CORSE

SANDERSON

RAPPORTS

D. C. HEATH AND COMPANY

LEXINGTON, MASSACHUSETTS • TORONTO

RAPPORTS

Language, Culture, Communication

Joel Walz
UNIVERSITY OF GEORGIA

Jean-Pierre Piriou
UNIVERSITY OF GEORGIA

CREDITS

The authors wish to thank the following sources for permission to use material:

L'Express, adaptations from the following articles: "Un Accident très cher", No. 1293; "Le Bonheur des français", No. 1367; L'Argent de poche", No. 1433; "La Thalassothérapie", No. 1570; "Etre en forme", No. 1609; "Le Breton à l'école", No. 1531.

Office de la langue française, Gouvernement du Québec, «Le Français au Québec.»

Michelin Guides and Maps, material from *Michelin Guide* © 1984 appears on pages 198, 200, 210, and 213.

PHOTOS

COVER: © Andrew Brilliant/Carol Palmer 1984
Air France 214, 351
Belgian National Tourist Office 400
Canapress Photo Service 395
Stuart Cohen facing p. 1, 6, 64, 264, 288
L'Express: Jean-Régis Roustan 347
Gamma-Liaison: Jean-Claude Francolon 362; Etienne Montes 86; Christian Viuojard 313
Beryl Goldberg 136, 357, 410
The Image Works, Inc.: Mark Antman 326
Magnum Photos, Inc.: Wilhelm Braga 242; Henri Cartier-Bresson 22; Martine Franck 308; Erich Hartmann 186
Peter Menzel 3, 29
Monkmeyer Press Photo Service: Hugh Rogers 110, 354
National Film Board of Canada 376, 381
Photo Researchers, Inc.: Pierre Berger 398; Helena Korda 99, 162, 304; Niépce-Rapho 291; Phelps-Rapho 236; St. Duroy 160; Maurice Zalewski 305
Jean-Pierre Piriou: 138, 244, 255
Kay Reese & Associates Inc.: J.-M. Charles 21; Danièle Dailloux 58, 282; Gilles Guérin 183; René Maltête 68; Alain-Patrick Neyrat 130; Peter Turnley 57
Stock, Boston: Barbara Alper 328; Mark Antman 261; Owen Franken 38, 175, 218; James R. Holland 40; Patrick A. Ward 88
Sygma: Brucelle 240
Taurus Photos: Eric Kroll 211; Don Rutledge 374
Ulrike Welsch 17, 262
Woodfin Camp & Associates: Marc and Evelyne Bernheim 108, 417

Acquisition Editor: Mario E. Hurtado
Project Editor: Joan M. Flaherty
Production Editors: Phyliss Greenberg, Barbara Browne
Designer: Mark T. Fowler
Illustrator: George Ulrich

ISBN—Student text: 0-669-05214-0
         Teacher's Edition: 0-669-05217-5

Library of Congress Catalog Card Number: 84-82002

Preface

RAPPORTS is a complete program for learning French. The program promotes an active command of the spoken language without neglecting listening, reading, and writing skills.

ORGANIZATION OF THE TEXT

The textbook has the following structure:

- A *Preliminary chapter* that provides some essential vocabulary, pronunciation, guidelines, and the French alphabet.
- *Eighteen chapters* that present new material.
- *Six review chapters* that contain both exercises combining grammar structures and ideas for conversations in small groups.

Appendices that include the International Phonetic Alphabet, supplemental points of grammar, charts of verb conjugations, French-English and English-French glossaries, and the Index.

ORGANIZATION OF THE CHAPTERS

Each of the eighteen main chapters has:

- **Objectives,** a brief list of the cultural topics, pronunciation, and grammar points you will learn in the chapter.
- **Dialogue,** an authentic, natural conversation containing the chapter's new structural points and vocabulary in a cultural context.

    The **Dialogue** is followed by:

    - **Mots clés: Vocabulaire du dialogue** (*Key words: Vocabulary from the Dialogue*), a list of active words and expressions.

- **Faisons Connaissance** (*Let's Get Acquainted*), notes of cultural interest that relate to the dialogue.
- **Etudions le dialogue** (*Let's Study the Dialogue*), several questions pertaining to the dialogue that will provide you with material for thought and discussion.

- **Enrichissons notre vocabulaire** (*Let's Enrich our Vocabulary*), brief conversational exchanges, often in question/answer format, that present new, relevant words and expressions in a realistic setting using key structures of the chapter. The new vocabulary, which you will see again in the grammar explanations and exercises, appears in alphabetical order in a **Mots clés** section.

- **Prononciation** (*Pronunciation*), concentrating on one or two French sounds with examples and exercises, which are recorded on tape.

- **Grammaire** (*Grammar*), the presentation of grammar structures, verb conjugations, and units of vocabulary. Chapters 1–13 have four points per lesson, and chapters 14–24 have three points per lesson. Grammar explanations are written in English, followed by examples in French with English equivalents.

Each grammar point is followed by:

- **Pratiquons** (*Let's Practice*), a series of exercises that gives you ample opportunity to use each new structure until you feel comfortable with it. Some of these are recorded.

- **Parlons** (*Let's Talk*), a group of activities that enables you to use these new structures to communicate your own ideas in French.

- **Communiquons** (*Let's Communicate*), an optional section containing information on various aspects of French that do not fit into the usual grammar presentations because they reflect actual present-day language as it has evolved. Absorbing this information will help you communicate better by improving both your understanding of everyday French and your ability to function on a casual and practical level.

- **Section culturelle** (*Cultural Section*), the last part of each chapter, invites you to read in French while learning more about French culture and how it may differ from your own. A short paragraph in English starts you thinking about the topic of the French reading selection. New French words are glossed in the margin so you needn't be distracted by looking them up, but can focus on understanding the material. Following the reading, **Questions sur le texte** (*Questions on the Text*) and **Questions facultatives** (*Optional Questions*) test your comprehension and promote discussions.

Supplements

The Audio Program and Workbook/Laboratory Manual complement the textbook to develop your listening, speaking, and writing skills.

The language laboratory tape for each lesson contains the **Dialogue,** the **Prononciation,** and some **Grammaire** exercises from the textbook; it also contains a **Dictée** and an activity for listening comprehension. Each chapter of the Workbook/Laboratory Manual contains two sections—Workbook Exercises and Laboratory Worksheet. The Workbook section has supplementary activities that require you to write in French using the structures and vocabulary of the corresponding chapter of your textbook. The Laboratory section guides you through the Audio Program and provides a worksheet for the dictation and comprehension answers.

Le Français par ordinateur (*French by Computer*), is a program developed by D. C. Heath and Company. These software activities can be coordinated with many of the grammatical and cultural presentations in RAPPORTS.

Acknowledgments

The authors wish to express their appreciation to Jon Lorrain, Ph.D candidate at the University of Georgia, who worked long hours in the preparation of the manuscript, helped by Michael Dockery, Susan Etheridge and Michael Lastinger. The authors also extend sincere thanks to Mario E. Hurtado, Acquisition Editor, and to Joan M. Flaherty, Project Editor, who, together with the rest of the editorial staff of D. C. Heath and Company, were instrumental in shaping and refining this text.

We wish you the best of luck in your study of French and hope that you find it rewarding and enriching.

Jean-Pierre Piriou
Joel Walz
Athens, Georgia

Contents

RAPPORTS

Preliminary Chapter

Au Café avec Pierre et Anne

PIERRE   Bonjour!
ANNE   Bonjour! Ça va?
PIERRE   Oui, ça va bien. Et vous?
ANNE   Ça va bien, merci.
PIERRE   Je m'appelle Pierre, et vous?
ANNE   Je m'appelle Anne.

At the Café with Pierre and Anne[1]

PIERRE   *Hi!*
ANNE   *Hi! How's it going?*
PIERRE   *Okay, and you?*
ANNE   *Fine, thank you.*
PIERRE   *My name is Pierre. What's yours?*
ANNE   *I'm Anne.*

---

[1]The dialogues in the preliminary chapter and in chapters 1, 2, and 3 are translated.

**FAISONS
CONNAISSANCE**

The way people greet each other varies from culture to culture and depends on how well they know each other. When French people meet, they always make physical contact. Friends and business associates exchange a brief handclasp (**une poignée de main**) not only upon being introduced, but also upon seeing each other for the first time each day, and again upon parting. In France, women shake hands as often as men.

When two French people who are relatives or good friends see each other, they may embrace lightly and kiss on both cheeks (**faire la bise**). It is not unusual for French men to greet each other this way, especially if they are celebrating an important occasion.

In a French family, all children, no matter how old, will kiss both parents before leaving for the day or going to bed.

ACTIVITÉ PRÉLIMINAIRE

Using the expressions you have just learned in the dialogue, greet the student next to you, introduce yourself, and ask how things are going.

Prononciation

Although French and English use the same alphabet, the combinations of letters and the sounds that they represent can be very different.

* Each language contains some sounds that do not exist in the other.
French has no *th* sound as in *thank*, no *ch* sound as in *children*. English has no **u** sound as in **une**, no **r** sound as in **merci.**

* Both languages have words containing letters that are not pronounced.

> English: island, knife, night
> French: **tard, allez, Madame**

* In French, as in English, one letter or one combination of letters can be pronounced more than one way.

> English: call, circle
> French: comme, ci

* In French, as in English, one sound can be written more than one way.

> English: conquer, kitchen, character
> French: ça, salut, merci, professeur

ACTIVITÉ PRÉLIMINAIRE

Listening carefully, follow along in your book as the teacher reads the dialogue. Notice how many silent letters there are.

«Bonjour, Pierre! Ça va?»

The International Phonetic Alphabet

The International Phonetic Alphabet (IPA), which is used in the *Prononciation* sections of this book, simplifies learning new words because each written symbol represents one specific sound. The International Phonetic Alphabet appears in Appendix I.

The French Alphabet

French has a system of written accent marks that are as important as the dot of an *i* or the cross of a *t*. Be sure to learn accents as part of the spelling of words.

accent	name	example
(´)	l'accent aigu (acute accent)	poignée
(`)	l'accent grave (grave accent)	très
(^)	l'accent circonflexe (circumflex accent)	hôtel
(¸)	la cédille (cedilla)	français
(¨)	le tréma (dieresis)	Noël

* Accents can indicate pronunciation.

        Commençons   /kɔ mã sɔ̃/
classe, caf**é**   /klas/, /ka fe/

* Accents can differentiate words.

      a *has*   **ou** *or*
      à *to*   **où** *where*

The French alphabet is the same as the English, but of course the names of the letters differ. The following chart gives the letters and the IPA symbols showing the pronunciation of their names.

a	/a/	j	/ʒi/	s	/ɛs/
b	/be/	k	/ka/	t	/te/
c	/se/	l	/ɛl/	u	/y/
d	/de/	m	/ɛm/	v	/ve/
e	/ø/	n	/ɛn/	w	/dubløve/
f	/ɛf/	o	/o/	x	/iks/
g	/ʒe/	p	/pe/	y	/igʀɛk/
h	/aʃ/	q	/ky/	z	/zɛd/
i	/i/	r	/ɛʀ/		

* The letters **k** and **w** are rare in French and are only in words borrowed directly from other languages. Examples are **le week-end, le wagon, le kiosque.**

* The letter **h** is always silent. Words that start with **h** sound like they start with the vowel that follows. Two examples are **homme** /ɔm/ and **hôtel** /o tɛl/.

ACTIVITÉS PRÉLIMINAIRES

A. Repeat the French alphabet after your teacher.

B. In French, spell your full name, your mother's maiden name, and the name of the street where you live.

C. Team up with a classmate and ask each other to spell words from the dialogue. When giving the words, be sure your pronunciation is correct. When spelling the words, be sure to remember accents.

1

En Classe

LE PROFESSEUR   Commençons! Mademoiselle, comment vous appelez-vous?
L'ÉTUDIANTE   Je m'appelle Nicole.
LE PROFESSEUR   Vous parlez français, n'est-ce pas?
NICOLE   Oui, un peu.
LE PROFESSEUR   Très bien. Ouvrez votre livre page neuf et lisez le dialogue. (*A la classe*) Ecoutez
et répétez après Nicole.

In Class

THE TEACHER   *Let's begin! Miss, what's your name?*
THE STUDENT   *My name is Nicole.*
THE TEACHER   *You speak French, don't you?*
NICOLE   *Yes, a little.*
THE TEACHER   *Good. Open your book to page nine and read the dialogue. (To the class) Listen
and repeat after Nicole.*

Mots clés

Vocabulaire du dialogue[1]

NOUNS
la classe the class
le dialogue the dialogue
l'étudiant, -e the student (m + f)
le français French (language)
Mademoiselle Miss
la page the page
le professeur the teacher

VERB
parler to speak

ADJECTIVE
neuf nine

OTHER WORDS AND EXPRESSIONS
à to
après after

commençons let's begin
Comment vous appelez-vous? What's your name?
Ecoutez... Listen (to) . . .
en classe in class
Je m'appelle... My name is . . . , I'm . . .
Lisez... Read . . .
n'est-ce pas? don't you?
Ouvrez votre livre. Open your book.
Répétez... Repeat . . .
très very
très bien very good, very well
un peu a little

FAISONS CONNAISSANCE

There is a difference between the way French students speak to friends and the way they address teachers. In France and in the United States, the kind of language people use with each other reflects the relationship they have. For example, to your roommate you might say, "Hi, what's up?" (**Salut, ça va?**), but to your roommate's parents you would probably say, "Hello, how are you?" (**Bonjour, comment allez-vous?**). The French people are generally more formal than Americans, however, and are less likely to assume a casual attitude toward new acquaintances.

ETUDIONS LE DIALOGUE

1. Repeat the dialogue after your teacher.
2. Read the dialogue with another classmate
3. Ask one of your classmates to act out the dialogue with you in front of the class.

Enrichissons notre vocabulaire[2]

Etudiez **l'alphabet français** et **continuez** la leçon dans le livre.
Study *the French alphabet* and *continue* the lesson in the book.

Combien de pages?
How many pages?

Lisez **de** la page quatre à la page six et **répondez aux questions.**
Read *from* page four to page six and *answer the questions.*

---

[1]The *Vocabulaire du dialogue* in chapters 1, 2, and 3 is grouped according to parts of speech.

Il aime les enfants?
Je ne sais pas.

Voici le livre.
Ah, merci.
Il n'y a pas de quoi. / De rien.

Pierre travaille **beaucoup?**
Non, il travaille **mal.**

Ils étudient **ensemble?**
Oui, et ils étudient **ici** / à **l'université** /
avec Marie.

Comment dit-on «Good-bye» à Paris /
au Canada?
A Paris, **on dit** «Au revoir.»
Au Canada, on dit «Bonjour.»
Qu'est-ce que c'est?
C'est le stylo de Marc.

Bonsoir, Paul. Ça va?
Bien, **mais** je travaille beaucoup.
Salut!

He likes children?
I don't know.

Here's the book.
Oh, thanks.
Don't mention it. / You're welcome.

Does Peter work *a lot?*
No, he works *badly.*

Do they study *together?*
Yes, and they study *here* / at *the university* / *with* Marie.

How do they say "Good-bye" *in* Paris /
in Canada?
In Paris, *they say "Au revoir."*
In Canada, they say "Bonjour."
What is this?
It's Marc's *pen.*

Good evening, Paul. How's it going?
Fine, *but* I'm working a lot.
Bye!

Mots clés

à, au, aux   to, to the, in, in the
Ah Oh
l'alphabet français (*m*)   the French
  alphabet
au revoir good-bye
avec with
beaucoup a lot
bonsoir good evening
C'est... It's . . .
Combien de...? How much . . . ? /
  How many . . . ?
Comment dit-on...? How do they
  say . . . ? How do you say . . . ?
  How does one say . . . ?
continuer to continue
de of; from
De rien. You're welcome.

ensemble together
ici here
Il n'y a pas de quoi. Don't
  mention it.
Je ne sais pas. I don't know.
mais but
mal badly, poorly
non no
On dit... They say . . . , You say . . . ,
  One says . . .
Qu'est-ce que c'est? What is this?
la question the question
répondre to answer
Salut! Hi!; Bye!
le stylo the pen
l'université (*f*)   the university
Voici... Here is . . .

[2]All new vocabulary in this section is boldfaced in French, italicized in English, and is listed alpha-
betically in the *Mots clés* section that follows.

Grammaire

I. Nouns and Definite Articles

In French, all nouns, whether they represent living or nonliving things, are either masculine or feminine. Nouns referring to male human beings are masculine. Nouns referring to female human beings are feminine.

An article almost always accompanies a noun in French. The article indicates the gender (masculine or feminine) and the number (singular or plural) of the noun. A masculine noun is introduced by a masculine article. A feminine noun is introduced by a feminine article. French has four forms that correspond to the English definite article *the*.

	Definite Articles	
	singular	*plural*
masculine	le disque l'homme	les disques les hommes
feminine	la porte l'étudiante	les portes les étudiantes

* **Le** /lø/ is used with masculine, singular nouns that begin with a consonant.

> **le** stylo   *the* pen
> **le** café   *the* sidewalk café; coffee
> **le** crayon   *the* pencil

* **La** /la/ is used with feminine, singular nouns that begin with a consonant.

> **la** radio   *the* radio
> **la** porte   *the* door
> **la** fenêtre   *the* window
> **la** leçon   *the* lesson

* **L'** is used with all singular nouns that begin with a vowel sound.

> **l'**ami (*m*)   /la mi/   *the* friend
> **l'**amie (*f*)   /la mi/   *the* friend
> **l'**hôtel (*m*)   /lo tɛl/   *the* hotel
> **l'**enfant (*m* or *f*)   /lã fã/   *the* child
> **l'**anglais (*m*)   /lã glɛ/   English (language)

* **Les** is used with plural nouns, masculine and feminine. It is pronounced /le/ before a consonant and /lez/ before a vowel sound.

les livres (*m*)	/le livR/	*the* books
les femmes (*f*)	/le fam/	*the* women
les hommes (*m*)	/le zɔm/	*the* men
les amies (*f*)	/le za mi/	*the* friends

* In French, the plural of most nouns is formed by adding an *s* to the singular noun. If the noun already ends in *s*, the singular and the plural are the same.

 ATTENTION

Learning French nouns with their articles will help you determine if a noun is masculine or feminine.

A *definite* article indicates that the noun refers to one *definite* object or idea or to a *defined* set of objects or ideas, such as **la philosophie**, *philosophy*, and **le français**, *French*, as a discipline to study.

Pratiquons

A. Make the following nouns plural.

1. le disque   2. l'ami   3. le stylo   4. l'enfant   5. la classe   6. l'homme 7. l'étudiante   8. la fenêtre

B. Make the following nouns singular.

1. les étudiants   2. les livres   3. les femmes   4. les portes   5. les crayons   6. les hommes   7. les radios   8. les amies

C. Use the correct definite article with the following nouns. (Watch for the plural marker *s*.)

1. ami   2. stylos   3. classe   4. hommes   5. crayon   6. fenêtre 7. portes   8. anglais   9. disques   10. amies   11. leçon   12. femmes

Parlons

A. Divide into pairs or small groups. Take turns pointing to a classroom or personal object or a photo of something and asking, "Qu'est-ce que c'est?" The student who knows must answer with *C'est* and a definite article. Whoever gives the answer then asks the question next.

MODEL: Student #1: (*Pointing to the window*) Qu'est-ce que c'est? Student #2: *C'est la fenêtre.*

B. Team up with a classmate to study the nouns you have learned. When giving the French word, use the definite article.

MODEL: Student #1: Comment dit-on «the book»?
Student #2: On dit «le livre.»

II. Subject Pronouns and *-er* Verbs

A. Subject Pronouns

Subject pronouns replace noun subjects.

Paul chante. → **Il** chante.   *Paul* sings. → *He* sings.
Paul et Marie étudient. → **Ils**   *Paul and Marie* study. → *They*
étudient.   study.

Subject Pronouns			
je	*I*	nous	*we*
tu	*you*	vous	*you*
il	*he*	ils	*they*
elle	*she*	elles	*they (f)*
on	*one, we, you, they*		

* Notice that there are two French forms for *you*: **tu** and **vous.**

* **Tu** is the singular, informal form. Use **tu** to address one person that you know well, such as a friend, a relative, or a child.

* **Vous** can be singular or plural. Use **vous** to speak to one person you do not know well, or are unsure how to address, or wish to treat with respect. Also use **vous** to speak to more than one person, regardless of your relationship.

* There is no specific word in French for *it*. Since all nouns have a gender, **il** refers to masculine nouns and **elle** refers to feminine nouns.

* **Elles** refers to two or more females or feminine nouns.

* **Ils** refers to two or more males or masculine nouns. **Ils** also refers to a combined group of males and females or masculine and feminine nouns.

* There is one impersonal subject pronoun in French: **on.** It is used in a general sense and has at least four English equivalents: *we, one, they, people.*

Ici **on** parle français.
$$\begin{cases} \text{Here } we \text{ speak French.} \\ \text{Here } one \text{ speaks French.} \\ \text{Here } they \text{ speak French.} \\ \text{Here } people \text{ speak French.} \end{cases}$$

In conversational French, the pronoun **on** often replaces **nous.**

On regarde la télévision?   Shall *we* watch television?

 ATTENTION

Notice the similarity between **télévision** and *television.* French and English words that are alike in sound, form, and meaning are cognates. There are, however, French words that are similar in spelling to English words but that differ in meaning. These are **faux amis,** or "false friends." An example is **comment,** which means *how.*

B. *-er* Verbs

French verbs are classified by the ending of the infinitive. The infinitive consists of a stem (like **chant**) and an ending (like **-er**). The largest group of French verbs has infinitives that end in **-er,** like **chanter.**

infinitive	**chanter**	*to sing*
singular	je chant**e**	*I sing, I am singing, I do sing*
	tu chant**es**	*you sing, you are singing, you do sing*
	il chant**e**	*he sings, he is singing, he does sing*
	elle chant**e**	*she sings, she is singing, she does sing*
	on chant**e**	*one sings, one is singing, one does sing*
plural	nous chant**ons**	*we sing, we are singing, we do sing*
	vous chant**ez**	*you sing, you are singing, you do sing*
	ils chant**ent**	*they sing, they are singing, they do sing*
	elles chant**ent**	*they sing, they are singing, they do sing*

* The present tense in French corresponds to three English forms.

* Notice that the impersonal pronoun **on** is used with the **il / elle** form.

* All regular **-er** verbs are conjugated the same way. Written present-tense endings for **-er** verbs are: **-e, -es, -e, -ons, -ez, -ent.**

* Conjugated **-er** verbs have only three pronunciations. The three singular forms and the third-person plural forms are pronounced alike. The listener must know from the context whether /ɛl ʃɑ̃t/ is singular or plural.

je /ʃɑ̃t/	nous /ʃɑ̃ tõ/
tu /ʃɑ̃t/	vous /ʃɑ̃ te/
il /ʃɑ̃t/	ils /ʃɑ̃t/
elle /ʃɑ̃t/	elles /ʃɑ̃t/

When a verb starts with a vowel sound:

- **je** becomes **j'**: j'invite /ʒɛ̃ vit/
- the letter **n** is pronounced: on invite /õ nɛ̃ vit/
- the final **s** of all plural subject pronouns is pronounced: nous invitons /nu zɛ̃ vi tõ/; vous invitez /vu zɛ̃ vi te/; ils invitent /il zɛ̃ vit/; elles invitent / ɛl zɛ̃ vit/.

Mots clés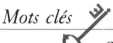

 ### *Common and useful* **-er** *verbs*

aimer to like	**inviter** to invite
commencer to begin	**jouer** to play
danser to dance	**manger** to eat
étudier to study	**montrer** to show
expliquer to explain	**parler** to speak
fermer to close	**regarder** to watch
fumer to smoke	**terminer** to end
habiter to live (in a place)	**travailler** to work

ATTENTION

Verbs that end in *ger* add an *e* before the **-ons** ending (**nous mangeons**). Verbs that end in *cer* add a *cédille* to the *c* before the **-ons** ending (**nous commençons**). These small changes preserve the soft sounds of the *g* and *c*.

Pratiquons

A. Replace the italicized words with each of the suggested subject pronouns. Be sure to give the correct form of the verb.

MODEL: Elle mange beaucoup.   Vous…
           Vous mangez beaucoup.

1. *Il* travaille avec Marc.   (Tu, Vous, Nous, Elle, Je, Ils, On)
2. *Elle* danse bien.   (Je, Nous, Elles, Tu, Nous, Il, Ils)
3. *Tu* invites les enfants.   (Nous, Il, Ils, Je, Elles, Vous, On)

B. Make complete sentences using the correct form of the verbs in parentheses.

MODEL: Nous (habiter) à Montréal.
Nous habitons à Montréal.

1. Vous… (aimer) le français.
(chanter) bien.
(fermer) la porte.
2. Elles… (inviter) les enfants.
(habiter) à Paris.
(fumer) beaucoup.
3. Nous… (étudier) la leçon.
(manger) beaucoup.
(regarder) le café.

C. Make a complete sentence with each of the following groups of words adding any necessary words.

MODEL: Nous / danser / mal
Nous dansons mal.

1. Je / aimer / l'université
2. Il / étudier / le français
3. Le professeur / expliquer / la leçon
4. Nous / habiter / à New York
5. Les enfants / manger / ici
6. Vous / travailler / beaucoup
7. Vous / étudier / beaucoup
8. On / danser / à Paris

Parlons

A. Answer the following questions using a subject pronoun.

1. Le professeur explique la leçon?
2. John Travolta danse bien?
3. Vous aimez les enfants?
4. Les étudiants travaillent bien ici?
5. Edith Piaf chante bien?
6. Vous étudiez beaucoup?

B. Make a list of five statements about yourself based on the *-er* verbs mentioned above and the vocabulary you have learned. Present your list to the class.

MODEL: J'aime les enfants. Je chante bien. Je danse mal. Je regarde la télévision. J'étudie le français.

C. In small groups, take turns telling each other your personal statements. Then tell your classmates what you learned about the other members of your group.

MODEL: Elle fume. Il habite ici. Il mange beaucoup.

III. Yes-or-No Questions

There are several ways to ask a yes-or-no question in French. Three of those are:

1. You can make your voice (intonation) rise, rather than fall, at the end of a sentence.

   STATEMENT: Il travaille ici.   *He works here.*

   QUESTION: Il travaille ici?   *He works here?*

2. You can add the phrase **Est-ce que** to the beginning of a sentence.

   STATEMENT: Cécile parle bien.   *Cécile speaks well.*

   QUESTION: Est-ce que Cécile parle bien?   *Does Cécile speak well?*

 ATTENTION

When the subject of a sentence begins with a vowel, unless it is a proper name, the **e** of **que** is not pronounced and is replaced with an apostrophe.

> Est-ce **qu'il** regarde la télévision?
> *but*   Est-ce qu**e** **Y**ves regarde la télévision?

3. You can add the phrase **n'est-ce pas** to the end of a sentence.

   STATEMENT: Je joue bien.   *I play well.*

   QUESTION: Je joue bien, n'est-ce pas?   *I play well, don't I?*

   STATEMENT: Elle parle français.   *She speaks French.*

   QUESTION: Elle parle français, n'est-ce pas?   *She speaks French, doesn't she?*

* Note that your voice rises at the end of a question, regardless of which form it is.

Pratiquons

A. Listen carefully as your teacher reads the following unpunctuated sentences. Judging by the rising or falling intonation, indicate whether you hear a statement or a question.

1. Il habite ici
2. Elles chantent ensemble
3. Jacqueline aime le professeur
4. Les étudiants terminent la leçon
5. Les enfants étudient le français
6. L'homme montre le livre

B. Change the following statements to questions. Be careful when using the **Est-ce que** form before vowels.

MODEL: Anne aime le français.
             Anne aime le français?
             Est-ce que Anne aime le français?
             Anne aime le français, n'est-ce pas?

1. Les étudiants étudient la leçon.
2. Elle ferme la porte.
3. Les hommes fument beaucoup.
4. Ils dansent avec les femmes.
5. Jean et Marie habitent à Paris.
6. On écoute beaucoup la radio.

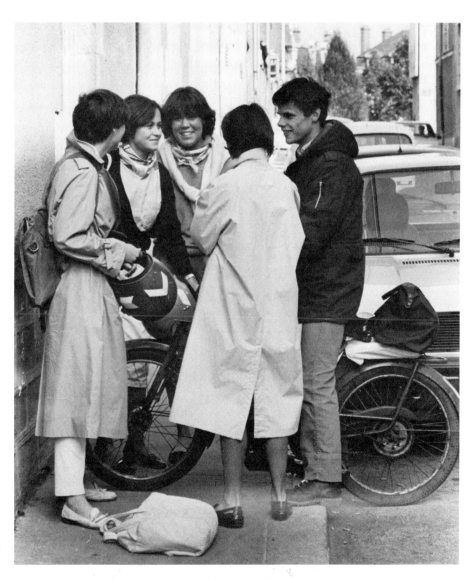

«Je m'appelle Robert. Et vous?»

Parlons

A. Ask the question that elicited the following answers. Be sure to use the correct pronoun. You have a choice as to which question form to use.

> MODEL: (answer) Oui, je travaille après la classe.
> (question) *Tu travailles après la classe?*
> *Est-ce que tu travailles après la classe?*
> *Tu travailles après la classe, n'est-ce pas?*

1. Oui, ils aiment la radio.
2. Oui, tu parles bien.
3. Non, nous terminons la leçon.
4. Oui, je chante bien.
5. Oui, vous mangez beaucoup.

B. Using the words below, ask your classmates about themselves.

1. chanter bien ou mal
2. aimer le français
3. danser bien ou mal
4. étudier beaucoup
5. habiter ici
6. travailler

C. Ask each other questions to see if you remember what your classmates answered in Exercise B.

> MODEL: Michel, est-ce que Robert chante bien?
> *Non, il chante mal.*

D. Prepare five questions using **-er** verbs from the list on p. 14. Interview a classmate in a small group or in front of the class.

IV. Les Nombres de 0 à 20

0	zéro	/ze Ro/	10	dix	/dis/
1	un	/ɛ̃/	11	onze	/ɔ̃z/
1	une	/yn/	12	douze	/duz/
2	deux	/dø/	13	treize	/tRɛz/
3	trois	/tRwa/	14	quatorze	/ka tɔRz/
4	quatre	/katR/	15	quinze	/kɛ̃z/
5	cinq	/sɛ̃k/	16	seize	/sɛz/
6	six	/sis/	17	dix-sept	/di sɛt/
7	sept	/sɛt/	18	dix-huit	/di zɥit/
8	huit	/ɥit/	19	dix-neuf	/diz nœf/
9	neuf	/nœf/	20	vingt	/vɛ̃/

Numbers can be used alone, as in telephone numbers, or they can be used with nouns, for example, **trois livres.** When used with nouns, many numbers require pronunciation changes. You will study this in chapter 5.

To express addition and subtraction, use the following:

Combien font deux et trois? *How much are two and three?*
Deux et trois font cinq. *Two and three are five.*

Combien font vingt moins six? *How much is twenty minus six?*
Vingt moins six font quatorze. *Twenty minus six is fourteen.*

Pratiquons

A. Do the following addition problems in French.

2 + 3 =	1 + 5 =	9 + 8 =	2 + 7 =
1 + 2 =	6 + 2 =	5 + 5 =	3 + 1 =
7 + 8 =	18 + 1 =	10 + 2 =	11 + 5 =

B. Do the following subtraction problems in French.

20 − 2 =	18 − 8 =	16 − 1 =	14 − 6 =
19 − 4 =	12 − 1 =	18 − 18 =	19 − 3 =
9 − 7 =	17 − 10 =	11 − 5 =	13 − 6 =

Communiquons

LES RENCONTRES

The way people greet each other varies from culture to culture. An important consideration is the degree of familiarity between the speaker and the person being greeted. Some basic greetings are:

Bonjour *Hello* (literally, *Good day*)
Bonsoir *Good evening*
Salut *Hi* (much more familiar)

To ask about the other person's health:

> Ça va?
> Comment ça va?   *How are you?* (familiar)
> Ça va bien?
> Comment allez-   *How are you?* (slightly more formal)
> vous?

To answer:

> Ça va.
> Ça va bien.   *I'm fine.*
> Je vais bien.   *I'm fine.*

Of course, **mal** can replace **bien** if you are not fine!

To take leave of a person, you can use the following expressions.

> Au revoir   *Goodbye*
> Bonne nuit   *Good night*
> A demain   *See you tomorrow*
> A plus tard   *See you later*
> A tout à l'heure   *See you a little later*
> A la prochaine   *See you next time*
> A bientôt   *See you soon*
> Salut   *So long*
> Bonsoir   *Good evening*

* The last two can be used for both arrival and departure. **Bonjour** is not used for departure in France, although it is used this way in Canada. The expression **Bonne nuit** is used when someone is going to bed.

EXERCISES

A. Greet the student next to you.

B. Go to the front of the class with a classmate and greet each other.

C. Write a short dialogue with a classmate and then present it in front of the class.

Section culturelle

Personal Identification in France

In France, everyone eighteen and older must carry some form of identification at all times. Most people have a national identification card, which must be produced at the request of any law-enforcement officer. Other documents, such as a passport or a driver's license, are also acceptable identification. Many French people also carry other official cards. Credit cards are fairly new but are growing in popularity.

Vos papiers,° s'il vous plaît°

L'AGENT DE POLICE°	Monsieur, vos papiers, s'il vous plaît.
LE JEUNE° HOMME	Voilà,° ma° carte d'étudiant.°
L'AGENT DE POLICE	Je regrette,° Monsieur. Montrez-moi° vos papiers d'identité. On n'accepte pas les cartes d'étudiant. Où est votre carte d'identité nationale?
LE JEUNE HOMME	Est-ce que vous acceptez un passeport ou un permis de conduire?°
L'AGENT DE POLICE	Un passeport. Oui, ça va. (*Il regarde le passeport.*) Ah! Un Américain! Vous voyagez° en° France?
LE JEUNE HOMME	Non. J'étudie à Paris.
L'AGENT DE POLICE	Alors,° bon séjour.°
LE JEUNE HOMME	Merci. Au revoir.

Margin glosses:
papers / please

police officer
young / There (it) is / my student ID card /
I'm sorry / Show me

driver's license

Are you traveling / in

Well, have a good stay

QUESTIONS SUR LE TEXTE

1. Qui demande (*Who asks for*) les papiers?
2. Est-ce que le jeune homme montre sa carte d'identité?
3. Est-ce que l'agent accepte les cartes d'étudiant?
4. Quels (*which*) papiers est-ce que le jeune homme montre?
5. Est-ce que l'agent accepte le passeport?
6. Est-ce que le jeune homme voyage en France?

2

Jacques et Monique

GILLES Tiens, voilà Jacques!
LAURE Oui, il est avec Monique.
GILLES C'est sa petite amie?
LAURE Oui, elle est très sympathique et studieuse.
GILLES Jacques, il n'est pas studieux!
LAURE Non, mais il n'est pas paresseux et il aime les filles intelligentes. Ils étudient l'anglais ensemble.
GILLES L'anglais? Tu es certaine?
LAURE Oui, quand ils ne sont pas au café!

Jacques and Monique

GILLES *Hey, there's Jacques!*
LAURE *Yeah, he's with Monique.*
GILLES *Is she his girlfriend?*
LAURE *Yes. She is very nice and studies a lot.*
GILLES *Jacques doesn't study!*
LAURE *No, but he's not lazy, and he likes smart girls. They study English together.*
GILLES *English? Are you sure?*
LAURE *Yes, when they aren't at a café!*

Mots clés 🗝

Vocabulaire du dialogue

NOUNS
la fille the girl
le petit ami / la petite amie the boyfriend / the girlfriend

ADJECTIVES AND ADVERBS
certain, -e certain
intelligent, -e intelligent
paresseux, -euse lazy

quand when
sa his, her
studieux, -euse studious
sympathique nice

OTHER WORDS AND EXPRESSIONS
Tiens Hey
voilà there is, there are

FAISONS CONNAISSANCE

Young people in France have different dating patterns from those of young people in the United States. The ritual of calling a young woman to ask her for a date is not as common, partly because the French do not use the telephone as often and as casually as Americans, and partly because young people do not often pair up. Most of the time they get together in groups.

Typically, a group of friends will see a movie, go for a walk, spend time in a café talking and people-watching, or gather at someone's house for a very informal get-together. Although concerts and the theater are very popular, French students often prefer to go dancing. Whatever they do, generally, each person pays his or her own way.

ETUDIONS LE DIALOGUE

1. Monique est la petite amie de Gilles, n'est-ce pas?
2. Est-ce qu'elle est sympathique mais paresseuse?
3. Jacques est studieux, n'est-ce pas?
4. Jacques aime les filles sympathiques?
5. Est-ce que Jacques et Monique étudient le français?
6. Quand est-ce qu'ils étudient?

Enrichissons notre vocabulaire

Mon / ma camarade de chambre aime **les exercices difficiles.**
My roommate likes *difficult exercises.*

C'est **un garçon studieux.**
He's *a studious boy.*

Je **déteste l'hypocrisie** et **l'intolérance.**
I *hate hypocrisy* and *intolerance.*

Moi aussi. J'apprécie la sincérité.
Me too. I appreciate sincerity.

Vous dansez **souvent?**
Do you dance *often?*

Oui, nous **fréquentons les boîtes de nuit.**
Yes, we *often go to night clubs.*

Elle est **médecin; son père** et sa **mère** sont **canadiens.**	She's *a doctor; her father* and *mother* are *Canadian.*
Oui, et ils sont **sympathiques.**	Yes, and they are *nice.*
Tu aimes **la musique classique?**	Do you like *classical music?*
Non, j'aime mieux **le rock,** mais j'**adore l'art classique.**	No, I prefer *rock 'n roll,* but I *adore classical art.*
Oui, mais **j'aime mieux** les livres **sur** le Canada.	Yes, but *I prefer* books *on* Canada.
Non, j'aime mieux **faire la cuisine.**	No, I prefer *to cook.*
Je **désire voyager** avec vous **en Europe.**	I *want to travel* with you *in Europe.*
Non, n'**insistez** pas.	No, don't *insist.*

Mots clés

adorer to adore	**l'hypocrisie** (*f*) hypocrisy
aimer mieux to prefer	**insister** to insist
apprécier to appreciate	**l'intolérance** (*f*) intolerance
l'art (*m*) **classique** classical art	**le médecin** the doctor
aussi also	**la mère** the mother
la boîte de nuit the night club	**moi** me
le / la camarade de chambre the roommate	**mon, ma** my
canadien, -ienne Canadian	**la musique classique** classical music
désirer to want	**le père** the father
détester to detest, hate	**le rock** rock 'n roll
difficile difficult	**la sincérité** sincerity
en Europe in Europe	**son** his, her
l'exercice (*m*) the exercise	**souvent** often
faire la cuisine to cook	**studieux, -euse** studious
fréquenter to frequent, go often to	**sur** on
le garçon the boy	**sympathique** nice
	voyager to travel

Prononciation

Word Stress in French

Those who study English as a foreign language often have a great deal of difficulty putting stress on the proper syllables. One word, such as *record* or *present*, can vary in pronunciation according to its meaning. Words can even vary according to the region where English is spoken. For example, one says la*bor*atory in England and *lab*oratory in the United States.

In French, however, all syllables receive the same stress except the last, which bears only slightly more.

Notice the difference in stress as you listen to and repeat the following pairs of English and French words.[1]

English	French
ex*a*mine	exa*mine*
*mer*chandise	marchan*dise*
a*part*ment	apparte*ment*
*gov*ernment	gouverne*ment*
edu*ca*tion	éduca*tion*
*en*velope	enve*loppe*

Because each syllable has the same stress, French vowels maintain the same pronunciation throughout the word. This is not the case in English. For example, *Alabama* has the same written vowel throughout, but in its unaccented syllables (the second and the fourth), the vowel sound is reduced to /ə/, the "uh" sound. Since there are no unaccented syllables in French, vowel quality does not change.

Note the difference in the sound and quality of the italicized vowels as you listen to and repeat the following pairs of English and French words.

English	French
itin*e*rary	itin*é*raire
astron*o*mer	astron*o*me
uni*ver*sity	uni*ver*sité
tel*e*vision	tél*é*vision
tol*e*rance	tol*é*rance
labor*a*tory	labor*a*toire

EXERCISE

Read the following sentences aloud, taking care to put equal stress on all syllables.

1. Je regarde la télévision.
2. Paul examine l'itinéraire.
3. Nous visitons le laboratoire.
4. Elle enveloppe les marchandises.
5. La police occupe l'appartement.
6. Le professeur est intelligent.

Grammaire

I. Negation

1. To make a statement negative in French, place the words **ne... pas** around the conjugated verb.

Tu fumes?	Do you smoke?
Non, je **ne** fume **pas.**	*No,* I *don't* smoke.

[1]New words in the **Prononciation** sections are not intended for active use, but are for pronunciation practice only. They are not used in exercises.

2. If there are two consecutive verbs, you still place the **ne... pas** around the conjugated verb to make the statement negative.

Ils détestent faire la cuisine.   They hate to cook.
Non, ils **ne** détestent **pas** faire   *No, they don't hate to cook.*
la cuisine.

 ATTENTION

If the verb begins with a vowel sound, you do not pronounce the *e* of **ne,** and you write *n'*.

Il **n'**aime pas l'université.   He doesn't like the university.
Vous **n'ha**bitez pas Paris.   You aren't living in Paris.

Even before a consonant, the *e* of **ne** is rarely pronounced.

Vous n∉ parlez pas bien.   You don't speak well.
Je n∉ ferme pas la fenêtre.   I am not closing the window.

The pronunciation of the *s* of **pas** before a vowel is optional.

Elles n'aiment pas insister.
or Elles n'aiment pas / insister.   } They don't like to insist.

Pratiquons

A. Make each of the following phrases negative.

1. je travaille 2. il danse 3. nous parlons 4. elles étudient 5. vous détestez 6. j'apprécie 7. nous adorons 8. elle regarde 9. ils mangent 10. nous invitons

B. Make the following sentences negative, adding the necessary words.

MODEL: Nadine joue avec les enfants.
Nadine ne joue pas avec les enfants.

1. Je danse avec Louise.
2. Paul aime regarder la télévision.
3. Nous parlons bien.
4. Bernadette et Michelle adorent la musique.
5. Tu apprécies l'art?
6. Vous travaillez beaucoup.
7. Marthe et Jean voyagent souvent.
8. Vous étudiez l'anglais?

C. Make negative sentences with the following groups of words, adding any necessary words.

MODEL: On / regarder / la télévision
On ne regarde pas la télévision.

1. Je / habiter / Paris
2. Tu / travailler / bien

3. Nous / étudier / l'anglais
4. Robert et Brigitte / aimer / le rock
5. Claudette / parler / avec Jean-Pierre
6. Nous / aimer / faire la cuisine
7. Le garçon / écouter / le disque
8. Yvette / aimer beaucoup / l'université

Parlons

A. Answer the following questions with complete sentences.

1. Est-ce que les étudiants travaillent mal?
2. Est-ce que le professeur déteste l'université?
3. Est-ce que les filles parlent beaucoup?
4. Est-ce que les hommes étudient mal?
5. Tu fumes beaucoup?
6. Est-ce qu'on apprécie l'hypocrisie?

B. Answer the following questions negatively, then give your own alternative or use one of the suggestions in parentheses.

MODEL: Vous aimez l'art?   (la musique?)
Non, je n'aime pas l'art. J'aime la musique.

1. Est-ce que tu travailles mal?   (bien? beaucoup? souvent?)
2. Vous appréciez l'intolérance?   (l'hypocrisie? la sincérité?)
3. Les hommes aiment faire la cuisine?   (jouer? danser?)
4. Les étudiants adorent le français?   (les sports? les bars?)
5. Les enfants aiment étudier?   (la télévision? la radio?)
6. Nous parlons bien italien?   (anglais? français?)
7. Tu aimes danser?   (étudier? travailler? chanter?)
8. Les professeurs détestent les étudiants?   (adorer?)

C. Divide into groups of three or four and find someone who can answer truth-fully each of the following questions in the negative.

1. Tu chantes bien? mal?
2. Tu regardes la télévision?
3. Tu fumes?
4. Tu étudies beaucoup?
5. Tu manges beaucoup?
6. Tu parles bien français?

D. Tell the class a negative statement that someone else made in exercise C.

MODEL: Marie ne fume pas. Eric ne mange pas beaucoup.

II. Etre, Etre and Occupation or Nationality

A. Etre

Etre is an irregular verb, so you must memorize its forms.

être *to be*					
je suis	/ʒø sɥi/	*I am*	nous sommes	/nu sɔm/	*we are*
tu es	/ty ɛ/	*you are*	vous êtes	/vu zɛt/	*you are*
il est	/i lɛ/	*he is*	ils sont	/il sɔ̃/	*they are*
elle est	/ɛ lɛ/	*she is*	elles sont	/ɛl sɔ̃/	*they are*

* The final written consonant of each form is not usually pronounced.

* When the verb occurs before a vowel, however, the *t* of the third-person forms is pronounced.

Elle est ici.   *She is here.*

Ils sont ambitieux.   *They are ambitious.*

* The other final consonants may be pronounced and linked before vowels, but it is not necessary.

Je suis étudiant.

or   Je suis / étudiant.   } *I am a student.*

Tu es américaine.

or   Tu es / américaine.   } *You are American.*

«Tu es canadien, n'est-ce pas?»

B. Etre with Occupation or Nationality

When **être** is used with occupation or nationality, no article is used—the noun or adjective directly follows the verb.

Marie **est médecin.**	Marie *is a doctor.* (noun)
Christian **est allemand.**	Christian *is German.* (adjective)

* Note that adjectives of nationality are not capitalized in French. When adjectives are used as nouns, however, they are capitalized.

* Some occupations either lack a distinguishable feminine form or have one form for both the masculine and feminine. Remember to learn these words with their articles.

Mots clés

Some occupations

l'acteur (*m*), l'actrice (*f*)
l'artiste (*m* or *f*)
l'ingénieur (*m*)
l'économiste (*m*)
le président, la présidente
le journaliste

le musicien, la musicienne
l'agent de police (*m*)
l'auteur (*m*)
le / la secrétaire
le diplomate
le pilote

Some nationalities

français, française
anglais, anglaise
italien, italienne

américain, américaine
canadien, canadienne

Pratiquons

A. Substitute the given subject pronouns in the following sentences.

MODEL: **Nous** sommes dans la classe de français.   Je /...
          Je suis dans la classe de français.

1. **Il** est ici.   (Je, Ils, Nous, Vous, Elles, Tu, Elle, On)
2. **Elles** ne sont pas médecins.   (Tu, Il, Nous, On, Je, Vous, Ils, Elle)

B. Make sentences with each of the following groups of words, using the correct form of **être.**

MODEL: Je / professeur
          Je suis professeur.

1. Ils / pilotes
2. Elles / diplomates
3. Vous / ici
4. Tu / avec Chantal
5. Nous / ensemble
6. Elle / anglaise

C. Make negative sentences with each of the following groups of words, using the correct form of **être.**

MODEL: Je / français
Je ne suis pas français.

1. Henri / canadien
2. La mère de Jacques / étudiante
3. Les garçons / pilotes
4. Tu / italienne
5. Le diplomate / américain
6. Nous / secrétaires

Parlons

A. Can you think of famous people of the following occupations and nationalities?

MODEL: Qui (*who*) est acteur?
Alain Delon est acteur.

actrice	français(-e)	professeur	anglais(-e)
médecin	américain(-e)	diplomate	journaliste
pilote	économiste	étudiant(-e)	auteur
canadien(-enne)	italien(-enne)	musicien(-enne)	agent de police

B. Ask each other the following questions. Be sure to answer in complete sentences, and honestly!

1. Le professeur est sympathique?
2. Est-ce que le président est intelligent?
3. La Tour Eiffel est à Montréal, n'est-ce pas?
4. Est-ce que vous êtes studieux(-euse)?
5. La Statue de la liberté est française, n'est-ce pas?
6. Tu es paresseux(-euse)?

III. Descriptive Adjectives

French adjectives are usually placed after the noun, and they may vary in spelling or pronunciation or both, to agree in gender and number with the noun they describe.

A. Singular / Plural Forms

* Most adjectives add a written *-s* to form the plural. The pronunciation does not change.

L'étudiant **intelligent** travaille beaucoup.	The *intelligent* student works a lot.
Les étudiants **intelligents** travaillent beaucoup.	The *intelligent* students work a lot.

* Masculine adjectives that end in a written *-s* or *-x* do not have a different plural form.

Le professeur **français** est **ambitieux.**	The *French* professor is *ambitious.*
Les professeurs **français** sont **ambitieux.**	The *French* professors are *ambitious.*

 ATTENTION

To describe a mixed group of masculine and feminine nouns, use the masculine plural form of the adjective.

Marie et Pierre ne sont pas **paresseux.**	Marie and Pierre are not *lazy.*

B. Masculine / Feminine Forms

* Masculine singular adjectives that end in a silent *-e* do not change the pronunciation or the spelling in the feminine.

Le garçon est **tranquille.**	The boy is *calm.*
La fille est **tranquille.**	The girl is *calm.*

Some adjectives that have the same masculine and feminine forms:

simple	fantastique	facile *easy*
sincère	magnifique	timide *shy*
hypocrite	sympathique	agréable *pleasant*
optimiste	riche	utile *useful*
pessimiste	possible	inutile *useless*
difficile	impossible	pauvre *poor*
rapide	stupide	formidable *great*
désagréable		

* Masculine singular adjectives that end in a pronounced vowel or a pronounced consonant are spelled differently in the feminine, although they are pronounced the same, such as **poli** and **impoli.**

L'enfant (*m*) est **poli.**	The child is *polite.*
La mère est **impolie.**	The mother is *impolite.*

Some adjectives that change in spelling but not in pronunciation.

vrai, vraie *true*	fatigué, fatiguée *tired*
fermé, fermée *closed*	espagnol, espagnole *Spanish*
compliqué, compliquée *complicated*	seul, seule *alone*

* Many adjectives end in a silent consonant in the masculine. To form the feminine of these, add a written **-e** and pronounce the consonant.

Le livre **français** est magnifique.	The *French* book is great.
La cuisine **française** est magnifique.	*French* cooking is great.

Some adjectives that end in a silent consonant:

anglais, anglaise	content, contente	*happy*
intéressant, intéressante	méchant, méchante	*bad*
indépendant, indépendante	chaud, chaude	*hot*
intelligent, intelligente	froid, froide	*cold*
absent, absente	mauvais, mauvaise	*bad*
présent, présente	laid, laide	*ugly*
compétent, compétente	prudent, prudente	*careful*
incompétent, incompétente	ouvert, ouverte	*open*
charmant, charmante		

* Several adjectives end in a nasal vowel in the masculine. To form the feminine of these, also add a written **-e.** If the masculine ends in **-en,** however, double the **-n** before adding the **-e.** In both cases, the vowel loses its nasality and the **-n** is pronounced.

Il n'est pas **italien,** mais **américain.**	He's not *Italian,* but *American.*
Elle n'est pas **italienne,** mais **américaine.**	She's not *Italian,* but *American.*

 ATTENTION

Nationalities are capitalized as nouns, but not as adjectives.

    Les **Américains** adorent le vin **français.**
    (noun)   (adjective)

Some adjectives of this type:

mexicain, mexicaine	canadien, canadienne
certain, certaine	parisien, parisienne
féminin, féminine	italien, italienne
masculin, masculine	ancien, ancienne *old*

* To form the feminine of adjectives that end in **-eux,** change the **-x** to **s** and add the **-e.**

Le garçon est **paresseux.**	The boy is *lazy.*
La fille est **paresseuse.**	The *girl* is *lazy.*

Some adjectives ending in **-eux, euse:**

ambitieux, ambitieuse	heureux, heureuse *happy*
courageux, courageuse	malheureux, malheureuse *unhappy*
dangereux, dangereuse	affreux, affreuse *terrible*
studieux, studieuse	ennuyeux, ennuyeuse *boring*
sérieux, sérieuse	affectueux, affectueuse *affectionate*
généreux, généreuse	

* Colors are also adjectives, so they have masculine and feminine forms.

noir, noire *black*	brun, brune *brown*
rouge, rouge *red*	violet, violette *purple*
jaune, jaune *yellow*	blond, blonde *blond*
vert, verte *green*	blanc, blanche *white*
gris, grise *gray*	bleu, bleue *blue*

 ATTENTION

Pay particular attention to adjectives to which you add a sound to form the feminine. Final consonants are stronger in French than in English, so you must make a bigger effort to pronounce them. Otherwise, the person(s) to whom you are speaking will not hear the difference between the masculine and feminine forms.

Pratiquons

A. Give the feminine forms of the following adjectives.

1. simple   2. vrai   3. intéressant   4. méchant   5. paresseux   6. ancien
7. chaud   8. timide   9. fatigué   10. absent   11. ouvert   12. blanc
13. gris

B. Give the masculine forms of the following adjectives.

1. riche   2. noire   3. charmante   4. généreuse   5. mexicaine   6. violette
7. pessimiste   8. rapide   9. espagnole   10. anglaise   11. indépendante
12. dangereuse   13. jaune   14. masculine

C. Write or spell the plural form of the following adjectives.

1. vert   2. anglais   3. français   4. formidable   5. impossible   6. ennuyeux
7. parisienne   8. gris   9. facile   10. sincère   11. prudent   12. ambitieuse
13. blanche

D. Give an expression with the correct definite article and the proper form of the adjective.

MODEL: étudiant, français → *l'étudiant français*

1. professeur, formidable
2. étudiante, intelligent
3. leçon, ennuyeux
4. enfant, paresseux
5. hommes, riche
6. garçons, méchant

E. Make a sentence with the subject given, the verb **être,** and the correct form of the adjective.

MODEL: garçons, fatigué → *Les garçons sont fatigués.*

1. cuisine, affreux
2. filles, sympathique
3. livres, intéressant
4. Elles, blond
5. professeurs, ennuyeux
6. Nous, fatigué (*two possibilities*)
7. Je, américain
8. Vous, poli (*four possibilities*)

Parlons

A. Tell how you feel about the following people and things by choosing one of the adjectives suggested.

MODEL: agents de police: courageux / timide
         Les agents de police sont courageux.

1. Américains: agréable / désagréable
2. professeur: intéressant / ennuyeux
3. français: formidable / affreux
4. étudiants: studieux / paresseux
5. filles: charmant / laid
6. Français (*pl*):   sympathique / froid
7. enfants: poli / méchant
8. exercices: facile / difficile

B. Use the adjectives listed below to describe the following people and things.

MODEL: Les pilotes sont courageux.

sincère	ennuyeux	inutile	charmant
hypocrite	ambitieux	fantastique	intelligent
formidable	paresseux	fatigué	heureux
compliqué	utile	méchant	malheureux

1. secrétaires   2. professeurs   3. musique   4. télévision   5. université
6. français   7. médecins   8. président   9. femmes   10. hommes
11. étudiants   12. amis   13. Je

C. Make sentences by choosing one item from each of the lists below and adding any necessary words.

MODEL: J'aime les femmes intelligentes.
         Je n'aime pas les enfants méchants.

J'aime	femmes	affectueux	féminin
Je n'aime pas	hommes	désagréable	stupide
	professeurs	compétent	sérieux
	médecins	incompétent	masculin
	enfants	poli	sympathique
	livres	charmant	blond
	étudiants	froid	brun
	Américains	impoli	facile
	Français (*pl*)	intelligent	difficile
	leçons	méchant	sincère

IV. Les Nombres de 21 à 69

20	vingt	30	trente	40	quarante
21	vingt et un	31	trente et un	41	quarante et un
22	vingt-deux	32	trente-deux	44	quarante-quatre
23	vingt-trois	36	trente-six	47	quarante-sept

50	cinquante	60	soixante
51	cinquante et un	61	soixante et un
55	cinquante-cinq	67	soixante-sept
58	cinquante-huit	69	soixante-neuf

* **Et** is used with 21, 31, 41, 51, and 61; the *t* is never pronounced.

* The succeeding numbers are hyphenated.

ATTENTION

In **soixante** (/swa sãt/), the *x* is pronounced /s/.

Pratiquons

A. Read the following numbers in French.
20, 68, 42, 24, 59, 38, 60, 31, 53, 44

B. Count in French

1. from 30 to 40
2. from 60 to 50
3. from 25 to 35

C. Do the following problems in French.

10 + 11 =	15 + 16 =	30 + 15 =	19 + 33 =
14 + 16 =	21 − 12 =	20 + 29 =	40 − 22 =
47 − 19 =	18 + 22 =	24 + 27 =	55 − 34 =

Communiquons

LES PRÉSENTATIONS (*Introductions*)

You may use one of the following expressions to introduce one person to another.

Monsieur, je voudrais vous présenter Marie.	*Sir, I would like you to meet Marie.*
Enchanté, Mademoiselle.	*Pleased to meet you, Miss.*
Permettez-moi de vous présenter Marie.	*Allow me to introduce Marie.*
Très heureux (de faire votre connaissance).	*Pleased (to meet you).*
Robert, je voudrais te présenter Marie.	*Robert, I'd like you to meet Marie.*
Bonjour, Marie.	*Hello, Marie.*
Robert, je te présente Marie.	*Robert, this is Marie.*
Salut.	*Hi.*

The first two forms are formal; the second two are informal. Be sure to use them appropriately.

EXERCISE

What would you say to introduce the following people?

1. your roommate and your teacher

2. your roommate and an old friend from high school

3. your parents and your faculty advisor

4. your sister and someone in your class

Section culturelle

University Life

French and American universities differ widely. Unlike their American counterparts, French students take a comprehensive examination at the end of the secondary school. The two-thirds who pass are entitled to attend one of the numerous French universities, almost all of which are public. Tuition is practically free, and with the appropriate background students may select any field they wish.

Despite the increase in the number of suburban universities, French universities are still located in large cities, and many students live at home or rent a room with a family. Consequently, campus life as Americans know it does not exist in France.

La Vie Universitaire

En France, le «college» n'existe pas. A la fin° de l'école° secondaire (le lycée), les jeunes passent° le baccalauréat (le bac, le bachot), un examen° difficile, et ils commencent l'université.

En France, l'année universitaire° commence en octobre et se termine° en mai. Les étudiants passent° les examens en juin. S'ils° échouent,° ils repassent en septembre. Dans les universités françaises, les étudiants ne sont pas obligés d'être en classe tous les jours.° La présence aux cours est souvent facultative.°

Dans le système français, les étudiants sont très indépendants: ils travaillent seuls. S'ils sont ambitieux, ils sont toujours présents en classe et ils sont bien préparés. Les étudiants paresseux sèchent° les cours et fréquentent les cafés et les cinémas. En juin, ils ne sont pas contents quand ils échouent.

En France, l'université ressemble à la «Graduate School» américaine. Généralement, les étudiants n'habitent pas sur le campus. Les activités extra-universitaires° ne sont pas très nombreuses.° Les «sororities» et «fraternities» et le «football» n'existent pas.

(glosses)
end / school
take / exam

the academic year / ends
If they / fail
every day
optional

cut

extracurricular
numerous

QUESTIONS SUR LE TEXTE

1. Quand est-ce que l'année universitaire commence en France? Et aux Etats-Unis?
2. Quand est-ce qu'elle se termine?
3. Quand est-ce que les étudiants passent les examens en France?
4. Est-ce que la présence aux cours est obligatoire en France? Et aux Etats-Unis?
5. Généralement, est-ce que les étudiants travaillent ensemble en France?
6. En France, est-ce que les étudiants paresseux sont toujours présents en classe?
7. Est-ce que le bac est facile?
8. Généralement, est-ce que les étudiants habitent sur le campus en France? Et aux Etats-Unis?

Chez Paulette

Chez Paulette est un restaurant parisien. Un professeur et sa femme regardent la carte.

LE GARÇON   Vous désirez?
MME DUMAS   Oh! Ils ont des écrevisses aujourd'hui! Mais elles sont chères.
LE GARÇON   Oui, mais elles sont délicieuses. Nous avons du bon bifteck aussi.
M. DUMAS   J'aime mieux le bifteck avec des frites et des haricots verts.
LE GARÇON   Et Madame?
MME DUMAS   Les écrevisses, s'il vous plaît.
LE GARÇON   Et comme boisson?
M. DUMAS   Du vin rouge et de l'eau minérale.
LE GARÇON   Très bien, Monsieur. Bon appétit.

Chez Paulette

Chez Paulette is a Parisian restaurant. A professor and his wife are looking at the menu.

WAITER   *What would you like?*
MRS. DUMAS   *Oh, they have crayfish today! But they're expensive.*
WAITER   *Yes, but they're delicious. We have good steaks, too.*
MR. DUMAS   *I prefer a steak with French fries and green beans.*
WAITER   *And you, Madam?*
MRS. DUMAS   *The crayfish, please.*
WAITER   *And to drink?*
MR. DUMAS   *Red wine and some mineral water.*
WAITER   *Very good, sir. Enjoy your meal.*

Mots clés

Vocabulaire du dialogue

NOUNS
le bifteck steak
la boisson the drink
la carte the menu
l'eau minérale *(f)* the mineral water
l'écrevisse *(f)* the crayfish
la femme the wife
les frites *(f)* the French fries
le garçon the waiter
les haricots verts *(m, pl)* the green
   beans
le restaurant the restaurant

ADJECTIVES AND ADVERBS
aujourd'hui today
cher, chère expensive
délicieux, -ieuse delicious

OTHER WORDS AND EXPRESSIONS
Bon appétit Enjoy your meal
comme as
s'il vous plaît please

FAISONS CONNAISSANCE

Most French restaurants post their menus in the window. Patrons have a choice of ordering individual items from **la carte** or a three– or four–course meal from **le menu.** Many choose the latter because the fixed price usually includes the tip (**service compris**) and often a beverage. The selection normally includes a choice of appetizer (**le hors d'œuvre**), main course (**le plat principal**), vegetable (**le légume**), and cheese, fruit, or dessert.

ETUDIONS LE DIALOGUE

1. *Chez Paulette* est un restaurant anglais?
2. Est-ce que le professeur est seul? avec un ami?
3. Les écrevisses sont chères, n'est-ce pas?
4. Est-ce qu'elles sont mauvaises ou délicieuses?
5. M. Dumas désire des écrevisses?
6. Est-ce que M. et Mme Dumas désirent du vin blanc?
7. Mme Dumas désire des écrevisses ou du bifteck?
8. Le garçon est poli ou impoli?

Enrichissons notre vocabulaire

Je voudrais de la **glace** / du **vin**.

I would like some *ice cream* / some wine.

Il n'y a pas de vin, mais il y a de la **bière**.

There is no wine, but there's *beer.*

Mon camarade de classe n'a pas de **talent**.

My classmate doesn't have any *talent.*

Qu'est-ce que c'est?	What is it?
C'est **un hôpital** / **un autobus** / **un train.**	It's *a hospital* / *a bus* / *a train.*
Ce sont des enfants.	They are children.
Qu'est-ce qu'**ils vendent?**	What do *they sell?*
Ils vendent des **légumes** / de la **viande.**	They sell *vegetables* / *meat.*
Il **consomme** du **lait.**	He *is drinking milk.*
Ils **préparent le dîner** / du **café.**	They *are preparing the dinner* / some *coffee.*
Où est-ce qu'on **trouve** des cigarettes / donne des **renseignements?**	*Where* does one *find* cigarettes / *give* *information?*
Je ne sais pas. **Demandez** à l'agent de police.	I don't know. *Ask* the policeman.

Mots clés

l'autobus (*m*) the bus	**Où?** Where?
la bière the beer	**préparer** to prepare
le café the coffee	**les renseignements** (*m + pl*) the information
le / **la camarade de classe** classmate	
consommer to drink	**le talent** the talent
demander (à) to ask (someone)	**le train** the train
le dîner the dinner	**trouver** to find
la glace the ice cream	**vendre** to sell
l'hôpital (*m*) the hospital	**la viande** the meat
le lait the milk	**je voudrais...** I would like . . .
le légume the vegetable	(**vouloir**)

Prononciation

Silent Consonants

As we mentioned in the preliminary chapter, in French, a large number of written consonants are not pronounced.

Il es̸t̸ paresseu̸x̸.	He is lazy.
Jacque̸s̸ et Gille̸s̸ étudie̸n̸t̸ l'anglai̸s̸.	Jacques and Gilles are studying English.

Final written consonants are rarely pronounced.

Nou̸s̸ ne travaillon̸s̸ pa̸s̸.	We aren't working.
Le̸s̸ livre̸s̸ son̸t̸ ver̸t̸s̸.	The books are green.

There are many exceptions to this rule.

Marc mange un bifteck.	Mark is eating a steak.
Il travaille seul.	He works alone.

In general, a final silent *e* shows that the final consonant is pronounced.

Elle regarde la carte.	She is looking at the menu.
Jean est présent; Jeanne est absente.	Jean is present; Jeanne is absent.

Remember that the final silent *e* marks the difference between many masculine and feminine nouns and adjectives such as **étudiant, étudiante** and **gris, grise.**

EXERCISE

Read the following sentences aloud, paying particular attention to silent consonants.

1. Les trois Français étudient l'anglais.
2. Nous sommes très contents.
3. Jean est méchant et il n'est pas heureux.
4. Ils dansent très bien.
5. Tu es paresseux et tu n'étudies pas.
6. Mon amie est laide mais elle est charmante.
7. Les enfants ne sont pas prudents.
8. Les professeurs expliquent la leçon.

Grammaire

I. Nouns and Non-definite Articles

As we said in chapter 1, an article almost always accompanies a noun in French. The most frequently used articles in French are non-definite.

Non-definite articles indicate that the noun stands for an object or idea that is not specific and not defined.

There are two types of non-definite articles because in French there is a distinction between nouns that can be counted *(count nouns)*, and those that cannot *(mass nouns)*.

Indefinite articles are used with count nouns.

Partitive articles are used with mass nouns.

A. Indefinite Articles

Indefinite Articles		
	singular	*plural*
masculine	un ⎱ *a, an*	des ⎱ *some*
feminine	une ⎰	des ⎰

Indefinite articles refer to one unspecified object or person or to an unspecified group of countable objects or persons.

Françoise regarde **une** carte.   Françoise is looking at *a* menu.
Gilbert invite **des** amis.   Gilbert is inviting *some* friends.

*The indefinite articles **un** and **une** correspond to the English *a* or *an*.

*The masculine, singular indefinite article is **un,** pronounced /ɛ̃/ before a consonant and /ɛ̃n/ before a vowel.

un stylo	/ɛ̃ sti lo/	*a* pen
un arbre	/ɛ̃ naRbR/	*a* tree
un avion	/ɛ̃ na vjɔ̃/	*an* airplane
un mur	/ɛ̃ myR/	*a* wall
un bureau	/ɛ̃ by Ro/	*a* desk, *an* office
un enfant	/ɛ̃ nã fã/	*a* (male) child

*The feminine, singular indefinite article is **une,** always pronounced /yn/.

une chaise	/yn ʃɛz/	*a* chair
une carte	/yn kaRt/	*a* menu, *a* map, *a* card
une enfant	/y nã fã/	*a* (female) child
une photo	/yn fo to/	*a* photograph
une auto	/y no to/	*an* automobile, *a* car
une école	/y ne kɔl/	*a* school

*The plural indefinite article is **des,** pronounced /de/ before consonants and /dez/ before vowel sounds.

des chaises (*f*)	/de ʃɛz/	(*some*) chairs
des frères (*m*)	/de fRɛR/	(*some*) brothers
des sœurs (*f*)	/de sœR/	(*some*) sisters
des hôtels (*m*)	/de zo tɛl/	(*some*) hotels

B. Partitive Articles

Partitive Articles		
before masculine, singular nouns	**du**	⎫
before feminine, singular nouns	**de la**	⎬ *some, any*
before nouns beginning with a vowel	**de l'**	⎭

Partitive articles refer to an unspecified portion, or *part*, of an object that is measurable but not countable, such as water, wine, grain, sand, meat.

Je désire **du** vin.   I want wine *or* I want *some* wine.

Elle mange **de la** glace.   She is eating ice cream *or* She is eating *some* ice cream.

Il montre **de l'**argent français.   He's showing French money *or* He's showing *some* French money.

* **Du, de la,** and **de l'** may be expressed in English as *some* or *any*, or may not be expressed at all.

* The masculine partitive article for mass nouns—those that are not counted—is **du,** pronounced /dy/.

du café	*(some / any)* coffee	**du** beurre	*(some / any)* butter
du pain	*(some / any)* bread	**du** lait	*(some / any)* milk
du vin	*(some / any)* wine	**du** sucre	*(some / any)* sugar
du thé	*(some / any)* tea		

* The feminine partitive article for mass nouns is **de la.**

de la bière	*(some / any)* beer
de la crème	*(some / any)* cream
de la nourriture	*(some / any)* food
de la salade	*(some / any)* salad
de la confiture	*(some / any)* jam
de la viande	*(some / any)* meat
de la glace	*(some / any)* ice cream

* The singular partitive article **de l'** is used with masculine or feminine mass nouns that start with a vowel sound.

de l'air *(m)*	*(some / any)* air
de l'argent *(m)*	*(some / any)* money
de l'alcool *(m)*	*(some / any)* alcohol
de l'eau *(f)*	*(some / any)* water
de l'encre *(f)*	*(some / any)* ink
de l'huile *(f)*	*(some / any)* oil

 ATTENTION

1. When referring to a countable unit of a mass noun, such as *a bottle* of wine, *a loaf* of bread, or *two cups* of coffee, the indefinite article is used.

de la bière	*(some)* beer	**une** bière	*a (bottle of)* beer
du café	*(some)* coffee	**un** café	*a (cup of)* coffee
du gâteau	*(some)* cake	**un** gâteau	*a* cake
du pain	*(some)* bread	**un** pain	*a (loaf of)* bread

2. In negative sentences, all non-definite articles change to **de** (**d'** before a vowel sound), except with **être.**

Nous mangeons **du** pain.	Nous **ne** mangeons **pas de** pain.
Vous avez **des** disques?	Vous **n'**avez **pas de** disques?
J'ai **un** stylo.	Je **n'**ai **pas de** stylo.
but: C'est **un** stylo.	Ce **n'**est **pas un** stylo.

Pratiquons

A. Change the following phrases to the plural.

1. un disque   2. un ami   3. un livre   4. une étudiante   5. une femme
6. une université   7. une porte   8. un bureau   9. une chaise

B. Change the following phrases to the singular, paying particular attention to gender.

1. des garçons   2. des avions   3. des écoles   4. des amies   5. des fenêtres
6. des cartes   7. des arbres   8. des hommes   9. des femmes   10. des étudiants   11. des enfants   12. des stylos

C. Identify the following nouns as primarily count nouns or mass nouns.

1. stylo   2. crayon   3. lait   4. homme   5. photo   6. crème   7. sucre
8. air   9. arbre   10. auto   11. fille

D. Use the correct non-definite article (partitive or indefinite) with the following nouns. Notice the indication of the plural when it appears.

1. huile   2. confiture   3. lait   4. stylos   5. hôtels   6. femme   7. glace
8. beurre   9. mur   10. homme   11. école   12. leçons   13. eau
14. argent   15. arbre   16. bière

E. Make each of the following sentences negative adding any necessary words.

MODEL: J'invite des Américains.
Je n'invite pas d'Américains.

1. Marc écoute des disques.
2. Ils étudient des cartes.
3. Elle fume des cigarettes.
4. Nous invitons des amis.
5. Je mange de la viande.
6. Catherine prépare de la salade.
7. Les enfants montrent des photos.
8. Le professeur explique des leçons difficiles.

Parlons

A. Using the expression **Voilà** *(There is, There are)*, point out people and things you see in the classroom.

MODEL: Voilà un professeur. Voilà des étudiants.

B. Take turns pointing to objects for your classmates to identify in French with the expression **C'est...** or **Ce sont...**

MODEL: C'est un stylo. Ce sont des crayons.

C. In a neighborhood grocery store in France, you usually ask the grocer to get your supplies. What do you have on your shopping list?

MODEL: Je désire du pain.

café	vin
eau minérale	confiture
bière	beurre
glace	lait
sucre	

D. Indicate what the following companies sell. Can you think of others?

MODEL: Bic? *Ils vendent des stylos.*

1. Gallo?	5. Maxwell House?	9. Wesson?
2. Budweiser?	6. Domino?	10. Pet?
3. Perrier?	7. Renault?	11. Pepperidge Farm?
4. D. C. Heath?	8. Smucker's?	12. Lipton?

E. Answer the following questions, using the suggestions or your own ideas.

intéressant	ennuyeux	anglais	fromage
simple	sérieux	formidable	vin
difficile	américain	de Fleetwood Mac	thé
fantastique	français		lait

MODEL: *J'ai des livres intéressants.*

1. Quelle sorte de disques est-ce que vous écoutez?
2. Quelle sorte de boisson est-ce que tu consommes?
3. Qu'est-ce que tu aimes manger?
4. Est-ce que tu fumes des cigarettes?
5. Qu'est-ce qu'on trouve dans un Frigidaire?

II. The Irregular Verb **avoir**, Expressions with **avoir**

avoir *to have*					
j'ai	/ʒe/	*I have*	nous avons	/nu za vɔ̃/	*we have*
tu as	/ty a/	*you have*	vous avez	/vu za ve/	*you have*
il a	/i la/	*he has*	ils ont	/il zɔ̃/	*they have*
elle a	/ɛ la/	*she has*	elles ont	/ɛl zɔ̃/	*they have*

* The final *s* of **nous, vous, ils,** and **elles** is pronounced /z/ because the verb starts with a vowel sound.

* Before a vowel sound **je** becomes **j'** and **ne** becomes **n'**.

J'ai de l'argent.　　　　　I have (some) money.
Il n'a pas de talent.　　　He doesn't have any talent.

Avoir is used in several idiomatic expressions.

Je ne mange pas; **je n'ai pas faim.**　　　I'm not eating; *I'm not hungry.*

Elle désire de l'eau; **elle a soif.**　　　She wants some water; *she's thirsty.*

J'ai chaud; ouvrez la fenêtre, s'il vous plaît.　　　*I'm hot;* open the window, please.

Elle **a froid** en décembre.　　　*She's cold* in December.

Il y a une carte dans la classe.　　　*There's* a map in the classroom.

Il n'y a pas de vin.　　　*There isn't* any wine.

Ils ont dix ans.　　　*They're* 10 (years old).

Mots clés

Expressions with avoir

avoir faim　to be hungry	**avoir _____ ans**　to be _____ years old
avoir soif　to be thirsty	**il y a**　there is, there are
avoir chaud　to be hot	**il n'y a pas**　there isn't, there aren't

Pratiquons

A. Substitute each of the given subject pronouns in the following sentences.

　1. *J'*ai des livres.　(Tu, Ils, Nous, Elle, On, Elles, Vous, Marc)
　2. *Il* n'a pas d'argent.　(Je, Elle, Sylvie, Nous, Elles, Tu, Les étudiants, Vous)

B. Make a complete sentence with each group of words adding any necessary words.

　1. Nous / avoir / chaud
　2. Ils / ne / avoir / pas / faim
　3. Les enfants / avoir / disques
　4. On / ne / avoir / pas / froid
　5. Tu / avoir / deux / stylos
　6. Je / avoir / pas / auto
　7. Vous / avoir / avion
　8. Jeanne / avoir / amis

C. Translate each of the following sentences into French.

　1. He has four records.
　2. Are you cold?
　3. She is hot.
　4. We don't have any coffee.
　5. They want some ice cream. They are hungry.
　6. Is he thirsty?

D. Replace the verb in each of the following sentences with the correct form of **avoir.**

MODEL: Je désire de l'eau. → *J'ai de l'eau.*

1. Les enfants écoutent des disques.
2. Vous mangez du pain?
3. Ils ne vendent pas de livres.
4. Elles montrent des photos.
5. Je prépare du thé.
6. Est-ce que tu invites des amis?

Parlons

A. Name three things that you have with you, three things a classmate has with him or her, and three things your family has at home.

B. Describe the kind of friends you have, using the suggestions in parentheses or your own ideas.
(intéressant, ennuyeux, indépendant, sympathique, intelligent, studieux, paresseux...)

MODEL: J'ai des amis sympathiques.

C. Name famous people who have the following things. Can you think of someone who does not have them?

MODEL: du talent? *Pavarotti a du talent.*

1. de l'argent?   4. des amis riches?
2. un avion?   5. beaucoup de femmes?
3. un château?   6. des étudiants intelligents?

D. Answer these personal questions with complete French sentences.

1. Vous avez faim?   soif?
2. Demandez à un / une camarade de classe s'il / si elle a froid / chaud.
3. Vous avez une auto?
4. Vous avez de l'argent?   Qu'est-ce que vous désirez avoir?
5. Est-ce qu'il y a une carte dans la classe?   une photo?   un tableau?
6. Est-ce que vous désirez avoir des enfants?

III. Use of the Definite and Non-definite (Indefinite and Partitive) Articles

Now that you have learned the definite and non-definite articles, it is essential to know which to use.

A. Use of Definite Articles

Definite articles occur in two situations:

1. Definite articles refer to one, specific person or thing.

C'est **le** professeur.	He's *the* teacher. (referring to a specific teacher)
Tu as **le** livre?	Do you have *the* book? (referring to a specific book)

2. Definite articles refer to all of a given item in a generalized sense.

Les enfants aiment **le** chocolat.	Children (*in general*) like chocolate. (*in general*)
Je déteste **la** bière.	I hate *beer.* (all beer)

Verbs that lend themselves to use in a generalized sense include **aimer, adorer, apprécier, détester, préférer.**

B. Use of Non-definite (Indefinite and Partitive) Articles

Non-definite articles are used as follows:

1. Indefinite articles refer to an entire, unspecified object or person.

Tu as **un** stylo?	Do you have *a* pen? (any pen)
Vous avez **un** ami?	Do you have *a* friend? (any friend)

2. Partitive articles refer to an unspecified portion, or part, of an object that is measurable but not countable.

Ils mangent **de la** glace.	They are eating (*some*) ice cream. (not all of it)
Jacques n'a pas **de** talent.	Jacques doesn't have *any* talent. (none at all)

Many verbs almost always imply a portion of an item and, therefore, take a partitive article. These include **manger, consommer, demander, désirer** and its more common equivalent, **vouloir.**[1]

 ATTENTION

1. Translating into English will not help you choose the proper article. In French, you must decide whether the item is taken in a general or specific sense or as a portion. Compare:

I like *wine.*	J'aime **le vin.**
I want *wine.*	Je voudrais **du vin.**

---

[1]**Vouloir** is an irregular verb, but the conditional **je voudrais** is frequently used in conversation. You saw in the *Communiquons* section of the last chapter: **Je voudrais vous présenter Marie.** *I would like you to meet Marie.*

2. In the negative, all non-definite articles become **de** or **d'**.

   Est-ce qu'il a **de** l'argent? Non, il **n'a pas d'**argent.

   Definite articles do not change.

   Tu aimes **le** café? Non, je **n'aime pas le** café.

Pratiquons

A. Substitute the nouns given below in the following sentences.

   1. J'ai du **thé.** (eau, livre, café, auto, huile, disques, salade, argent, photo)
   2. Monique aime le **chocolat.** (bière, argent, lait, vin, confiture, musique, français, enfants, légumes)

B. Make the following sentences negative, adding any necessary words.

   1. Je déteste la bière.
   2. Ils mangent du sucre.
   3. Tu aimes le pain français?
   4. Nous invitons des amis.
   5. Christine et Michel consomment du lait.
   6. Anne-Marie a de l'argent.

C. Substitute the verbs given below in the original sentence, changing the articles as appropriate.

   1. Luc **a** de l'argent. (adore, aime, apprécie, désire, déteste)
   2. Vous **aimez** le thé. (détestez, avez, mangez, consommez, adorez)

D. Indicate that you do not like the first item offered and that you want the second instead.

   MODEL: café / thé

   Je n'aime pas le café; je voudrais du thé.

   1. bière / eau
   2. beurre / confiture
   3. lait / vin
   4. légumes / salade
   5. écrevisses / bifteck
   6. sucre / crème

E. Make a complete sentence with each group of words below, adding any necessary words.

   1. Catherine / avoir / stylo
   2. Je / manger / viande
   3. Elles / adorer / glace
   4. enfants / détester / école
   5. Vous / ne / apprécier / pas / musique
   6. Ils / ne / inviter / pas / amis

Parlons

A. State whether you like (**aimer**) or hate (**détester**) the following things.

université	glace	enfants	cigarettes	français
bière	thé	légumes	vin	télévision

B. State whether or not you have the following things.

| auto | argent | carte de France | disques | crayon |
| radio | enfants | stylo | amis français | passeport |

C. Complete the following sentences in a logical manner, taking care to use the correct article each time.

1. Je n'aime pas...
2. J'apprécie...
3. Le professeur n'a pas...
4. Le restaurant ____ (*Supply name.*) prépare...
5. Je mange...
6. En général, les Américains détestent...
7. Les enfants adorent...
8. Les étudiants ont...

D. Answer these personal questions with complete sentences.

1. Qu'est-ce que vous mangez quand vous avez faim?
2. Qu'est-ce que vous consommez quand vous avez soif?
3. Qu'est-ce que vous aimez comme boisson?
4. Qu'est-ce que tu détestes? apprécies?
5. Tu prépares le dîner? Qu'est-ce que tu prépares?
6. Qu'est-ce que tu regardes?

IV. The Imperative

A. The **vous** and **tu** Forms

In French, the imperative is used to give orders, advice, or suggestions.

| INDICATIVE: | **Vous écoutez** le disque. | *You are listening* to the record. |
| IMPERATIVE: | **Ecoutez** le disque. | *Listen* to the record. |

| INDICATIVE: | **Vous invitez** des étudiants. | *You are inviting* some students. |
| IMPERATIVE: | **Invitez** des étudiants. | *Invite* some students. |

| INDICATIVE: | **Tu manges** du pain. | *You are eating* bread. |
| IMPERATIVE: | **Mange** du pain. | *Eat* some bread. |

* The **vous** form of the imperative of French verbs is the same as the corresponding form of the present indicative.

* The **tu** form is equal to the corresponding present indicative *minus the -s.*

* As in English, the subject pronouns are not used with the imperative.

B. The **nous** Form

There is also an imperative in the **nous** form. Equivalent to the English *Let's . . .* , it is used to suggest something.

Parlons!	*Let's talk!*
Travaillons ensemble.	*Let's work* together.

The negative imperative is formed with *ne... pas* like the other verb forms you have learned.

Ne regarde pas la télévision.	*Don't watch* television.
Ne parlez pas en classe.	*Don't talk* in class.

In French, as in English, one normally adds *please* to the imperative for politeness. There are two such forms in French.

Ouvrez la porte, **s'il vous plaît.**	Open the door, *please.* (formal)
Ferme la fenêtre, **s'il te plaît.**	Close the window, *please.* (familiar)

The imperative forms of **être** and **avoir** are highly irregular and not often used. They are not used in this text.

Pratiquons

A. Give the three imperative forms for the following verbs.

chanter	fermer	montrer
étudier	inviter	parler

B. Put the following commands in the negative, adding any necessary words.

1. Mangez du pain.
2. Commencez la leçon.
3. Ferme la fenêtre.
4. Invitons Pierre.
5. Regarde les étudiants.
6. Dansez avec Paulette.

C. Add **s'il vous plaît** or **s'il te plaît** to the following sentences.

MODEL: Expliquez la leçon. → *Expliquez la leçon, s'il vous plaît.*
         Ne fume pas. → *Ne fume pas, s'il te plaît.*

1. Ne mangez pas ici.
2. Ferme la porte.
3. Ne chantez pas en classe.
4. Montrez des photos.
5. Etudie avec Marc.
6. Prépare le dîner.

D. Give commands with the following phrases and address them to the people indicated.

MODEL: (to your classmate) parler avec le professeur
         Parle avec le professeur.

1. (to your brother) danser avec Jacqueline
2. (to your teacher) fermer la porte

3. (to a group of friends) travailler ensemble
4. (to your roommate) étudier beaucoup
5. (to your family, including yourself) écouter la radio
6. (to your classmates) préparer la leçon

Parlons

A. If you were to hear the following statements, what would your advice be? Use the imperative of these verbs: **étudier, manger, fermer, ouvrir, inviter, consommer, écouter.**

MODEL: J'ai faim.
         Mangez du pain.

1. J'ai chaud.
2. La leçon est difficile.
3. J'ai soif.
4. Nous avons froid.
5. Je suis seul.
6. J'adore le rock.

B. Give a command to a classmate, a group of classmates, or the teacher. Don't forget to say "please."

MODEL: Allez au tableau, s'il vous plaît.

C. Give advice to your classmates as to what they should do to have a good time. You may refer to the following list for ideas.

MODEL: Mangez de la glace. Ne travaillez pas.

écouter les disques de...   inviter...
regarder... la télévision   parler avec...
manger...   consommer...
(ne... pas) étudier...   (ne... pas) travailler

Communiquons

LES ORDRES (*Orders*)

The imperative, which you have just learned, is used in conversation and in personal writing. There are, however, other ways in which printed orders or rules can be expressed. Signs in France may occur in any of four different forms.

1. The imperative is used in signs that invite you to do something.

   Poussez *Push*
   Tirez *Pull*
   Entrez sans frapper.   *Enter without knocking.*
   Introduisez une pièce d'un franc.   *Insert a one–franc coin.*

2. The infinitive is used where a more formal tone is necessary.

> Ne pas parler au machiniste.   *Don't talk to the driver.*
> Ne pas se pencher au dehors.   *Don't lean out (the window).*
> Ne pas marcher sur les pelouses.   *Don't walk on the grass.*
> Servir très frais.   *Serve chilled.*

3. Directions will often contain a key word or phrase that invites or prohibits certain actions.

> Prière de ⎱
> Veuillez   ⎰   *Please*

> Défense de, Défendu ⎱
> Interdit, Interdiction ⎰   *Forbidden*

> Défense de fumer   *No smoking*
> Défense d'afficher.   *Post no bills.*
> Pourboire interdit   *No tipping*
> Pelouses interdites   *Keep off the grass.*
> Baignade interdite   *No swimming*
> Accès interdit   *No admittance*
> Veuillez essuyer vos pieds.   *Please wipe your feet.*
> Prière de payer à la caisse.   *Please pay the cashier.*

4. Occasionally, signs are used instead of words.

Almost all French road signs are non-verbal; you will study them in chapter 13.

EXERCISES

A. What signs might you see in the following places?

1. sur une porte   4. dans un autobus
2. dans un café   5. dans un train
3. dans un parc   6. à l'hôpital

B. What other ways can you express the following rules?

1. Il est interdit de fumer.   3. Ne parlez pas anglais.
2. Ne parlez pas au machiniste.   4. Ne pas marcher sur les pelouses.

C. Make up your own rules and write them as signs. You may use the following expressions if you wish.

expliquer la leçon   fermer la porte
étudier le français   manger en classe
regarder la télévision   travailler beaucoup
danser   être patient

Section culturelle

Food in France

French cuisine is celebrated all over the world. In France, a meal is a ritual most people follow scrupulously. There are unwritten "rules" to observe, things that one does or does not do. For instance, salad comes with almost every meal, but usually *after* the meat and the vegetables, not with them. Many French people consider a meal without cheese incomplete. One always serves red wine with cheese, which comes after the meal but before dessert. A French proverb says that a meal without wine and cheese is like a day without sunshine. Most French people do some food shopping every day and prefer going to a neighborhood grocer, butcher, or baker rather than a supermarket.

Even though French cuisine is, by definition, rich, a new trend is developing. Chefs are promoting *la cuisine minceur,* an attempt to limit the calories in a dish without affecting its delicacy.

Les Français et la cuisine°

Les Français aiment la cuisine raffinée.° En France, la gastronomie° est une tradition ancienne et les spécialités régionales sont très appréciées. Dans la cuisine française, on utilise généralement du beurre et de la crème, mais on n'utilise pas d'huile. On mange toujours de la salade et du fromage,° et on consomme du vin et de l'eau minérale, mais pas d'eau naturelle. En France, la cuisine est très importante, mais les habitudes° changent. La cuisine minceur° remplace° le beurre et la crème et élimine des calories.

Il y a des supermarchés en France mais, en général, les gens° aiment acheter° du pain, de la viande et des légumes au marché° tous les jours.° Chaque° jour, on prépare trois repas:° le petit déjeuner,° le déjeuner,° et le dîner.° Souvent°, quand les enfants rentrent de° l'école, ils ont faim; ils goûtent° et mangent du chocolat ou du pain et du beurre avec du café au lait. En général, les enfants français détestent le beurre de cacahuètes.°

cooking

refined / gourmet cooking

cheese

habits

low-calorie cooking / is replacing

people / to buy

at the market / every day

each

meals / breakfast / lunch / dinner / often

return from / have an afternoon snack (for children) of

peanut butter

foreign

   Les Français fréquentent aussi des restaurants où la cuisine n'est pas typiquement française. Les restaurants étrangers°—chinois, vietnamiens, mexicains, et nord–africains—sont très populaires. Si on préfère manger rapidement, on a des Burger King et des Wimpy's.

QUESTIONS SUR LE TEXTE

1. Quelle sorte de cuisine est-ce que les Français aiment?
2. En général, est-ce qu'on utilise de l'huile en France?
3. Qu'est-ce qu'on utilise?
4. Qu'est-ce qu'on consomme comme boisson en France?
5. Qu'est-ce que les Français aiment acheter tous les jours?
6. Qu'est-ce que les enfants français mangent quand ils ont faim?
7. Qu'est-ce que la cuisine minceur remplace en France?
8. Quelles sortes de restaurants ne sont pas typiquement français?

«Regarde! Ils ont des écrevisses!»

Review of Chapters 1-3

4

A. Answer the following questions using the cues provided.

MODEL: Vous avez des enfants? (Non,...)
Non, je n'ai pas d'enfants.

1. Qu'est-ce que vous mangez? (Nous... salade.)
2. Vous avez un stylo? (Non,...)
3. Qu'est-ce que tu détestes? (... eau minérale.)
4. Qui aime la musique? (Nous...)
5. Jeanne et Sylvie ont chaud? (Non,... soif.)
6. Il y a combien d'étudiants dans la classe? (... 31...)
7. Est-ce que Paulette étudie beaucoup? (Oui,... studieuse.)
8. Est-ce que tu manges de la viande? (Non,... détester...)
9. Est-ce qu'il y a du lait dans le café? (Non,...)
10. Quelle sorte d'amies avez-vous? (... américaines.)
11. Vous regardez la télévision? (Non,... écouter... radio.)
12. Est-ce que les enfants consomment de l'alcool? (Non,...)
13. Tu désires de l'encre? (Non,... beurre... vin... huile.)
14. Quand est-ce que vous fermez la fenêtre? (... avoir froid...)

B. Rewrite the following sentences using the cues in parentheses.

MODEL: Il est studieux. (Elles...)
Elles sont studieuses.

1. Nous sommes intelligents. (Sylvie...)
2. Vous aimez le thé? (Vous désirez...)
3. J'ai froid. (Tu... fatigué.)
4. Vous invitez des Américains. (Luc et Jeanne...)

   5. Tu es canadien?   (Marie...)
   6. Le livre est intéressant.   (... photos...)
   7. Elle déteste la viande. (... manger...)
   8. Nous adorons l'argent. (... avoir...)
   9. Jeanne est paresseuse. (Ils...)
 10. Tu commences la leçon. (Nous...)
 11. Je suis content. (... chaud.)
 12. Luc aime l'eau. (... ne consomme pas...)
 13. Nous sommes sérieux. (Claire, tu...)
 14. Elles écoutent des disques. (... avoir... radio.)

C. Make a complete sentence with each group of words below, adding any necessary words.

   MODEL: étudiants / aimer / musique
              Les étudiants aiment la musique.

   1. Marc / avoir / argent
   2. enfants / aimer / glace
   3. Nous / détester / crème
   4. Vous / avoir / eau / chaud
   5. Vous / être / femme / intéressant
   6. Nous / commencer / livre
   7. Luc et Marc / avoir / disque / américain
   8. Claire / ne pas / manger / salade
   9. Fermer / porte / s'il te plaît!
 10. Ecouter / radio / s'il vous plaît!
 11. garçon / préparer / boissons
 12. professeur / expliquer / leçon / difficile
 13. Est-ce que / tu / avoir / soif / Jean?
 14. Monique et Jean / être / paresseux

D. Complete the following sentences in a logical manner.

   1. J'adore...
   2. Je déteste...
   3. Les Américains aiment...
   4. Je voudrais...
   5. Quand j'ai soif, je...
   6. Les Français aiment manger...
   7. Les Canadiens parlent...
   8. Je suis...
   9. Je ne suis pas...
 10. Le professeur est...

E. Translate the following sentences into French.

   1. They work a lot.
   2. She is watching television.
   3. Do you smoke cigarettes?
   4. He isn't careful.
   5. They are timid and lazy.
   6. The red car is ugly.
   7. You don't have a pencil.
   8. We want butter.
   9. They hate milk.
 10. I have French records.

F. Do the following math problems in French.

  1. MODEL: 2 + 2 =
              Deux plus deux font quatre.

a. 5 + 7 =	d. 6 + 25 =	g. 21 + 41 =
b. 15 + 16 =	e. 13 + 14 =	h. 35 + 16 =
c. 17 + 21 =	f. 26 + 32 =	i. 28 + 32 =

  2. MODEL: 4 − 2 =
              Quatre moins deux font deux.

a. 65 − 34 =	d. 49 − 10 =	g. 31 − 16 =
b. 69 − 8 =	e. 41 − 12 =	h. 32 − 21 =
c. 57 − 22 =	f. 38 − 21 =	i. 21 − 6 =

  3. MODEL: 3 × 2 =
              Trois multiplié par deux font six.

a. 3 × 4 =	d. 11 × 3 =	g. 21 × 3 =
b. 15 × 3 =	e. 7 × 3 =	h. 19 × 3 =
c. 5 × 6 =	f. 16 × 3 =	i. 30 × 2 =

  4. MODEL: 6 ÷ 2 =
              Six divisé par deux font trois.

a. 60 ÷ 3 =	d. 50 ÷ 25 =	g. 21 ÷ 3 =
b. 48 ÷ 3 =	e. 42 ÷ 7 =	h. 28 ÷ 4 =
c. 66 ÷ 2 =	f. 39 ÷ 3 =	i. 36 ÷ 3 =

G. Answer the following questions with complete French sentences.

  1. Qu'est-ce qu'il y a dans la classe?
  2. Vous êtes optimiste? pessimiste? sincère? hypocrite? stupide?
     intelligent(-e)?
  3. Quelle sorte d'amis est-ce que vous avez?
  4. Qu'est-ce que vous mangez quand vous avez faim?
  5. Quelles boissons est-ce que vous aimez?
  6. Qu'est-ce que tu désires quand tu as de l'argent?

Small Group Work

A. Spell your name or your classmates' names.
    Spell words and have your partner guess them.

B. Give a word in English and ask a classmate to give its French equivalent. One
    of you gives a French noun, the other gives the noun with the correct definite
    or non-definite article.

Payez le petit menu...

13,80 F

Mangez le grand!

Maxi frites

Economisez 6,20F
Chez Chicken-Shop, du 26 juillet au 8 août, vous payez le mini-menu 13,80 F et vous mangez le grand menu 20 F.

Double Hamburger

Maxi boisson

Save 6.20F
At Chicken-Shop, from July 26th to August 8th, pay for the small menu 13.80 F and get the big one.

C. Count from one to twenty in French, continuing around the group so that each person must give the next number. Then count, taking turns, from twenty to forty by odd numbers and from forty to sixty by even numbers.

D. Identify objects in the classroom by color.

MODEL: Le livre est bleu. Le stylo est noir.

E. Describe yourself, using three adjectives. Then describe one of your class-mates.

F. Make a statement using one of the following verbs and choose a partner to contradict it by changing the sentence to the negative. Then do the opposite: start with a negative sentence and have your partner change it to the affirmative.

MODEL: J'ai du vin.
   Je n'ai pas de vin.

| aimer | détester | avoir |
| vouloir | manger | être |

G. Give a command to your classmates that they can carry out, then switch roles.

H. Interview your classmates about:

1. their personalities (**être** + adjectives)
2. their likes and dislikes (**aimer, détester** + an infinitive or a type of food)

OBJECTIVES: how to seek tourist information in France / how French people spend their vacations / how to express movement.

enchaînements and **liaisons** / prepositions with the definite article / **aller** / the **futur proche**; / prepositions with place names / numbers 70 to 1,000.

5

A Nice, au Syndicat d'Initiative°

Robert et Eric, deux étudiants américains, arrivent° sur la Côte d'Azur.° Ils cherchent° un hôtel près de° la plage° et ils sont à Nice, au Syndicat d'Initiative, où ils demandent des renseignements.

L'HÔTESSE Bonjour, Messieurs.°

ERIC Bonjour, Mademoiselle. Nous cherchons une chambre dans un hôtel près de la mer.°

L'HÔTESSE A côté de° la plage, cela° va° être difficile! Les hôtels sont chers et ils sont tous° pleins,° mais il y a de la place° en ville.° C'est près des restaurants et des cinémas et ce n'est pas loin du° Casino et de la plage.

ROBERT S'il n'y a pas° de chambres au bord de la mer,° nous n'allons pas° rester° à Nice, nous allons aller en Italie. Est-ce que vous avez une liste° des hôtels de San Rémo?

L'HÔTESSE Ah, non, pas du tout!° Nous n'avons pas de renseignements sur l'Italie, mais vous avez une agence de voyage° au coin de la rue.°

ERIC Où?

L'HÔTESSE Là-bas,° Monsieur. A côté de l'église.°

ROBERT Merci mille fois.° Au revoir.

L'HÔTESSE Au revoir, Monsieur.

Mots clés

Vocabulaire du dialogue[1]

le Syndicat d'Initiative the Tourist Office
(ils) arrivent (they) arrive (**arriver**)
la Côte d'Azur the French Riviera
ils cherchent they are looking for (**chercher**)
près de near
la plage the beach
l'hôtesse *(f)* the receptionist
Messieurs Gentlemen
la mer the sea
à côté de next to
cela that
va is going (**aller**)
tous all
plein, -e full

la place room, space
en ville downtown
loin du far from the
s'il n'y a pas de if there aren't any (**si + il**) (**avoir**)
au bord de la mer at the seaside
n'allons pas we're not going (**aller**)
rester to stay
la liste the list
pas du tout not at all
l'agence de voyage *(f)* the travel agency
au coin de la rue on the street corner
là-bas over there
l'église *(f)* the church
Merci mille fois. Thanks a million.

FAISONS CONNAISSANCE

Upon arrival in a French city or town, the smart thing to do is go to the *Syndicat d'Initiative,* where you will get information about points of interest and a list of hotels arranged by categories. If you wish, someone at the *Syndicat* will call hotels for you, to check for vacancies. There you can also find out about other areas in France you may wish to visit. Because the service is run by the French government, it does not include information about other countries.

Nice is the principal city on the French Riviera. San Rémo, an Italian city, is farther along the Mediterranean coast.

ETUDIONS LE DIALOGUE

1. Où sont Robert et Eric?
2. Qu'est-ce qu'ils cherchent?
3. Ils désirent être loin de la plage, n'est-ce pas?
4. Est-ce qu'il y a de la place au bord de la mer?
5. Qu'est-ce qu'il y a en ville?
6. Où est-ce que Robert va après Nice?
7. Où est-ce que Eric va demander des renseignements sur l'Italie?
8. Où est l'agence de voyage?

---

[1]The *Vocabulaire du dialogue* is listed in the order and form of appearance in the preceding dialogue. French infinitives are given after conjugated verb forms.

Enrichissons notre vocabulaire

Est-ce que vous allez au **supermarché maintenant?**	Are you going to the *supermarket now?*
Non, nous allons **dîner** au restaurant.	No. We are going *to have dinner* at a restaurant.
Tu vas arriver **en retard demain?**	Are you going to arrive *late tomorrow?*
Non, je vais arriver **à l'heure / en avance!**	No. I am going to arrive *on time / early!*
Pourquoi est-ce que tu aimes **les vacances?**	Why do you like *vacations?*
Parce que je n'ai pas de **devoirs** / j'aime les **voyages** / j'aime **visiter** des **pays fascinants.**	*Because* I don't have *homework* / I like *trips* / I like *to visit fascinating countries.*
Est-ce qu'ils vont regarder **un film** à la télévision?	Are they going to watch *a film* on television?
Oui, sur **la vie** des **animaux.**	Yes, about *animal life.*
Quand est-ce que tu aimes travailler?	When do you like to work?
J'aime travailler **le matin / le soir / tard.**	I like to work *in the morning / in the evening / late.*
Où est-ce qu'elles vont voyager?	Where are they going to travel?
Elles vont voyager **en** France **sans** visiter Paris / **au** Portugal sans visiter Lisbonne / **aux** Etats-Unis sans visiter New York.	They are going to travel *to* France *without* visiting Paris / *to* Portugal without visiting Lisbon / *to the* United States without visiting New York.

Mots clés

à l'heure (f) on time
aller to go
l'animal, les animaux (m) the animal
au, aux (pl) to, to the
demain tomorrow
les devoirs (m) the homework
dîner to have dinner
en in; to
en avance early
en retard late
le film the film
fascinant, -e fascinating
maintenant now

le matin the morning
parce que because
le pays (s + pl) the country
sans without
le soir the evening
le supermarché the supermarket
tard late
les vacances (f) (the) vacation, vacations
la vie (the) life
visiter to visit
le voyage the trip

Prononciation

Enchaînements et liaisons

In spoken French, words flow together very smoothly. When a word begins with a vowel sound, French speakers pronounce the last consonant of the preceding word as if it were the first letter of the next word. This is **enchaînement.**

avec elle	/avɛ kɛl/	il a	/i la/
sept étudiants	/sɛ te ty djã/	elle est	/ɛ lɛ/

Practice **enchaînements** by reading aloud the following groups of words.

neuf étudiantes	cinq acteurs
elle habite	l'artiste intelligent
il invite	le professeur intéressant
une enfant	nous sommes au cinéma
une amie	vous êtes avec elle

There is a separate category of **enchaînement** in which a written final consonant that is normally not pronounced must be sounded because a vowel sound follows it. Notice the difference in the pronunciation of: **nous travaillons** /nu tRa va jõ/ and **nous habitons** /nu za bi tõ/.

The *s* of the second **nous** must be pronounced because the verb begins with the vowel sound /a/. This is **liaison.** It is limited to closely-linked word groups (pronoun subject-verbs, adjective-nouns), and most often involves the /z/ sound.

«Je vais chercher la liste des hôtels.»

Listen carefully and repeat the following paired expressions after your professor. Pay particular attention to the **liaisons** in the right-hand column.

no liaisons	*liaisons*
un livre	un‿ami
deux garçons	deux‿amies
trois cafés	trois‿hôtesses
six portes	six‿étudiants
dix cartes	dix‿autos
nous dansons	nous‿invitons
vous chantez	vous‿êtes
ils sont	ils‿ont
elles travaillent	elles‿étudient
des légumes	des‿hôtels
aux restaurants	aux‿églises
les filles	les‿enfants
en France	en‿Amérique

EXERCISE

Now practice reading these sentences aloud, while concentrating on the **enchaînements** and **liaisons**.

1. Les Américains habitent en Amérique.
2. Nous étudions avec un professeur intelligent.
3. Vous avez une opinion d'elle?
4. Les enfants sont intelligents.
5. Ils invitent des amis sympathiques.
6. Elle donne un concert pour les étudiants dans une église.

Grammaire

I. **A** and **de** with Definite Articles

Two very common French prepositions are **à**, *to, in, at,* or *into,* and **de**, *from* or *of* (indicating possession).

Je suis **à** Paris.	I am *in* Paris.
Il est **de** New York.	He is *from* New York.

A and **de** often come before the definite articles **l'** and **la.**

Elle travaille **à l'**université.	She works *at the* university.
C'est le livre **de l'**étudiant.	It's the student's book.
Ils sont **à la** maison.	They are *at home*.
J'ai le stylo **de la** femme.	I have the woman's pen.

When **à** or **de** come before the definite articles **le** or **les,** the two words form a contraction.

> à + le = **au**
> à + les = **aux**
> de + le = **du**
> de + les = **des**

Ils sont **au** supermarché.	They are *at the* supermarket.
Je donne la glace **aux** enfants.	I give the ice cream *to the* kids.
Il regarde le livre **du** professeur.	He is looking at the teacher's book.
Elles sont **des** Etats-Unis.	They are *from the* U.S.

* Note that the *x* of **aux** and the *s* of **des** are pronounced /z/ in front of a vowel sound, just like the *s* of **les.**

The preposition **de** plus the definite articles have the same forms as several of the non-definite articles, which you learned in chapter 3. But the preposition **de** never changes in the negative.

Indefinite article:

J'ai **des** enfants.	I have *(some)* children.
Je n'ai **pas d'**enfants.	I *don't* have *(any)* children.

Preposition **de** and the definite article **les:**

Je parle **des** enfants.	I'm talking *about the* children.
Je **ne** parle **pas des** enfants.	I'm *not* talking *about the* children.

 ATTENTION

1. **Parler** can take either **à** or **de** according to the meaning.

Je parle **à la** femme.	I'm talking *to* the woman.
Je parle **de la** femme.	I'm talking *about* the woman.

Mots clés

Some place names commonly used with prepositions

la maison the house	**l'appartement** (*m*) the apartment
la résidence universitaire the dormitory	**le lycée** the high school
	le musée the museum
la banque the bank	**le cinéma** the movie theater
la gare the train station	**le théâtre** the theater
la bibliothèque the library	**l'usine** (*f*) the factory
la librairie the bookstore	**l'école** (*f*) the school
la pharmacie the drugstore	

The preposition **de** is part of several prepositional expressions, which are subject to the same rules regarding contractions.

Ils habitent **près du** musée.	They live *near* the museum.
J'étudie **loin de** l'université.	I study *far from* the university.
Tu habites **à côté du** restaurant.	You live *next to* the restaurant.

Other prepositions do not take **de**.

Le livre est **sur** le bureau.	The book is *on* the desk.
L'enfant joue **sous** la table.	The child plays *under* the table.
Le professeur est **devant** la classe.	The teacher is *in front of* the class.
Nous sommes **derrière** le café.	We are *behind* the cafe.
La salade est **dans** le Frigidaire.	The salad is *in* the refrigerator.

Mots clés

Prepositional phrases with **de**

près de near	**à côté de** next to
loin de far (from)	

Other prepositions

sur on	**derrière** behind
sous under	**dans** in
devant in front of	

Pratiquons

A. Replace the italicized words with each of the suggested nouns. Be sure to use the correct prepositions.

1. Je suis à *l'université.* (maison, restaurant, église, bibliothèque, librairie, gare, usine, café)
2. Où est le livre du *professeur?* (étudiant, femme, étudiante, enfant, garçon, homme, enfants, hôtesse)

B. Replace the italicized words with each of the suggested prepositions.

1. Nous sommes *devant* le musée. (à, à côté de, derrière, dans, loin de, près de)
2. Ils travaillent *près de* l'église. (devant, derrière, loin de, à côté de, à, dans)

C. Make sentences with **parler,** and alternate the prepositions **à** and **de** with the nouns below.

MODEL: Je parle (professeur)
Je parle au professeur. OR *Je parle du professeur.*

1. Nous parlons (enfant, garçon, femme, hommes, étudiant, étudiantes, Américains)
2. On parle (garçons, homme, étudiants, enfants, étudiante, hôtesse, femme)

D. Make complete sentences with each group of words below, adding any necessary words.

1. Marie / travailler / librairie
2. Marc / étudier / bibliothèque
3. enfants / être / école
4. C'est / stylo / étudiant
5. Nous / être / devant / théâtre
6. dîner / être / sur / table
7. Tu / avoir / stylo / professeur?
8. Il / donne / eau / enfants

E. Make complete sentences using one item from each column and adding any necessary words.

MODEL: / Je, être, à université / *Je suis à l'université.*

Les étudiants	travailler	à	bibliothèque
Je	habiter	de	cinéma
Vous	être	derrière	maison
Luc	étudier	à côté de	appartement
Sylvie et Jeanne	manger	devant	étudiants
Nous	parler	loin de	arbres
Le café		sur	théâtre
La pharmacie		près de	université
		sous	

Parlons

A. Tell whom you like to talk to and what you like to talk about.

J'aime parler à…
- hommes
- femmes
- amis
- enfants
- étudiants
- professeur

J'aime parler de…
- hommes
- femmes
- football américain
- télévision américaine
- musique classique
- films anciens

B. Now tell what others like to talk about.

Les femmes
Les hommes
Les étudiants
Les professeurs

aiment parler de…

C. Situate objects and people in the classroom.

MODEL: Le livre du professeur est sur la table.
Jacqueline est près de la porte.

D. Identify various objects in the classroom according to the owner by using the expression **Voilà** (*there is* or *there are*).

MODEL: Voilà le bureau du professeur.
Voilà les stylos de Sylvie.

MÉTRO : Gares NORD et EST   ☎ 607.40.20

HOTEL PARIS NORD-EST

Gérant : J.-P. VINETTE

Fermé la nuit de 1 h. à 6 h.   133, Faubourg Saint-Denis
75010 PARIS

E. Using the map, give the locations of the following people and places.

MODEL: gare / hôtel → *La gare est près de l'hôtel.*

1. gare / église
2. Café St. Jacques / Café des Américains
3. Vous / hôtel
4. Jacqueline et Jeanne / café

5. musée / pharmacie
6. restaurant / université
7. banque / lycée
8. cinéma / théâtre

F. Answer these personal questions with complete French sentences.

1. Où est-ce que tu habites?
2. Où est-ce que vous aimez étudier?
3. Tu travailles? Où?
4. Vous aimez bien un restaurant? Où est-ce qu'il est?

5. Tu es de New York?
6. Qu'est-ce qu'il y a dans la ville où vous habitez?
7. Dans la ville où vous habitez, où est le musée? la gare? Où sont les églises? les cinémas? les cafés?
8. Qu'est-ce que tu aimes de l'université où tu étudies? Qu'est-ce qu'il y a sur le campus?

II. Aller, the futur proche

A. Forms of **aller**

aller *to go*	
je vais	nous allons
tu vas	vous allez
il, elle, on va	ils, elles vont

✳ Note that **aller** is an irregular verb, and you must memorize its forms.

1. **Aller** is almost never used alone as it can be in English (*I'm going!*). It is often followed by expressions that indicate manner or direction.

Je **vais avec** Marie.	*I'm going with* Marie.
Il **va au** cinéma.	*He is going to* the movies.
Nous **allons à** la plage.	*We are going to* the beach.
Est-ce que vous **allez au** théâtre?	*Are* you *going to* the theater?
Pour étudier, elle **va à** la bibliothèque.	*In order to study, she goes to* the library.

2. The formation of the imperative of **aller** is regular: **va, allons, allez.**

Allons au théâtre.	*Let's go* to the theater.
Ne va pas avec Jean.	*Don't go* with Jean.

Mots clés

Some idiomatic expressions with **aller**

Comment ça va? Ça va? How are you? You're doing okay?	**Je vais bien.** I'm fine
Ça va. Ça va bien. I'm fine.	**On y va?** Shall we go?
Comment allez-vous? How are you?	**Allez-y. Vas-y.** Go ahead.
	Allons-y! Let's go!

B. The **futur proche**

1. One very frequent use of **aller** is to express an action in the near future, that is, the intention to do something very soon. A conjugated form of **aller** + an *infinitive* is similar to the English construction *to be going* + an *infinitive*.

Nous **allons étudier.**	We *are going to study.*
Je **vais travailler** demain.	I *am going to work* tomorrow.
Ils **vont danser** ce week-end.	They *are going to dance* this weekend.
On **va partir** ce soir.	We *are going to leave* tonight.
Pour étudier, elle **va répéter** les mots.	In order to study, she *is going to repeat* the words.

* The main action portrayed appears in the form of an infinitive, which directly follows the conjugated verb **aller.**

* Note that the preposition **pour** + an *infinitive* also indicates manner or intention.

2. To make negative sentences with the **futur proche,** you simply place **ne... pas** around the conjugated form of **aller.**

Non, je **ne vais pas regarder** la télévision.	No, I'm *not going to watch* television.
Tu **ne vas pas aller** au cinéma?	You're *not going to go to* the movies?
Nous **n'allons pas chanter** à l'église.	We *are not going to sing* at the church.

Pratiquons

A. Substitute each of the given subjects in the following sentences.

1. *Nous* allons avec Marie.   (Je, Vous, Tu, Albert, L'étudiant, On, Les garçons)
2. *Je* ne vais pas à l'université.   (Il, Nous, On, Elles, Les professeurs, Vous, Tu)
3. Est-ce que *tu* vas travailler demain?   (nous, elle, on, Marc, il, Robert et Jacqueline, vous)

B. Read the following sentences aloud, then say them in the affirmative.

MODEL: Je ne vais pas au cinéma. → *Je vais au cinéma.*

1. Il ne va pas avec Jeanne.
2. Nous n'allons pas à la gare.
3. Les étudiants ne vont pas à la bibliothèque.
4. Vous n'allez pas à la banque?
5. Il ne va pas chanter maintenant.
6. Nous n'allons pas inviter Jean.

C. Substitute the given words in these sentences that use the **futur proche.**

1. *Je* vais étudier l'anglais.   (Nous, Ils, Tu, Vous, Les étudiants, La fille, On)
2. *Il* ne va pas être content.   (Je, Nous, Elles, Les agents de police, Vous, Elle)

D. Change the following sentences from the present tense to the **futur proche.**

MODEL: Il arrive fatigué. → *Il va arriver fatigué.*

1. Je travaille en ville.
2. Elle est professeur.
3. Ils invitent des amis.
4. Jacques a chaud.
5. Est-ce que vous habitez ici?
6. Nous aimons le restaurant.
7. Les garçons dansent avec les filles.
8. Tu vas au Canada.

Parlons

A. Answer the following questions.

1. Où est-ce que vous allez le matin? pour étudier? pour manger? pour regarder un film? le week-end?
2. Où vont les étudiants de votre université pour dîner? pour regarder un match de football? pour danser? pour parler?
3. Est-ce que tu vas étudier l'italien? aller à New York? regarder la télévision? écouter la radio? aller à l'église?

B. Ask a classmate if he or she is going to do the following things: travailler à la maison? fréquenter un café? fréquenter des amis? regarder la télé? arriver en classe? aller à Paris? danser avec des amis? manger au restaurant?

C. Ask your professor if he or she is going to do the following things: donner des devoirs? aller au match de football? être aimable ou désagréable? donner un examen facile?

D. Give advice to a friend who wants to do the following things. What would you tell a stranger who asks you one of these questions on the street? What should you *not* do?

MODEL: (to your friend) Pour parler français?
         Va en France!
         (to a stranger) Pour étudier?
         Ne restez pas à la résidence.

Pour étudier?   Pour regarder un film intéressant?
Pour bien dîner?   Pour avoir de l'argent?
Pour danser?   Pour consommer de la bière?

E. Prepare a brief presentation of your plans for the weekend or the next vacation. Tell where you are going and what you are going to do.

III. Prepositions with Place Names

Unlike English, French does not make a distinction between going *to* or being *in* a place. Instead, the correct preposition depends on the type of place name.

1. Use **à,** meaning *to* or *in*, with cities.

Nous allons à **Paris.**	We are going *to Paris.*
Robert est à **New York.**	Robert is *in New York.*
A Madrid on dîne tard.	*In Madrid*, people eat dinner late.

2. Use **en,** meaning *to* or *in*, with feminine countries and all continents. (Most countries ending in a written **e** are feminine.)

Vous allez étudier **en France?**	Are you going to study *in France?*
Robert est **en Angleterre.**	Robert is *in England.*
Ils désirent voyager **en URSS.**	They want to travel *in the USSR.*
En Belgique on parle français.	*In Belgium*, people speak French.

3. Use **au** (*pl* **aux**), meaning *to* or *in*, with countries that are masculine. These end in letters other than *e*.

Ils désirent voyager **au Canada.**	They want to travel *to Canada.*
Nous sommes **aux Etats-Unis.**	We are *in the United States.*
Au Portugal on trouve des universités très anciennes.	*In Portugal*, there are some very old universities.

    Two countries end in a written *e* but are masculine: **le Mexique, le Zaïre.**

La réservation TGV est ouverte.

Mots clés

Some cities

Londres	Lisbonne
Moscou	Mexico
Genève	La-Nouvelle Orléans
Bruxelles	Varsovie *(Warsaw)*

Some continents and feminine countries

l'Afrique	l'Espagne
l'Allemagne *(Germany)*	la France
l'Asie	la Grande-Bretagne *(Great Britain)*
l'Amérique du Nord	la Hollande
l'Amérique de Sud	l'Irlande
l'Autriche	l'Italie
l'Angleterre *(England)*	la Pologne
la Belgique	la Suisse *(Switzerland)*
la Chine	la Suède *(Sweden)*
l'Europe	l'URSS, la Russie *(Soviet Union)*

Some masculine countries

le Brésil	le Maroc *(Morocco)*
le Canada	le Portugal
le Danemark	le Sénégal
les Etats-Unis *(USA)*	le Tchad *(Chad)*
le Japon	

ATTENTION

If you are not expressing *to* or *in* a place, no preposition is necessary, but the definite article must be used with countries. Do not use an article with cities.

L'Italie est un pays fascinant.	*Italy* is a fascinating country.
Je vais visiter **Rome.**	I'm going to visit *Rome.*
Ils adorent **la Chine.**	They adore *China.*
Paris a des restaurants mexicains.	*Paris* has some Mexican restaurants.

Pratiquons

A. Use the proper definite article with the following place names. Remember that cities do not take one.

1. France 2. Espagne 3. Portugal 4. Rome 5. Etats-Unis
6. Mexique 7. Sénégal 8. Canada 9. URSS 10. New York
11. Zaïre 12. Maroc 13. Japon 14. Chine 15. Amsterdam
16. Tokyo 17. Asie 18. Zurich 19. Italie

B. Use the correct preposition for *to* or *in* with the following place names.

1. Brésil 2. Sénégal 3. Boston 4. Pologne 5. Etats-Unis
6. Amérique 7. URSS 8. Québec 9. Europe 10. Italie
11. Londres 12. Angleterre 13. Danemark 14. Bruxelles
15. Montréal 16. Irlande

C. Form a sentence to describe where someone is, based on the following model.

MODEL: Paris, France → *Il est à Paris, en France.*

1. Rome, Italie   6. Pékin, Chine
2. Berlin, Allemagne   7. Hanoï, Viêt-nam
3. Mexico, Mexique   8. Bruxelles, Belgique
4. Washington, Etats-Unis   9. Montréal, Canada
5. Rio, Brésil   10. Lyon, France

D. Identify the following countries by what continent they are on.

MODEL: La France est en Europe.

1. Mexique   3. Chine   5. Brésil   7. Portugal
2. Angleterre   4. Sénégal   6. Tchad   8. Japon

Parlons

A. Try to identify where you are, as another student chooses a number for a country or a letter for a city from the map on p. 81.

MODEL: 1: Nous sommes en France.
          B: Nous sommes à Madrid.

B. Using the same map, plan a trip through Europe. As a classmate reads the places to visit, you can follow by drawing a line or listing the numbers and letters. Then read your itinerary.

MODEL: J'arrive à Paris. Je visite la France. Après, je vais en Suisse et en Italie. Je continue mon voyage en Autriche et je termine les vacances à Berlin.

C. Tell where the following people live.

MODEL: François Mitterrand?   *Il habite en France.*

1. Juan Carlos?
2. Lady Diana?
3. Federico Fellini?
4. Helmut Kohl?
5. Pierre Trudeau?
6. Colette?
7. Meryl Streep?
8. Miguel de la Madrid?

D. Answer the following questions with complete French sentences.

1. Où est-ce que vous désirez aller en Europe?   en Amérique du Sud?
2. Quelles *(Which)* villes et quels pays est-ce que vous désirez visiter?
3. Où est-ce que la vie est agréable?   désagréable?
4. Quels pays est-ce que vous recommandez aux Américains?
5. Quels sont les pays du Marché Commun *(Common Market)?*

E. In small groups, take turns giving each other the names of cities and telling what country they are in.

MODEL: Tokyo?   *Tokyo est au Japon.*

IV. Les Nombres de 70 à 1000

70	soixante-dix	93	quatre-vingt-treize
71	soixante et onze	94	quatre-vingt-quatorze
72	soixante-douze	95	quatre-vingt-quinze
73	soixante-treize	96	quatre-vingt-seize
74	soixante-quatorze	97	quatre-vingt-dix-sept
75	soixante-quinze	98	quatre-vingt-dix-huit
76	soixante-seize	99	quatre-vingt-dix-neuf
77	soixante-dix-sept	100	cent
78	soixante-dix-huit	101	cent un
79	soixante-dix-neuf	108	cent huit
80	quatre-vingts	111	cent onze
81	quatre-vingt-un	116	cent seize
82	quatre-vingt-deux	120	cent vingt
83	quatre-vingt-trois	172	cent soixante-douze
84	quatre-vingt-quatre	199	cent quatre-vingt-dix-neuf
85	quatre-vingt-cinq	200	deux cents
86	quatre-vingt-six	214	deux cent quatorze
87	quatre-vingt-sept	231	deux cent trente et un
88	quatre-vingt-huit	284	deux cent quatre-vingt-quatre
89	quatre-vingt-neuf	300	trois cents
90	quatre-vingt-dix	400	quatre cents
91	quatre-vingt-onze	701	sept cent un
92	quatre-vingt-douze	1000	mille

ATTENTION

Note that **et** is used with 21, 31, 41, 51, 61, and 71 (**Vingt et un, trente et un,...**), but not with 81, 91, and 101 (**Quatre-vingt-un, quatre-vingt-onze, cent un**).

* **Quatre-vingts** and multiples of **cent** take an *s* when they are not followed by another number. When they are followed by another number, there is no *s*.

> quatre-vingts   quatre-vingt-cinq
> deux cents   deux cent trente-quatre
> quatre cents   quatre cent dix

* **Cent** and **mille** are *never* preceded by **un**.

> 100 cent   1005 mille cinq

* **Mille** never takes an *s*.

> Mille, deux mille, trois mille...

EXERCISES

A. Read the following numbers in French.

71, 81, 89, 99
100, 102, 151, 274
391, 500, 544, 1000

B. Count from 70 to 100 by threes.

70, 73, 76,...

C. Count from 100 to 200 by fives.

100, 105, 110,...

D. Count from 500 to 700 by tens.

500, 510, 520,...

E. Answer the following questions with complete French sentences.

1. Quel âge a le professeur?
2. Quel âge a le Président des Etats-Unis?
3. Combien d'étudiants est-ce qu'il y a à la résidence? à l'université?
4. Combien de pages est-ce qu'il y a dans le livre de français?
5. Combien de disques est-ce que vous avez?
6. Combien d'étudiants vont aux matchs de football?

Communiquons

LES DÉPLACEMENTS *(Ways to get around)*

French people are much more likely to take a train between cities than Americans, because plane travel in Europe is exceedingly expensive. Trains in France are nationalized; the company is **la SNCF. (Société Nationale des Chemins de Fer Français)**. They are fast, comfortable, and almost always on time. The new **TGV** (train à grande vitesse), the world's fastest commercial train, runs between Paris and Marseille at 200 miles per hour.

A. The various means of transportation are expressed as follows.

en avion   *by plane*   en train   *by train*

en voiture, en auto   *by car*   en bateau   *by boat*

en autobus, en autocar   *by bus*   à cheval   *on horseback*

à bicyclette, à vélo   *on a bike*   à pied   *on foot*

Comment allez-vous **en classe?**	How do you get *to class?*
Je vais **à pied.**	I *walk.*
Ils arrivent de Paris **en avion.**	They are arriving from Paris *by plane.*

ATTENTION

1. When **Comment allez-vous?** does not refer to health, there is no liaison between **comment** and **allez.**
2. **Un autobus** refers to urban transportation, **un autocar** to a bus that travels between cities.

B. To ask directions in French you need to know several expressions.

Excusez-moi / Pardon   *Excuse me*
Pourriez-vous me dire...   *Could you tell me . . .*
Pourriez-vous m'indiquer...   *Could you indicate to me . . .*
... où se trouve...   *. . . where . . . is located*

Pourriez-vous me dire **où se trouve** la gare?	*Could you* tell me *where* the train station *is located?*
Pourriez-vous m'indiquer une banque?	*Could you point out* a bank to me?

Où se trouve le bureau de poste?	*Where is* the post office (*located*)?

To give directions, use one of these expressions.

au coin de la rue   *to / on the street corner*
tout droit   *straight ahead*
à droite   *to the right*
à gauche   *to the left*
jusqu'à   *up to*

Allez **tout droit jusqu'au coin de la rue,** ensuite tournez **à gauche.**	Go *straight ahead to the corner (of the street),* then turn *left.*

C. While Americans judge distances in cities by blocks, the French generally give a more precise measurement in meters. A meter is about three inches longer than a yard.

C'est à **300 mètres** d'ici.	It's *300 meters* from here.

EXERCISES

A. Answer the following questions.

1. Comment est-ce que vous allez à l'université?   au restaurant?
2. Comment est-ce que vous allez au cinéma?   à la maison?
3. Comment est-ce qu'on va en Europe?   au Canada?
4. Pour aller à la résidence, on va tout droit? Expliquez.
5. Le parking est à quelle distance de la salle de classe?   Le parking des professeurs est loin ou près de la classe?

B. Using the map with Grammaire I, give directions to Jacqueline and Jeanne to go to: **la gare, le Café des Amis, le Lycée Voltaire, le Théâtre de la Gare**

Section culturelle

Vacations in France

In France, every person who has been employed for at least a year is entitled to five weeks of paid vacation. July and August are the months in which the vast majority takes its annual leave. In August, the country almost comes to a standstill. Most plants, companies, and big corporations shut down completely. Life virtually comes to a halt, and the population migrates to summer resorts in France and abroad. Tourists who visit Paris in August are often irritated to see signs that say "Fermeture annuelle" on stores, theaters, and exhibits.

For years, the government has encouraged people to spread their vacations over a longer period of time. But most are reluctant to do so. Many still consider August the ideal vacation time because of better chances for good weather. It is also a question of status. In big companies, newly hired employees are forced to take their vacations in June or September because those with more seniority almost always pick July or August.

More and more people with school-age children take their vacations in two parts, three weeks in the summer and another week in the winter, either during the Christmas holidays or in February, when children have a break.

Les Congés°

En France, les salariés° ont cinq semaines° de congés payés.° Les vacances scolaires° commencent en juillet° et les grandes entreprises° ferment en août.° Juillet et août sont les mois° de grandes vacances.° En août, à Paris, les magasins,° les théâtres et l'Opéra ferment.

Les Français aiment aller en vacances à l'étranger,° particulièrement en Espagne, en Italie et au Portugal. Ils vont aussi très loin et visitent la Jamaïque, les Antilles ou les Seychelles. Les Français restent aussi en France et passent° les vacances à la mer, à la montagne,° à la campagne° et dans les villes. Les vacances à l'hôtel sont très chères et beaucoup de Français préfèrent camper ou voyager en caravane.° L'été,° sur la Côte d'Azur,

Vacations
wage earners / weeks / paid / school
July / big companies / August
months / summer vacation / stores
abroad

spend

in the mountains / in the country
motor home / In summer

les terrains de camping° sont toujours pleins, et beaucoup de vacanciers° campent dans les champs° et sur la plage. C'est le «camping sauvage.»° La Côte d'Azur est aussi l'endroit° où on porte° beaucoup le bikini et le monokini.

Les Français aiment aussi les vacances en hiver.° De décembre à mars, ils vont aux sports d'hiver: ils restent en France ou vont en Suisse, en Autriche, en Italie ou en Allemagne. Ils font du ski,° du patin à glace,° de la luge° et ils jouent dans la neige.° Le soir, ils dansent dans les discothèques.

Les vacances sont très importantes pour les Français. Le I{er} août est un véritable exode.° Les routes sont encombrées° et la circulation° est intense. Quatre, cinq ou six heures sont souvent nécessaires pour traverser° la frontière entre la France et l'Espagne.

(Marginal glosses, left column:)

camp grounds / vacationers
fields / unauthorized camping
  / place
wear
winter

ski / ice skate / sledding /
  snow
true exodus

jammed / traffic

to cross

QUESTIONS SUR LE TEXTE

1. En France, qui a cinq semaines de congés payés?
2. Quand commencent les vacances scolaires en France?
3. En août à Paris, est-ce que les magasins, les théâtres et l'Opéra sont ouverts?
4. Où vont les Français en vacances?
5. En général, est-ce que les Français vont à l'hôtel? Pourquoi?
6. Est-ce que vous allez faire du camping cet été?
7. Pourquoi est-ce que les vacanciers campent dans les champs et sur les plages?
8. Où vont les Français aux sports d'hiver? Et vous?
9. Quand est-ce que quatre à six heures sont nécessaires pour aller de France en Espagne?
10. Les vacances sont très importantes pour toi aussi? Où vas-tu?

6

Gérard et Micheline Ducharme font leurs bagages°

M. et Mme Ducharme sont québécois.° Ils vont aller à Paris chez° des amis et ils préparent leurs° bagages.°

GÉRARD	Je vais faire ma valise!° Et toi,° Micheline?
MICHELINE	Moi, J'ai déjà° fait mes bagages. Je vais aller magasiner.° Hier,° j'ai oublié° plusieurs° choses.°
GÉRARD	Est-ce que tu as acheté° des cadeaux° pour nos amis parisiens?
MICHELINE	Oui, mais ça a été° difficile. J'ai cherché des cadeaux typiques° du Québec, mais tout° est très dispendieux.°
GÉRARD	Qu'est-ce que tu as trouvé?
MICHELINE	J'ai eu° une idée° fantastique. J'ai acheté trois livres° de saumon° fumé.
GÉRARD	Ce n'est pas possible! Qu'est-ce que nous allons faire avec notre° saumon fumé, maintenant?
MICHELINE	J'ai pensé° à tout! J'ai placé° le saumon dans ta valise avec tes° chaussettes° et tes chemises.°
GÉRARD	Très bien, tes idées sont merveilleuses!° Maintenant mes affaires° vont avoir une odeur° de saumon!

Mots clés

Vocabulaire du dialogue

font leurs bagages   pack their bags (**faire**)
québécois, -e   citizens of Quebec
chez   at the home or business of
leurs   their
les bagages *(m)*   baggage, luggage
la valise   the suitcase
toi   you
déjà   already
magasiner   to shop (*Quebec French*)
hier   yesterday
j'ai oublié   I forgot (**oublier**)
plusieurs   several
la chose   the thing
j'ai acheté   I bought (**acheter**)
le cadeau, *(pl cadeaux)*   the present, gift
a été   was (**être**)
typique   typical

tout   everything
dispendieux, -ieuse   expensive (*Quebec French*)
j'ai eu   I had (**avoir**)
l'idée *(f)*   the idea
la livre   the pound
le saumon   the salmon
notre   our
j'ai pensé   I thought (**penser**)
j'ai placé   I put (**placer**)
la chemise   the shirt
tes   your
la chaussette   the sock
merveilleux, -euse   marvelous, wonderful
les affaires *(f + pl)*   (the) possessions, things
l'odeur *(f)*   the odor, smell

FAISONS CONNAISSANCE

French is the native language of over six million Canadians and the official language of Quebec. Montreal is the second largest French-speaking city in the world. Just as differences have developed between American and British English, the French spoken in Quebec differs from that of Paris. Vocabulary items and several features of pronunciation are different.

For example, Mme Ducharme uses the adjective **dispendieux** for *expensive*, while a native of France would say **cher.** The verb **magasiner** corresponds to the expression **faire des courses,** meaning *to go shopping.* A native of France might also use **faire du shopping.** While the Québécois have been accused of letting English influence their French too much, the latter example shows that this is not always true. Another example is the use in France of the word **week-end,** which is **fin de semaine** in Quebec.

ETUDIONS LE DIALOGUE

1. Où est-ce que M. et Mme Ducharme habitent?
2. Qu'est-ce que M. Ducharme va faire?
3. Pourquoi est-ce que Mme Ducharme va magasiner?
4. Est-ce qu'elle a acheté des cadeaux? Pour qui?
5. Ça a été facile? Pourquoi?
6. Qu'est-ce que Mme Ducharme a trouvé?
7. Est-ce que M. Ducharme aime l'idée de sa femme?
8. Où est-ce qu'elle a placé le saumon?

Enrichissons notre vocabulaire

Où est-ce qu'il va **faire une promenade?**

Il va **faire un tour** dans **le parc.**

Where is he going *to take a walk?*

He is going *to go for a walk* in *the park.*

Est-ce que tu as beaucoup mangé?

Oui, j'ai mangé **un sandwich** / des frites / **des crêpes** / **une omelette.**

Non, j'ai commencé **un régime récemment.**

Have you had a lot to eat?

Yes, I ate *a sandwich* / French fries / *crepes* / *an omelette.*

No, I started a *diet recently.*

Qu'est-ce que Françoise va faire?

Elle a eu **une idée** fantastique. Elle va acheter **une bicyclette.**

What is Françoise going to do?

She had *a fantastic idea.* She is going to buy *a bike.*

Qui habite chez **tes** parents?

Mon frère et ma sœur habitent chez **eux.**

Who lives at *your* parents' house?

My brother and my sister live *at their house.*

Quel est **le monument préféré** des touristes?

Ils adorent la Tour Eiffel.

What is *the favorite monument* of tourists?

They adore the Eiffel Tower.

Moi, j'ai acheté **un cahier.** Et **toi?**

Moi, j'ai acheté **une cravate** / **des chaussures** / **un pantalon** / **des jeans.**

I bought *a notebook.* And *you?*

I bought *a necktie* / *shoes* / *pants* / *jeans.*

Est-ce que Marie **porte** sa **jolie robe?**

Non, elle porte **une jupe** et **un chemisier.**

Is Marie *wearing* her *pretty dress?*

No, she's wearing *a skirt* and *a blouse.*

Mots clés

la bicyclette the bicycle	**le monument** the monument
le cahier the notebook	**l'omelette** (*f*) the omelette
la chaussure the shoe	**le pantalon** the pants
le chemisier the blouse	**le parc** the park
la cravate the necktie	**porter** to wear, carry
la crêpe the crepe	**préféré, -e** favorite
eux them	**quel** what
faire une promenade to take a walk	**récemment** recently
faire un tour to go for a walk	**le régime** the diet
les frites (*f*) the French fries	**la robe** the dress
l'idée (*f*) the idea	**le sandwich** the sandwich
les jeans (*m*) the blue jeans	**tes** your
joli, -e pretty	**toi** you (*familiar*)
la jupe the skirt	**le / la touriste** the tourist
moi me	

Prononciation

Vowel Tension

French vowels are pronounced with much more tension of the muscles in the tongue, lips, and jaw than English vowels. The gliding of one vowel sound into another is common in English, and the sound produced is called a diphthong. You must avoid this movement when pronouncing French vowel sounds, so that each is distinct.

Listen carefully and repeat after the teacher the following English and French word pairs. Pay attention to any unwanted movement when pronouncing the French words.

English	*French*
see	si
D	dit
boo	bout
do	doux
day	des
Fay	fait
foe	faux
low	l'eau

EXERCISES

A. Read the following words, paying attention to vowel tension.

/i/	/u/	/e/	/o/
si	où	et	l'eau
dit	bout	des	beau
Guy	cou	les	faux
J	fou	mes	mot
oui	vous	été	tôt

B. Read the following sentences, taking care to keep your muscles tense when you pronounce the vowels.

1. Vous travaillez tôt.
2. Sylvie étudie le français.
3. Hervé va aller au Togo.
4. Les Anglais vont visiter le Poitou.
5. Le bureau est à côté du tableau.
6. Vous trouvez mon chapeau joli?
7. Vous allez visiter les musées ici?
8. Nous aimons le café de Colombie.
9. L'ami de Claude est impoli.
10. Où est-ce que vous allez pour les vacances d'été?

Grammaire

I. The Verb **faire**

faire *to do, make*	
je fais	nous faisons
tu fais	vous faites
il fait	ils font
elle fait	elles font
IMPERATIVE: fais, faisons, faites	

* All singular forms are pronounced alike: /fɛ/

Je **fais** une omelette.	*I'm making* an omelette.
Il ne **fait** pas de devoirs.	He *doesn't do* any homework.
Nous **faisons** la cuisine ensemble.	We *are cooking* together.

* The **nous** form is pronounced /fø zɔ̃/.

Mots clés

Idiomatic expressions with **faire**

faire des devoirs	to do homework	**faire un voyage**	to take a trip
faire la vaisselle	to do the dishes	**faire attention à**	to pay attention to
faire des courses	to go shopping	**faire la grasse matinée**	to sleep late
faire le ménage	to do housework		

As in English, the answer to a question using **faire** often has a different verb.

Qu'est-ce que vous **faites** ce soir?	What are you *doing* tonight?
Je **vais regarder** la télévision.	I'm *going to watch* television.

Pratiquons

A. Replace the italicized words with each of the suggested subjects.

1. *Je* fais des courses.   (Vous, Elles, On, Tu, Nous, Robert, Les enfants)
2. *Il* ne fait pas la vaisselle.   (Ils, Nous, Elles, Je, On, Tu, Vous)
3. *Nous* allons faire un voyage.   (Jeanne, Les étudiants, Je, Vous, Tu, On, Il)

B. Fill in the blanks with the appropriate form of **faire**.

1. Nous ＿＿ des devoirs.
2. Elle ＿＿ la vaisselle.

3. Ne _____ pas la cuisine.
4. Il va _____ un tour en ville.
5. Est-ce que vous _____ les bagages?
6. Elle n'aime pas _____ le ménage?

C. Make sentences with the words given below, adding any necessary elements.

1. Robert / faire / courses / supermarché
2. Les étudiants / ne / faire / devoirs / le week-end
3. Faire / promenade / dans le parc!
4. hommes / ne / aimer / faire / cuisine
5. enfants / faire / pas / attention / autos
6. Vous / faire / voyage / Angleterre
7. Je / aller / faire / salade
8. On / faire / ménage / demain?

D. Translate the following sentences into French.

1. Louise, pay attention, please.
2. I'm going to do the dishes.
3. They are taking a walk.
4. Jeanne, are you packing?
5. Do you like to cook?
6. He hates to do housework.

E. Answer the following questions, using the cues provided.

1. Vous aimez faire des promenades? (Oui, nous...)
2. Qu'est-ce que Luc et Gilles font? (...des courses.)
3. Est-ce que les étudiants font attention en classe? (Oui, mais Jacqueline ne...)
4. Tu fais la cuisine? (Non, Mme Dumas...)
5. Qui fait un voyage en Europe? (Pierre et Jacques...)
6. Est-ce que tu fais la vaisselle? (Non,... la cuisine.)

Parlons

A. What is your specialty? Tell what you like to make.

Quand je fais la cuisine, je fais
- un sandwich
- une salade
- une omelette
- des crêpes
- des hamburgers
- des frites
- de la soupe
- ?

B. Tell what you are planning to do next weekend at the times indicated.

vendredi soir (*Friday night*)	samedi (*Saturday*)	samedi soir (*Saturday night*)	dimanche (*Sunday*)

des devoirs   une promenade   travailler à la bibliothèque
la cuisine   faire la grasse matinée   aller danser
des courses   aller au cinema   regarder la télévision

C. Ask a classmate for the following information.

1. ...où il / elle fait des courses
2. ...où il / elle fait des promenades
3. ...s'il / si elle fait la cuisine / le ménage
4. ...s'il / si elle fait attention au professeur / aux agents de police
5. ...quand il / elle fait le ménage
6. ...s'il / si elle aime faire la vaisselle

D. In today's world, stereotypes are disappearing quickly. Tell what you think men and women like to do.

Les hommes font...   la vaisselle
                        le ménage
                        du sport
                        des voyages
Les femmes font...   la cuisine
                        des courses
                        du judo
                        de la bicyclette

E. Use the verb **faire** to tell what the following people do for a living. Can you think of others?

MODEL: François Truffaut fait des films.

Chris Evert-Lloyd et Jimmy Connors   de la gymnastique
Julia Child   du théâtre
Muhammed Ali   du cinéma
Jane Fonda et Gérard Depardieu   de la politique
Laurence Olivier   de la boxe
Cathy Rigby   la cuisine
François Mitterrand et Valéry Giscard-d'Estaing   du tennis

II. The **passé composé**

The **passé composé** refers to actions or events that the speaker views as completed in the past. To form the **passé composé,** use the present indicative forms of **avoir** and the past participle of the main verb.

travailler *to work*	
j'ai travaillé	nous avons travaillé
tu as travaillé	vous avez travaillé
il a travaillé	ils ont travaillé
elle a travaillé	elles ont travaillé

J'ai **travaillé** hier.	I *worked* yesterday.
Il **a trouvé** la gare.	He *found* the train station.
Nous **avons fermé** la fenêtre.	We *closed* the window.

* To form the past participle of *-er* verbs, drop the *-er* of the infinitive and add *é* as in **travailler → travaillé.** (Note that the pronunciation does not change.)

* The **passé composé** has several English equivalents. For example, **elle a chanté** could be *she sang, she has sung,* or *she did sing.*

In the negative, place the **ne... pas** around the auxiliary verb **avoir.**

Il **n'a pas** répété le dialogue.	He *didn't* repeat the dialogue.
Je **n'ai pas** terminé la leçon.	I *haven't* finished the lesson.

Many verbs have irregular past participles. Those that you have studied so far are:

avoir → eu	Il **a eu** une idée.	He *had* an idea.
être → été	Elle **a été** contente.	She *was* happy.
faire → fait	Vous **avez fait** la vaisselle?	*Did* you *do* the dishes?

Generally, expressions of time are placed either at the end or at the beginning of the sentence.

J'ai fait une promenade **hier.**	I went for a walk *yesterday.*
Hier il a fait le ménage.	*Yesterday* he did housework.
Le week-end dernier nous avons fait la grasse matinée.	*Last weekend,* we slept late.

One exception is **déjà,** which comes between **avoir** and the past participle.

Vous **avez déjà fait** les bagages?	Have you *already* packed your bags?

The opposite of **déjà** is **pas encore,** which is used in negative sentences. Place **pas encore** *before* the past participle.

Non, je n'ai **pas encore**   No, I haven't finished yet.
    terminé.

Pratiquons

A. Replace the italicized words with each of the suggested subjects.

1. *J'*ai acheté un livre.   (Paul, Nous, Tu, On, Les enfants, Vous)
2. *Vous* avez eu chaud.   (Je, Ils, Marie et Jeanne, Tu, Nous)
3. *Nous* n'avons pas fait de promenade.   (Le professeur, M. et Mme Ducharme, Vous, On, Tu, Elle)
4. *Il* n'a pas été content.   (Je, Vous, Luc et Jacques, Tu, Nous, Elles)

B. Replace the infinitive with the **passé composé** in the following sentences.

1. Paul (acheter) une auto.
2. Vous (avoir) froid en Angleterre.
3. Tu (être) content du cadeau.
4. Nous (trouver) un livre formidable.
5. Ils (manger) du saumon fumé.
6. On (trouver) une valise.
7. Les étudiants (visiter) le musée.
8. Je (oublier) le disque.

C. Change the following sentences to the negative.

1. Nous avons fait le ménage.
2. Il a aimé le livre.
3. Michelle a trouvé la chaussette.
4. Gaston a fait attention au professeur.
5. Elles ont cherché une chambre.
6. On a invité les parents.

D. Change the following sentences to the **passé composé.**

1. Louise regarde la télévision.
2. J'invite des amis.
3. Vous ne fermez pas la porte?
4. Nous ne terminons pas la leçon.
5. Tu manges de la salade?
6. Pierre et Paul ont faim.
7. On est à Paris.
8. Il cherche un cadeau.

E. Change the following sentences from the **futur proche** to the **passé composé**.

MODEL: Il va faire la grasse matinée.
Il a fait la grasse matinée.

1. Jacques va avoir froid.
2. Tu vas préparer le dîner.
3. Vous allez acheter un disque.
4. Je vais expliquer la leçon.
5. Nous allons faire une promenade.
6. Elles vont montrer le film.
7. Les touristes vont fréquenter les cafés.
8. On va chercher des cadeaux.

Parlons

A. Match the following people with what they did to become famous.

MODEL: Thomas Jefferson a acheté la Louisiane.

Marco Polo	inventer la radio
John Wilkes Booth	être pilote
Georges Pompidou	étudier l'atome
Henry VIII	voyager en Chine
Guglielmo Marconi	assassiner Lincoln
Marie Curie	étudier des sociétés primitives
Amelia Earhart	développer des vaccins
Margaret Mead	avoir six femmes
Louis Pasteur	chanter «La Vie en rose»
Edith Piaf	être Président de la République Française

B. Divide into small groups and find out what your partners did last summer. Report your findings to the class. Some possible answers are listed below.

MODEL: L'été dernier, Robert a étudié le français.

travailler à...
visiter les Etats-Unis, l'état de..., etc.
acheter des disques, des livres,...
étudier l'anglais, les mathématiques, etc. à... (université)
voyager au Mexique, en France,...
faire des promenades
manger (où?)
fréquenter les cafés, les bars
inviter des amis
parler au téléphone (avec?)

«Qu'est-ce que tu as fait pour l'Halloween l'année dernière?»

C. Tell the class what you did yesterday. Some possible answers are listed below.

   MODEL: Hier j'ai regardé la télévision.

   écouter la radio, des disques,   faire la cuisine, une promenade,…
      de la musique   faire des courses à…
   étudier…   parler avec…
   manger (où?)   avoir chaud, avoir froid
   acheter un stylo, du papier,…   danser à…
   travailler à

D. Tell the class something you did *not* do recently that you should have.

   MODEL: Je n'ai pas fait la vaisselle.

   préparer la leçon   commencer un régime
   travailler à…   écouter les professeurs
   téléphoner à mes parents   terminer les exercices
   faire le ménage   étudier le français

E. Answer the following questions.

   1. Qu'est-ce que vous avez acheté hier?
   2. Est-ce que vous avez chanté en public? Où?
   3. Qui est-ce que vous avez invité?
   4. Vous avez donné des leçons? De mathématiques?
   5. Quel monument célèbre (*famous*) est-ce que vous avez visité?
   6. Où est-ce que vous avez déjà habité?
   7. Vous avez parlé avec une personne célèbre? Qui?
   8. Quel film est-ce que vous avez regardé à la télévision?

III. Possessive Adjectives

In English, possessive adjectives show the ownership of an object or of a quality. They also show relationship: *my* book, *your* honesty, *his* girlfriend.

In French, these adjectives show not only the person of the possessor but also the number (singular or plural) of the object possessed, and they can also show gender (masculine or feminine).

mon livre	*my* book (*m* + *sing*)
ma femme	*my* wife (*f* + *sing*)
mes crayons	*my* pencils (*pl*)

A. Written Forms

		Singular		
Possessor	*English*	*masculine*	*feminine*	*Plural*
1st sing	my	mon	ma	mes
2nd sing	your	ton	ta	tes
3rd sing	his, her, its	son	sa	ses
1st pl	our	notre		nos
2nd pl	your	votre		vos
3rd pl	their	leur		leurs

French identifies the gender of the item possessed but not the gender of the possessor.

son appartement	*his / her* apartment
sa bicyclette	*his / her* bicycle

 ATTENTION:

The adjectives **ma, ta,** and **sa** are not used before a vowel. You must use **mon, ton,** and **son,** even if the word is feminine.

> une étudiante → son étudiante (*f*)
> une amie → mon amie (*f*)

Therefore **ton enfant** may refer to a male or female child.

B. Oral Forms

The pronunciation of possessive adjectives changes according to whether the following noun starts with a consonant or a vowel sound. The only final written consonant that is always pronounced is the **r** of **leur.** The pronunciation of all other possessive adjectives changes before a vowel sound.

mon, ton, son: the *n* is pronounced because of *liaison*.
mes, tes, ses, nos, vos, leurs: the *s* is pronounced because of
liaison.

mon frère	/mɔ̃ fRɛR/
mon ami	/mɔ̃ na mi/
leurs classes	/lœR klas/
leurs enfants	/lœR zɑ̃ fɑ̃/

The final *e* in **notre** and **votre** is not pronounced before a noun; the
adjective and noun should be pronounced as one word.

notre appartement	/nɔ tRa paR tə mɑ̃/
votre école	/vɔ tre kɔl/

Remember that **ma, ta,** and **sa** change the most: they become **mon, ton,**
and **son** when the following noun begins with a vowel sound.

EXERCICES DE PRONONCIATION

Before beginning the regular exercises on possessive adjectives, your teacher will
help you pronounce them by pairing each form with the words below.

MODEL: pantalon *(m + sing)*   *mon pantalon, ton pantalon, son pantalon*
           argent *(m + sing)*   *notre argent, votre argent, leur argent*

initial consonant— *masculine*	*initial consonant—* *feminine*	*initial vowel*
chemisier	chemise	ami(e)
stylo	robe	enfant *(m or f)*
crayon	cravate	auto
livre	chaussette	hôtel
cahier	chaussure	appartement
jeans	jupe	étudiant(e)
		université
		école

Pratiquons

A. Replace the italicized words with each of the suggested possessive adjectives.

1. Jacques a trouvé *son* stylo.   (mon, votre, leur, ton, notre)
2. Pierre a aimé *sa* cravate.   (votre, ta, ma, leur, notre)
3. Sylvie a regardé *mes* photos.   (tes, nos, leurs, ses, vos)

B. Replace the italicized words with each of the suggested subjects and the possessive adjectives, respectively.

1. *Il* a demandé *son* stylo.   (Je, mon)
2. *Pierre* a admiré *son* auto.   (Luc et Jacques, leur)
3. *Tu* as aimé *ma* chemise.   (Il, sa)

4. *J'ai donné ma robe.* (Tu, ta)
5. *Vous avez trouvé leurs chaussures.* (Paul, ses)
6. *Elles ont invité tes amis.* (Vous, vos)

C. Replace the possessive nouns with possessive adjectives.

MODEL: C'est l'amie de Micheline. → *C'est son amie.*

1. C'est la chemise de Jacques.
2. J'aime l'école de Monique.
3. Voilà la jupe de Jeanne.
4. Regardez le livre des enfants.
5. Nous montrons l'auto de Pierre.
6. J'ai parlé avec les enfants de mes amis.

D. Translate the following expressions into French.
1. his university 2. my car 3. their ties 4. your friend (male) 5. your friend (female) 6. their skirts 7. her dress 8. our book 9. our books 10. his pants 11. his school 12. her school 13. their children 14. my church 15. her child 16. our test 17. your hotel 18. their hostesses 19. our university

E. Answer the following questions according to the cue provided.

1. Est-ce que vous avez votre stylo? (Oui,...)
2. Tu aimes mes amis? (Oui,...)
3. Où est-ce que vous avez acheté mon cadeau? (... en Belgique.)
4. Ils ont visité mon université? (Oui, la semaine dernière...)
5. Où est-ce que vous avez trouvé votre robe et vos chaussures? (... en ville.)
6. Vous avez regardé nos photos? (Non,...)
7. Tu as montré sa maison? (Non,... auto.)
8. Est-ce que Jacques écoute ses disques? (Non,... radio.)

Parlons

A. Point to objects in class for your classmates to identify by ownership.

MODEL: C'est votre livre? *Oui, c'est mon livre.*
C'est ma cravate? *Oui, c'est votre cravate.*
Ce sont vos chaussures? *Non, ce sont mes chaussettes.*

B. If you were lost on a desert island, which three of your possessions would you most like to have with you? Consult the following list, but use your imagination!

MODEL: Je voudrais avoir ma radio.

disques	petit ami	cigarettes
argent	petite amie	bière préférée
auto	parents	amis
?	professeurs	livre de français

C. Describe the members of your family, according to the ideas below.

mère (*f*) *mother*   sœur (*f*) *sister*
père (*m*) *father*   frère (*m*) *brother*
parents (*m + pl*) *parents*

1. Où est-ce qu'ils habitent?   4. Qu'est-ce qu'ils aiment?
2. Où est-ce qu'ils travaillent?   5. Qu'est-ce qu'ils détestent?
3. Quel âge est-ce qu'ils ont?   6. Où est-ce qu'ils voyagent?

D. Divide into small groups and review the colors (chapter 2). Select a color, and take turns naming objects of that color. Do not forget that colors are adjectives and must agree with the nouns they modify.

MODEL: Rouge?   *Ma chemise et sa robe sont rouges.*
          Vert?   *Ton pantalon est vert.*

E. Answer the following questions.

1. Où est-ce que tes parents habitent?
2. Qu'est-ce que vous faites avec vos ami(e)s?
3. Quel est ton livre préféré? ton film préféré?
4. Où est votre résidence universitaire ou appartement?
5. Où est-ce que tu fais tes devoirs?
6. De quelle couleur est ton auto? ta maison?
7. Qu'est-ce qu'il y a sur votre bureau?
8. Est-ce que vous aimez nos exercices?

IV. Tonic Pronouns

person	*singular*	*plural*
1st	moi *I, me*	nous *we, us*
2nd	toi *you*	vous *you*
3rd	lui (*m*) *he, him, it*	eux (*m*) *they, them*
	elle (*f*) *she, her, it*	elles (*f*) *they, them*

Tonic pronouns have the following uses:

1. Without a verb

Je n'aime pas le lait. Et **toi?**   I don't like milk. And *you?*
Qui désire du vin? **Moi!**   Who wants wine? *I do!*
Est-ce qu'il étudie beaucoup?   Does he study a lot? No, not *him.*
Non, pas **lui.**

2. After a preposition

Je travaille avec **elle**.	I work with *her*.
Ils arrivent chez **moi** en retard.	They arrive late at *my* house.
Le professeur commence sans **eux**.	The teacher begins without *them*.
Chez **nous** on mange des sandwiches.	At *our* house (At home) we eat sandwiches.

3. To put emphasis on a subject pronoun

In French, you cannot simply add stress as in English (*I* don't care!). A tonic pronoun repeats the subject.

Moi, je n'aime pas les écrevisses.	*I* don't like crayfish.
Toi, tu n'arrives pas à l'heure.	*You* don't arrive on time.
Vous êtes riche, **vous**.	*You* are rich.

* Note that the tonic pronoun can come at the beginning or the end of the sentence, and that the intonation rises at the comma.

Another way to emphasize a subject pronoun is to use the tonic pronoun followed by **-même**(s). This is the equivalent of *-self* in English.

Je fais la cuisine **moi-même**.	I do the cooking *myself*.
Ils ont expliqué la leçon **eux-mêmes**.	They explained the lesson *themselves*.

Pratiquons

A. Replace the italicized word with the pronouns given.

Il va avec *Corinne*.   (lui, vous, moi, eux, elle, elles, toi, nous)

B. Ask a simple question by replacing the italicized word with each of the suggested pronouns.

Nous allons au cinéma. Et *toi?*   (lui, elles, eux, vous, elle)

C. Answer the following question, replacing the italicized word with each of the suggested pronouns.

MODEL: Je vais en Europe. Et elle?
Elle va en Europe aussi.

Demain, je vais faire la grasse matinée.   (Et vous? Et lui? Et toi? Et eux?)

D. Make the subjects of the following sentences more emphatic by adding the appropriate tonic pronouns at the beginning or the end of the sentence.

MODEL: Elle ne va pas à l'église.
Elle, elle ne va pas à l'église.
OR *Elle ne va pas à l'église, elle.*

1. Il est très intelligent.
2. J'adore faire la cuisine.
3. Nous allons en Suisse.
4. Elles ont du talent.
5. Tu ne travailles pas beaucoup.
6. Vous habitez une maison magnifique.
7. Elle n'a pas de devoirs.
8. Ils vont au Brésil pour le Carnaval.

Parlons

A. Answer the following questions using a tonic pronoun.

MODEL: Votre professeur parle français. Et vous?
Moi, je parle français aussi.

1. Les Français aiment le vin. Et les Américains?
2. M. Mitterrand est Président. Et M. Reagan?
3. Carl Sagan est très intelligent. Et vous?
4. Les Canadiens aiment faire du ski. Et nous?
5. Les Françaises sont très jolies. Et les Américaines?
6. Lady Diana déteste les blue jeans. Et Brooke Shields?

B. Answer the following personal questions using tonic pronouns.

1. Tu habites chez tes parents?
2. Vous parlez français avec votre professeur?
3. Est-ce que le professeur parle français avec vous?
4. Tu vas au cinéma avec des filles / des garçons?
5. Vous aimez danser avec des garçons / des filles?
6. Est-ce que tes camarades aiment étudier avec toi?

C. Complete the following sentences according to your own opinion. Note that the subjects are emphatic.

1. Les Français adorent le lait. Les Allemands, eux,...
2. Certains étudiants aiment étudier. Moi,...
3. Les filles détestent les films violents. Les garçons, eux,...
4. Nos parents aiment mieux écouter de la musique classique. Nous les jeunes,...
5. Les étudiants intelligents travaillent beaucoup. Moi,...
6. Les Anglais sont très polis. Et toi?

D. Identify someone in class according to the questions.

MODEL: Qui a un crayon?
Lui, il a un crayon.
OR *Robert, lui, il a un crayon.*

1. Qui étudie le français?
2. Qui est près de la porte?
3. Qui explique la leçon?
4. Qui a une bicyclette? une auto?
5. Qui va aller en France?
6. Qui aime les jeans?

Communiquons

LA QUANTITE

There are many ways to express undefined quantities in French. Some expressions of quantity are:

assez de   *enough*
beaucoup de   *a lot of, many*
moins de   *less, fewer*
peu de   *little, few*
un peu de   *a little, some*
plus de   *more*
plusieurs   *several*
trop de   *too much, too many*

Trop de saumon

Notice that, as in English, **un peu de** has a positive connotation, whereas **peu de** often has a negative one.

Il a **peu de** talent.   He has *little* talent.
Je voudrais **un peu de** crème.   I would like *some (a little)* cream.

Some nouns that also express quantity:

un kilo de   *a kilo of*
une livre de   *a pound of*
un litre de   *a liter of*
un verre de   *a glass of*
une bouteille de   *a bottle of*
une tasse de   *a cup of*

une bouteille de vin
rouge

 The preposition **de (d')** is used after adverbs and nouns of quantity, even if the following noun is plural. No other article is used.

Je voudrais une livre **de** saumon.   I would like a pound *of* salmon.

J'ai trop **de** devoirs.   I have too much homework.

ATTENTION

The adjective **plusieurs** does not take the preposition **de.**

> Marie a invité **plusieurs** amis.　　Marie invited *several* friends.

EXERCISES

A. Tell whether you would like more or less of the following items using **plus de** or **moins de.**

argent
devoirs
camarades de chambre
travail
classes
exercices
vin
amies
français en classe

beaucoup de devoirs

B. Tell to what degree you have the following qualities using adverbs of quantity: **beaucoup de, pas beaucoup de, pas assez de, un peu de, trop de.**

patience
ambition
imagination
talent
énergie
prestige
courage
tact
intelligence

pas assez de talent

C. Name famous people who have many or none of the qualities listed above.

MODEL:　Jean-Pierre Rampal a beaucoup de talent.
　　　　Beetle Bailey a peu d'énergie.

D. Tell what quantity of the following items you would like to have at a picnic.

Je voudrais beaucoup de / un peu de / peu de...

viande	salade	eau
vin	bière	pain
beurre	glace	sucre

Section culturelle

Where French is Spoken

The word **francophonie** refers to the use of the French language. Only about half of the people who use French daily live in France. The others live in locations all over the world— North and South America, Africa, and islands in the Pacific and Indian Oceans. The introduction of French into these areas took place at various points in history. The Age of Discovery brought Jacques Cartier to Canada, and La Salle to Louisiana. Later, when slave trading became a profitable enterprise, the French influence began to develop in West Africa and the Antilles. In the nineteenth century, France evolved as a colonial power in Africa, the Near East, and Southeast Asia. The French empire rapidly dissolved with the loss of Vietnam in the early 1950's, a disastrous war with Algeria ending in 1962, and a more friendly separation from other African countries throughout the 1960's. Despite political turmoil, French remains the native language in the province of Quebec and in several countries, and a language of communication in the others.

La Francophonie

La France, la Belgique, et la Suisse ne sont pas les seuls pays francophones.° On parle français dans beaucoup de pays et sur plusieurs continents. En Amérique du Nord, des gens° utilisent le français tous les jours au Québec, en Nouvelle Angleterre et en Louisiane. Dans les Caraïbes, le français est parlé en Haïti et dans deux départements français, la Guadeloupe et la Martinique. Sur le continent africain, de nombreux° pays, comme le Maroc, la Côte d'Ivoire et le Sénégal, ont conservé l'usage de la langue française.

A l'origine, le français dérive du Latin. Les Romains ont occupé la Gaule mais leur langue, le latin, a changé progressivement et a cédé° sa place au français.

Dans leur histoire, les Français ont beaucoup voyagé. Ils ont colonisé de nombreuses régions et ils ont exporté la langue française aux quatre coins du monde.° Le français est maintenant la langue de tous les jours° pour des millions de Québécois. Ils emploient° le

French-speaking

people

numerous

gave up

to the four corners of the Earth
everyday / use

work

On the other hand

because

Thus

français à l'école ou à l'université, dans leur travail,° et en famille. En Louisiane et en Nouvelle Angleterre, le français occupe aussi une place importante.

Par contre,° dans les pays francophones d'Afrique, on utilise des langues africaines comme le ouolof et le bambara dans la vie de tous les jours. Les enfants étudient le français à l'école car° on utilise la langue française dans l'administration.

Ainsi,° dans le monde, plus de cent millions de gens parlent le français comme langue maternelle ou comme langue officielle.

QUESTIONS SUR LE TEXTE

1. Où est-ce qu'on parle français en Europe? En Amérique du Nord?
2. Quels sont les départements français des Caraïbes?
3. En Afrique, est-ce qu'on a conservé l'usage du français? Où?
4. Le français dérive de quelle langue?
5. Est-ce que les Québécois parlent souvent français? Où?
6. Où est-ce qu'on parle français aux Etats-Unis?
7. Que sont le ouolof et le bambara?
8. Combien de gens parlent français dans le monde?

OBJECTIVES: the Parisian subway system / French holidays
/y/ and /u/ sounds / days of the week / months of the year / the **passé composé** with **être** /
questions with inversion / interrogative adverbs / numbers 1,000 to 1,000,000,000 / two more ways
to express past time

7

Au Bureau des objets trouvés°

Mme Dubout est allée° faire des courses aux Galeries Lafayette et elle a oublié son parapluie°
dans le métro°. Elle est maintenant au bureau des objets trouvés, et elle donne une description° de son parapluie à l'employé.

L'EMPLOYÉ	Madame?
MME DUBOUT	Est-ce que vous avez trouvé mon parapluie? Lundi° je suis allée aux Galeries Lafayette, et quand je suis rentrée,° j'ai laissé° mon parapluie dans le métro.
L'EMPLOYÉ	Où est-ce que vous êtes montée?°
MME DUBOUT	A Chaussée d'Antin. J'ai changé° à Franklin Roosevelt et je suis arrivée chez moi sans mon parapluie.
L'EMPLOYÉ	Comment est votre parapluie?
MME DUBOUT	Il est rouge et noir et très grand.°
L'EMPLOYÉ	J'ai des millions° de parapluies. Regardez s'il est là.
MME DUBOUT	Mais Monsieur, je suis déjà restée assez° longtemps.° Je ne vais pas passer° ma semaine ici. Appelez° votre chef!°
L'EMPLOYÉ	Je regrette,° Madame, il est allé déjeuner.°
MME DUBOUT	C'est toujours la même° histoire.° N'en parlons plus,° je vais acheter un imperméable.°

Mots clés

Vocabulaire du dialogue

le bureau des objets trouvés   the lost-
  and-found office
est allée   went (**aller**)
le parapluie   the umbrella
le métro   the subway
la description   the description
lundi *(m)*   Monday
je suis rentrée   I returned (**rentrer**)
j'ai laissé   I left (behind) (**laisser**)
vous êtes montée   you got on (**monter**)
j'ai changé   I changed (**changer**)
grand, -e   big

le million   million
assez   enough
longtemps   long
passer   to spend (time)
appelez   call (**appeler**)
le chef   the boss
je regrette   I'm sorry (**regretter**)
déjeuner   to have lunch
même   same
l'histoire *(f)*   the story
N'en parlons plus   Forget it! (**parler**)
l'imperméable *(m)*   the raincoat

**FAISONS
CONNAISSANCE**

The **métro** in Paris is a system of one hundred miles of rails plus the RER (**Réseau Express Régional**), which are relatively new suburban lines. It is not only a very efficient system of transportation, it is also one of the easiest to use. Thanks to the numerous **correspondances** (stations where you can change lines), the **métro** is the fastest way to get from one point to another in Paris. Because you can travel any distance on one ticket, it is very inexpensive.

Work is constantly being done to enlarge and improve the **métro.** The old rails have been replaced, and most trains now run on rubber tires rather than on metal wheels. Automatic turnstiles have replaced ticket punchers, but many Parisians are unhappy about this because they blame much of the **métro** crime on the absence of visible personnel.

Some stations (**Louvre, Franklin Roosevelt,** and **Chaussée d'Antin**) are quite artistically decorated. Other stations (**Opéra**) are true commercial centers with many underground shops. Of course, the traditional accordion and guitar players playing for tips are still seen in the **métro.**

ETUDIONS LE DIALOGUE

1. Où est Mme Dubout maintenant?
2. Où est-ce qu'elle est allée lundi?
3. Qu'est-ce qu'elle a laissé dans le métro?
4. Où est-ce qu'elle a changé?
5. Comment est son parapluie?
6. Est-ce que l'employé a beaucoup de parapluies?
7. Qu'est-ce que le chef fait?
8. Qu'est-ce que Mme Dubout va acheter?

Enrichissons notre vocabulaire

Quand est-ce que les Américains **sont allés** sur **la lune?**
En **mil neuf cent soixante neuf.**
En **dix-neuf cent soixante neuf.**

When *did* Americans *go to the moon?*

In *1969.*

Quand est-ce que les Dubout **sont arrivés?**
Le premier novembre / le 21 août / le **mardi** 19 décembre.

When *did* the Dubouts *arrive?*

On November *1st* / on August 21st / *Tuesday*, December 19th.

Est-ce que Jacques est arrivé?
Non, il est allé **à la réception / au laboratoire / au concert.**

Has Jacques arrived?
No, he went *to the reception / to the lab / to the concert.*

Pourquoi ne va-t-elle pas en France?
Parce qu'elle n'aime pas **monter en avion.**
Parce qu'elle a des **examens.**

Why doesn't she go to France?
Because she doesn't like *to get on* a *plane.*
Because she has *exams.*

Combien d'habitants y a t-il dans votre ville?
Il y a dix mille habitants / un million d'habitants.

How many inhabitants are there in your town?
There are ten thousand inhabitants / one million inhabitants.

Depuis quand faites-vous **du sport?**

How long have you been *playing sports?*

Je fais du sport **depuis** cinq ans / depuis **le début** de l'année.

I have been playing sports *for* five years / since *the beginning* of the year.

Mots clés

arriver to arrive
l'avion *(m)* the airplane
combien how much, how many
le concert the concert
le début the beginning
depuis for, since
depuis quand? how long?, since when?
l'examen *(m)* the exam

faire du sport to play sports
l'habitant *(m)* the inhabitant
le laboratoire the laboratory
la lune the moon
mardi *(m)* Tuesday
parce que because
pourquoi why
premier, -ière first
la réception the reception

Prononciation

The Sounds /y/ and /u/

You have already encountered the sound /y/ several times in words such as **tu** and **du.** It is always represented in writing by the letter **u,** and must not be confused with the **ou** sound (**nous, vous**). The /y/ sound is produced with the tongue forward in the mouth and lips rounded. The easiest way to say it is to pronounce the /i/ sound (as in **si**) and then round your lips without moving your tongue.

Repeat after your teacher the following pairs of words, which differ only in lip rounding.

/i/—unrounded	/y/—rounded
si	su
dit	du
fit	fut
J	jus
qui	Q
rit	rue

Now practice these pairs, which differ only in tongue position.

/u/—back	/y/—front
où	U
bout	bu
nous	nu
cou	Q
sous	su
tout	tu
vous	vu

When the /y/ sound is followed by another vowel sound, it is pronounced in a shorter fashion but still with the lips rounded and the tongue forward. Many English speakers attempting to pronounce **lui** (/lɥi/) say (/**lwi**/) instead, which is understood as **Louis.** Practice the /ɥ/ sound, called a *semi-vowel,* in the following words.

lui	juillet
cuisine	ennuyeux
je suis	affectueux
huit	tout de suite
huile	la Suisse

EXERCISE

Read the following sentences aloud, paying particular attention to the vowel sounds /y/ and /u/.

1. Je suis curieux.
2. Tu étudies avec lui?
3. Lucie trouve vos chaussures ridicules.
4. Ils sont étudiants à l'université de Budapest.
5. Luc a eu huit enfants.
6. Je suis allé avec lui au Portugal.
7. En Russie les avenues sont très grandes.
8. Il habite Rue de la Huchette.
9. Lucien fume une cigarette brune.
10. En juin et en juillet on ferme les usines.

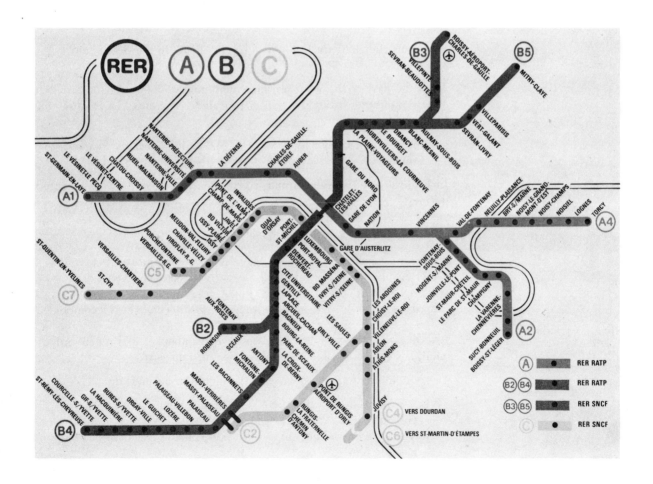

Grammaire

I Le Calendrier

A. Les Jours de la semaine (*The days of the week*)

lundi	Monday	**vendredi**	Friday
mardi	Tuesday	**samedi**	Saturday
mercredi	Wednesday	**dimanche**	Sunday
jeudi	Thursday		

In French, the days of the week are not capitalized. The week always begins with Monday (**lundi**). Hence, on a French calendar, the column at the far left is Monday (**lundi**), not Sunday (**dimanche**).

Note that in French, another way of saying one week (**une semaine**) is **huit jours. Quinze jours** is two weeks, but after that you say **trois semaines** and **quatre semaines (un mois).**

To express the English *on* a day of the week in French, do not use a preposition.

Je vais chez le dentiste lundi.   I'm going to the dentist *on* Monday.

All of the days of the week are masculine nouns. They take the article **le** only to indicate a habitual action or repeated occurrence. In English, this is expressed by a plural.

Nous allons à l'église **le dimanche.**   We go to church *on Sundays.* (that is, every Sunday)

In French, *next Tuesday* is **mardi prochain;** *last Wednesday* is **mercredi dernier.**

B. Les Mois de l'année (*The months of the year*)

janvier	January	**mai**	May	**septembre**	September
février	February	**juin**	June	**octobre**	October
mars	March	**juillet**	July	**novembre**	November
avril	April	**août**	August	**décembre**	December

Like days of the week, months are never capitalized in French. August (**août**) has two acceptable pronunciations, /u/ and /ut/.

To say *in a month,* you use **en** plus the month or **au mois de.**

Les Français ne travaillent pas **en août.**   French people don't work *in August.*

Je vais aller en vacances **au mois de juin.**   I'm going on vacation *in June.*

C. Les Quatre Saisons (*The four seasons*)

le printemps	spring	**au printemps**	in spring
l'été	summer	**en été**	in summer
l'automne	fall	**en automne**	in the fall
l'hiver	winter	**en hiver**	in winter

Pratiquons

A. Quels sont les jours de la semaine? du week-end?

B. Quelles sont les saisons?

C. Quels sont les mois d'été? d'hiver? du printemps? d'automne?

D. Translate the following sentences into French.

   1. I don't do any homework on Fridays.
   2. They're going to go to France on Sunday.
   3. Jeanne worked in Spain last summer.
   4. Classes start in the fall.
   5. Do you have an exam in August?
   6. They're going to invite their friends next week.

E. Fill in the blanks with an appropriate word when necessary.

   1. Je vais acheter une auto _____ printemps.
   2. Paul a visité l'Angleterre _____ été dernier.
   3. Sylvie va inviter Luc _____ dimanche prochain.
   4. Mon père ne travaille pas _____ samedi.
   5. Le Tour de France commence _____ juillet.
   6. Je ne mange pas de viande _____ vendredi.

Parlons

A. Using vocabulary related to the calendar, complete the following sentences.

   MODEL: Je n'étudie pas _____ .
   Je n'étudie pas le dimanche.

   1. J'aime danser _____ .
   2. Mes parents vont à l'église _____ .
   3. J'aime faire du ski _____ .
   4. Je regarde toujours la télévision _____ .
   5. Je fais mes courses _____ .
   6. Je vais en vacances en _____ .

B. Prepare a calendar like the one below and fill it with your plans for the coming week. Some possibilities are listed below.

aller à l'église	aller chez le dentiste	faire un tour en ville
étudier	dîner chez mes parents	déjeuner au restaurant
aller au cinéma	faire le ménage	faire la grasse matinée
?	?	?

Jours							
Activités							

C. Answer the following questions.

1. Quand est-ce qu'on joue au football au lycée? à l'université? au football professionnel?
2. A quelle saison est-ce qu'on joue au basketball? au baseball?
3. Quel jour est-ce qu'on vote aux Etats-Unis? en France?
4. Quand est Noël? la Saint Valentin? la Fête Nationale? la Fête du Travail en Europe? aux Etats-Unis? Thanksgiving aux Etats-Unis? au Canada?

D. Answer the following questions as they apply to you.

1. Quel est votre jour préféré? Pourquoi?
2. Tu fais des devoirs le vendredi?
3. Est-ce que tu vas en classe le lundi matin?
4. Quelle est votre saison préférée? Pourquoi?
5. A quelle saison est-ce que vous faites du sport? Quel sport?
6. Quel mois est ton anniversaire (*birthday*)?
7. Qu'est-ce que tu fais le samedi?
8. Qu'est-ce que vous allez faire l'été prochain?

II. Passé composé with être

In the last chapter, you learned the formation of the **passé composé** using the conjugated form of **avoir** and the past participle.

J'ai travaillé hier.   *I worked* yesterday.

There are about twenty verbs in French that take **être** and not **avoir** as the auxiliary verb, for example, **aller.**

Passé composé of aller	
je suis allé(e)	nous sommes allé(e)s
tu es allé(e)	vous êtes allé(e)(s)
il est allé	ils sont allés
elle est allée	elles sont allées

* Note that, unlike verbs conjugated with **avoir,** verbs conjugated with **être** show agreement in number and gender between the subject and the past participle. This can lead to a number of forms with the same subject:

Vous êtes **allé** au café?	*if you are talking to a man*
Vous êtes **allée** au café?	*if you are talking to a woman*
Vous êtes **allés** au café?	*if you are talking to a group of men or of men and women*
Vous êtes **allées** au café?	*if you are talking to a group of women*

Mots clés

Verbs conjugated with **être**

arriver	to arrive		**arrivé**
naître	to be born		**né**
rester	to stay		**resté**
rentrer	to return		**rentré**
monter	to get on;	to go up	**monté**

ATTENTION

1. With **aller** and **arriver** there is almost always a **liaison** with three forms of **être: suis, est,** and **sont.**

    Je suis allé à Québec.

    Il est arrivé en retard.

    Elles sont arrivées de Paris.

    but   Vous êtes allées au cinéma?

2. The agreement of the past participle with the above verbs never causes a change in pronunciation: **Vous êtes arrivé** and **Vous êtes arrivées** are pronounced alike.

Pratiquons

A. Replace the italicized words with each of the suggested pronouns.

1. *Il* est monté chez Paul.   (Nous, Tu, Je, On, Ils, Elle, Vous, Elles)
2. *Je* ne suis pas resté à l'hôtel.   (Sylvie, Vous, Tu, Il, Nous, Etienne et Marie, On)
3. *Elle* est arrivée en avance.   (Elles, On, Je, Vous, Tu, Nous, Pierre, Mes amies)

B. Change the following sentences to the **passé composé.** Be sure to use the correct auxiliary verb.

1. Je rentre de vacances dimanche.
2. Elle reste quinze jours à Paris.
3. Le professeur montre les photos aux étudiants.
4. Nous arrivons à Paris.
5. Vous allez au Québec en mai?
6. Chantal est charmante.

C. Replace the italicized words with each of the suggested phrases.

1. Jacqueline *est allée au musée.*   (rester à Paris, travailler en ville, naître en Louisiane, fermer les fenêtres)
2. Georges *n'a pas trouvé son parapluie.*   (aller en classe, rester chez lui, terminer ses devoirs, rentrer du Portugal)
3. Est-ce que tu *es arrivé en retard?*   (écouter mes disques, avoir chaud, être patient, naître aux Etats-Unis)

D. Replace the italicized words with those given in parentheses. Be sure to make all other necessary changes.

MODEL: *Demain* Paul va aller au restaurant.   (Hier)
           Hier Paul est allé au restaurant.

1. *Mardi prochain,* nous allons monter à Paris.   (lundi dernier)
2. Vous allez rester à Nice *l'été prochain.*   (l'hiver dernier)

3. Tu vas faire des courses *ce soir*.   (hier soir)
4. Nous allons avoir froid en Allemagne le mois *prochain*.   (dernier)
5. Ils vont arriver de Bruxelles la semaine *prochaine*.   (dernière)
6. Pauline va rentrer *vendredi matin*.   (hier matin)

E. Make complete sentences with the words given below, adding any necessary words.

1. Elle / laisser / parapluie / dans / auto / hier soir
2. Mon / enfant / naître / Montréal / juin dernier
3. Ils / faire / promenade / avec / amis / week-end dernier
4. Nous / monter / à l'Arc de Triomphe / semaine dernière
5. Marc / avoir / un examen / hier
6. Vous / aller / théâtre / récemment?

Parlons

A. Match the following famous people with where they went on their voyages of discovery.

MODEL: Marco Polo est allé en Chine.

1. Christophe Colomb   en Inde
2. Vasco Nuñez de Balboa   au Canada
3. Jacques Cartier   au Mexique
4. Vasco de Gama   en Amérique
5. Neil Armstrong   dans l'Océan Pacifique
6. Fernand Cortez   sur la lune

B. Match the following famous people with their birthplaces.

MODEL: Pierre Trudeau?   *Il est né au Canada.*

1. Elizabeth II   France
2. Juan Carlos   Italie
3. Sophia Loren   Pologne
4. Catherine Deneuve   Autriche
5. John et Robert Kennedy   Espagne
6. les enfants von Trapp   Angleterre
7. Jean-Paul II   Etats-Unis
8. Moi, je…   ?

C. Tell what you and your friends did at the times given below. Try to add original sentences.

1. Hier, j(e)… aller à la bibliothèque?   acheter…?   faire mon français?   arriver en classe en retard?   rester chez moi?
2. Dimanche dernier, mes amis… faire un tour en auto?   aller au parc?   avoir une réception?   rentrer chez eux?   faire du sport?
3. L'été dernier, mes parents et moi, nous… aller en vacances?   rester en ville?   monter en avion?   voyager…?   faire beaucoup de promenades?

D. Write a paragraph telling what you think your French teacher did the last time he or she was in Paris.

Il / elle... rester à l'hôtel?   monter à la Tour Eiffel?   acheter des souvenirs? aller au Lido?   oublier son passeport à la banque?   visiter des musées?   consommer trop de vin / n(e)...   pas rentrer à l'hôtel?   fréquenter les bars?

E. Answer the following questions.

1. Où est-ce que vous êtes allé(e) le week-end dernier?   Qu'est-ce que vous avez fait?
2. Où est-ce que tu es né(e)?
3. Est-ce que vous êtes arrivé(e) en retard ce matin?
4. Est-ce que tu es resté(e) à la maison hier?
5. Est-ce que vous êtes allé(e) à la bibliothèque la semaine dernière?
6. Vous êtes rentré(e) chez vos parents récemment?   Quand?
7. Tu es monté(e) en avion récemment?   Où est-ce que tu es allé(e)?
8. Avec qui est-ce que vous avez voyagé?

III. Inversion and Interrogative Adverbs

A. Questions with Inversion

In chapter 1 you learned three ways of asking a question in French:

RISING INTONATION:	Tu es resté chez toi hier?
EST-CE QUE:	**Est-ce que** tu es resté chez toi hier?
N'EST-CE PAS:	Tu es resté chez toi hier, **n'est-ce pas?**

Another interrogative form is *inversion:* you invert the pronoun and the verb.

Vous travaillez samedi?	**Travaillez-vous** samedi?	*Are you working* on Saturday?
Ils font leurs devoirs?	**Font-ils** leurs devoirs?	*Are they doing* their homework?

If the subject is a noun, you add a pronoun subject of the same number and gender, in the inverted position.

Les Français aiment le lait?	*Do* French people *like* milk?
Les Français **aiment-ils** le lait?	
Jacques et Marie vont au cinéma ce soir?	*Are* Jacques and Marie *going* to the movies tonight?
Jacques et Marie **vont-ils** au cinéma ce soir?	

In the third-person singular, you must add a *t* between hyphens for all verbs not ending in a written *t* or *d.*

Parle-t-on français ici?	*Is* French *spoken* here?
A-t-il chaud?	*Is he* hot?
Ecoute-t-elle les mêmes histoires?	*Is she listening to* the same stories?
but Etienne **est-il** arrivé aujourd'hui?	*Did* Etienne arrive today?

Inversion is usually avoided when **je** is the subject. Use **est-ce que** instead.

Est-ce que je suis en retard?	*Am I* late?

When there are two verbs in a sentence, as in the **futur proche** and **passé composé** tenses, you invert the conjugated verb and the pronoun.

Allons-nous préparer l'examen?	*Are we going to prepare for* the test?
A-t-elle visité la Suisse?	*Did she visit* Switzerland?

In the negative interrogative, the **ne... pas** surrounds both the conjugated verb and the pronoun subject.

Ne va-t-il pas faire ses devoirs?	*Isn't he going to do* his homework?
Les enfants **ne sont-ils pas rentrés?**	*Haven't* the children *come back?*

B. Questions with Inversion

Inversion is frequently used with interrogative adverbs.

Où est-elle née?	*Where was she* born?
Quand allez-vous au restaurant?	*When are you going* to the restaurant?
Comment vont-ils à Paris?	*How do they go* to Paris?
Combien de frères **as-tu?**	*How many* brothers *do you have?*
Pourquoi avez-vous fermé la fenêtre?	*Why did you* close the window?

Mots clés

Interrogative adverbs

Quand? When?		**Comment?** How?	
Combien de? How much?		**Pourquoi?** Why?	
	How many?	**Où?** Where?	

Inversion is very common in English: *Is he studying? What is he studying?* In French, it shows a more formal style. In French conversation, the use of intonation and **est-ce que** are more common.

Pratiquons

A. Replace the italicized words with each of the suggested pronoun subjects. Be sure to keep the inversion where possible.

1. Aimez-*vous* le chocolat?   (Jacques, tu, les enfants, elle, on)
2. *Pierre* est-*il* en retard?   (Je, Sylvie, Nous, On, Vous)
3. As-*tu* acheté un imperméable?   (Chantal et Jacqueline, vous, il, ils, ta sœur)
4. N'aimes-*tu* pas le vin?   (vous, ils, Les Anglais, Brigitte, Robert)

B. Make the following sentences questions, using inversion where possible.

1. Vous regardez la télévision.
2. Mes amis ont froid.
3. Marie fait un voyage en Europe.
4. Le professeur va expliquer le passé composé.
5. Louise est montée dans son bureau.
6. Je suis trop timide.
7. Tu n'es pas content.
8. Vous n'avez pas parlé à l'employé.

C. Change the following questions with **est-ce que** to the inverted form.

1. Est-ce que tu vas à l'université?
2. Est-ce que Monique a fait sa valise?
3. Où est-ce que nous allons aller?
4. Comment est-ce qu'on mange des écrevisses?
5. Quand est-ce que vous êtes arrivé?
6. Pourquoi est-ce que les étudiants sont en retard?

D. Find the questions that elicited the following answers, taking care to use inversion.

1. Non, ils ne sont pas intelligents.
2. Oui, Georges va faire la vaisselle.
3. Elles sont arrivées en auto.
4. Nous sommes allés en Italie.

5. Je n'ai pas acheté de bière parce que je n'ai pas dix-huit ans.
6. Mon enfant est né au mois de janvier.

Parlons

A. Interview a classmate. Using inversion, ask the questions to elicit the following information.

MODEL: son nom?   *Comment vous appelez-vous?*

son âge?   où il / elle habite?   s'il / elle est étudiant(e)?   où il / elle est né(e)?   s'il / elle fume?   comment il / elle parle français?   où il / elle est allé(e) en vacances?   pourquoi   il / elle est à l'université?

B. Divide into small groups and ask each other questions using inversion and the following expressions:

aimer aller au théâtre   faire beaucoup de promenades
habiter chez ses parents   étudier à la bibliothèque ou à la
dîner souvent au restaurant   maison
être optimiste ou pessimiste   aller travailler l'été prochain

C. Find imaginative excuses for the following situations.

1. Vous arrivez en classe quinze minutes en retard. Le professeur demande: «Pourquoi êtes-vous arrivé(e) en retard?»
2. Vous êtes absent(e) le jour d'un examen. Le professeur demande: «Où êtes-vous allé(e)?»
3. Vous n'êtes pas allé(e) au laboratoire la semaine dernière. Le professeur demande: «Comment expliquez-vous votre absence?»
4. Vous avez un examen de mathématiques demain. Vous n'avez pas étudié. Votre camarade de chambre demande. «Quand vas-tu commencer?»

D. Answer the following questions with complete sentences

1. Avez-vous travaillé hier soir? Quelle sorte de travail avez-vous fait?
2. Tes parents sont-ils modernes? Aiment-ils voyager?
3. Tes amis fréquentent-ils les cafés ou sont-ils studieux?
4. Où aimez-vous faire vos courses? acheter vos affaires?
5. Pourquoi êtes-vous étudiant(e)?
6. Comment vas-tu? As-tu des problèmes?

IV. 1.000 to 1.000.000.000

In French, there are two ways of counting from one thousand to two thousand. Both are used to express calendar years.

1.500	mille cinq cents *or* quinze cents
1963 (year)	mil neuf cent soixante trois
	or dix-neuf cent soixante-trois

* Note the spelling **mil** with years, but **mille** with numbers.

To express numbers above two thousand, you must use the word **mille.**

2.500	deux mille cinq cents
10.750	dix mille sept cent cinquante
52.382	cinquante deux mille trois cent quatre-vingt-deux
300.000	trois cent mille

* Note that French uses a period to mark thousands, not a comma as in English. Decimals are the opposite: two and five-tenths (2.5 in English) is 2,5 in French (**deux virgule cinq**). **Mille** never takes an *s* and, like **cent,** is never preceded by **un.**

One million and above:

1.000.000	un million
3.000.000	trois millions
10.800.000	dix millions huit cent mille

* Unlike **cent** and **mille, million** needs the article **un** for *one* when counting in millions. Also, when counting in even millions, you must use the preposition **de (d').**

un million d'habitants	*one million* inhabitants
quatre millions de francs	*four million* francs
but deux millions cinq cent mille dollars	two million five hundred thousand dollars

One billion is **un milliard,** and it follows the same rules as **un million.**

Pratiquons

A. Read the following numbers aloud in French.

1. 1.200	4. 3.568	7. 70.800	10. 10.500.000
2. 1.730	5. 7.777	8. 100.000	11. 100.000.000
3. 2.314	6. 10.000	9. 1.000.000	12. 756.386.581

B. Translate the following expressions.

1. fifty-seven million French people
2. two hundred twenty-five million Americans
3. one billion francs
4. thirty-five hundred francs
5. a thousand students
6. a hundred thousand books

C. Write out the following numbers.

1. 1.000	3. 2.000	5. 16.552	7. 1.000.000
2. 1.600	4. 10.000	6. 200.000	8. 100.000.000

Parlons

A. Try to match the following famous people with the year in which they were born.

MODEL: George Washington est né en 1732.

1. Charlemagne	5. le Prince Charles	1412	~~742~~
2. Jeanne D'Arc	6. Louis XIV	1769	~~1638~~
3. William Shakespeare	7. Abraham Lincoln	1809	1564
4. Napoléon	8. Charles de Gaulle	1890	1948

B. Match the following events with the year in which they happened.

1. Gutenberg a imprimé (*printed*) la Bible en...   1620
2. Christophe Colomb est arrivé en Amérique en...   1776
3. Le *Mayflower* est arrivé à Plymouth en...✓   1861
4. On a signé la Déclaration d'Indépendance en...✓   1452
5. La guerre de Sécession (*American Civil War*) a ✓
      commencé en...   1969
6. On est allé sur la lune en...   1492

C. Try to match the following European countries with their populations.

MODEL: La France a cinquante-quatre millions d'habitants.

Andorre	9.920.000
Autriche	360.000
Belgique	30.000
République fédérale d'Allemagne	7.510.000
Luxembourg ✓	35.000
Monaco ✓	61.560.000
Italie ✓	37.430.000
Espagne	57.040.000

Communiquons

LE TEMPS (*Time*)

A. Dates

To express a date in French, use a combination of the definite article **le,** the number, and then the month.

le 14 février	February 14th
le 25 juin	June 25th
John Kennedy est né **le 29 mai.**	John Kennedy was born *on May 29th.*

You always use the cardinal numbers, which you have already learned, except for the first day of the month, **le premier.**

> **Le premier mai** est la Fête du   *May 1st* is Labor Day in Europe.
> Travail en Europe.

If you wish to add the day of the week, it must come *after* the article.

> **le jeudi** 12 décembre   *Thursday,* December 12th
> **le dimanche** 1ᵉʳ novembre   *Sunday,* November 1st

To ask the date, you say:

> **Quelle est la date aujourd'hui?**
> *or* **Quel jour sommes-nous?**

 ATTENTION

1. You do not drop the *e* of **le** in front of numbers that begin with a vowel.

> **le h**uit février   **le o**nze novembre

2. No prepositions are used with days of the month.

> Ma mère est née le onze   My mother was born (*on*) the
> février.   eleventh of February.

3. When only the year is given, the preposition **en** is used.

> Il a passé le bac **en** 1981.   He took the **bac** exam *in* 1981.
> *but* Il a passé le bac le 22 juin   He took the **bac** exam (*on*) June
> 1981.   22nd, 1981.

B. Actions in the past are expressed in the **passé composé,** which you have just learned. To state the amount of time an action took, use **pendant** (*for, during*).

> Elle a chanté **pendant**
> une heure!

To express how long ago an action took place, use **il y a** (*ago*) with an expression of time.

> Pierre est allé en
> France **il y a trois
> ans...**

To express an action that started in the past and is still going on, use the present tense and **depuis** (*for, since*).

Tu cherches un dentiste depuis
trois semaines?!

EXERCISES

A. Read the following dates aloud in French.

    1. January 1, 1918   4. Thursday, August 1, 1889
    2. March 10, 1929   5. Friday, September 30, 1955
    3. April 23, 1779   6. Saturday, December 25, 1900

B. Answer the following questions.

    1. Quand êtes-vous né(e)?   vos parents?
    2. Quand êtes-vous arrivé(e) à l'université?
    3. Quand vas-tu aller chez le dentiste?
    4. Quand as-tu commencé les cours en automne?

C. Translate the following sentences into French.

    1. I worked for three hours.
    2. I have been working for three hours.
    3. They talked for fifteen minutes.
    4. They talked fifteen minutes ago.
    5. They have been talking for fifteen minutes.
    6. She has lived here since last spring.

D. Answer the following questions with complete French sentences.

    1. Depuis quand étudiez-vous le français?
    2. Depuis quand êtes-vous à l'université?
    3. Depuis quand habites-tu ici?
    4. Depuis quand travailles-tu?

Section culturelle

French Holidays

In France, there are many legal holidays throughout the year. On these **jours fériés,** most people do not work. There are so many **jours fériés** because some holidays have a religious origin and are holy days celebrated in the Catholic church, while others are commemorations of historic or national events.

Many of the church holidays have lost their religious significance for a number of people, but they are celebrated by believers and non-believers alike. One such **fête** is the 15th of August, the Feast of the Assumption, one of the most important national holidays.

No matter what the occasion is, a **fête** in France always calls for a special meal. There are traditional menus, but they often vary from one region to another. However, **un repas de fête** always ends with the uncorking of a bottle of champagne.

As in the United States, French people celebrate birthdays and wedding anniversaries. In most families, they also wish one another **bonne fête** on their saint's day. The majority of the French population is Catholic and has saints' names as first names.

Les Fêtes en France

En France, il y a beaucoup de fêtes civiles et de fêtes religieuses dans l'année. Si ce sont des fêtes légales, on les appelle des **jours fériés,** et les gens ne travaillent pas.

commemorate

Le 14 juillet est la Fête Nationale en France. On commémore° le 14 juillet 1789, le jour où les Français ont occupé la Bastille pendant la Révolution. Le Président de la République passe les troupes en revue sur l'avenue des Champs Elysées à Paris. Le soir, dans tous les coins de France, on tire des feux d'artifice° et on danse dans les rues des villes et des villages.

shoot fireworks

En été, on célèbre aussi le 15 août, le fête de l'Assomption. Au printemps, le 1ᵉʳ mai est la Fête du Travail. Le 8 mai est le Jour V, car le 8 mai 1945 les alliés° ont signé l'armistice.

Allies

All Saints' Day

Santa Claus

oysters / turkey / Yule log
anything
who

everywhere / birthdays
sends good wishes

En automne, le 1er novembre est la fête de la Toussaint°, et le 11 novembre on célèbre l'armistice de 1918 et de 1945.

Comme dans beaucoup de pays, les fêtes de fin d'année sont très populaires en France. En octobre ou en novembre, les enfants ont préparé leur lettre pour le Père Noël° et le 25 décembre, le jour de Noël, les parents et les enfants cherchent leurs cadeaux sous l'arbre de Noël.

En France, une fête est toujours une occasion pour bien manger. Il n'y a pas de fête sans repas familial avec un menu traditionnel. Pour Noël, on mange généralement des huîtres,° de la dinde° et un dessert spécial, la bûche de Noël.°

Certaines fêtes américaines n'existent pas en France: *Thanksgiving* ne signifie rien° pour les Français, et il est très difficile d'expliquer *Halloween* à des enfants qui° n'habitent pas aux Etats-Unis.

Comme partout,° en France on célèbre les anniversaires° et les anniversaires de mariage. On souhaite° aussi les fêtes: la Saint Jean le 24 juin et la Sainte Marie le 15 août, par exemple.

QUESTIONS SUR LE TEXTE

1. Comment appelle-t-on les fêtes légales en France?
2. Comment les Français fêtent-ils le 14 juillet?
3. Est-ce qu'il y a des jours fériés au printemps? Quand?
4. Quand est Noël?
5. Que font les parents et les enfants le jour de Noël?
6. Que mange-t-on généralement en France pour Noël?
7. Est-ce que les enfants français célèbrent *Halloween? Thanksgiving?*
8. Qu'est-ce qu'on souhaite le 24 juin?

Review of Chapters 5–7

A. Answer the following questions using the cues provided.

MODEL: Où allez-vous? (… université.)
Je vais à l'université.

1. Où va Pierre en été? (… Etats-Unis.)
2. Où étudiez-vous le soir? (… bibliothèque.)
3. Il donne les cadeaux à Mme Ducharme? (Non,… enfants.)
4. As-tu acheté ton chemisier chez Cardin? (Non,… supermarché.)
5. C'est votre livre? (Non,… professeur.)
6. Est-ce que Sylvie visite la France? (Non,… Mexique.)
7. Où allez-vous le dimanche? (… église.)
8. Qu'est-ce que Jean va faire samedi? (… aller… cinéma.)
9. C'est ta robe? (Non,… ma mère.)
10. Tu as des amis en France? (Non… Espagne.)
11. Tes jeans sont français? (Non… Etats-Unis.)
12. Chantal et Luc sont allés faire une promenade? (Non… gare.)
13. Où as-tu trouvé tes disques? (… Angleterre.)
14. Où vos parents ont-ils passé l'été? (… Londres.)

B. Rewrite the following sentences using the cues in parentheses.

MODEL: Marie étudie le français. (L'année prochaine…)
L'année prochaine Marie va étudier le français.

1. Christine passe ses vacances au Canada. (… l'été prochain.)
2. Nous étudions des cartes anciennes. (La semaine dernière…)
3. Vas-tu à la bibliothèque aujourd'hui? (… mardi prochain?)
4. Etes-vous fatigués ce soir? (… demain matin.)
5. Ils n'ont pas froid. (L'hiver dernier…)
6. Je fais des courses au supermarché. (Nous ne… pas…)

7. Le professeur n'explique pas la leçon.   (Hier...)
8. Les enfants écoutent-ils leurs disques?   (Jacqueline...)
9. Les étudiants ne restent pas chez eux en été.   (Paul... l'été dernier.)
10. Il fait ses bagages.   (Vous...)
11. Avons-nous de l'argent?   (Oui... 1.000 dollars.)
12. On parle français ici.   (*Ask question using inversion.*)
13. J'ai dix-huit ans.   (Demain...)
14. Est-ce que *Louise* parle avec *ses amis*?   (*Use pronouns for italicized words.*)

C. Make complete sentences with each group of words below, adding any necessary words.

MODEL: Je / faire / promenade
Je fais une promenade.

1. Quand / il / aller / musée?
2. Pourquoi / Marc / arriver en retard / hier?
3. Pierre / monter / dans / chambre / et / faire / valise
4. Nous / faire / courses / pharmacie / et / librairie
5. Où / tu / passer / vacances?
6. Comment / on / expliquer / réponse / étudiant?
7. Elle / regarder / photos / amis
8. Nous / être / absent / demain
9. Hier / Gilles / avoir / chaud / bibliothèque
10. printemps / on / faire / promenades / parc
11. enfant / naître / automne dernier
12. Michel et Monique / arriver / hôtel / hier soir? (*Use inversion.*)
13. Il / ne / montrer / photos / étudiants
14. Marie / aller / concert / dimanche

D. Fill in the blanks when necessary with the appropriate article or preposition.

MODEL: ... Rome est... Italie.
Rome est en Italie.

1. ... Canada est un pays magnifique.
2. ... Madrid est une ville intéressante.
3. J'ai visité... Dakar,... Sénégal.
4. Avez-vous passé vos vacances... Japon?
5. ... Etats-Unis, les villes sont très grandes.
6. ... Florence, il y a beaucoup de musées.
7. ... Abidjan est... Côte d'Ivoire.
8. ... été prochain, mes parents vont visiter... Mexique.
9. ... Italie est un pays merveilleux.
10. Je suis allé au concert... lundi dernier.
11. Je vais visiter Washington... samedi.
12. La Fête de l'Armistice est... novembre.
13. ... million... touristes ont visité notre musée... l'année dernière.
14. Paul a trouvé... mille... dollars dans la rue... hier.

E. Translate the following sentences into French.

1. My book in on her table.
2. Yesterday, your mother visited my school.
3. Her dorm is next to our church.
4. Paul's father liked your dress.
5. Their friends have my car.
6. Sylvie has forgotten her pen.
7. Her university is far from her parents' house.
8. *We* don't like traveling with them.

F. In French, read aloud or write the following numbers.

71	214	891	1.982	1.000.000
81	321	961	2.600	3.000.000
95	554	1.000	10.971	10.500.000
100	742	1.433	250.500	324.657.895

Small Group Work

A. Give your birthdate and ask your classmates' birthdates.

B. Make a statement in the **futur proche,** then ask a classmate to repeat the same statement in the **passé composé.** Use the following verbs:

aller	inviter	acheter
oublier	rester	visiter
faire	manger	rentrer
monter	étudier	arriver

C. Write a number on a slip of paper for another student to read aloud.

D. Identify objects that belong to you and point them out to your classmates using the expressions **C'est...** or **Ce sont....**

MODEL: C'est mon stylo. Ce sont mes chaussures.

E. Identify things that belong to your classmates.

F. Ask a question using the **Est-ce que** form or inversion, and have a classmate respond.

MODEL: Est-ce que tu as chaud? ⎫
         As-tu chaud?   ⎬ *Oui, j'ai chaud.*
                                    ⎭

G. Interview your classmates about the following subjects.

1. Qu'est-ce que tu as fait le week-end dernier?
2. Comment va-t-on chez vous?
3. Où faites-vous vos courses?
4. Qu'est-ce que tu aimes?   (*Insistes:* Moi, j'aime...)

OBJECTIVES: the telephone in France   /   services of the French post office

nasal vowels   /   telling time   /   interrogative and demonstrative adjectives   /   **pouvoir** and **vouloir**   /
interrogative pronouns

9

Un Rendez-vous chez le dentiste

Chantal Pinton a mal aux dents° depuis ce matin. Elle téléphone à son dentiste, le Docteur Calvet.

LA RÉCEPTIONNISTE° Allô, le cabinet° du Docteur Calvet.
CHANTAL Allô, bonjour Madame. Est-ce que je peux° parler au Dr. Calvet, s'il vous plaît?
LA RÉCEPTIONNISTE Oui, qui est à l'appareil°?
CHANTAL Mlle Pinton.
LA RÉCEPTIONNISTE Ne quittez pas.°
LE DR. CALVET Allô? Oui, bonjour Mlle Pinton. Comment allez-vous?
CHANTAL J'ai mal aux dents depuis ce matin.
LE DR. CALVET C'est quelle° dent° exactement°?
CHANTAL Je ne suis pas certaine, mais je ne peux pas supporter° cette° douleur.°
LE DR. CALVET Pouvez-vous° venir° cet° après-midi° entre° seize heures° et seize heures trente?
CHANTAL Si vous voulez.° Au revoir, et merci beaucoup.
LE DR. CALVET Je vous en prie.° A tout à l'heure.°

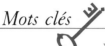

Mots clés

Vocabulaire du dialogue

a mal aux dents has a toothache (**avoir**)	**cette** this
la réceptionniste the receptionist	**la douleur** the pain
Allô Hello	**Pouvez-vous?** Can you? (**pouvoir**)
le cabinet the office	**venir** to come
je peux may I (**pouvoir**)	**cet** this
à l'appareil on the phone	**l'après-midi** (*m*) the afternoon
Ne quittez pas. Hold on. (Don't hang up.) (**quitter**)	**entre** between
	seize heures 4 P.M.
quelle which	**vous voulez** you wish (**vouloir**)
la dent the tooth	**Je vous en prie.** You're welcome. (**prier**)
exactement exactly	**A tout à l'heure.** See you soon.
supporter to stand, tolerate	

FAISONS CONNAISSANCE

The French are much less casual than Americans about using the telephone. Until recently, the telephone system was out of date in France; in Paris it used to take several years to have a phone installed, and many calls would not go through. Now, thanks to modern technology and satellite communications, the situation has vastly improved.

It is rare to find more than one phone in a French home or apartment. Many phones, however, have **un écouteur,** a separate earphone that allows another person to listen. In general, French people are careful about calling a private residence: they will almost never call during meals or after 9 P.M., except in the case of an emergency.

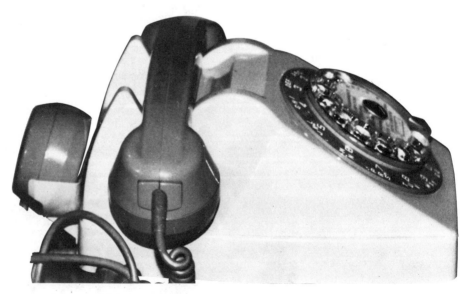

ETUDIONS LE DIALOGUE

1. Est-ce que Chantal téléphone à son professeur?
2. Pourquoi est-ce qu'elle téléphone?
3. Depuis quand a-t-elle mal aux dents?
4. Est-ce que le Docteur Calvet est dans son cabinet?
5. Qu'est-ce qu'il demande à Chantal?
6. Quand est-ce qu'elle va aller chez le dentiste?

Enrichissons notre vocabulaire

Quand allez-vous rentrer?	When are you going to return?
Je vais rentrer dans un **quart d'heure** / dans une **demi-heure** / à **midi** / à **quatre heures et demie.**	I'm returning in a *quarter of an hour* / in a *half-hour* / at *noon* / at *4:30.*
A table!	*Dinner's ready!*
J'arrive dans une **minute** / dans deux **secondes.**	I'll be there in a *minute* / in two *seconds.*
Quel **dessert voulez**-vous?	Which *dessert do you want?*
Je ne **peux** pas **choisir.**	I *can't decide.*
Qui est-ce qui a fait **ce** film?	*Who* made *that* film?
C'est un film de Truffaut.	It's a film by Truffaut.
Qu'est-ce que tu fais maintenant?	What are you doing now?
Je **téléphone** chez le dentiste.	I am *calling* the dentist.
J'ai (un) **rendez-vous** chez le dentiste.	I have an *appointment* at the dentist's.
Qu'est-ce qui indique la **date**?	*What indicates* (tells) the *date?*
Le calendrier ou une **montre**	The calendar or a *watch*
Pourquoi est-elle malheureuse?	Why is she unhappy?
Elle ne **peut** pas supporter le **froid.**	She *can't* stand the *cold.*

Mots clés

A table! Dinner's ready!	**la montre** the watch
ce this; that	**pouvoir** to be able, can
choisir to choose, decide	**le quart d'heure** the quarter hour
la date the date	**quatre heures et demie** 4:30
la demi-heure the half hour	**Qu'est-ce qui...?** What . . . ?
le dessert the dessert	**Qui est-ce qui...?** Who . . . ?
le froid the cold	**le rendez-vous** the appointment, date
indiquer to indicate	**la seconde** the second
midi noon	**téléphoner** to telephone
la minute the minute	**vouloir** to want

Prononciation

Nasal Vowels

French has three vowel sounds that are nasalized. This means that air is allowed to pass into the nasal cavity and vibrate. If you pinch your nose and say the words **vin** and **va,** you will feel the vibrations with the first but not the second.

Repeat the following words, which are grouped according to the nasal vowel sound they contain.

1. /ã/ (Your lips are rounded, your tongue back.)

an	quand	banque	cent deux
dans	sans	chantez	je danse
dent	blanc	changez	il demande

2. /õ/ (Your lips are more rounded, your tongue farther back.)

on	non	ils font	travaillons
blond	son	elles sont	nous avons
ton	ils vont	faisons	mon

3. /ɛ̃/ (Your lips are spread, your tongue forward.)

pain	un	bien	loin
cinq	brun	impossible	Alain
vin	lundi	important	sympathique

NOTE: Some French people pronounce the sequence **un** as a fourth vowel sound, but this is disappearing.

EXERCISES

A. Pronounce the following words and identify the nasal vowel sound as /ɛ̃/, /ã/, or /õ/.

allons	faisons	mes enfants	à demain
en France	invite	bonjour	sa maison
continuons	magasin	canadien	mexicain
examen	tu manges	décembre	pardon

B. Read the following sentences aloud, paying particular attention to the nasal vowels.

1. Chantal danse bien.
2. Combien de garçons allons-nous inviter?
3. Les Américains sont-ils sympathiques?
4. Jean et Alain vont camper au printemps.
5. Mon enfant va répondre à une question intéressante.
6. Elles ont trouvé un restaurant mexicain fantastique.

7. Nous avons mangé dans un coin charmant.
8. Nous avons encore faim, Maman!
9. Onze et quinze font vingt-six.
10. En France, les gens ne mangent pas de viande le vendredi.

Grammaire

I. Time

There are two ways to tell time in French, according to how formal the situation is.

A. L'heure conventionnelle

As in English, the conversational style divides the day into two twelve-hour periods.

Quelle heure est-il?	*What time is it?*
Il est une heure.	It is one o'clock.
Il est deux heures.	It is two o'clock.
Il est trois heures dix.	It is ten after three.
Il est six heures et quart.	{ It is a quarter after six. { It is six fifteen.
Il est sept heures et demie.	{ It is seven thirty. { It is half past seven.

To express time falling within thirty minutes of the next hour, you subtract the time from the hour.

Il est huit heures moins vingt.	{ It is seven forty. { It is twenty to eight.
Il est onze heures moins cinq.	{ It is ten fifty-five. { It is five to eleven.
Il est neuf heures moins le quart.	{ It is eight forty-five. { It is a quarter to nine.

Here are some special terms for noon and midnight:

Il est midi.	It is noon.
Il est minuit et demi.	It is twelve thirty (A.M.)
Il est midi moins le quart.	It is eleven forty-five (A.M.)

ATTENTION

1. Because **heure** is feminine, **demie** following **heure** is also feminine: une heure et dem**i**e
2. **Midi** and **minuit** are masculine, so **demi** does not take a final *e* with either of these: **midi et demi, minuit et demi**
3. **Demi(e)** is never plural: **trois heures et demie**

To express A.M. and P.M. in French, use **du matin** (from midnight to noon), **de l'après-midi** (from noon until about six), and **du soir** (from about six until midnight).

Il est trois heures **du matin.**	It is three A.M.
Il est quatre heures et demie **de l'après-midi.**	It is four thirty P.M.
Il est onze heures **du soir.**	It is eleven P.M.

To express the time *at* which something happens, use the preposition **à.**

A quelle heure êtes-vous arrivé?	*At* what time did you arrive?
Je suis arrivé **à** neuf heures cinq.	I arrived *at* five after nine.
Ma classe de français commence **à** dix heures.	My French class begins *at* ten o'clock.

B. L'heure officielle

Official time is based on twenty-four hours. In France, you will encounter it when consulting train or plane schedules, store hours, television schedules, and when making an appointment.

Times from midnight to noon are expressed as **zéro heure** to **douze heures.**

Le train arrive à **neuf heures.**	The train arrives at 9 A.M.
J'ai rendez-vous à **onze heures.**	I have an appointment at 11 A.M.

To express a time from noon to midnight, continue counting the hours from twelve to twenty-four.

Le film commence à **vingt heures.**	The movie starts at 8 P.M.
Le magasin ferme à **dix-neuf heures.**	The store closes at 7 P.M.

Official time never uses **midi, minuit, quart,** or **demi.**

L'avion arrive à **dix heures quinze.**	The plane comes in at *ten fifteen* A.M.
Le musée ferme à **douze heures trente.**	The museum closes at *twelve thirty* P.M.
Nous avons rendez-vous à **seize heures quarante-cinq.**	We have an appointment at *four forty-five* P.M.

Pratiquons

A. Convert the following times in the conversational style to the more formal (official) style.

1. deux heures du matin
2. trois heures et quart du matin
3. onze heures et demie du matin
4. midi vingt-cinq
5. une heure moins le quart de l'après-midi
6. quatre heures cinq de l'après-midi
7. neuf heures moins dix du soir
8. minuit moins le quart

B. Convert the following official times to the conversational style. Do not forget to indicate whether it is A.M. or P.M.

1. trois heures
2. cinq heures quinze
3. douze heures trente
4. quatorze heures quarante
5. vingt-deux heures dix
6. zéro heure quinze

C. Convert the following figures to the **heure conventionnelle,** and ask a classmate to give the **heure officielle.**

MODEL: 1:22 P.M.
une heure vingt-deux de l'après-midi
OR
treize heures vingt-deux

1. 12:30 A.M.
2. 10:15 A.M.
3. 12:05 P.M.
4. 1:00 P.M.
5. 4:45 P.M.
6. 5:30 P.M.
7. 9:20 P.M.
8. 11:55 P.M.

D. Add fifteen minutes to the following times.

MODEL: une heure *une heure et quart, une heure et demie, deux heures moins le quart,...*

1. Heure conventionnelle
   a. onze heures
   b. trois heures cinq
2. Heure officielle
   a. dix heures
   b. seize heures dix

D. Give all of the possible ways of expressing the following times.

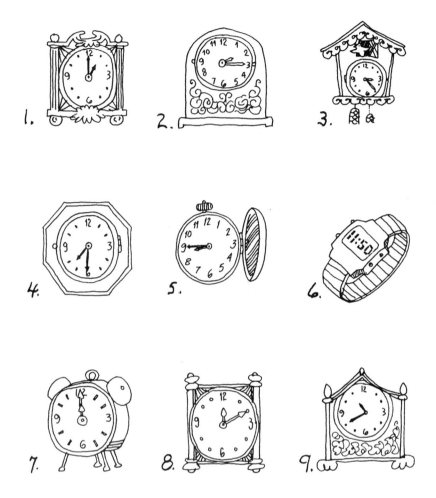

Parlons

A. Tell at what time the following occur.

1. Ma classe de français commence à…
2. La bibliothèque ferme à…
3. Les films commencent à…
4. Les matchs de football sont à…
5. Les bars ferment à…
6. A notre université, les classes commencent à…
7. Les supermarchés restent ouverts jusqu'à…
8. Le samedi, les banques sont ouvertes jusqu'à…

B. Tell at what time you did the following things yesterday.

   MODEL: Hier soir, je suis allée au restaurant à sept heures.

   Hier matin   manger
                           aller à l'université   (heure)
                           aller au restaurant
   Hier après-midi   aller à la bibliothèque
                           faire des courses
                           rentrer à la résidence   (heure)
                               universitaire
   Hier soir   dîner
                           regarder la télévision jusqu'à   (heure)
                           téléphoner à mes amis

C. Answer the following questions based on the train schedule below. Use **l'heure officielle.**

   Paris-Nice (on the left)
   1. Le train de 7h52 arrive à Nice à...
   2. Le train de 9h58 arrive à Dijon à...
   3. Le train de 14h29 arrive à Nice à...
   4. Le train de 22h57 arrive à Toulon à...

   Nice-Paris (on the right)
   1. Le train de 18h40 arrive à Lyon à...
   2. Le train de 21h15 arrive à Paris à...
   3. Le train de 6h59 arrive à Paris à...
   4. Le train de 12h08 arrive à Valence à...

D. Answer the following questions based on the television schedule below. TF1, A2, and FR3 are the three French channels.

1. A quelle heure commence sur TF1: TF1 Actualités (*the news*)?   «Fêtes de Village»?   «Starsky et Hutch»?

2. A quelle heure commence sur A2 «Les Carnets de l'Aventure»?   le dessin animé (*cartoon*)?   Athlétisme?

3. A quelle heure commence sur FR3: Magazine en langue basque?   le cycle Shakespeare?

TF1

12.30 TROIS MATS POUR L'AVENTURE
LES AVENTURES DU CAPITAINE LUCKNER
« La Rencontre »
Feuilleton de Yannick Andréï et François Boyer. Avec: Heinz Weiss (Capitaine Lückner), Yves Lefebvre (Lieuvill)...
13.00 TF 1 ACTUALITES
13.35 L'HOMME DE L'ATLANTIDE
« Disparition »
14.30 ACCORDEON, ACCORDEONS
« Pompiers bon œil »
Avec: André Verchuren,

l'accordeon club du Poitou s.l.d. de Pierre Bergerault, Jean-François Giancatarina, les Charlots...
14.55 LES RECETTES DE MON VILLAGE
15.25 FETES DE VILLAGE
— **Deux villages: Versols** en France et **Raaky-la** en Finlande, distants de 3 000 kilomètres préparent leur fête estivale.
16.20 CROQUE-VACANCES
17.50 AUTO-MOTO
18.10 S.O.S. ANIMAUX PERDUS
Séquence réservée aux animaux tatoués.
Infos : Actualité-Animaux.

La Revue des livres de l'été. Le Saviez-vous?
18.20 LA DEMOISELLE D'AVIGNON
Série d'après une histoire de **Frédérique Hébrard** et **Louis Velle.**
19.20 ACTUALITES REGIONALES
19.45 ENCORE DES HISTOIRES
20.00 TF 1 ACTUALITES
20.35 STARSKY ET HUTCH
— **Le Traquenard.**
21.35 LE GALA DES GRANDES ECOLES
22.35 LE MAGAZINE DE LA SEMAINE
23.30 TF 1 ACTUALITES

A2

11.45 JOURNAL DES SOURDS ET DES MALENTENDANTS
12.15 LA VERITE EST AU FOND DE LA MARMITE
— **Tourte aux poires**
— **Tarte Janine**
12.45 JOURNAL
13.35 WONDER WOMAN
— **Vedettes à Hollywood**
Un producteur hollywoodien, Mark Bremer, veut tourner un film sur l'histoire vraie des quatre plus grands héros militaires des Etats-Unis. D'ailleurs, ces derniers tiendraient eux-mêmes

leur propre rôle dans la production. Peu après le début du tournage, les héros commencent à disparaître les uns après les autres...
14.25 LES CARNETS DE L'AVENTURE
— **Ama Dablang**
Six guides du Briançonnais, avec pour chef d'expédition Raymond Renaud vont nous faire vivre une aventure exceptionnelle, totale en réalisant la première ascension de l'arête Nord de l'Ama Dablang, une montagne voisine de l'Eve-

rest.
15.20 LES JEUX DU STADE
18.00 RECRE A 2
18.50 DES CHIFFRES ET DES LETTRES
19.20 Actualités Régionales
19.45 DESSIN ANIME
20.00 JOURNAL
20.35 LES ENQUETES DU COMMISSAIRE MAIGRET
— **Maigret et les braves gens**
Téléfilm de Jean-Jacques Goron. Avec **Jean Richard, Anouk Ferjac, Bernard Alouf**...
22.15 ATHLETISME
23.15 ANTENNE 2 DERNIERE

FR3

13.00 Décrochage Rennes BREIZ O VEVA
17.30 Décrochage Alsace-Lorraine
18.15 Magazine en langue basque
19.10 SOIR 3
19.20 Actualités Régionales
19.40 FR 3 JEUNESSE
19.55 IL ETAIT UNE FOIS L'HOMME
— **Pierre le Grand et son époque (6)**

20.00 LES JEUX DE L'ETE
20.35 Cycle Shakespeare TROILUS ET CRESSIDA
Pièce de William Shakespeare. Avec **Esmond Knight** (Priam), **Anton Lesser** (Troilus), **John Shrapnel** (Hector), **David Firth** (Pâris), **Susanne Burden** (Cressida)...
Musique de Stephen Oli-

ver. Costumes de Alun Hughes. Décors de Colin Lowray.
Réalisation : **Jonathan Miller.** (Version originale, sous-titrée).
SOIR 3
PRELUDE A LA NUIT
Beethoven
Œuvres peu connues
« **Duo des flûtes** »: Michel Debost et Kathy Chastain.

E. Make up your ideal television schedule with times and programs, and present
it to the class.

F. Answer the following questions.

1. Quelle heure est-il maintenant?
2. A quelle heure vas-tu à l'église le dimanche?
3. A quelle heure arrivez-vous en classe?
4. Tu étudies jusqu'à quelle heure?
5. A quelle heure vas-tu rentrer samedi soir?
6. A quelle heure êtes-vous né(e)?

II. Interrogative and Demonstrative Adjectives

A. Interrogative Adjectives

In French, as in English, interrogative adjectives ask for a choice. They
are expressed as *what?* and *which?* in English.

	singular	*plural*
masculine	quel	quels
feminine	quelle	quelles

Quel film aimez-vous mieux?	*Which* film do you prefer?
Quelle église fréquentent-ils?	*What* church do they attend?
Quels disques écoutons-nous?	*What* records are we listening to?
Quelles femmes admirez-vous?	*What* women do you admire?

* Note that, like other French adjectives, **quel** agrees in gender and
number with the noun it modifies.

* **Quels** and **quelles** are subject to a **liaison obligatoire.**

Quels artistes est-ce que tu apprécies?

Quelles universités vont-ils visiter?

* Note from the examples above that either inversion or **est-ce que** must
be used with **quel.**

B. Demonstrative Adjectives

French uses several forms of **ce** as demonstrative adjectives. They are equivalent to *this*, *that*, *these* and *those* in English.

	singular	*plural*
masculine	ce, cet	ces
feminine	cette	ces

* **Cet** is a special form of **ce** used with masculine singular nouns beginning with a vowel sound.

>   **Cet** animal adore la viande.   A-t-elle invité **cet** homme?

* All of the forms above can mean *this* or *that* and *these* or *those*. The distinction between the two is rarely necessary in French.

Ce film est intéressant.	*This / that* film is interesting.
Ce garçon est intelligent.	*This / that* boy is intelligent.
Paul va acheter **cette** maison.	Paul is going to buy *this / that* house.
J'ai visité **ces** églises et **ces** musées.	I visited *these / those* churches and *these / those* museums.

* Note that **ces** is also subject to a **liaison obligatoire**.

Pratiquons

A. 1. Change the following interrogative adjectives to demonstrative adjectives.

>   Quelle église?   Quels jours?
>   Quel vin?   Quel avion?
>   Quelles universités?   Quels amis?

   2. Change the following demonstrative adjectives to interrogative adjectives.

>   cet appartement   ce disque
>   ces écoles   ces autos
>   cette bicyclette   cette étudiante

B. Use the appropriate interrogative *and* demonstrative adjectives with the following words.

>   1. homme   6. hôtel
>   2. saison   7. examen
>   3. rue   8. heure
>   4. trains   9. exercices
>   5. librairies   10. ville

C. Change the following phrases to the singular.

1. ces artistes 2. quelles jupes 3. ces banques 4. quels hommes 5. ces chaussures 6. ces devoirs 7. ces employés 8. quels mois 9. ces histoires 10. ces pays

D. Make complete sentences with each group of words below, adding any other words.

1. Quel / musée / nous / visiter?
2. Ce / étudiant / parler / français
3. Ce / résidences / être / grand
4. Quel / heure / il / être?
5. Je / consommer / ce / vin / hier
6. Elle / ne / préparer / ce / leçon
7. Quel / pays / et / quel / ville / vos amis / aller visiter / l'été prochain?
8. Pourquoi / il / inviter / ce / fille / et / ce / garçon / le week-end dernier?

E. Answer the following questions using the cues provided and the appropriate demonstrative adjectives.

1. A-t-il acheté cette bicyclette? (Non,… auto)
2. Va-t-elle porter cette robe? (Oui, et… chaussures aussi)
3. Qu'est-ce que Pierre a oublié? (stylo et… cahiers)
4. Est-ce que vous êtes arrivés ce matin? (Non,… après-midi)
5. Quand Michel va-t-il faire la cuisine? (… demain)
6. Est-ce que Jacqueline a préparé cette salade? (Oui,… et… soupe aussi)

Parlons

A. Try to find a logical question to the following answers. Use interrogative adjectives.

MODEL: J'aime ce film.
Quel film aimez-vous?

1. Marie est arrivée à huit heures.
2. Je cherche le train de Paris.
3. Louise a dix-huit ans.
4. J'habite Nice.
5. Nous avons visité l'appartement 13A.
6. J'aime les Renault et les Citroën.

B. Point out objects in the classroom and identify their owners.

MODEL: Ce crayon est à Marie. Ces livres sont à Robert.

C. With the following words, make up questions to ask your classmates. Don't forget to wait for an answer!

	appartement	
	résidence universitaire	habitez-vous?
	ville	habites-tu?
	film	
	classe	
Quel	artistes	aimez-vous mieux?
Quelle	livre	aimes-tu mieux?
Quels	musée	
Quelles	pays	allez-vous visiter?
	villes	vas-tu visiter?
	café	
	bars (*m*)	
	cinéma	fréquentez-vous?
	discothèque (*f*)	fréquentes-tu?

D. Answer the following questions.

1. Quelle classe aimes-tu?
2. Quelle cuisine appréciez-vous?
3. Quels hommes et quelles femmes admires-tu?
4. Quels sports aimez-vous?
5. Quelle sorte d'auto as-tu?
6. Quelle boisson consommes-tu en été? en hiver?

III. The Irregular Verbs **pouvoir** and **vouloir**

The verbs **pouvoir** and **vouloir** are irregular.

A. Pouvoir

pouvoir *to be able, can, may, to be allowed to*	
je peux	nous pouvons
tu peux	vous pouvez
il peut	ils peuvent
elle peut	elles peuvent

Pouvoir is often followed by another verb in the infinitive.

Je **ne peux pas supporter** la douleur.	I *can't stand* the pain.
Ils **ne peuvent pas continuer.**	They *can't go on.*
Est-ce que je **peux écouter** votre disque?	*May* I *listen to* your record?

The past participle is **pu.**

J'ai pu étudier jusqu'à minuit.   *I was able* to study until
                                                midnight.

Elle **n'a pas pu** rester.   She *couldn't* stay.

B. Vouloir

vouloir *to want*	
je veux	nous voulons
tu veux	vous voulez
il veut	ils veulent
elle veut	elles veulent

Vouloir is also frequently used with an infinitive.

Il ne **veut** pas **faire** la vaisselle.   He doesn't *want to do* the dishes.
Elles **veulent travailler** à   They *want to work* in the factory.
    l'usine.

The past participle is **voulu.**

Elle **a voulu** venir avec nous.   She *wanted* to come with us.
Ils **n'ont pas voulu** de salade.   They *didn't want* any salad.

You have already seen the conditional of **vouloir;** it is a polite way to say
I want.

Je voudrais parler au médecin.   *I would like* to speak to the
                                                doctor.

Je voudrais du café, s'il vous   *I would like* (some) coffee, please.
    plaît.

ATTENTION

These two irregular verbs share similar pronunciation.

1. The vowel sounds are the same.

   je peux / veux   /pø/, /vø/
   nous pouvons / voulons   /puvɔ̃/, /vulɔ̃/
   ils peuvent / veulent   /pœv/, /vœl/

2. Although the third-person vowels are all written *eu,* the vowel sound changes
   from the singular to the plural. You must open your mouth wider to pronounce the sound for *eu* in the plural.

   il peut, ils peuvent   /il pø/, /il pœv/
   il veut, ils veulent   /il vø/, /il vœl/

Pratiquons

A. Replace the italicized words with each of the suggested subjects.

1. *Pierre* peut commencer. (Nous, On, Elles, Vous, Je, Il, Tu, Les étudiants)
2. *Nous* voulons visiter la ville. (Je, Vous, Les touristes, On, Il, Tu, Nous, Elles)

B. Make the following sentences negative.

1. Jacqueline veut acheter une robe.
2. Nous pouvons faire nos bagages.
3. Vous avez pu parler au médecin.
4. Tu vas pouvoir fumer dans l'avion.
5. Ils peuvent inviter leurs amis.
6. Jean va vouloir regarder le film.

C. Change the following sentences to the **passé composé.**

1. Est-ce que vous pouvez aller au cinéma?
2. On ne veut pas rester jusqu'à cinq heures.
3. Je ne veux pas de viande.
4. Ils ne vont pas pouvoir parler.
5. Est-ce que tu peux venir ici?
6. Pierre ne veut pas aller avec toi.

D. In the following sentences, change **vouloir** to **pouvoir** and vice versa.

1. Il ne veut pas aller chez le dentiste.
2. Est-ce que vous pouvez fermer la fenêtre?
3. Les enfants n'ont pas voulu jouer.
4. Nous pouvons inviter des amis.
5. Ils veulent écouter la radio.
6. Je n'ai pas pu parler français.

E. Make a complete sentence with each group of words below, adding any necessary words.

1. parents / pouvoir / pas / acheter / auto
2. week-end / dernier / je / vouloir / pas / aller / église
3. vous / vouloir / eau / ou / bière?
4. Nous / pouvoir / laisser / bagages / gare
5. professeur / pouvoir / pas / expliquer / leçon
6. Tu / vouloir / passer / examen / après-midi

Parlons

A. Using the expressions below, make sentences to indicate what you *would like* or *do not want* to do.

MODEL: Je voudrais manger de la glace. Je ne veux pas aller au cinéma.

faire mes devoirs
aller à la plage
faire une promenade
rester à la bibliothèque jusqu'à
   minuit
avoir une auto

voyager en Europe
travailler le week-end
inviter des amis chez moi
faire la grasse matinée tous les
   jours

B. Choose or invent a reason why you cannot do the following activities.

MODEL: Je ne peux pas parler parce que j'ai mal aux dents.

Activités
étudier ce soir
aller en classe
faire le ménage
aller chez le dentiste
jouer au football
parler français
porter une robe / une cravate
manger beaucoup
répondre aux questions du
   professeur

Excuses
avoir chaud, froid, faim, soif
être fatigué, timide, stupide,
   paresseux, occupé
vouloir regarder la télévision,
   écouter mes disques, parler au
   téléphone
?

C. Tell whether children want to do or cannot do the following things.

MODEL: jouer
         Les enfants veulent jouer.

         aller à l'université
         Ils ne peuvent pas aller à l'université.

acheter du vin
voter
avoir plusieurs desserts
fumer
jouer avec des amis
consommer de l'alcool
être pilotes
regarder la télévision jusqu'à
   minuit
avoir beaucoup de cadeaux
fréquenter les cafés

D. First tell what you were able to do yesterday, then what you wanted to do.

> MODEL: Hier, j'ai pu terminer mes devoirs.
>   J'ai voulu aller à la plage hier.

téléphoner à un(e) ami(e)
aller en classe
rester à la maison
faire des courses
acheter un pantalon
oublier mon travail
manger au restaurant
faire de la cuisine chinoise
écrire à mes parents

E. Answer the following questions.

1. Qu'est-ce que tu veux pour Noël?
2. Où voulez-vous aller pendant les vacances?
3. Quelle profession voulez-vous avoir?
4. Où veux-tu habiter?
5. Pouvez-vous préparer le dîner ce soir? et votre camarade de chambre?
6. Est-ce que tu peux aller au cinéma ce week-end? et tes amis?

IV. Interrogative Pronouns

In French, the form of an interrogative pronoun depends on whether the pronoun is the subject or the object of the verb. As in English, the form varies according to whether you are asking about a person (*who, whom*) or a thing (*what*).

A. Persons

1. To ask about a person as the subject of a verb, use **Qui** or **Qui est-ce qui.**

Qui est là?	*Who* is there?
C'est Jacques.	Jacques.
Qui a téléphoné?	*Who* called?
Paul.	Paul.
Qui est-ce qui a faim?	*Who* is hungry?
Moi.	I am.
Qui est-ce qui veut de la salade?	*Who* would like some salad?
Nous!	We would!

2. If the person is an object of the verb, use **Qui est-ce que**, or use **qui** with inversion.

Qui est-ce que vous admirez? **Qui** admirez-vous? }	*Whom* do you admire?
J'admire mes parents.	I admire my parents.
Qui est-ce que tu as invité? **Qui** as-tu invité? }	*Whom* did you invite?
J'ai invité mes amis.	I invited my friends.

3. If the person is the object of a preposition, use **qui,** which is then followed by either **est-ce que** or inversion.

Avec qui ont-ils joué? **Avec qui est-ce qu**'ils ont joué? }	*With whom* did they play?
A qui as-tu téléphoné? **A qui est-ce que** tu as téléphoné? }	*Whom* did you phone?
Chez qui sont-elles allées? **Chez qui est-ce qu**'elles sont allées? }	*To whose place* have they gone?

B. Things

1. To ask about a thing as the object of a verb, use **Qu'est-ce que** or **Que** with inversion.

Qu'est-ce que vous avez fait?	*What did you do?*
J'ai regardé la télé.	I watched TV.
Que veux-tu?	*What* do you want?
Je voudrais de l'eau.	I'd like some water.
Qu'est-ce que les enfants cherchent?	*What* are the children looking for?
Ils cherchent un crayon.	They're looking for a pencil.

2. Occasionally, a thing can be the subject of a sentence. In this case, the only correct form is **Qu'est-ce qui.** This pronoun is often used with **arriver,** *to happen.*

Qu'est-ce qui est arrivé?	*What* happened?
Qu'est-ce qui reste?	*What's* left?

3. If a thing is the object of a preposition, use **quoi,** which is followed by inversion or **est-ce que.**

De **quoi** parlent-ils?	*What* are they talking about?
Avec **quoi** est-ce que nous indiquons cela?	With *what* are we going to show that?

C. Summary

	Persons (who)	*Things (what)*
Subject of verb	**Oui** *or* **Qui est-ce qui**	**Qu'est-ce qui**
Object of verb	**qui** + inversion *or* **qui est-ce que**	**que** + inversion *or* **qu'est-ce que**
Object of preposition	qui	quoi

* Person / Thing Contrasts

1. **Qui est-ce qui** reste?   *Who's* left?
2. **Qu'est-ce qui** reste?   *What's* left?

3. **Qui est-ce que** vous regardez?   *Whom* are you looking at?
4. **Qu'est-ce que** vous regardez?   *What* are you looking at?

* Subject / Object Contrasts

1. **Qui est-ce qui** a invité Jacques?   *Who* invited Jacques?
2. **Qui est-ce que** Jacques a invité?   *Whom* did Jacques invite?

3. **Qu'est-ce qui** indique cela?   *What* shows that?
4. **Qu'est-ce que** cela indique?   *What* does that show?

Pratiquons

A. Translate the following sentences into English.

1. Qui est monté?
2. Qui a-t-elle invité?
3. Qu'est-ce que vous allez étudier?
4. Qui est-ce qui veut du café?
5. Qu'est-ce qui est arrivé hier soir?
6. Avec qui voulez-vous danser?

B. Give the alternate form for the following questions, where possible.

1. Qui veut aller au cinéma?
2. Que vas-tu faire demain?
3. Qui est-ce que vous admirez?
4. Qu'est-ce que les enfants regardent?
5. Qu'est-ce qui reste sur la table?
6. A qui a-t-il téléphoné?

C. Translate the following sentences into French.

1. What are you doing?
2. To whom are you speaking?
3. What happened?
4. Whom did she forget?
5. Who can come?
6. What are your parents listening to?

D. Complete the following sentences with any appropriate interrogative pronoun.

1. ... a mangé mon dessert?
2. A... vous avez donné l'argent?
3. ... est arrivé ce matin?
4. Avec... les enfants jouent-ils?
5. ... il y a sur la table?
6. ... ont-ils regardé?

E. Formulate questions that would elicit the following answers. Pay particular attention to the italicized words.

1. Nous étudions *le français*.
2. Ils ont invité *des amis*.
3. *Marie et Jacqueline* chantent à l'église.
4. *Le lait* est froid.
5. Je vais téléphoner à *Luc*.
6. Tu peux faire *ta valise*.
7. *Danielle* est née en France.
8. Le professeur parle avec *ses étudiants*.

Parlons

A. Divide into groups and ask each other questions using interrogative pronouns. The list of verbs below will help you. When the interview is complete, report your findings to the rest of the class.

MODEL: Qui admirez-vous?
         Qu'est-ce que vous avez à la maison?

admirer	détester
inviter chez vous	faire ce dimanche
téléphoner à	manger
parler avec	regarder à la télévision
avoir à la maison	vouloir faire ce week-end

B. Using an interrogative pronoun, ask a question from the list of possibilities on the left. Ask a classmate to guess the answer from the list on the right.

MODEL: monter en avion
         Qui est-ce qui monte en avion?
         Un pilote monte en avion.

manger comme dessert	médecin
faire des livres	chaussures
porter sur les pieds	confiture
expliquer la leçon	crêpe
manger du pain	professeur
consulter quand on est malade	auteur

C. Using the words from the list on the left, ask each other questions using **qui** or **qui est-ce qui** that will elicit the names of these or other famous people.

1. chanter bien   Billie Jean King
2. danser bien   Graham Kerr et James Beard
3. encourager les femmes   Fred Astair
4. faire du cinéma   Edith Piaf
5. jouer au tennis   Simone de Beauvoir
6. faire de la cuisine   François Truffaut

D. Pretend to be a famous person or character. Have your classmates guess who you are by asking questions with interrogative pronouns and adjectives. You can also use the interrogative adverbs you learned earlier (**où, quand, comment,** and **pourquoi**).

MODEL: Où habites-tu? Qu'est-ce que vous faites? Quelle langue parles-tu? Quand êtes-vous né?

E. Answer the following questions.

1. Qu'est-ce que tu aimes faire le week-end?
2. Pour qui est-ce que tu vas voter?
3. Avec qui veux-tu voyager cet été?
4. Qu'est-ce que vous portez en hiver?
5. A qui aimes-tu parler en classe?
6. Qui avez-vous invité chez vous?
7. Qu'est-ce qui est arrivé hier?
8. Qui fait le ménage chez vous?

Communiquons

AU TÉLÉPHONE

Like most languages, French uses a number of idiomatic expressions for making phone calls (**donner / passer un coup de téléphone**). To find the right number (**numéro de téléphone**), you must either consult the **annuaire** (*phone book*) or call **les renseignements** (*Information*).

In large cities, phone numbers are composed of a three-digit number followed by two, two-digit numbers. For example, 234-55-71 (**deux cent trente-quatre, cinquante-cinq, soixante et onze**), 541-08-00 (**cinq cent quarante et un, zéro huit, zéro zéro**).

To find a telephone, many people go to the post office, which runs the phone system in France. Also, many phone booths (**cabines téléphoniques**) have appeared recently on the streets and in **métro** stations. Public telephones are in cafés, where you may have to buy a token (**un jeton**) to use instead of a coin.

Some pay phones allow long distance calls (**communications interurbaines**), but it is much easier to go to a post office, where the call is placed for you. You can call person-to-person (**communication avec préavis**) or collect (**en PCV**).

Below are the most frequently used words related to phone conversations.

sonner   *to ring*
décrocher   *to pick up*
faire le numéro, composer   *to dial*
Allô   *Hello*
Qui est à l'appareil?   *Who's calling?*
C'est de la part de qui?   *May I say who's calling?*
Est-ce que je pourrais parler à...?   *May I speak to...?*
Ne quittez pas.   *Hold the line.*
Il n'est pas là.   *He isn't there.*
La ligne est occupée.   *The line is busy.*
Un instant, je vous prie.   *One moment, please.*
Pouvez-vous rappeler dans...?   *Can you call back in...?*
raccrocher   *to hang up*

"C'est de la part de qui?"

EXERCISES

Answer the following questions.

1. Quel est ton numéro de téléphone? le numéro de la police? des renseignements?
2. En France, comment trouve-t-on un numéro de téléphone?
3. Où peut-on téléphoner en France?
4. Vous êtes en France et vous voulez téléphoner à vos parents aux Etats-Unis. Que faites-vous?

ACTIVITÉ

Act out the following conversations with a classmate:

1. calling for an appointment with the doctor
2. asking someone to go the movies with you
3. calling the train station to find out the schedule for trains from Paris to Nice

Section culturelle

The French Postal System

In France, the post office does a lot more than deliver mail. The entire system is called **les Postes et Télécommunications (les P et T),** but most people use its old name, **les PTT** (**Postes, Télégraphes, Téléphones**). You can complete all the usual transactions there: buying stamps, sending packages, and requesting money orders. In addition, you can make phone calls and send telegrams because these services are nationalized.

While the French phone system has improved in recent years, mail service has slowed down. Many large towns, except Paris, have had to give up twice-daily mail deliveries.

One unusual service offered, until recently, by the **P et T** in Paris was the **pneumatique,** which was popular when it was hard to obtain private phones. You brought your letter to the post office, but instead of sending it out with the regular mail, a postal employee put it in a metal container and sent it through pneumatic tubes underground. It arrived at the post office in Paris nearest the addressee, and a mail carrier on a bicycle would then deliver it.

Le bureau de poste (or **la poste**) is a practical place for anyone visiting France to know.

Les P et T

En France, l'administration des Postes° et Télécommunications, les P et T, assure le service du courrier,° des télégrammes et des communications téléphoniques. Comme le gaz, l'électricité et les chemins de fer, les P et T sont une entreprise nationalisée.

Dans les villes et les villages de France, les bureaux de poste représentent l'administration des P et T. Les gens vont au bureau de poste pour faire des transactions diverses. Si on veut envoyer° une lettre, on peut acheter des timbres° dans un bureau de tabac ou dans un bureau de poste. Quand on a timbré° la lettre, on va mettre° la lettre à la poste ou dans une boîte aux lettres° placée dans la rue. Si on veut envoyer une lettre par avion,° on va à la poste car la lettre va être pesée.° Pour écrire une lettre par avion, on peut aussi

Mail
mail

to send / stamps
stamped / to put
mailbox / airmail
weighed

send / packages / sending
slow
valuable / registered
mail carriers

General Delivery

operator / call / other party

practical

to receive / money orders /
    checking account
part / bills
withdraws

acheter un aérogramme. A la poste, on peut expédier° les colis.° Pour les Etats-Unis, l'envoi° par avion est très cher; l'envoi par bateau est moins cher mais très lent.° Si un colis est précieux,° on l'expédie en recommandé.°

Comme aux Etats-Unis, en France les facteurs° distribuent le courrier. Mais si on est dans une ville où on n'a pas d'adresse personnelle, on va chercher son courrier «Poste Restante.»°

On fréquente beaucoup les bureaux de poste pour utiliser le téléphone. Généralement, on donne le numéro à la téléphoniste,° elle place l'appel,° et quand le correspondant° est sur la ligne, on va dans une cabine pour parler. Quand on a terminé, on paye la communication à la téléphoniste.

Finalement, on va aussi à la poste pour envoyer un télégramme. Maintenant, c'est un service peu utilisé car le téléphone est plus pratique.°

Le bureau de poste fonctionne aussi un peu comme la banque. On peut expédier ou recevoir° de l'argent avec des mandats.° Beaucoup de gens ont un compte-chèque° postal (un CCP). Ils payent une grande partie° de leurs factures°—eau, électricité, gaz, téléphone— sans faire de chèque. On retire° l'argent directement de leur CCP.

Les P et T offrent un grande nombre de services essentiels aux Français.

QUESTIONS SUR LE TEXTE

1. Quels services est-ce que les P et T assurent?
2. Quelles entreprises nationalisées est-ce qu'il y a en France?
3. Qu'est-ce que les gens peuvent faire dans un bureau de poste?
4. Quelle est la différence entre un colis par avion et un colis par bateau?
5. Qui est-ce qui distribue le courrier?
6. Pourquoi est-ce qu'on n'utilise pas beaucoup les télégrammes?
7. Qu'est-ce qu'un CCP?
8. Qu'est-ce que les gens payent avec un CCP?

Sandwichs Variés
Produits d'Auvergne
Croque Monsieur
Hot-Dog
Oeufs Jambon
Omelettes Jambon
Assiettes Charcutières
Pâtisseries

10

Une Lettre° à Mamy

Bernard est un étudiant canadien. Il est à Paris depuis° quinze jours, et il va suivre des cours° à la Sorbonne pendant° l'année. Il fait une lettre à sa grand-mère.°

Paris, le 12 octobre 1985

Ma chère° Mamy,

Je suis en France depuis un mois. Quand je suis arrivé, il a fait très chaud° pendant deux semaines, mais maintenant il fait beau.° Bientôt° il va faire frais° et il va pleuvoir.° Heureusement,° à Paris il ne neige pas° beaucoup et il ne fait jamais très froid.° Puisque° les cours n'ont pas encore commencé, je visite la capitale° avec mes amis français. Hier, nous sommes allés à la Tour Eiffel et je la° trouve impressionnante.° Le soir, nous avons vu° un film français mais je ne l'ai° pas beaucoup aimé.

Demain matin, je vais à l'université pour voir la liste° des cours. L'année dernière, j'ai suivi des cours de français, de littérature° anglaise et de mathématiques.° Cette année, je vais suivre un cours d'histoire de l'art et de sociologie.° Ces matières° sont fascinantes, et je veux les° étudier ici.

J'ai déjà dépensé° beaucoup d'argent et je ne peux pas faire d'économies.° Donne-moi de tes nouvelles.°

Affectueux baisers,°

Bernard

Bernard

Mots clés

Vocabulaire du dialogue

la lettre   the letter
depuis   for
suivre des cours   to take courses
pendant   during
la grand-mère   the grandmother
chère   dear
il a fait chaud   it was hot (**faire**)
il fait beau   it is nice (**faire**)
Bientôt   Soon
il va faire frais   it is going to be cool
pleuvoir   to rain
Heureusement   Fortunately
il ne neige pas   it doesn't snow
  (**neiger**)
il ne fait jamais froid   it is never cold
  (**faire**)
Puisque   Since

la capitale   the capital
la   it
impressionnante   impressive
nous avons vu   we saw (**voir**)
l'   it (**le**)
la liste   the list
la littérature   literature
les mathématiques (*f*)   mathematics
la sociologie   sociology
les matières (*f*)   the courses, subjects
les   them
j'ai dépensé   I have spent (**dépenser**)
faire d'économies   to save money
Donne-moi de tes nouvelles.   Let me
  hear from you. (**donner**)
Affectueux baisers   Hugs and kisses

FAISONS CONNAISSANCE

Each year thousands of foreign students go to France. The main centers for study are Paris, Grenoble, and Aix-en-Provence, but all universities offer special courses for foreigners to learn French. These programs last an academic year or varying lengths of time in the summer. You usually have to take a placement test because courses are offered at all levels.

It is also possible to enroll as a regular French student. In the past, all an American needed was a birth certificate and proof of two years of college work. Because of an increasing number of American applicants in France, however, the government has begun making it more difficult to enroll. Universities are almost free in France, while French students who want to study in the United States must pay a substantial tuition.

ETUDIONS LA LETTRE

1. Qui est «Mamy»?
2. Depuis quand Bernard est-il en France?
3. Est-ce qu'il fait chaud en France maintenant?
4. A quelle saison est-ce qu'il pleut à Paris?
5. Avec qui Bernard visite-t-il Paris?
6. Est-ce qu'il aime la Tour Eiffel? Pourquoi?
7. Pourquoi va-t-il à l'université demain?
8. Quels cours va-t-il suivre cette année?

Enrichissons notre vocabulaire

Quel **temps** fait-il?	What's the *weather* like?
Il fait beau. / **mauvais.**	It's nice / *awful*.
Comment expliquez-vous votre **absence?**	How do you explain your *absence?*
Il a plu. / Il a neigé.	It rained. / It snowed.
Qu'est-ce qu'il fait?	What does he do?
Il **fait** des mathématiques. / Il suit un cours de mathématiques. / Il étudie les mathématiques.	He *takes* math. / He takes a math course. / He studies math.
Où est mon **dictionnaire?**	Where is my *dictionary?*
Je l'ai vu sur la table.	I saw it on the table.
Qui est-ce que **tu vois?**	Whom do *you see?*
Je vois mon **mari** / ma **tante** / mon **oncle.**	I see my *husband* / my *aunt* / my *uncle*.
Qu'est-ce qui **préoccupe** Jacques?	What's *worrying* Jacques?
Son **passé** / Son **avenir** le préoccupe.	His *past* / His *future* is worrying him.
Qu'est-ce qu'on fait avec des **casseroles?**	What do you do with *pots?*
On **les utilise** pour préparer les **repas.**	You *use them* to prepare *meals*.

Mots clés

l'absence (*f*) the absence	**le mari** the husband
l'avenir (*m*) the future	**l'oncle** (*m*) the uncle
la casserole the pot	**le passé** the past
le dictionnaire the dictionary	**préoccuper** to worry, preoccupy
faire mauvais to be bad weather	**le repas** the meal
faire (des mathématiques) to take (math)	**la tante** the aunt
le / la / l' him, it / her, it	**le temps** the weather
les them	**utiliser** to use

Prononciation

Oral Vowels and Nasal Consonants

In chapter 9, you learned the pronunciation of the three nasal vowels in French: /ɛ̃/ (pain), /ã/ (lent), and /õ/ (ton). With nasal vowels, you never pronounce the letter *n* or *m* that follows. Listen to the pronunciation of the following adjectives:

masculine	*feminine*
américain	américaine
canadien	canadienne
italien	italienne

The masculine forms end in a nasal vowel, so the *n* is not pronounced. The *n* must be pronounced in the feminine, however, so the preceding vowel is oral instead of nasal.

The *n* or *m* must be pronounced if it is doubled (**sommes**) or followed by a vowel (**téléphone**). Pronounce the following words and indicate whether the vowels in italics are oral or nasal.

je d*o*nne	*e*n ville	v*i*n	mat*i*n
t*o*n stylo	s*o*nne	assass*i*ne	m*i*nute
b*i*en	*a*nnée	*i*nutile	pers*o*nne
sem*ai*ne	*i*mpossible	qu*i*nze	*o*melette

EXERCISES

A. Pronounce the following pairs of words, making a clear distinction between the oral and nasal vowels.

Jean / Jeanne	un / une
an / année	vietnamien / vietnamienne
matin / matinée	gens / jeune
plein / pleine	brun / brune

B. Read the following sentences aloud, taking care not to nasalize vowels before pronounced *n* and *m*.

1. Les usines anciennes consomment beaucoup d'énergie.
2. Elle aime un homme ambitieux.
3. Tiens! Etienne déjeune avec une Canadienne.
4. Anne fréquente un homme d'origine italienne.
5. Jean et Jeanne ont acheté une chemise jaune.
6. Les femmes africaines font des omelettes au fromage.
7. Cet astronome examine la lune.
8. La crème est inutile dans la cuisine minceur.

Grammaire

I. The Weather

The general question for asking about the weather is **Quel temps fait-il?** (*How is the weather?*) Several possible answers use the verb **faire:**

Il fait chaud. It is hot.	**Il fait mauvais.** The weather's bad.
Il fait froid. It is cold.	
Il fait frais. It is cool.	**Il fait du vent.** It's windy.
Il fait bon. It's nice. (*temperature*)	**Il fait du brouillard.** It's foggy.
	Il fait du soleil. It's sunny.
Il fait beau. It's nice. (*general*)	**Il fait de l'orage.** There's a storm.

In addition to **faire,** there are other verbs used to describe weather.

pleuvoir:	Il **pleut.**	It's raining.
neiger:	Il **neige.**	It's snowing.
être:	Le ciel **est** couvert.	It's cloudy.

All of these expressions can be used in the past and the future:

passé composé
Hier, il **a fait chaud.** — Yesterday it *was hot.*
Le week-end passé, il **a plu** mais il **n'a pas neigé.** — Last weekend it *rained* but it *didn't snow.*

futur proche
Il **va faire beau** demain. — It's *going to be nice* tomorrow.
Il **va pleuvoir** dimanche. — It's *going to rain* Sunday.
Il **va neiger** la semaine prochaine. — It's *going to snow* next week.

 ATTENTION

1. **Il fait beau** is used for general weather conditions (warm, sunny), while **il fait bon** refers to temperature and can refer to a room indoors.

   Il fait bon dans cette chambre. — *It* (the temperature) *is nice* in this room.

2. **Chaud** and **froid** can be used with three different verbs, depending on what is being described.

weather (**faire**):	Il **fait chaud.** Il **fait froid.**	It's *hot.* It's *cold.*
people (**avoir**):	J'**ai chaud.** Il **a froid.**	I'm *hot.* He's *cold.*
things (**être**):	L'eau **est chaude.** Cette bière **est froide.**	The water's *hot.* This beer *is cold.*

Pratiquons

A. Quel temps fait-il?

B. Give the opposite of the following weather conditions.

1. Il fait mauvais.
2. Il fait chaud.
3. Le ciel est couvert.
4. Il fait bon.
5. Il pleut.
6. Il fait du brouillard.

C. Rewrite the following sentences to include the words in parentheses.

1. Il fait froid.   (Hier...)
2. Il pleut.   (... la semaine dernière.)
3. Il ne neige pas.   (L'hiver dernier...)
4. Il fait de l'orage.   (... demain matin.)
5. Il neige.   (L'hiver prochain...)
6. Il pleut.   (... demain.)

D. Make a complete sentence with each group of words, adding any necessary words.

MODEL: frais / automne
         Il fait frais en automne.

1. neiger / beaucoup / Canada
2. orage / ce soir
3. bon / printemps
4. soleil / Italie / été
5. ciel / couvert / pleuvoir
6. Je / froid; fermer / fenêtre

E. Translate the following sentences into French.

    1. It was hot this summer.
    2. There's going to be a storm.
    3. It's nice here.
    4. It's foggy and it's going to rain.
    5. It's windy and cool.
    6. It's going to be sunny this afternoon.

Parlons

A. Some cities are famous for their weather. Try to identify the kind of weather in the following.

    MODEL: Phoenix?   *A Phoenix il fait chaud.*

    1. Buffalo?   3. Londres?   5. Miami?
    2. Chicago?   4. Juneau?   6. Cherbourg?

B. Tell what you like to do . . .

    1. quand il pleut   4. quand il fait du soleil
    2. quand il neige   5. quand il fait de l'orage
    3. quand il fait mauvais   6. quand il fait très froid

C. Divide into small groups and prepare a weather report for the following situations.

    1. votre ville demain   4. l'été dernier
    2. votre ville hier   5. en Floride au printemps
    3. cet hiver   6. au Sénégal en été

D. Match the following activities with the weather that is best suited to them.

    MODEL: aller au cinéma
                  On va au cinéma quand il fait mauvais.

rester à la maison	faire du ski	pleuvoir
faire un pique-nique	aller aux cours	faire beau
étudier	faire mauvais	faire du soleil
fermer les fenêtres	faire froid	faire du vent
porter un chapeau	neiger	faire chaud
faire un tour		

E. Answer the following questions.

    1. Etes-vous content(e) quand il fait froid? quand il fait chaud?
    2. Aimes-tu faire une promenade quand il pleut?
    3. Quelle saison aimes-tu mieux? Pourquoi?
    4. Quel temps a-t-il fait le week-end dernier?

II. **Suivre** and **Suivre des cours**

A. **Suivre**

suivre *to follow*	
je suis	nous suivons
tu suis	vous suivez
il / elle suit	ils / elles suivent
PASSÉ COMPOSÉ: il a suivi	

Nous allons **suivre** cette auto.	We're going *to follow* that car.
Suivez-moi, s'il vous plaît.	*Follow me*, please.
J'ai suivi un homme jusqu'au métro.	*I followed* a man to the subway.

B. **Suivre** is often used with an academic subject (**suivre un cours de...**).

Jacqueline **suit un cours de français.**	Jacqueline *is taking a French course.*
Paul et Luc vont **suivre des cours d'anglais.**	Paul and Luc are going *to take English courses.*

The following vocabulary can be used to talk about the school year: **un trimestre** (*a quarter*) and **un semestre** (*a semester*).

There are three ways to state the subjects you study.

1. suivre un cours de (d')
2. faire du (de la, des, de l')
3. étudier le (la, les, l')

ATTENTION

You must be sure to use the correct article with each verb.

1. **suivre un cours** takes only the preposition **de,** not an article.
2. **faire** takes only the partitives **du, de la, des.**
3. **étudier** takes only the definite articles **le, la, les.**

Mon ami **suit un cours** d'histoire.	My friend *is taking* a history *class.*
Moi, je **fais de la** physique mais j'aime mieux la psychologie.	I *study* physics but I prefer psychology.
Leurs enfants **étudient le** latin et **le** grec.	Their children *study* Latin and Greek.

Mots clés 🗝

Commonly studied subjects (**matières**)

l'anthropologie *(f)*	les langues étrangères	l'italien *(m)*
l'architecture *(f)*	*(foreign languages)*	la littérature
l'art *(m)*	l'arabe *(m)*	les mathématiques *or* les
la biologie	le chinois	maths *(f)*
la chimie *(chemistry)*	le français	la médecine
le droit *(law)*	le grec	la musique
l'éducation physique *(f)*	le latin	la philosophie
la géographie	l'anglais *(m)*	la physique
la géologie	le russe	la psychologie
l'histoire *(f)*	l'allemand *(m)*	les sciences politiques *(f)*
le journalisme	l'espagnol *(m)*	la sociologie

* Note that all languages are masculine and all sciences are feminine.

Pratiquons

A. Replace the italicized words with the suggested subjects.

   1. *Jacques* suit un cours de littérature.   (Je, Nous, Anne, Elles, Vous, Tu)
   2. *Vous* allez suivre un cours d'allemand.   (Tu, Ils, Je, Nous, Elle, Marc)
   3. *Elle* a suivi un cours de sociologie.   (Nous, Tu, Il, Je, Vous, Elles)

B. Replace the italicized words with each of the courses given.

   1. Paul suit un cours de *musique*.   (italien, géologie, anglais, mathématiques, éducation physique, géographie, histoire)
   2. Nous faisons du *français*.   (chimie, arabe, littérature, sciences politiques, russe, anthropologie)
   3. Elle étudie le *journalisme*.   (espagnol, médecine, droit, physique, architecture, philosophie, psychologie)

C. Make a complete sentence with each group of words below, adding any necessary words.

   1. Nous / faire / chimie
   2. Paulette / étudier / mathématiques / et / physique
   3. Je / suivre / cours / sociologie
   4. trimestre prochain / elle / faire / droit
   5. semestre dernier / nous / étudier / allemand / et / chinois
   6. année prochaine / tu / suivre / cours / littérature?

D. Translate each of the following sentences into French.

1. This year, we are studying geography.
2. Last semester, they took a P.E. course.
3. This quarter, she is studying history, geography, and philosophy.
4. Next year, I am going to take math courses.
5. Are you going to study medicine next quarter?
6. He always studies political science.

E. Make new sentences by substituting the words in parentheses for the words in italics.

MODEL: Il *fait* du français.   (étudier)
         Il étudie le français.

1. Luc *étudie* l'anglais.   (suivre un cours)
2. Je *fais* du droit.   (étudier)
3. Nous *allons suivre un cours* d'histoire.   (faire)
4. Tu *vas étudier* la géologie.   (suivre un cours)
5. Elle *a fait* de l'arabe.   (suivre un cours)
6. Elles *ont étudié* la physique.   (faire)

Parlons

A. The following famous people were once students, too. What were their favorite subjects?

MODEL: Albert Einstein?   *Il a fait des mathématiques.*

journalisme	biologie	physique	sociologie
anthropologie	architecture	philosophie	psychologie

1. Pasteur   5. Piaget
2. Le Corbusier   6. Levi-Strauss
3. Marie Curie   7. Margaret Mead
4. Descartes   8. Barbara Walters

B. Below is the schedule of Chantal, a *lycée* student. Can you tell how she spends her time in a typical week?

1. Quels jours Chantal étudie-t-elle le français? le latin?
2. A quelle heure est-ce que son cours de musique commence?
3. Quels cours Chantal suit-elle le mardi?
4. Combien de fois fait-elle des maths? de l'anglais?
5. Quels cours a-t-elle le samedi après-midi?
6. Quels jours est-ce qu'elle n'a pas de cours?

L'EMPLOI DU TEMPS de Chantal

	8–9	9–10	10–11	11–12	12–13	13–14	14–15	15–16	16–17
LUNDI	maths	français	histoire				anglais	géographie	
MARDI	français	musique	espagnol	maths			latin	latin	
JEUDI	S P O R T S						anglais	géographie	
VENDREDI	français	physique	espagnol	maths		éducation physique	anglais	art	
SAMEDI	littérature française	espagnol	chimie						

C. Tell the class about *your* weekly schedule for this quarter or this semester, and for next quarter or semester.

D. Your roommate is reading a book by one of the following authors, in the original. What language is he or she studying?

MODEL: Dante?   *Il fait de l'italien.*
        OR *Elle étudie l'italien.*

1. Cervantes?   5. Homère?
2. Goethe?   6. Confucius?
3. Jules César?   7. Tolstoï?
4. Molière?   8. Shakespeare?

E. Answer the following questions.

1. Quels cours aimez-vous? détestez-vous?
2. Quels cours vas-tu suivre l'année prochaine?
3. As-tu déjà étudié une langue étrangère?
4. Quels cours de sciences suivez-vous cette année?
5. Quel cours est trop difficile pour vous?
6. Qu'est-ce que tu fais quand tu ne vas pas aux cours?

III. Direct Object Pronouns: Third Person

A. Direct Objects

In English, a direct object receives the action of the verb directly. In the following sentences, the words in boldface are direct objects.

He is buying **an apple.**
I like **your ideas.**
We saw **Jane** at the movies.

* A direct object can be a person, an object, or an idea. It answers the question *whom?* or *what?* The direct-object nouns above can be replaced with direct-object pronouns.

He is buying **it.**
I like **them.**
We saw **her.**

French also has direct objects.

Marie et Jean font **la vaisselle.**	Marie and Jean are doing *the dishes.*
Nous avons invité **les enfants.**	We invited *the children.*
Elle va répéter **la réponse.**	She is going to repeat *the answer.*

* Note that in French there is *never* a preposition between a verb and a direct object.

B. Third-person Direct Object Pronouns

	singular	*plural*
masculine	le, l'	
feminine	la, l'	les

* Masculine singular: **le** or **l'**   *him, it*

Je consulte **Paul.** → Je **le** consulte.	I am consulting *him.*
Nous visitons **le musée.** → Nous **le** visitons.	We are visiting *it.*
Ils adorent **le lait.** → Ils **l'**adorent.	They love *it.*

* Feminine singular: **la** or **l'**   *her, it*

Vous cherchez **Marie?** → Vous **la** cherchez?	Are you looking for *her?*
Elle demande **la réponse.** → Elle **la** demande.	She's asking for *it.*
Elles étudient **la leçon.** → Elles **l'**étudient.	They are studying *it.*

* Masculine and feminine plural: **les**   *them*

Vous répétez **les phrases.** → Vous **les** répétez.	You are repeating *them.*
Il mange **les crêpes.** → Il **les** mange.	He eats *them.*
Paul invite **les enfants.** → Paul **les** invite.	Paul invites *them.*

* Note that **les** is subject to an obligatory **liaison.**

* Note that the direct-object pronouns that replace direct object nouns are placed before the verb, and that they show gender, even for inanimate things.

C. Position of Direct Object Pronouns

1. As you have just learned, the direct object pronoun precedes the verb in an affirmative or negative present tense statement.

Tu regardes **la télévision.** → Tu **la** regardes.
Nous n'aimons pas **les légumes.** → Nous ne **les** aimons pas.
Je ne termine pas **l'examen.** → Je ne **le** termine pas.

2. The same is true of questions, including instances of inversion.

Est-ce que tu as **mes crayons?** → Est-ce que tu **les** as?
Etudiez-vous **le chinois?** → **L'**étudiez-vous?

3. In the **passé composé,** the pronoun precedes the auxiliary verb **avoir.**

Tu as étudié **le français?** → Tu **l'**as étudié?
Nous n'avons pas enveloppé **le cadeau.** → Nous ne **l'**avons pas enveloppé.
A-t-il préparé **le repas?** → **L'**a-t-il préparé?

ATTENTION

1. In the **passé composé,** the past participle must agree in gender and in number with the direct object pronoun.

J'ai acheté **la voiture.** → Je **l'**ai achet**ée.**
Tu as donné **les livres.** → Tu **les** as donn**és.**
Elle a expliqué **les réponses.** → Elle **les** a expliqu**ées.**

2. You have learned only one past participle whose masculine and feminine forms can be *audibly* distinguished from one another: **faire (fait / faite).**

Nous avons fait **la vaisselle.** → Nous **l'**avons fai**te.**
Ils ont fait **leurs courses.** → Ils **les** ont fai**tes.**

4. In any *helping verb plus infinitive* construction, the direct object pronoun precedes the infinitive, that is, the verb of which the pronoun is a direct object.

Il ne peut pas faire **ses devoirs.** → Il ne peut pas **les** faire.
L'enfant ne veut pas traverser **la rue.** → L'enfant ne veut pas **la** traverser.
Je vais regarder **la télévision.** → Je vais **la** regarder.
Il va fermer **la porte.** → Il va **la** fermer.
Elle ne va pas passer **les vacances** ici. → Elle ne vas pas **les** passer ici.

ATTENTION

Remember that all French nouns have a gender, so *it* can be either **le** or **la,** depending on the noun for which it stands. Both **le** and **la** become **l'** before a vowel, while the silent *s* of **les** becomes the sound /z/.

Je **le** mange.   Je l'ai mangé.   Il l'invite.   Il les invite.

Pratiquons

A. Complete the following sentences, substituting a direct object pronoun for the nouns given below.

1. Nous faisons…   (la vaisselle, le ménage, les courses, nos valises, nos devoirs, la cuisine)
2. Vous ne préparez pas…   (les examens, le dîner, la leçon, les repas, vos bagages, l'omelette)
3. Jean admire…   (ses parents, Picasso, sa sœur, la sincérité, les Anglais, son ami)

B. Change the following sentences first to the **passé composé,** then to the **futur proche.**

1. Je la regarde.
2. Nous l'invitons.
3. Vous le mangez.
4. Ils ne l'aiment pas.
5. Tu ne les admires pas.
6. Les portent-elles?

C. Replace the direct objects in each of the following sentences with the appropriate pronoun.

1. Je parle français.
2. Ecoute-t-elle la radio?
3. Jacqueline a fermé la porte.
4. Nous n'avons pas trouvé son livre.
5. Tu vas étudier la sociologie.
6. Les enfants ne vont pas oublier leurs cadeaux.
7. Vous ne voulez pas fermer la fenêtre?
8. Ils aiment regarder la télévision.

D. Rewrite the following sentences, inserting the correct form of the words in parentheses.

MODEL: Il ne le fait pas.   (aller)   *Il ne va pas le faire.*

1. Vous ne l'écoutez pas.   (pouvoir)
2. Nous les commençons.   (hier)
3. Elle la déteste.   (pas vouloir)
4. Je la regarde.   (aimer)
5. Tu l'invites.   (demain)
6. Le suit-il?   (Est-ce qu')

E. Answer the following questions according to the cues in parentheses. Replace direct objects with pronouns.

1. Tu aimes la psychologie? (Oui,...)
2. Est-ce qu'elle utilise souvent son dictionnaire? (Oui,...)
3. Est-ce que le professeur a expliqué sa réponse? (Non,...)
4. Ont-ils trouvé mon parapluie? (Non,...)
5. Est-ce qu'elles ont commencé la leçon? (Non,... demain.)
6. Voulez-vous consommer mon café? (Non, merci,...)

Parlons

A. Get to know your classmates better! Find out each other's likes and dislikes by asking and answering questions using the lists below and direct object pronouns.

MODEL: Tu aimes le café?   *Non, je ne l'aime pas.*

Tu aimes Tu n'aimes pas Tu détestes	les agents de police le lundi les dentistes le vin, le lait, la bière, le café le restaurant de l'université les mathématiques, le français l'argent ton (ta) camarade de chambre	la musique classique l'art moderne les avions les cigarettes le baseball la plage les enfants l'hiver

B. Make a question using a verb from the column on the left and an expression on the right. Have a classmate answer, using a direct object pronoun.

MODEL: Vas-tu préparer ton dîner ce soir?
        Oui, je vais le préparer.
        OR *Non, je ne vais pas le préparer.*

aller	consulter le médecin	écouter tes parents
désirer	appeler tes amis	expliquer tes absences
pouvoir	changer l'avenir	faire la cuisine chez toi
vouloir	chanter l'hymne national	montrer tes photos
	étudier l'arabe et le chinois	oublier ton passé

C. You interrupt a conversation and hear only the last line given below. Guess what the person was talking about.

MODEL: Je ne peux pas la faire.   *Tu ne peux pas faire la vaisselle?*

1. Je n'aime pas les écouter.
2. Je ne l'ai pas préparée.
3. Je ne les ai pas trouvés.
4. Pouvez-vous la fermer?
5. Je ne vais pas les inviter.
6. Nous l'avons étudié l'année dernière.

D. Divide into small groups and ask each other questions such as those below. Use direct object pronouns in your answers.

As-tu étudié la musique? l'anthropologie?
Aimes-tu tes cours ce trimestre?
Vas-tu étudier le français le trimestre prochain?
Où fais-tu tes devoirs?
Regardes-tu souvent la télévision?
Fréquentes-tu les cafés le soir?

E. Answer the following questions.

1. Aimes-tu le jazz? le rock?
2. Voulez-vous visiter l'Europe cet été
3. Appréciez-vous l'art africain?
4. Quand voulez-vous visiter l'Europe?
5. Où as-tu acheté tes livres?
6. Qui fait le ménage chez vous?
7. Quand écoutes-tu la radio?
8. Où peut-on utiliser le français?

IV. The Irregular Verb **Voir**

Voir *to see*	
je vois	nous voyons
tu vois	vous voyez
il / elle voit	ils / elles voient
PASSÉ COMPOSÉ: il a vu	

Nous avons vu un film intéressant.

Ta bicyclette? **Je ne l'ai pas vue.**

Son père **ne voit pas** bien.

Elle **ne veut pas** voir nos photos.

We saw an interesting film.

Your bike? *I haven't seen it.*

His father *doesn't see* well.

She *doesn't want* to see our photos.

* The third-person plural (**voient**) has the same pronunciation as the singular forms, /vwa/.

Pratiquons

A. Replace the italicized words with each of the suggested subjects.

1. *Elle* voit souvent mes amis. (Je, Nous, Ils, Tu, Vous, On)
2. *Nous* avons vu un film. (Elle, Je, On, Vous, Il, Elles)
3. L'été prochain, *vous* allez voir Paris. (On, Nous, Ils, Elle, Je, Tu)

B. In the following sentences, replace the verb with the appropriate form of **voir.**

MODEL: Je n'ai pas d'auto. → *Je ne vois pas d'auto.*

1. J'ai aimé le film de Louis Malle.
2. Tu ne trouves pas la réponse?
3. Il ne va pas inviter ses amis ce week-end.
4. Nous ne les faisons pas.
5. Avez-vous oublié mon parapluie?
6. Ils ne fréquentent pas souvent leurs amis.

C. Make a complete sentence with each group of words below, adding any necessary words.

1. Marc et Jacqueline / voir / Paul / souvent
2. La semaine dernière / elle / voir / médecin
3. Demain / tu / voir / famille
4. Vous / voir / auto / Jacques?
5. Elles / pas encore / voir / film
6. Je / vouloir / voir / ton / photos

D. Replace the italicized words with direct object pronouns. Be sure to make any necessary changes in past participles.

1. Tu as vu *son auto?*
2. Les enfants n'ont pas vu *leurs cadeaux.*
3. Chantal ne va pas voir *ses parents.*
4. Nous ne voyons pas *la rue.*
5. Ils vont voir *les monuments de Paris.*
6. Voit-il *ses étudiants?*

Parlons

A. Pick an object in the classroom and identify it by the first letter of its French name. Have your classmates guess what it is.

MODEL: *F   Tu vois des filles? Tu vois une femme? Tu vois une fenêtre?*

B. What do you see in your future?

une maison blanche?   une auto de sport?   un appartement à Nice?   une femme / un mari riche?   une profession intéressante?   des enfants intelligents?   des vacances à Tahiti?   un bateau aux Antilles?

C. Name a famous person you have seen, or whom someone you know has seen, and tell where and when this happened.

D. Answer the following questions.

1. As-tu vu tes parents récemment?
2. Vas-tu voir un film ce week-end?   Quel film?
3. Est-ce qu'on voit souvent des film français dans votre ville?
4. Tu as passé des vacances avec ta famille?   Qu'est-ce que vous avez vu ensemble?
5. Qu'est-ce qu'on peut voir dans ta ville?
6. Où aimes-tu voir tes amis?
7. Qu'est-ce qu'on voit de la fenêtre de votre chambre?
8. Est-ce que vos amis voient souvent des matchs de basketball?

Communiquons

ECRIRE DES LETTRES (*Writing letters*)

The French observe a certain style when writing letters. The two basic types of letters, business and personal, are described below.

A. Les Lettres Officielles

To begin a business letter, you write or type your own name and address in the upper left corner. In the upper right, you put your city and the date. Below that, you write the title and address of the person to whom you are writing. (Note that we do the opposite in English.)

To begin the letter, use the title of the person:

Monsieur le Directeur,
Madame la Directrice,
Monsieur le Maire (*Mayor*),
Madame la Présidente,
or simply Monsieur, Mademoiselle, Madame, et cétera

The first sentence is often a form of politeness:

INFORMING:	J'ai l'honneur de... *It's my privilege . . .*
	J'ai le plaisir de... *I have the pleasure of . . .*
REQUESTING:	Je vous serais reconnaissant(e) de... *I would be grateful if . . .*
	Je vous prie de... *I beg you to . . .*
THANKING:	Je vous remercie pour / de... *I thank you for . . .* (+ *noun*)
	Je vous suis reconnaissant(e) de... *I thank you for . . .* (+ *noun*)

The closing sentence of the French letter is usually a set expression in a very formal style. It combines three phrases:

Veuillez agréer, + Monsieur (Madame, Mademoiselle), + l'expression de mes sentiments distingués (mes sentiments les meilleurs, mes salutations distinguées).

*The person to whom you are writing must be addressed the same way in both the heading and the closure.

B. Les Lettres Personnelles

The heading will vary according to how well you know the person, and his or her age.

Monsieur,	Cher Monsieur,	Cher Jacques,
Madame,	Chère Madame,	Chère amie,
Mademoiselle,	Cher Monsieur, Chère Madame,	Chère Maman,

Chers tous deux, (*two friends or relatives*)
Chers tous, (*a group*)

To conclude a letter, you can use a number of possible expressions.

For family and friends: Je t'embrasse, Je vous embrasse, Affectueux baisers, Grosses bises, (*for children*)
For acquaintances: Amitiés, Amicalement, Cordialement,

Useful Vocabulary

1. l'enveloppe (*f*)
2. le papier à lettres
3. le timbre (*m*)
4. le destinataire
5. l'expéditeur, -trice
6. l'adresse (*f*)
7. par avion

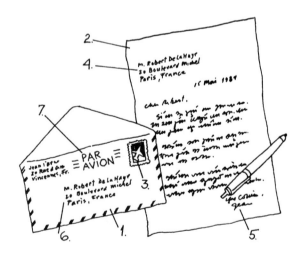

EXERCISES

1. Write a letter in French to the admissions officer (**le Secrétaire Général de la Faculté**) of the Sorbonne to see if it offers courses that interest you.
2. Write a letter to an organization telling why you appreciate its work.
3. Write a letter to your best friend telling what you did last weekend.
4. Write a letter to your parents explaining why you need more money.

Section culturelle

Television in France

Television in France is nationalized. It is operated by the French government and paid for by an annual tax (**la redevance**) on all television sets, and to a lesser extent by revenue from advertising.

There are three French television channels: **TF1, Antenne 2,** and **FR3.** A fourth channel is being considered. There is some competition among the three, although not as intense as among those in the United States. Advertising is allowed, but all commercials are grouped between programs so that there are no interruptions.

An individual television program is called **une émission,** and the sequence of programs for the evening is **le programme.** After each **émission,** a woman called **une speakerine** announces the rest of the **programme** for the evening. Contrary to popular misconception, French people watch a considerable amount of television. In general, they hardly ever watch during the daytime, but their evening schedules often follow television programming. In many households, the beginning of the news at 8 P.M. signals the time to sit down to dinner. Among the most popular programs are movies (often classics), sports, and variety shows.

Also very popular in France are American television programs, especially adventure and police stories, which are dubbed in French. French viewers (**les téléspectateurs**) particularly enjoy ''*Les Incorruptibles*'' (''The Untouchables''), ''*Drôles de Dames*'' (''Charlie's Angels''), ''*L'Homme de fer*'' (''Ironside''), ''Kojak,'' ''Wonder Woman,'' and ''Columbo.''

Une Lettre à Antenne 2

Paris, le 10 novembre 1985

Eric Richard
3, boulevard Saint Michel
75005 Paris

Monsieur le Directeur Antenne 2
Maison de la Radio et de la Télévision
116, avenue du Président Kennedy
75016 Paris

Monsieur le Directeur,

J'ai l'honneur de vous informer que j'ai suivi les programmes d'Antenne 2 la semaine dernière, pendant les vacances de la Toussaint.°

Je m'appelle Eric Richard; j'ai vingt et un ans et je suis américain. Je passe cette année à Paris et je suis des cours à la Sorbonne. Je suis ici depuis le 15 septembre mais je n'ai pas pu beaucoup regarder la télévision. La semaine dernière, nous avons eu une semaine de vacances et je suis resté à Paris. Tous les soirs, j'ai voulu regarder la télévision pour améliorer° mon français. J'ai essayé° les trois chaînes° et puis° j'ai décidé de regarder Antenne 2. J'ai vu des choses surprenantes.° D'abord,° il y a eu la speakerine. Elle passe à l'écran° après chaque° émission et annonce l'émission suivante: c'est tout. Moi, j'aime mieux choisir mes émissions dans *Télé-Poche*. Ensuite,° j'aime beaucoup les films, mais beaucoup de films sur Antenne 2 sont des *westerns* américains en version française,° ou des feuilletons° américains comme ''Les Incorruptibles'' ou ''*Dallas*.'' Quand J.R. parle français, il est amusant.° En plus,° à la télévision en France, il n'y a pas beaucoup de publicité.° Il est difficile d'aller dans la cuisine° préparer un sandwich si on ne veut pas manquer° une partie de l'émission.

Enfin,° tous les soirs, j'ai écouté les prévisions météorologiques° pour le lendemain.° Comme en Amérique, quand on a annoncé du beau temps, il a plu, et quand on a annoncé du mauvais temps, il a fait du soleil!

Par contre,° j'ai beaucoup apprécié les émissions culturelles; la même semaine, j'ai entendu° un concert de l'orchestre philharmonique de Vienne, et j'ai vu une pièce° de Molière et les ballets du Bolshoï. A mon avis,° vous devriez° avoir encore plus° d'émissions culturelles françaises. Voici les commentaires d'un téléspectateur° américain impartial!

Je vous prie d'agréer, Monsieur le Directeur, l'expression de mes salutations distinguées.

Eric Richard
Eric Richard

Marginal glosses:

All Saints' Day

improve
tried / channels / then / surprising / First / appears on screen
each
and then
dubbed in French / series
funny
In addition / advertising
kitchen / to miss

Finally / weather forecast / next day

On the other hand / heard
play

television viewer

QUESTIONS SUR LE TEXTE

1. Qui est Eric Richard?
2. Qu'est-ce qu'il a fait pendant les vacances de la Toussaint? Pourquoi?
3. Est-ce qu'il aime les speakerines?
4. Quelle sorte de films a-t-il vue à la télévision française?
5. Est-ce qu'il apprécie les feuilletons? Expliquez.
6. Est-ce qu'il y a assez de publicité à la télévision française pour Eric? Est-ce qu'il est sérieux?
7. Pourquoi critique-t-il les prévisions de la météo? Est-ce différent en Amérique?
8. Vous êtes le Directeur d'Antenne 2. Préparez une réponse à la lettre de M. Richard.

OBJECTIVES: Geneva, Switzerland   /   French meals   /   Michelin guide books
the French **R**   /   prenominal adjectives   /   **-ir** verbs   /   indirect object pronouns in the third person   /
prendre

11

A l'hôtel Beau Rivage

M. et Mme Colbert arrivent à la réception de l'hôtel Beau Rivage à Genève. Le réceptionniste leur° donne des renseignements sur les chambres.

M. COLBERT	Avez-vous une chambre avec une belle° vue° et un grand lit° pour deux personnes?
LE RÉCEPTIONNISTE	Attendez,° Monsieur. (*Il consulte son registre.*) Voilà! Le 32 donne sur° le lac° mais c'est une chambre avec deux lits d'une personne. Au 49, il y a un grand lit mais pas de jolie vue.
M. COLBERT	Nous voulons bien dormir,° car° nous partons° très tôt° demain.
LE RÉCEPTIONNISTE	Je comprends.° Prenez° le 49, c'est très calme.°
MME COLBERT	Vous avez un bon restaurant à l'hôtel?
LE RÉCEPTIONNISTE	Excellent, Madame. Le Michelin lui° a accordé° une étoile.°
M. COLBERT	Parfait!° Nous allons sortir° parce que nous voulons visiter la vieille° ville.
LE RÉCEPTIONNISTE	Ne partez pas sans prendre un parapluie.

Mots clés 🗝

Vocabulaire du dialogue

leur   them
belle   beautiful
la vue   the view
le lit   the bed
la personne   the person
Attendez   Wait (attendre)
le registre   the register
donne sur   looks out on (donner)
le lac   the lake
dormir   to sleep
car   because
nous partons   we are leaving (partir)

tôt   early
Je comprends.   I understand.
  (comprendre)
prenez   take (prendre)
calme   calm
lui   it
a accordé   awarded (accorder)
l'étoile (f)   the star
Parfait!   Perfect!
sortir   to leave
vieille   old

FAISONS CONNAISSANCE

Geneva, Switzerland is a beautiful city situated on **Lac Léman,** not far from the French border. It has quite an international population because a branch of the U.N. is situated there. Historically, the city gained its fame because of the Protestant movement: Jean Calvin had a church there. The old city is the site of Jean-Jacques Rousseau's birth, and is well-preserved. The hotel **Beau Rivage** is located across the street from the lake on the **quai du Mont Blanc,** so named because of the view of **Mont Blanc,** Europe's highest peak.

The Colberts could be in Geneva to sightsee, or to participate in international business or diplomacy.

ETUDIONS LE DIALOGUE

1. Que cherchent M. et Mme Colbert?
2. Quelle différence est-ce qu'il y a entre le 32 et le 49?
3. Pourquoi est-ce qu'ils choisissent une chambre calme?
4. Est-ce que le restaurant a une bonne ou une mauvaise réputation?
5. Pourquoi est-ce que les Colbert sortent?
6. Quel temps va-t-il faire à Genève?

Enrichissons notre vocabulaire

Que font-ils?
C'est un **grand** acteur. / C'est une **jeune** actrice. / C'est un mauvais musicien. / C'est un journaliste **célèbre.**
Ce sont de bons médecins.

What do they do?
He is a *great* actor. / She is a *young* actress. / He is a bad musician. / He is a *famous* journalist.

They are good doctors.

Pourquoi est-il **si** triste?	Why is he *so* sad?
Il ne **réfléchit** pas aux **conséquences**.	He does not *think* about the *consequences*.
Il **a désobéi** à ses parents.	He *disobeyed* his parents.
As-tu vu tes camarades?	Did you see your friends?
Oui, je **leur** ai **prêté** des **timbres** / ma **voiture**.	Yes, I *lent them* some postage *stamps* / my *car*.
Je leur ai **présenté** ma **famille**.	I *introduced* my *family* to them.
Qu'est-ce que tu vas demander au garçon?	What are you going to ask the waiter?
Je vais **lui** demander d'**apporter** du **rosbif**.	I am going to ask *him* to *bring* some *roast beef*.
Tu vas **prendre** l'**autoroute**?	Are you going *to take* the *expressway*?
Non, la **route nationale**. C'est plus **économique**.	No, the *highway*. It is more *economical*.
Tu es fatigué?	Are you tired?
Oui, je vais prendre une **douche** / un **bain**.	Yes, I'm going to take a *shower* / a *bath*.
Vous allez avoir des **problèmes** à Rio!	You're going to have *problems* in Rio!
Pas du tout! Je **comprends le portugais**. / Je veux **apprendre** le portugais.	Not at all! I *understand Portuguese*. / I want *to learn* Portuguese.

Découvrez le guide...

Mots clés

apporter to bring	**leur** to them
apprendre to learn	**lui** to her, to him
l'autoroute (*f*) the expressway	**le portugais** Portuguese (language)
le bain the bath	**prendre** to take
célèbre famous	**présenter** to introduce
comprendre to understand	**prêter** to lend
la conséquence the consequence	**le problème** the problem
désobéir to disobey	**réfléchir** (à) to think (about)
la douche the shower	**le rosbif** the roast beef
économique economical	**la route nationale** the highway
la famille the family	**si** so
grand, -e great	**le timbre** the postage stamp
jeune young	**la voiture** the car

Prononciation

The French /R/ Sound

To pronounce the French /R/ sound, tuck in the tip of your tongue behind your lower teeth, and curve the back of your tongue toward the roof of your mouth. The words **gaz** (/gaz/) and **rase** (/raz/) are almost identical, except that in the /g/ sound the back of your tongue touches the roof of your mouth, while in the /R/ sound there is just a lot of friction.

Practice the /R/ sound following a consonant in the following words.

crème	grand	crêpe
cravate	grammaire	groupe
crayon	gras	gris

Practice the /R/ sound in the middle of the following words.

écrevisse	africain	heureux
Marie	agréable	parapluie
admirer	laboratoire	mariage

Practice the /R/ sound at the end of the following words.

l'air	lettre	milliard
alors	la mer	sur
lecture	pour	tour

Practice the /R/ sound at the beginning of the following words.

radio	regarder	rentrer
rapide	regretter	repas
régime	rendez-vous	riche

EXERCISE

Read the following sentences aloud, paying particular attention to the /R/ sound.

1. Brigitte travaille au restaurant.
2. Il va faire du brouillard à Londres mardi.
3. Marie regarde les arbres dans le parc.
4. Christine et son mari apprécient l'art moderne.
5. Beaucoup d'Américains vont avoir froid cet hiver.
6. La librairie ferme à trois heures le vendredi.
7. Catherine et son frère vont écrire une lettre à leurs parents.
8. La mère de Marc porte toujours une robe rouge.
9. Ouvrez vos livres page trois cent quarante-quatre.
10. Votre sœur va faire des courses au supermarché mercredi.

Grammaire

I. Prenominal Adjectives

As you learned in chapter 2, an adjective agrees in gender and number with the noun it modifies, and it usually follows the noun.

> J'ai regardé une photo **intéressante.**
> Ils ont préparé des repas **formidables.**

There is, however, a group of frequently used adjectives that must precede the noun. The following chart gives the most common ones.

singular		plural		
masculine	*feminine*	*masculine*	*feminine*	*meaning*
beau	belle	beaux	belles	*beautiful, handsome*
bon	bonne	bons	bonnes	*good*
grand	grande	grands	grandes	*big, great*
jeune	jeune	jeunes	jeunes	*young*
joli	jolie	jolis	jolies	*pretty*
mauvais	mauvaise	mauvais	mauvaises	*bad*
nouveau	nouvelle	nouveaux	nouvelles	*new*
petit	petite	petits	petites	*small, little*
premier	première	premiers	premières	*first*
vieux	vieille	vieux	vieilles	*old*

> Ils habitent une **grande** maison.
>
> Une **jeune** femme l'a trouvé.
>
> Les **petites** voitures sont économiques.

> They live in a *big* house.
>
> A *young* woman found it.
>
> *Small* cars are economical.

Because these adjectives precede the noun, **liaison** is obligatory when the noun begins with a vowel sound.

> J'ai téléphoné à un **bon** ami.
>
> Les Wright ont fait le **premier** avion.
>
> Elle a invité ses **bon**s amis.

Because of **liaison,** there are some irregular adjective forms. Before masculine, singular nouns that begin with a vowel, you will find:

> **beau → bel**   Le Concorde est un **bel** avion.
> **nouveau → nouvel**   La classe a commencé un **nouvel** exercice.
> **vieux → vieil**   Il a vu un **vieil** ami.

It will help you to remember that when a masculine, singular noun begins with a vowel sound, the preceding adjective sounds like its feminine form.

un **bon** étudiant, une **bonne** étudiante
un **vieil** ami, une **vieille** amie

A few adjectives may come either before or after the noun, but they change meanings according to their position.

la **dernière** semaine	the *last* week (of a series)
la semaine **dernière**	*last* week
un **pauvre** homme	a *poor* man (unfortunate)
un homme **pauvre**	a *poor* man (no money)
un **cher** ami	a *dear* friend
un cadeau **cher**	an *expensive* gift

 ATTENTION

1. Whenever the indefinite article **des** is followed by an adjective, it becomes **de.**

   Il porte **des** vêtements. → Il porte **de beaux** vêtements.
   Ce sont **des** amis. → Ce sont **de vieux** amis.
   but Ce sont **des gens pauvres.**

2. In **liaison**, the masculine form of **grand** is pronounced with a /t/ sound: **un grand appartement, un grand homme.**

Pratiquons

A. Read the following expressions aloud.

un beau garçon	un bon livre	une grande école
de beaux enfants	un bon ami	un grand ami
un joli arbre	un petit enfant	un vieux monsieur
de jolis arbres	deux petits enfants	de vieux avions

B. Change the following expressions . . .

1. . . . from the feminine to the masculine.

une vieille amie	une nouvelle employée
une belle Italienne	une bonne étudiante
une bonne camarade	une belle Française

2. . . . from the masculine to the feminine.

de vieux amis	de nouveaux employés
de bons étudiants	de vieux artistes

C. Change the following expressions . . .

    1. . . . from the plural to the singular.

        de grands appartements   de nouveaux hôtels
        de beaux enfants   de mauvais films
        de petits exercices   les premiers habitants

    2. . . . from the singular to the plural.

        une belle omelette   un jeune Africain
        un bel après-midi   un vieil autobus

D. Replace the italicized words with each of the suggested adjectives.

    1. Ils vont acheter un *joli* appartement. (beau, grand, nouveau, petit, vieux, bon)
    2. Paul a invité des amis *français*. (grand, vieux, bon, jeune, nouveau)
    3. Les Dupont cherchent une auto *rapide*. (beau, grand, joli, petit, nouveau, vieux)

E. Modify the italicized nouns with the adjectives given.

    1. Cet *homme* ne peut pas acheter une grande voiture. (pauvre)
    2. Mes *amis*, faites attention! (cher)
    3. Il a fumé une *cigarette*. (dernier)
    4. Luc a eu des *idées*. (mauvais)
    5. Son *cours* commence à huit heures. (premier)
    6. Mes parents ont passé des *vacances* à Tahiti. (cher)
    7. Jeanne porte une *robe*. (laid)
    8. Dans la classe, il y a des *enfants*. (petit, intelligent)

Parlons

A. Give your opinion by answering the following questions with "**C'est** . . ." or "**Ce sont**. . .".

    MODEL: Le cours de français est facile ou difficile?
              C'est un cours facile.

    1. Le film *E.T.* est bon ou mauvais?
    2. Les voitures américaines sont grandes ou petites?
    3. L'idée de sécher les cours (*cut a class*) est bonne ou mauvaise?
    4. Votre livre de français est nouveau ou vieux?
    5. Les vêtements du professeur sont beaux ou laids?
    6. Le secrétaire de votre mère est jeune ou vieux?
    7. Les exercices dans ce livre sont intéressants ou ennuyeux?
    8. Les hôtels de New York sont jolis ou affreux?

B. Name something you recently acquired or something you have had for a very long time. Use the list below as a guide.

MODEL: J'ai un nouveau vélo.
        Nous avons un vieux bateau.

appartement	cravate	camarade	bureau
pantalon	auto	chemisier	chemise
bicyclette	parapluie	bateau	vêtements
chaussures	photos	ami	

C. Do you know these people? Identify them by matching adjectives and nouns.

MODEL: Georges Simenon est un bon écrivain (*writer*).

Brigitte Bardot			
Jean-Paul Belmondo		mauvais	acteur / actrice
Albert Camus		jeune	musicien / musicienne
Barbara Walters	être	vieux	écrivain / femme écrivain
Jacques Brel		beau	homme / femme
Brooke Shields		bon	journaliste
Elizabeth Taylor			
Dan Rather			

D. State your likes and dislikes by combining nouns and adjectives from the lists below. Pay particular attention to the position of the adjective.

Nouns		*Adjectives*	
gens	appartements	joli	intelligent
hommes	hôtels	bon	petit
femmes	autos	sincère	mauvais
enfants	repas	hypocrite	rapide
agents de police	université	pauvre	économique
étudiants	…?	sympathique	vieux
professeurs		grand	…?
		stupide	

E. Answer the following questions.

1. Quels restaurants aimes-tu mieux? (simples ou chers?)
2. Quelles sortes d'amis avez-vous? (bons? sincères? …?)
3. Quelle sorte de villes veux-tu visiter? (vieilles ou modernes?)
4. Quelle sorte de maison habitez-vous? (petite? grande? blanche?)
5. Quelles autos aimez-vous? (petites ou grandes?)
6. Quelle sorte de musique écoutes-tu? (classique? moderne?)

II. *-ir* Verbs

In chapter 1, you learned that French verbs are categorized according to the infinitive ending. In addition to **-er** verbs, there is a group ending in **-ir.** There are two distinct conjugations for this group.

A. *-ir* verbs that replace the infinitive ending with the following endings:

finir *to finish*	
je finis	nous finissons
tu finis	vous finissez
il / elle finit	ils / elles finissent

Je vais **choisir** le vin. — I'm going *to choose* the wine.
Quand **finis**-tu l'examen? — When do you *finish* the test?
Les Dupont ne **punissent** pas leurs enfants. — The Duponts don't *punish* their children.

Mots clés

Verbs conjugated like **finir**

choisir   to choose
obéir à   to obey
désobéir à   to disobey
réussir à   to succeed; to pass (an exam)

punir   to punish
réfléchir à   to think (about), consider

* To form the past participle, drop the *r* of the infinitive.

Nous avons **choisi** un beau livre. — We *chose* a beautiful book.
Le professeur a **puni** ses étudiants. — The teacher *punished* his students.
Ils n'ont pas **fini** l'exercice. — They didn't *finish* the exercise.

* The imperative is regular: you simply delete the subject.

Finis tes devoirs. — *Finish* your homework.
Obéissez à l'agent de police. — *Obey* the policeman.

ATTENTION

Obéir, réussir, désobéir, and **réfléchir** must take the preposition **à** before a following noun.

J'**obéis** toujours à mes parents.   I always *obey* my parents.
Ne **désobéissez** pas à la police.   Don't *disobey* the police.
Je n'aime pas **réfléchir** à mon   I don't like *to think about* my
    avenir.   future.

Pratiquons

A. Replace the italicized words with each of the suggested subjects.

   1. *Marie* choisit des disques.   (Nous, Je, Vous, Tu, Pierre et Jean, On, Il)
   2. *Ils* ont fini la leçon.   (Tu, La classe, Nous, Je, On, Elles, Vous)

B. Replace the italicized words with each of the suggested verbs.

   1. Ils ne *réfléchissent* pas souvent.   (réussir, désobéir, finir, obéir)
   2. Nous *réussissons* toujours.   (désobéir, finir, obéir, choisir)

C. Make a complete sentence with each group of words below, adding any necessary words.

   1. Je / finir / devoirs / minuit
   2. Qu'est-ce que / tu / choisir / comme dessert?
   3. Tu / réfléchir / pas / conséquences
   4. enfants / désobéir / souvent / parents
   5. Ils / réussir / pas / examen
   6. Nous / punir / pas / souvent / étudiants

D. Put the following sentences into the present tense.

   1. Mes parents vont punir ma sœur.
   2. Ils ont désobéi à l'agent de police.
   3. Vous allez finir les exercices chez vous.
   4. Jacqueline a choisi un bon restaurant.

E. Reconstruct the following sentences, substituting the words in parentheses for the italicized words.

   1. *Nous* finissons un bon *repas*.   (Je... bière)
   2. *Il* n'a pas pu *finir* l'examen.   (Vous... réussir...)
   3. *Luc* a obéi à *l'agent*.   (Nous... agents)
   4. Avez-vous fini *à huit heures?*   (... à dix heures?)

B. *-ir* verbs conjugated like **servir**

servir *to serve*	
je sers	nous servons
tu sers	vous servez
il / elle sert	ils / elles servent

* Note that you drop the last consonant of the stem in the singular forms of the present tense.

Ma mère **sert** toujours du thé.	My mother always *serves* tea.
Ils **partent** demain.	They *are leaving* tomorrow.
Sortez-vous avec Jacqueline?	Are you *going out* with Jacqueline?

To form the past participle, drop the *r* of the verb infinitive. The **passé composé** of **partir** and **sortir** take **être,** so the subject and past participle must agree.

Il a **dormi** jusqu'à midi.	*He slept* until noon.
Elles sont **parties** hier.	*They left* yesterday.
Nous sommes **sortis** mardi soir.	*We went out* Tuesday evening.

Mots clés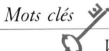

Verbs conjugated like **servir**

dormir to sleep	je **dors,** nous **dormons**
partir to leave	je **pars,** nous **partons**
sortir to go out	je **sors,** nous **sortons**

Pratiquons

A. Replace the italicized words with each of the suggested subjects.

1. *Les étudiants* dorment en classe.   (Je, Vous, Elle, Nous, Tu, Ils, On)
2. *Ils* sont partis hier.   (Tu, Nous, Je, On, Elles, Vous, Il)

B. Replace the italicized words with each of the suggested verbs.

1. Elle ne *part* pas.   (dormir, servir, sortir)
2. Ils *servent* maintenant.   (sortir, dormir, désobéir, partir)

C. Make a complete sentence with each group of words below, adding any necessary words.

1. Les Français / servir / toujours / vin
2. Mes amis / partir / hier soir
3. Tu / sortir / le samedi
4. enfants / dormir / huit heures

D. Put the following sentences into the present tense.

1. Tu es partie en retard.
2. Il va sortir avec Marie ce soir.
3. Ils vont dormir l'après-midi.
4. Vous avez servi le dîner?

E. Reconstruct the following sentences, substituting the words in parentheses for the italicized words.

1. Tu pars *demain?*   (… hier)
2. *Ils* dorment jusqu'à *dix heures*.   (Il… midi)
3. *Nous* servons du vin *rouge*.   (Je… bon)
4. Vous allez sortir avec vos amis?   (Le week-end dernier…)

Parlons

A. Tell whether the following sentences are true or false. If a statement is false, change it so that it is true.

1. Je dors quinze heures tous les jours.
2. Mes amis choisissent des films étrangers.
3. Je sors souvent avec des filles intelligentes / des garçons intelligents.
4. Les enfants modernes obéissent toujours à leurs parents.
5. Les étudiants réfléchissent quand ils font leurs devoirs.
6. On sert toujours du vin blanc avec la viande.

B. Complete each of the following sentences in a logical manner.

1. Je réussis à mes examens quand…
2. Nous sommes partis en vacances…
3. Comme cadeau, mes parents ont choisi…
4. Les étudiants désobéissent au professeur quand il / elle…
5. Le dimanche, je dors jusqu'à…
6. Je voudrais sortir avec…

C. Decide what you would do in the following situations. You may use one of the choices or invent a response.

1. Vous avez un examen important demain.

   a. sortir avec des amis
   b. partir en vacances
   c. choisir de bons livres pour étudier
   d. … ?

2. Tes amis veulent aller écouter de la musique classique.

   a. partir avec eux
   b. finir mes devoirs
   c. réfléchir et rester chez moi
   d. … ?

3. Vos amis et vous, vous regardez un mauvais film à la télé.

   a. choisir un nouveau film
   b. servir de la bière
   c. sortir
   d. … ?

4. Tes parents veulent partir en vacances à cinq heures du matin.

   a. obéir
   b. dormir jusqu'à neuf heures
   c. ne pas partir avec eux
   d. … ?

D. What would be your choice and your parents' choice in the following situations?

MODEL: les restaurants ou les musées?
        Moi, je choisis les restaurants.
        Mes parents, eux, ils choisissent les musées.

1. un concert de musique classique ou un match de football?
2. des vacances à New York ou à la campagne?
3. du lait ou de la bière?
4. les hommes (femmes) riches ou les hommes (femmes) intelligent(e)s?
5. l'autobus ou la voiture?
6. le cinéma ou le théâtre?

E. Answer the following questions.

1. A quelle heure pars-tu le matin?
2. Jusqu'à quelle heure dormez-vous le week-end?
3. A qui obéissez-vous toujours? A qui désobéissez-vous souvent?
4. Que sers-tu quand des amis arrivent chez toi?
5. Sors-tu beaucoup? et tes parents?
6. Réussis-tu toujours à tes examens? et ton (ta) camarade de chambre?
7. Quand vous partez en vacances avec vos parents, qui choisit les hôtels?
8. Comment est-ce que votre professeur punit la classe quand vous ne préparez pas la leçon?

L'AGRÉMENT

Le séjour dans certains hôtels se révèle parfois particulièrement agréable ou reposant.

Cela peut tenir d'une part au caractère de l'édifice, au décor original, au site, à l'accueil et aux services qui sont proposés, d'autre part à la tranquillité des lieux.

De tels établissements se distinguent dans le guide par les symboles rouges indiqués ci-après.

🏰 à 🏠	Hôtels agréables
✗✗✗✗✗ à ✗	Restaurants agréables
« Parc fleuri »	Élément particulièrement agréable
🦢	Hôtel très tranquille ou isolé et tranquille
🦢	Hôtel tranquille
⇐ mer	Vue exceptionnelle
⇐	Vue intéressante ou étendue

Consultez les cartes p. 46 à 53, elles faciliteront vos recherches.

Nous ne prétendons pas avoir signalé tous les hôtels agréables, ni tous ceux qui sont tranquilles ou isolés et tranquilles.

Nos enquêtes continuent. Vous pouvez les faciliter en nous faisant connaître vos observations et vos découvertes.

III. Indirect Object Pronouns: Third Person

A. Introduction

In chapter 10, you learned direct object pronouns, which receive the action of the verb.

Je **le** montre.   I'm showing *it.*

An *indirect* object indicates *to whom* or *to what* this action is directed.

He sold the car *to John.* OR He sold *John* the car.

In the examples above, *John* is the indirect object, since the action of selling the car is directed to him. Indirect objects are somewhat easier to identify in French than in English because an indirect object noun is almost always preceded by the preposition **à.**

Tu donnes le livre **à Paul?**   You're giving *Paul* the book?
Il explique la leçon **aux**   He's explaining the lesson *to the*
   étudiants.   *students.*

B. Third-person Indirect Object Pronouns.

	singular	plural
masculine *feminine* }	lui	leur

* Masculine and feminine singular: **lui,** *him, her*

Il sert le vin **à Marie.** → Il **lui** sert le vin.
Ces enfants désobéissent **à leur père.** → Ces enfants **lui** désobéissent.

* Masculine and feminine plural: **leur** *them*

Il présente Marc **à ses amis.** → Il **leur** présente Marc.
Elle téléphone **à ses parents.** → Elle **leur** téléphone.

C. Position of Indirect Object Pronouns

The correct position of indirect object pronouns is the same as that of direct object pronouns: they precede the verb from which the action is directed.

Present
Je **lui** apporte du café.   I'm bringing *him / her* some coffee.
Jacques **lui** prête sa voiture.   Jacques lends *him / her* his car.

Passé composé
Nous **leur** avons téléphoné   We called *them* yesterday.
   hier.
Elle **lui** a présenté mon ami.   She introduced my friend *to him / her.*

ATTENTION

Past participles do not agree with preceding indirect objects, as they do with preceding direct objects.

> Elles ont donné la réponse à Anne. → Elles l'ont donnée à Anne.
> *but* Elles lui ont donné la réponse.

Helping Verbs

Il va **leur** expliquer le film.	He's going to explain the film *to them.*
Vous ne pouvez pas **lui** parler?	You can't speak *to him / her?*

Negative Commands

Ne **lui** téléphonez pas maintenant.	Don't telephone *him / her* now.
Ne **leur** montrez pas cette photo.	Don't show *them* this photo.

The position of pronouns is irregular in affirmative commands. Both direct and indirect object pronouns are placed after the verb and joined with a hyphen.

Donne-lui mon adresse.	*Give him / her* my address.
Apportez-leur un sandwich.	*Take them* a sandwich.
Servons-leur du thé.	Let's *serve them* tea.
Regarde-le!	*Look at him / it!*

ATTENTION

French verbs do not always take the same kind of object as their English equivalents. Translating will rarely help determine the correct pronoun.

Direct object in French / Preposition in English

> Je cherche **le métro.** → Je **le** cherche.
>   I'm looking *for the metro.* → I'm looking *for it.*

> Il a demandé **la carte.** → Il l'a demandée.
>   He asked *for the menu.* → He asked *for it.*

> Nous allons écouter **la radio.** → Nous allons l'écouter.
>   We're going to listen *to the radio.* → We're going to listen *to it.*

> J'ai regardé **ses photos.** → Je **les** ai regardées.
>   I looked *at her photos.* → I looked *at them.*

* Note that **chercher, demander, écouter,** and **regarder** take a direct object in French, but are followed by a preposition in English.

> *Indirect object in French / Direct object in English*

> Ils ont obéi **à l'agent de police.** → Ils **lui** ont obéi.
> They obeyed *the police officer.* → They obeyed *him / her.*

> Téléphone à **Jacques.** → Téléphone-**lui.**
> Call *Jacques.* → Call *him.*

> Elle ressemble à **sa mère.** → Elle **lui** ressemble.
> She resembles *her mother.* → She resembles *her.*

* Note that **obéir à, désobéir à, téléphoner à,** and **ressembler** à take indirect objects in French, but take direct objects in English.

Pratiquons

A. Substitute an indirect object pronoun for the nouns given below, and put them in the original sentence.

MODEL: Il ressemble *à sa mère.* → *Il lui ressemble.*
(à ses frères) → Il *leur* ressemble.

1. Je téléphone *à Marie.* (aux enfants, à ma mère, à mon père, aux Dupont, au dentiste)
2. Elle ne parle pas *à Marc.* (à son frère, à son amie, à ses parents, aux étudiants, aux enfants)
3. Ils ne veulent pas montrer leur examen *au professeur.* (à Jacqueline, à leurs amis, à leurs parents, à Gilles, à leur sœur)

B. Make the following sentences negative.

1. Tu lui apportes un parapluie.
2. Nous leur servons du thé.
3. Il lui a expliqué la réponse.
4. Prêtez-lui de l'argent.
5. Donne-leur un stylo.
6. Parlons-leur de l'avenir.

C. Rewrite the following sentences using the cues in parentheses.

1. Je lui présente mes parents. (Demain,...)
2. Elle leur prête sa bicyclette. (La semaine dernière,...)
3. Elles lui servent du café. (... vouloir servir...)
4. Ils lui demandent son stylo. (La semaine prochaine...)
5. Nous leur parlons de l'hiver. (Le week-end dernier...)
6. Ne lui montrez pas vos devoirs. (*Make affirmative.*)

D. Translate the following sentences into French.

1. He obeys his parents.
2. We looked for her yesterday.
3. Don't look at them.
4. I don't listen to him.
5. She is going to telephone him.
6. You can't explain it.

E. Replace the italicized words with pronouns.

1. Nous servons le dessert *à nos amis.*
2. Vous allez donner ces exercices *au professeur.*
3. Elles ont expliqué la leçon *à Jacques.*
4. Je ne peux pas téléphoner *à Marie* ce soir.
5. Ne donne pas d'argent *à cet homme.*
6. Apporte ce café *à Monsieur Legris.*

Parlons

A. You have just met a very attractive person whom you would like to see again. Tell what plans you make for the date.

MODEL: Je lui demande son nom.

parler après la classe, téléphoner ce soir, demander s'il / si elle veut sortir / inviter chez moi, donner mon adresse, présenter mes amis, parler de son avenir et de…, montrer mes timbres, servir…

B. Are you well-behaved? Tell which of the following people you obey and which you disobey.

MODEL: le dentiste?   *Je lui obéis.*

tes parents?	le professeur?
les agents de police?	le médecin?
votre camarade de chambre?	votre petit(e) ami(e)?
votre frère / votre sœur?	les gens sérieux?

C. What will you give the following people on their next birthday? You may use the list below for ideas, or invent your own.

MODEL: mon père   *Je vais lui donner du vin.*

vos parents?	un disque de rock	un stylo
votre frère?	un disque de musique	une belle robe
votre sœur?	classique	un parapluie
votre petit(e) ami(e)?	un beau livre	une valise
vos professeurs?	une jolie cravate	une pipe
votre médecin?	une voiture de sport	…?
vos amis?	de l'argent	
votre camarade de chambre?	un voyage en avion	

D. What would you tell friends in the following situations?

1. They have an important visitor.

   MODEL: présenter vos amis   *Présentez-lui vos amis.*

   servir une boisson, montrer votre appartement, ne pas demander leur âge, ne pas laisser seul, parler du temps

2. They are invited to dinner at your professor's house.

   apporter un cadeau, admirer pour son travail, demander comment il / elle va, ne pas demander d'argent, ne pas expliquer vos absences, ne pas parler de l'examen final

E. Answer the following questions.

1. Avez-vous téléphoné à vos parents récemment? Quand?
2. Qu'est-ce que tu vas demander au Père Noël (*Santa Claus*) cette année?
3. Prêtes-tu ta voiture à tes amis?
4. Désobéissez-vous souvent à vos parents?
5. Qu'est-ce que vous servez à vos amis quand ils mangent chez vous?
6. Qu'est-ce que tu vas apporter au professeur le dernier jour de classe?

IV. The Irregular Verb **prendre**

prendre *to take; to have* (food)			
je prends	/pRɑ̃/	nous prenons	/pRø nɔ̃/
tu prends	/pRɑ̃/	vous prenez	/pRø ne/
il / elle prend	/pRɑ̃/	ils / elles prennent	/pRɛn/

* Note that **prendre** has three different vowel sounds in the present tense: /pRɑ̃/, /pRø/, and /pRɛn/.

Je **prends** l'autobus 52.	I *take* bus 52.
Vous ne **prenez** pas de sucre?	You don't *take* sugar?
Prenez-le.	*Take* it.

The past participle of **prendre** is **pris,** and its *s* is pronounced when preceded by a feminine direct object.

Nous **avons pris** le train de Paris.	We *took* the Paris train.
Cette **photo?** Je ne l'ai pas **prise.**	That picture? I didn't *take* it.
Elles **ont pris** le petit déjeuner à huit heures.	They *had* breakfast at eight.
Quelles **robes** a-t-elle **prises?**	Which dresses *did* she *take?*

Apprendre (*to learn*) and **comprendre** (*to understand*) have the same conjugations as **prendre.**

J'**apprends** l'arabe.	I *am learning* Arabic.
Comprennent-ils la question?	Do they *understand* the question?
A-t-il **compris** la leçon?	*Did* he *understand* the lesson?
On a **appris** les nouvelles à la radio.	We *learned* the news on the radio.

ATTENTION

The letter *d* has a /t/ sound in **liaison** (**un grand enfant**), so there is no need to add **-t-** with inversion.

Prend-elle l'autobus ce matin?	Is she *taking* the bus this morning?
Quand **prend**-il son café?	When does he *have* his coffee?

Pratiquons

A. Replace the italicized words with each of the suggested subjects.

1. *Ils* prennent du rosbif. (Je, Nous, On, Elle, Vous, Tu)
2. *J'*ai compris. (Elles, Marc, Tu, Nous, Vous, On)
3. Apprend-*il* le français? (Les étudiants, Jacqueline, tu, vous, on, Vos parents)

B. Replace the italicized words with each of the suggested verbs.

1. Nous *consommons* du thé en hiver. (prendre)
2. J'*étudie* l'italien. (apprendre)
3. Il n'*écoute* pas le professeur. (comprendre)
4. Pourquoi est-ce que tu *as choisi* du vin rouge? (prendre)
5. Quelles leçons *ont*-ils *préparées?* (apprendre)
6. *Aime*-t-elle le café? (prendre)

C. Make a complete sentence with each group of words below, adding any necessary words.

1. Marie / apprendre / français / année / prochain
2. Prendre / il / thé / avec / petit déjeuner?
3. bon / étudiants / comprendre / exercice / hier
4. Je / prendre / pas / eau minérale
5. A quelle heure / vous / prendre / l'avion / aujourd'hui?
6. Quel / voiture / tu / prendre / ce matin?

D. Put the following sentences into the **passé composé.**

1. Ils vont prendre le train.
2. Je ne comprends pas cette question.
3. Prenez-vous de la crème?
4. Pourquoi n'apprend-elle pas le russe?
5. Quelle sorte de photos prends-tu?
6. Où allez-vous apprendre à faire la cuisine française?

E. Answer the following questions, using the cues provided. Replace the italicized direct objects with a pronoun.

1. As-tu compris *cette leçon?*   (Non, nous...)
2. Avez-vous pris *le train* récemment?   (Oui, la semaine dernière...)
3. Peuvent-ils apprendre *l'alphabet?*   (Non, pas vouloir...)
4. Vas-tu prendre *ton petit déjeuner* maintenant?   (Non,... plus tard.)
5. Comprennent-ils *l'examen?*   (Non, mais moi,...)
6. Apprend-elle *le chinois?*   (Oui,...)

Parlons

A. Tell what you drink with the following things. Choose from the list below or give your own suggestions.

MODEL: Avec votre dîner?   *Avec mon dîner, je prends du lait.*

Les boissons: eau, eau minérale, bière, vin, café, thé, lait, Coca-Cola

avec votre petit déjeuner? avec de la viande? avec votre déjeuner? avec du café? avec du thé? avec du gâteau? l'après-midi? à minuit?

B. Do you know someone who is learning one of the following disciplines? Who?

MODEL: Ma camarade de chambre apprend l'italien.

l'histoire, le russe, la sociologie, le latin, l'espagnol, les maths, la physique, l'allemand

C. What kind of transportation do you take for the following trips?

le métro	l'autocar	un avion	le bateau
l'autobus	un taxi	le train	ta voiture

Pour aller...   de Paris à New York?   de l'Arc de Triomphe à la Tour Eiffel?   de Montréal à Québec?   de Marseille à Paris?   de l'université au cinéma?   de la résidence universitaire à la bibliothèque?

D. What language(s) do the people of the following countries understand?

MODEL: En France?   *En France, les gens comprennent le français.*

1. au Maroc?   4. au Mexique?   7. en Suisse?
2. au Brésil?   5. en URSS?   8. en Autriche?
3. en Belgique?   6. au Canada?   9. au Sénégal?

E. Answer the following questions.

1. Quelles langues comprends-tu? Et ta grand-mère?
2. Qu'est-ce que vous apprenez à l'université?
3. Qu'est-ce que tu as pris ce matin pour ton petit déjeuner?
4. Aimes-tu mieux prendre un bain ou une douche?
5. Qu'est-ce que vous prenez quand vous allez au café? Et vos amis?
6. Comprenez-vous l'art moderne?

Communiquons

A TABLE!

French people usually have three meals a day. Breakfast is very light, consisting of coffee and bread or *croissants*. Lunch is much more substantial, so most people take a two-hour break during which offices, banks, and many stores close. Dinner is the second largest meal of the day, usually starting around 8:00 P.M.

"**A table!**" signals to everyone that a meal is ready. The first course, **les hors d'œuvre,** can be cold cuts (**de la charcuterie**) or vegetable salad (**des crudités**), for instance. Then the main course (**le plat principal**) is served. Normally meat or fish, it is followed by vegetables, which most people eat separately. The last part of the meal consists of salad, cheese and fruit or dessert.

There are many differences in eating habits between France and America. In France, you should keep both hands on the table rather than keeping one on your lap. At informal dinners in France, bread does not have a special plate but is put directly on the table. You generally do not put butter on bread, but you do on radishes! Milk and hot beverages are not drunk with meals. Plates are changed several times during the meal, and some people wipe them clean with bread. Finally, French people, as do all Europeans, eat with the fork in their left hand.

Useful vocabulary

hors d'œuvre

des crudités   *vegetable salad*
une salade de tomates   *a sliced tomato salad*
une salade de concombres   *a sliced cucumber salad*
des carottes râpées   *grated carrots*
du pâté   *pâté, a spread of puréed, seasoned meat*
du saucisson   *hard salami*

plat principal   (main course)

du poulet   *chicken*
du bœuf   *beef*
du porc   *pork*
du jambon   *ham*
du poisson   *fish*
du veau   *veal*

légumes   (vegetables)

des pommes de terre   *potatoes*
des petits pois   *peas*
des haricots verts   *green beans*
du riz   *rice*
des épinards   *spinach*
des asperges   *asparagus*

fruits   (fruits)

une pomme   *an apple*
une pêche   *a peach*
une poire   *a pear*
une orange   *an orange*
une banane   *a banana*
du raisin   *grapes*

le couvert   (table setting)

une assiette   *a plate*
un couteau   *a knife*
une fourchette   *a fork*
une cuillère   *a spoon*
une serviette   *a napkin*
une petite cuillère   *a teaspoon*

au restaurant   (at the restaurant)

le garçon   *the waiter*
la serveuse   *the waitress*
le pourboire   *the tip*
l'addition   *the check*

EXERCISES

A. In small groups, ask each other what foods you like and respond.

> MODEL: Tu aimes les épinards?
> *Non, je les déteste.*

B. What are the specialties prepared by your family?

> MODEL: Ma mère fait du bon rosbif.
> Mon père prépare du poisson.

C. In small groups, pretend you are at a French restaurant and order complete meals.

D. What is your favorite meal? What is the worst meal you have ever eaten?

Découvrez
le guide…

Le choix d'un hôtel, d'un restaurant

Notre classement est établi à l'usage de l'automobiliste de passage. Dans chaque catégorie les établissements sont cités par ordre de préférence.

La clé du Guide

Elle vous est donnée par les pages explicatives ci-après. Sachez qu'un même symbole, qu'un même caractère, en rouge ou en noir, en maigre ou en gras, n'a pas tout à fait la même signification.

La sélection des hôtels et des restaurants

Ce Guide n'est pas un répertoire complet des ressources hôtelières, il en présente seulement une sélection volontairement limitée. Cette sélection est établie après visites et enquêtes effectuées régulièrement sur place. C'est lors de ces visites que les avis et observations de nos lecteurs sont examinés.

Les plans de ville

Ils indiquent avec précision les rues piétonnes et commerçantes, les voies de traversée ou de contournement de l'agglomération, la localisation : des hôtels (sur de grandes artères ou à l'écart), de la poste, de l'office de tourisme, des grands monuments, des principaux sites, etc…

Pour votre véhicule

Au texte de la plupart des localités figure une liste de représentants des grandes marques automobiles avec leur adresse et leur numéro d'appel téléphonique. En route, vous pouvez ainsi faire entretenir ou dépanner votre voiture, si nécessaire.

Sur tous ces points et aussi sur beaucoup d'autres, nous souhaitons vivement connaître votre avis. N'hésitez pas à nous écrire, nous vous répondrons.

Merci d'avance.

Services de Tourisme Michelin
46, avenue de Breteuil, 75341 PARIS CEDEX 07

Bibendum vous souhaite d'agréables voyages.

CLASSE ET CONFORT

	Grand luxe et tradition	
	Grand confort	XXXXX
	Très confortable	XXXX
	De bon confort	XXX
	Assez confortable	XX
	Simple mais convenable	X
M	Dans sa catégorie, hôtel d'équipement moderne	
sans rest	L'hôtel n'a pas de restaurant	
	Le restaurant possède des chambres	avec ch

L'INSTALLATION

Les hôtels des catégories 🏰, 🏨 et 🏠 possèdent tout le confort et assurent en général le change, les symboles de détail n'apparaissent donc pas dans le texte de ces hôtels.
Dans les autres catégories, nous indiquons les éléments de confort existants mais certaines chambres peuvent ne pas en être pourvues.

30 ch	Nombre de chambres
	Ascenseur - Air conditionné
TV	Télévision dans la chambre
wc	Salle de bains et wc privés, Salle de bains privée sans wc
wc	Douche et wc privés, Douche privée sans wc
	Téléphone dans la chambre relié par standard
	Téléphone dans la chambre, direct avec l'extérieur (cadran)
	Chambres accessibles aux handicapés physiques
	Repas servis au jardin ou en terrasse
	Piscine : de plein air ou couverte
	Plage aménagée - Jardin de repos
	Tennis à l'hôtel
25 à 150	Salles de conférences : capacité des salles
	Garage gratuit (une nuit) aux porteurs du Guide de l'année
	Garage payant
P	Parc à voitures réservé à la clientèle
	Accès interdit aux chiens :
	dans tout l'établissement
rest	au restaurant seulement
ch	dans les chambres seulement
mai-oct.	Période d'ouverture, communiquée par l'hôtelier
sais.	Ouverture probable en saison mais dates non précisées

Les établissements ouverts toute l'année sont ceux pour lesquels aucune mention n'est indiquée.

Section culturelle

Leisure in France

Many French people love to travel during their free time, and they often use a detailed itinerary to help them with France's elaborate system of expressways, main highways, and secondary roads. Michelin, one of the world's major tire manufacturers, has a number of inexpensive publications to help travelers. Its maps and *Guides Verts* help tourists find interesting places to visit in Europe. The company's best seller, however, is the *Guide Rouge* (the guides are named for the color of their covers). This guide is most known for its ratings of restaurants and hotels all across France. Just being mentioned in the guide is an honor for a restaurant, and receiving one, two, or three stars is a true distinction.

There are only about twenty three-star restaurants in France. A few years ago, the internationally known Parisian restaurant Maxim's asked to be dropped from the listing. Some say the management heard they were about to lose one of their three stars, but they claim they are too highly specialized to be compared with others.

Les Guides Michelin

En général, les Français ne partent pas en vacances sans prendre leurs guides et leurs cartes Michelin avec eux°. La firme Michelin est célèbre surtout° pour ses pneus,° mais elle aide aussi les voyageurs° en France et en Europe avec des cartes routières° et des guides touristiques.

Les cartes Michelin sont excellentes. Elles indiquent non seulement° les routes mais aussi les curiosités locales (de vieilles églises, de beaux panoramas, des sites pittoresques°). Les cartes sont extrêmement détaillées° et permettent aux touristes de choisir un itinéraire selon° leurs préférences. Les touristes pressés° prennent les autoroutes ou les routes nationales, mais les petites routes servent aux touristes sérieux.

them / especially / tires
travelers / road maps

not only
picturesque
detailed
according to / in a hurry

about twenty
length

include
publishes

urban areas
informs / establishments

has

outstanding

Si vous voulez visiter une région pendant plusieurs jours, vous pouvez acheter un **Guide Vert.** Pour toute la France, Michelin offre une vingtaine° de guides (**Châteaux de la Loire, Côte d'Azur, Alpes**...). Ils proposent des itinéraires variés selon la longueur° de votre visite. Ils indiquent les monuments historiques et expliquent l'architecture du pays. Ils sont très complets et comportent° toujours une partie historique.

Michelin publie° aussi le **Guide Rouge.** Les Français l'appellent le **Guide Michelin** ou, simplement, **Le Michelin.** En France, c'est la bible du voyageur. Une nouvelle édition sort tous les ans, et beaucoup de gens l'achètent régulièrement. Toutes les villes et tous les villages sont présentés par ordre alphabétique. Il y a un plan de toutes les agglomérations° importantes, mais on insiste surtout sur les hôtels et les restaurants. Le système de symboles adopté par Michelin renseigne° les voyageurs sur la classe des établissements° mentionnés.

Le Michelin est célèbre principalement pour son évaluation des restaurants. Il accorde une, deux ou trois étoiles aux restaurants de qualité exceptionnelle. La France compte° seulement une vingtaine de restaurants trois étoiles. Dans ces restaurants on ne mange pas pour moins de cent dollars par personne, mais la cuisine et le service sont remarquables.°

QUESTIONS SUR LE TEXTE

1. En général, qu'est-ce que les Français prennent quand ils partent en vacances?
2. Qu'est-ce que la firme Michelin fait?
3. Qu'est-ce qu'elle publie?
4. Comment sont les cartes Michelin?
5. Pourquoi consulte-t-on un **Guide Vert?**
6. Qu'est-ce qu'on trouve dans le **Guide Rouge?**
7. Qu'est-ce que les symboles dans **Le Michelin** indiquent?
8. Voudrais-tu dîner dans un «trois étoiles»?

ACTIVITÉ FACULTATIVE

Imagine that you are in **Vienne.** Of course you have *Le Guide Rouge* with you! Consult the *Guide* (excerpts on pages 210 and 213) to find the following information.

1. Regardez le plan. Est-ce qu'il y a une autoroute?
2. Pour aller à St. Etienne, quelle route prends-tu?
3. Quelles sont les curiosités locales?
4. Qu'est-ce que l'hôtel Central offre?
5. Est-ce que la Pyramide est un bon restaurant?

L'AGRÉMENT

Le séjour dans certains hôtels se révèle parfois particulièrement agréable ou reposant.

Cela peut tenir d'une part au caractère de l'édifice, au décor original, au site, à l'accueil et aux services qui sont proposés, d'autre part à la tranquillité des lieux.

De tels établissements se distinguent dans le guide par les symboles rouges indiqués ci-après.

🏨 à 🏠	Hôtels agréables
🍴 à 🍴	Restaurants agréables
« Parc fleuri »	Élément particulièrement agréable
🐾	Hôtel très tranquille ou isolé et tranquille
🐾	Hôtel tranquille
≤ mer	Vue exceptionnelle
≤	Vue intéressante ou étendue

Consultez les cartes p. 46 à 53, elles faciliteront vos recherches.

Nous ne prétendons pas avoir signalé tous les hôtels agréables, ni tous ceux qui sont tranquilles ou isolés et tranquilles.

Nos enquêtes continuent. Vous pouvez les faciliter en nous faisant connaître vos observations et vos découvertes.

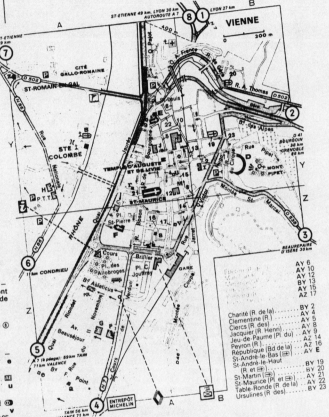

	AY 6
	AY 10
	AY 12
	BY 13
	AY 15
	AZ 17
Charité (R. de la)	BY 2
Clementine (R.)	AY 5
Clercs (R. des)	AY 8
Jacquier (R. Henri)	AY 9
Jeu-de-Paume (Pl. du)	AZ 14
Peyron (R.)	AZ 16
République (Bd de la)	AY E
St-André-le-Bas	
(R. et)	BY 19
St-Martin (➡)	AY 21
St-Maurice (Pl. et)	AY 22
Table-Ronde (R. de la)	BY 23
Ursulines (R. des)	

VIENNE ≤ 38200 Isère 74 ⑨⑩ G. Vallée du Rhône – 29 050 h. alt. 158 – ✪ 74.
Voir Site★ – Cathédrale St-Maurice★★ – Temple d'Auguste et de Livie★★ – Théâtre romain★ D – Église★ et cloître★ St-André-le-Bas E – Esplanade du Mont Pipet ≤★ – Anc. église St-Pierre★ : musée lapidaire★ F – Groupe sculpté★ de l'église de Ste-Colombe B.
🛈 Office de Tourisme (fermé dim. hors saison) avec A.C. 3 cours Brillier 🕿 85.12.62.
Paris 493 ⑧ – Chambéry 100 ② – ◆Grenoble 88 ② – ◆Lyon 30 ⑧ – Le Puy 124 ⑤ – Roanne 126 ⑧ – ◆St-Étienne 49 ⑥ – Valence 71 ⑤ – Vichy 194 ⑧.

🏨 **La Résidence de la Pyramide** sans rest, 41 quai Riondet 🕿 53.16.46, 🚗, — 🚽wc 🚿wc ☎ 🅿 AE
fermé 1er au 15 nov. et fév. – SC : 🖂 17.50 – **15 ch** 120/260.

🏨 **Central** sans rest, 7 r. Archevêché 🕿 85.18.38 – 🔳 TV 🚽wc 🚿wc ☎ 🚗 AE ⓓ
SC : 🖂 16,50 – **26 ch** 143/179.

🏨 **Gd H. Poste**, 47 cours Romestang 🕿 85.02.04 – 🔳 🚽wc 🚿wc ☎ 🚗 🅿
VISA
SC : **R** (fermé nov. et sam. du 1er déc. au 28 fév.) 50/100 – 🖂 16,50 – **42 ch** 100/165.

🏨🏨🏨 ✿✿✿ **Pyramide** (Mme Point), bd F.-Point 🕿 53.01.96, ◆ Jardin fleuri – 🔳 🅿
AE ⓓ
fermé 20 janv. à fin fév., lundi soir et mardi – **R** (nombre de couverts limité - prévenir) 310/350 et carte
Spéc. Gratin de queues d'écrevisses, Omble-Chevalier farci, Poularde de Bresse truffée en vessie. Vins Condrieu, Juliénas.

🍴🍴 ✿ **Magnard** (Janonat), 45 cours Brillier 🕿 85.10.43, 🚗 – 🔳 AE ⓓ VISA
fermé 5 au 20 août, vacances de fév., mardi et merc. – **R** (dim. prévenir) 78/190
Spéc. Croustade d'escargots au foie gras, Saumon grillé sauce choron, Pièce de charolais en brioche. Vins Viognier, Côte rôtie.

🍴🍴 **Molière**, 11 r. Molière 🕿 53.08.41 – AE ⓓ E VISA
fermé 8 au 30 juil., 1er au 16 avril, dim. soir et lundi – SC : **R** carte 130 à 200.

🍴🍴 **Bec Fin**, 7 pl. St-Maurice 🕿 85.76.72 – AE ⓓ – **R** 80/150.

à Seyssuel par ① et D 4E : 4,5 km – 🖂 38200 Vienne :

🏨 **Château des 7 Fontaines**, 🕿 85.25.70, 🚗, 🐷, — 🚽wc 🚿wc ☎ 🚗 🅿 🔳 🕏
40 AE ⓓ VISA – SC : **R** (fermé lundi) 69/120 ♨ – 🖂 20 – **15 ch** 165/215.

à St-Romain-en-Gal (69 Rhône) – 🖂 69560 Ste-Colombe-lès-Vienne – ✪ 74
Voir Cité gallo-romaine★

🍴🍴 **Chez René**, rive droite 🕿 53.19.72 – 🔳 🅿 AE ⓓ VISA – **R** 90/225
fermé 16 août au 14 sept., dim. soir et lundi sauf fériés.

1200

Review of Chapters 9–11 | 12

A. Answer the following questions using the cues provided. Replace any italicized nouns with pronouns.

1. Quel dessert voulez-vous? (Je... glace.)
2. Quel temps va-t-il faire demain? (... froid... neiger...)
3. A quelle heure pouvez-vous partir? (Nous... à 1h00.)
4. Est-ce qu'il a vu *les filles?* (Non,...)
5. Quels cours avez-vous suivis le trimestre dernier? (... histoire... sociologie.)
6. Pourquoi es-tu fatigué? (... pas pouvoir dormir hier soir.)
7. Qui est-ce qui a visité *l'université?* (Jean...)
8. J'ai soif; qu'est-ce que je prends? (... eau.)
9. Est-ce qu'ils voient bien? (Non,... brouillard.)
10. As-tu donné de l'argent *à tes frères?* (Non,... un cadeau.)
11. Quelle sorte de vêtements a-t-elle choisis? (... beaux...)
12. J'apprends le français, et vous? (Nous... portugais.)
13. Pourquoi avez-vous demandé cela *au professeur?* (... cela parce que... ne... pas comprendre.)
14. Qui choisit *le restaurant* quand vous sortez? (Mes parents... quand nous...)

B. Rewrite the following sentences using the cues provided. Replace any italicized nouns with pronouns.

1. Il sort à midi. (Ils... huit...)
2. Aujourd'hui, il fait beau. (Hier,... mauvais et... pleuvoir.)
3. J'ai suivi un cours d'arabe. (... faire...)
4. Demain, nous allons voir un film intéressant. (Hier... bon...)
5. Il ne veut pas ce pantalon. (Ils... cravate.)
6. Je ne comprends pas pourquoi il dort maintenant. (Nous... ils...)

  7. Je vois une femme devant cette maison.   (Vous… appartement.)
  8. Elle explique cette leçon *aux étudiants*.   (… exercices…)
  9. On a montré des églises *à mon ami*.   (… jolies…)
 10. Nous prenons *notre café* à midi.   (Hier,… 2h30.)
 11. Nous voyons *nos amis* ce soir.   (Je… hier.)
 12. Paul et Marie font de l'espagnol.   (… apprendre…)
 13. Montrez *aux enfants* ces vieux monuments.   (… arbre.)
 14. Elles finissent cette bière froide.   (… servir… bonne…)

C. Make a complete sentence with each group of words below, adding any necessary words.

  1. Quel / enfants / vous / choisir?
  2. Ce / homme / ressembler / père
  3. Que / vous / voir / de / fenêtre?
  4. Elle / vouloir / acheter / beau / robe
  5. Elles / suivre / cours / physique
  6. Je / servir / thé / chaud / mon / amis
  7. Vous / prendre / sucre / dans / café?
  8. Nous / réussir / examen / maths
  9. Ce / femmes / étudier / langues / étranger
 10. faire / bon / aujourd'hui / mais demain / faire / orage
 11. Qui / pouvoir / ouvrir / ce / porte?
 12. Ils / partir / 11h30 / hier soir
 13. Ils / comprendre / pas / ce / vieux / femme
 14. Elles / sortir / souvent, mais / elles / ne / dormir assez

D. In the following sentences, replace the italicized words with pronouns.

  1. Il a montré ses timbres *à Marie*.
  2. Je vais servir *ce café* à mes amis.
  3. As-tu téléphoné *à tes parents?*
  4. Nous n'avons pas vu *l'école de Luc*.
  5. Ils n'utilisent pas *leur dictionnaire*.
  6. Elles vont regarder *la télévision* avec *Jeanne*.
  7. Je n'aime pas désobéir *à mon père*.
  8. Ils étudient *la physique* avec *Monsieur Paperot*.
  9. Nous avons servi *les boissons* après dîner.
 10. Faites-vous *ces crêpes* pour *vos parents?*

E. Complete the following sentences in a logical manner.

  1. Le dimanche à six heures, je…
  2. Ce cours est…
  3. En classe, nous ne pouvons pas…
  4. Les jeunes enfants ne veulent pas…
  5. Quand il pleut,…
  6. Ce trimestre, je suis des cours…
  7. De ma chambre, on peut voir…

  8. Je voudrais avoir un bon...

  9. Comme cadeau de Noël, j'ai choisi...

 10. Je ne comprends pas...

F. Translate the following sentences.

1. They left at 12:30 A.M.
2. It's 2:45 P.M.
3. What meat are you going to serve?
4. He could not go out with us.
5. What happened?
6. It's cool in the spring.
7. We looked for them.
8. He resembles her a lot.
9. Have you seen that poor man?
10. Don't give him any wine.

G. Answer the following questions.

1. A quelle heure êtes-vous parti(e) ce matin?
2. Quels acteurs aimes-tu?
3. Qui veux-tu inviter ce week-end?
4. Qui voyez-vous souvent sur le campus?
5. Quels bons livres aimez-vous lire?
6. Combien d'heures as-tu dormi la nuit dernière?
7. Qu'est-ce qu'on sert au restaurant ce soir?
8. Qu'est-ce que tu as appris récemment?

Small Group Work

A. Tell what time you do the following things.

prendre le petit déjeuner?	finir tes cours?
partir pour l'université?	dîner?
commencer votre première classe?	...?

B. Describe the weather at the following times.

le week-end passé	demain
hier	le week-end prochain
aujourd'hui	

C. Talk about your course work during **le trimestre / semestre dernier, ce trimestre / semestre, le trimestre / semestre prochain.**

D. Do you get along with your roommate?

tu l'aimes / le détestes?	tu lui prêtes tes vêtements?
tu lui téléphones souvent?	tu lui ressembles?
tu lui donnes des cadeaux?	tu l'écoutes toujours?
tu lui as présenté ta famille?	...?

E. Quels bons films avez-vous vus?

F. Quelles langues comprends-tu? Quelles langues veux-tu apprendre?

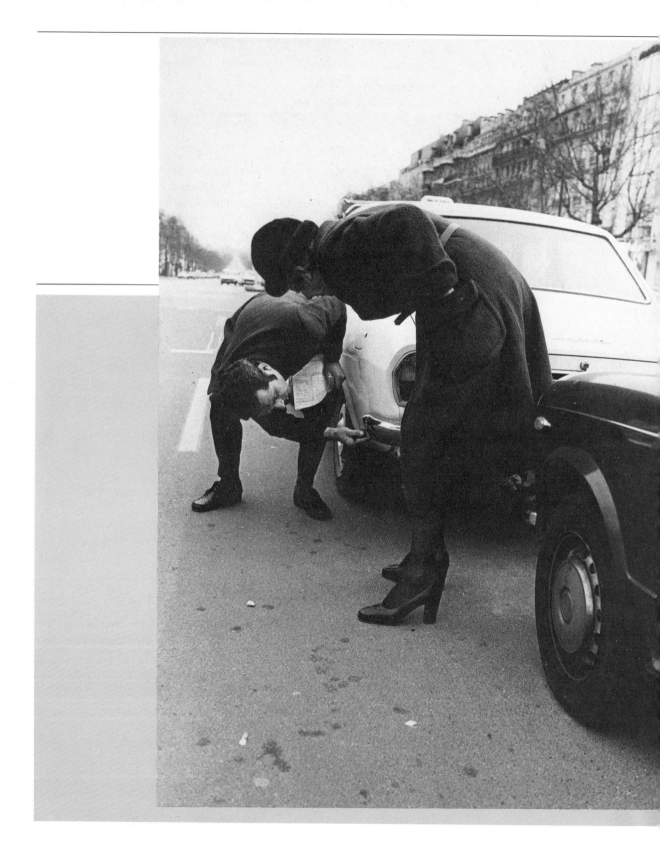

OBJECTIVES: **Le code de la route** / driving a car in France

vowel sounds /e/ and /ɛ/ / *-dre* verbs / the imperfect tense / the **passé composé** *vs.* the imperfect tense / **venir**

13

Un Accident de voitures

M. Surêt vient d'avoir° un accident.° Il est rentré° dans la voiture de Mme. Debré. Ils ont attendu° les gendarmes° pendant quarante-cinq minutes, et ils commençaient à° perdre° patience quand les gendarmes sont arrivés.

LE GENDARME	Qu'est-ce qui est arrivé?
MME DEBRÉ	Ce monsieur allait° trop vite° et il n'a pas freiné° à temps.°
M. SURÊT	Mais, madame, je venais de droite,° et j'avais la priorité.°
MME DEBRÉ	Peut-être,° monsieur, mais moi, je faisais du soixante° et j'ai klaxonné.° Vous n'avez pas entendu?°
LE GENDARME	Attendez un instant,° madame, si monsieur était° sur votre droite, vous n'aviez pas la priorité.
MME DEBRÉ	Je ne comprends pas! Il sortait° d'un petit chemin° et il est en tort,° pas moi!
M. SURÊT	Ma pauvre dame,° vous avez perdu la tête!°
MME DEBRÉ	Et vous, vous sentez° l'alcool!
LE GENDARME	Vous avez raison,° madame, je vais lui donner un alcootest.°

Mots clés

Vocabulaire du dialogue

vient d'avoir   has just had (**venir**)
l'accident (*m*)   the accident
il est rentré   he ran into (**rentrer**)
ils ont attendu   they waited for
   (**attendre**)
les gendarmes   the police officers
ils commençaient à   they were
   beginning to (**commencer**)
perdre   to lose
il allait   he was going (**aller**)
vite   fast
il a freiné   he stepped on the brakes
   (**freiner**)
à temps   in time
je venais de droite   I was coming from
   the right (**venir**)
j'avais   I had (**avoir**)
j'avais la priorité   I had the right of
   way (**avoir**)

peut-être   perhaps
je faisais du soixante   I was going sixty
   (**faire**)
j'ai klaxonné   I honked (**klaxonner**)
vous n'avez pas entendu   you didn't
   hear (**entendre**)
l'instant (*m*)   the minute, instant
était   was (**être**)
il sortait   he was coming out of (**sortir**)
le chemin   the road
en tort   in the wrong
dame (*f*)   lady
vous avez perdu la tête   you've lost
   your mind (**perdre**)
vous sentez   you smell (of) (**sentir**)
vous avez raison   you're right
l'alcootest (*m*)   the Breathalyzer test

**FAISONS
CONNAISSANCE**

The accident described in the preceding dialogue was the result of a misunderstanding of French laws, which give priority to the driver on the right. This includes a driver coming out of a side street onto a main road. Even cars merging onto an interstate highway (**une autoroute**) from the right used to have priority over those already on the road. A few exceptions exist, such as small, country roads that connect with a major highway. In such cases, a sign with a large *X* and **Passage protégé** printed on it indicates the right of way. Because of this law, there are many fewer stop signs in France.

The **gendarme** is a law enforcement officer who works in the countryside; an **agent de police** works in large cities only. The French police have stepped up testing for drunk driving, thanks to a growing concern for this serious social problem. France has a very high death rate from motor vehicle accidents.

When Mme Debré said she was going "sixty," she was referring to kilometers per hour, or about thirty-five miles per hour.

ETUDIONS LE DIALOGUE

1. Qu'est-ce qui vient d'arriver?
2. Pourquoi est-ce qu'il y a eu un accident?
3. Est-ce que Mme Debré faisait du cent?
4. M. Surêt l'a-t-il entendue?
5. Pourquoi M. Surêt est-il en tort?
6. Qu'est-ce que le gendarme va lui donner?

Enrichissons notre vocabulaire

Qu'est-ce que vous avez perdu?	What did you lose?
J'ai perdu mes **clés.** / mon **porte-feuille.** / mon **sac.** / mon **journal.**	I lost my *keys.* / my *wallet.* / my *handbag.* / my *newspaper.*
J'ai perdu mon livre, mais je l'ai **re-trouvé.**	I lost my book, but I *found it again.*
Qu'est-ce que vous entendez?	What do you hear?
Nous entendons notre **voisin** / notre **voisine.**	We hear our (male) *neighbor* / (fe-male) *neighbor.*
Le **facteur sonne. Le téléphone** sonne.	The *mailman is ringing* (the bell). *The phone* is ringing.
Est-il rentré **de bonne heure?**	Did he come home *early?*
Oui, il est **revenu avant** minuit.	Yes, he *came back before* midnight.
Qu'est-ce qu'il faisait quand elle est partie?	What was he doing when she left?
Il faisait la vaisselle. Il était dans la cuisine.	He was doing the dishes. He was in the kitchen.
Pourquoi êtes-vous malheureux?	Why are you unhappy?
Je **viens d'obtenir** une mauvaise **note.**	I *just got* a bad *grade.*
Notre **équipe** a perdu **le match.**	Our *team* lost *the game.*
Ma famille ne **vient** pas pour **Noël.**	My family *is* not *coming* for *Christmas.*

Mots clés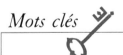

avant before	**obtenir** to obtain
la clé the key	**le portefeuille** the wallet
de bonne heure early	**retrouver** to find again
l'équipe *(f)* the team	**revenir** to come back
le facteur the mailman	**le sac** the handbag
le journal the newspaper	**sonner** to ring (à bell)
le match the game	**le téléphone** the telephone
Noël Christmas	**le voisin** the (male) neighbor
la note the grade	**la voisine** the (female) neighbor

Prononciation

The Mid Vowels /e/ and /ɛ/

French has three pairs of mid vowels, so called because the mouth is neither fully open as with the /a/ sound nor closed as with the /i/ sound. With all the pairs, it is important to note whether a consonant sound follows the vowel sound.

The mid vowel sound /ɛ/ is often followed by a consonant. It is pronounced with the mouth slightly open and the tongue forward.

treize	faire	laisse
cette	faites	laide

The mid vowel sound /e/ is extremely tense, so you must be careful not to move your tongue or jaw when pronouncing it.

Practice the following contrasts.

English	*French*
say	ses
day	des
bay	B
may	mes
nay	né
clay	clé

In French, a consonant sound never follows the /e/ sound at the end of a word. Usual spellings for the /e/ sound are *é*, *ez*, and *er*. The consonants are silent.

EXERCICES

A. Practice the following sounds in monosyllables.

/e/	/ɛ/
les	laisse
B	bête
mes	mère
ses	seize
tes	texte
ces	cette

B. Now, practice the sounds in words of several syllables. Be sure to avoid diphthongizing the final /e/.

céder	faire
chercher	fermer
acceptez	préparer
détesté	regretter
étudier	répéter

C. Read the following sentences aloud, keeping all vowels very tense.

1. Daniel souhaite la fête de sa mère.
2. Etienne, avez-vous fait la vaisselle?
3. Cet employé a déjà fermé la fenêtre.
4. Visitez le musée près du café.
5. Merci pour ce verre de lait frais.
6. Elle est née en janvier l'année dernière.
7. J'ai mangé des asperges chez Paulette.
8. Michel lui a donné cette bicyclette pour son anniversaire.
9. Vous avez étudié le passé composé en français.
10. Préférez-vous aller danser ou rester chez vous?

Grammaire

I. Regular *-dre* Verbs

Verbs with infinitives ending in *-dre* drop the *-re* and add the following endings.

vendre *to sell*	
je vend**s**	nous vend**ons**
tu vend**s**	vous vend**ez**
il / elle vend	ils / elles vend**ent**
passé composé: il a vend**u**	

Il va **vendre** sa voiture.	He is going *to sell* his car.
Nous **attendons** l'autobus ici.	We *wait* for the bus here.
Rends ces livres à la bibliothèque.	*Take* these books *back* to the library.

* The past participle is formed by dropping *-re* and adding *u*.

J'ai **perdu** mon parapluie.	I *lost* my umbrella.
Elle est **descendue** à sept heures.	She *came down* at seven o'clock.

* Note that **descendre** is conjugated with **être** in the **passé composé**.

Mots clés

attendre to wait (for)	**perdre** to lose
descendre to go down, come down; to get off	**rendre** to give back, take back
entendre to hear	**répondre** (à) to answer

The imperative of **-dre** verbs is regular; the **s** is not deleted from the **tu** form.

Descends maintenant!	*Come down* now!
Ne **vendez** pas vos livres.	Don't *sell* your books.

With inversion, the final **d** has a /t/ sound, so **-t-** is not necessary.

Répond-il au professeur?   *Is he answering* the teacher?

 ATTENTION

In the third-person form, the difference in pronunciation between singular and plural forms is the /d/ sound. You must make an extra effort to pronounce this sound.

il perd/il pɛʀ/	ils perdent/il pɛʀd/
elle rend / ɛl ʀɑ̃/	elles rendent/el ʀɑ̃d/

Pratiquons

A. Remplacez les mots (*the words*) en italique par les mots donnés.

1. *Pierre* attend le train. (Je, Vous, On, Elles, Tu, Nous, Il, Ils)
2. *Elle* ne répond pas aux questions. (Tu, Vous, Les étudiants, Je, Il, Nous, On, Ils)
3. *Nous* n'avons pas vendu beaucoup de cahiers. (On, Les employés, Elle, Je, Vous, Tu, Mon père)

B. Mettez (*Put*) les phrases suivantes au singulier ou au pluriel, selon le cas (*accordingly*).

1. Il a rendu le livre à la bibliothèque.
2. Elle vend des timbres.
3. Ils répondent au téléphone.
4. Nous entendons le vent dans les arbres.
5. Tu descends bientôt?
6. Il attend son père.

C. Mettez les phrases suivantes au présent.

1. Est-ce que vous avez perdu la tête?
2. Ils vont vendre leur bicyclette.
3. J'ai entendu les enfants dans la rue.
4. Elles sont descendues pour prendre le petit déjeuner.
5. Vous allez l'attendre ici?
6. Il a rendu son examen au professeur.

D. Formez des phrases complètes en employant (*using*) les mots donnés et en faisant tous les changements (*changes*) nécessaires.

1. Vous / attendre / Marie / gare?
2. professeur / rendre / exercices / mercredi / dernier
3. Je / aimer / pas / répondre / questions / difficile
4. Mon / parents / vendre / maison / année / prochain
5. Nous / perdre / argent / et / valise / hier
6. Je / entendre / pas / Luc / quand / il / sortir / maison

E. Récrivez (*Rewrite*) les phrases suivantes en utilisant les mots donnés entre parenthèses, et en faisant les changements nécessaires.

1. J'attends le train de Paris.   (Hier... pendant deux heures)
2. Tu réponds s'il téléphone?   (... ce soir)
3. Vous rendez vos livres aujourd'hui?   (... hier)
4. Ils vendent leurs disques en ville.   /   (Demain...)
5. Elle descend et elle sort.   (... il y a vingt minutes)
6. Nous perdons patience et nous allons partir.   (Hier soir,...)

Parlons

A. D'habitude (*Usually*), combien de temps attends-tu l'autobus? ta petite amie / ton petit ami? ton camarade de chambre / ta camarade de chambre? ton professeur? le garçon au restaurant? ... ?

B. Qu'est-ce que vous avez perdu récemment? votre montre? votre stylo? vos clés? votre portefeuille? votre argent? votre sac? votre livre de français? ... ? Où l'avez-vous retrouvé?

C. Qu'est-ce qu'on entend quand on est en ville? à la plage? à la gare? à la résidence? au match de football? au concert? au restaurant? ... ?

D. Répondez aux questions suivantes avec **vendre**.

1. Qu'est-ce que vos parents ou vos amis ont vendu récemment? Combien d'argent leur a-t-on donné?
2. Tu es représentant(e) de commerce (*traveling salesperson*); qu'est-ce que tu voudrais vendre?
3. Où vend-on de l'aspirine? des livres? des timbres? de la viande? des boissons?

E. Répondez aux questions suivantes.

   1. Avez-vous rendu un cadeau récemment? Quel cadeau? Pourquoi?
   2. Où attends-tu l'autobus? Où descends-tu?
   3. Chez vous, qui répond au téléphone?
   4. Est-ce que ton équipe de football ou de basketball perd souvent?
   5. Perdez-vous souvent patience? Quand?
   6. Qui répond souvent en classe?
   7. Quels musiciens avez-vous entendus cette année?
   8. Rends-tu toujours tes livres à la bibliothèque à temps?

II. Le passé composé (*Review*)

A. The passé composé with avoir

As you have learned, the **passé composé** refers to actions viewed as completed in the past. In most cases, you form it with the present tense of **avoir** and the past participle of the verb. The past participle is based on the infinitive.

infinitive	*past participle*
chanter	chanté
choisir	choisi
répondre	répondu

You have also learned several irregular past participles

être → été	suivre → suivi
avoir → eu	voir → vu
faire → fait	pleuvoir → plu
pouvoir → pu	prendre → pris
vouloir → voulu	

Remember that in the **passé composé** with **avoir** construction, the past participle agrees with the direct object that *precedes* the verb.

J'ai choisi une **robe** rouge.	I chose a red dress.
Elle a vendu sa **bicyclette.**	She sold her bicycle.
Quelle **robe** avez-vous choisie?	Which dress did you choose?
Elle l'a vendue.	She sold it.

B. The passé composé with être

A small group of verbs forms the **passé composé** with the conjugated form of **être** and the past participle. Most of these are verbs of motion.

Mots clés

Verbs conjugated with **être** *in the* **passé composé**

infinitive	*past participle*
*aller to go	allé
retourner to return	retourné
*rentrer to return; to run into	rentré
entrer (dans) to go in	entré
*sortir to leave	sorti
*partir to leave	parti
*arriver to arrive	arrivé
*monter to climb, go up	monté
*descendre to go down	descendu
tomber to fall	tombé
*naître to be born	né
mourir to die	mort
passer to pass (by)	passé
*rester to stay	resté

*verbs you already know

---

* Past participles of verbs conjugated with **être** agree in gender and number with their subjects.

Ils **sont venus** à la maison.	They *came* to our house.
La boîte **est tombée.**	The box *fell*.

ATTENTION

1. In spoken French, you hear past participle agreement with only one verb that takes **être**—**mourir.** Il est mort (/i lɛ mɔR/) en 1967, et elle est morte (/ɛ lɛ mɔRt/) en 1970.

2. **Passer** can mean *to spend (time)* on *to pass (something)*. When it takes a direct object, it forms the **passé composé** with **avoir.**

J'ai passé trois jours à Paris.	*I spent* three days in Paris.
Elle lui **a passé** le pain.	*She passed* him (her) the bread.

When the verb indicates motion, it cannot have a direct object, so it forms the **passé composé** with **être.**

Des amis **sont passés** chez moi hier soir.	Some friends *came by* my house last night.
Elle **est passée** par Marseille.	She *went by* Marseille.

3. **Retourner** indicates motion and is therefore conjugated with **être.**

   > Elle **est retournée** à la résidence.   She *returned* to the dorm.

   The French equivalent of *to return (an object)*, **rendre**, is conjugated with **avoir.**

   > Elles **ont rendu** le parapluie.   They *returned* the umbrella.

Pratiquons

A. Remplacez les mots en italique par les mots donnés.

   1. *Il* a trouvé le portefeuille.   (Nous, Je, Elles, Tu, On, Vous, Ils)
   2. *Jeanne* est rentrée très tard.   (Je, Vous, Elles, Nous, Tu, Il, On)

B. Remplacez les mots en italique par les verbes donnés.

   1. J'*ai apporté* ces photos.   (choisir, regarder, voir, faire, prendre, oublier, vendre)
   2. Nous *sommes sortis* à trois heures.   (arriver, partir, descendre, rentrer, revenir, monter)

C. Mettez les phrases suivantes au passé composé.

   1. J'étudie l'espagnol.
   2. Nous faisons la vaisselle.
   3. Ils passent par Paris.
   4. Elle reste trois jours.
   5. Vous montrez votre maison?
   6. Est-ce que tu rends ces livres?
   7. Marie arrive en retard.
   8. Il sort avec Marc.
   9. Nous préparons la leçon.
   10. J'ai une bonne idée.

D. Répondez aux questions suivantes en employant les mots entre parenthèses.

   1. Qu'est-ce que vous avez fait?   (aller au café)
   2. Est-ce que Jacques est là?   (Oui,… arriver ce matin)
   3. Ont-ils fait la vaisselle?   (Non,… partir au cinéma)
   4. Pouvez-vous lui prêter votre stylo?   (Non,… perdre hier)
   5. Jacqueline travaille-t-elle dans son bureau?   (Non,… sortir avec des amis)
   6. Avez-vous répondu à cette question?   (Non,… pas comprendre)
   7. Est-ce que ses amis sont partis?   (Oui, mais… revenir mardi)
   8. Vous êtes allés chez eux?   (Oui, et… leur apporter un gâteau)

E. Formez des phrases complètes en utilisant les mots donnés.

Je	travailler	tous les soirs
Nous	partir	le week-end dernier
Vous	sortir	avec des amis
Mes amis	attendre	à trois heures du matin
Mes parents	venir	l'été dernier
Mon frère	rentrer	pendant deux heures
Ma sœur	chanter	sans ses parents
Tu	dormir	très tard

Parlons

A. Séparez-vous en petits groupes et interviewez vos camarades. Utilisez les expressions suivantes.

naître en quelle année? dans quelle ville?

arriver quand à l'université?

étudier le français pendant longtemps?

aller au cinéma récemment?

étudier ou sortir le week-end dernier?

avoir des amis à dîner?

rentrer avant minuit samedi?

... ?

B. Racontez votre journée d'hier. (*Tell about your day yesterday.*)

prendre le petit déjeuner à... heures?

partir pour... ?

prendre l'autobus? ma voiture?

attendre mes amis à... ?

aller à mon cours de... ?

répondre à... questions (une, deux, trois,...)?

manger avec... ?

rentrer chez moi à... heures?

regarder la télévision l'après-midi?

faire des courses à... ?

monter dans ma chambre à...?

téléphoner à... ?

... ?

C. Racontez des vacances inoubliables (*unforgettable*).

aller à... ?

partir avec... ?

rester à l'hôtel? avec des amis?

passer une semaine? quinze jours? un mois?

sortir tous les soirs?

rentrer très tard?

dormir jusqu'à... heures?

manger des (du)... ?

faire des promenades? la grasse matinée?

revenir content(e)? fatigué(e)? sans argent?

D. Quand sont-ils morts? Devinez (*Guess*) la date.

1. Charlemagne	5. Napoléon	1715	1970
2. Jeanne d'Arc	6. Sarah Bernhardt	1923	1821
3. Louis XIV	7. Edith Piaf	1963	1793
4. Marie-Antoinette	8. Charles de Gaulle	814	1431

E. Répondez aux questions suivantes.

1. Etes-vous passé(e) chez un(e) ami(e) hier?
2. As-tu fait du ski? Es-tu tombé(e)?
3. A quel âge êtes-vous entré(e) à l'école?
4. Où es-tu retourné(e) en vacances plusieurs fois?
5. Quel temps a-t-il fait hier?
6. Etes-vous resté(e) chez vous tout le week-end?

III. The Imperfect

A. Formation of the Imperfect

In addition to the **passé composé,** French has another past tense—the imperfect (**l'imparfait**). Its forms are based on the first-person plural of the present tense: you drop the **ons** and add the following endings.

parler → parl~~ons~~	finir → finiss~~ons~~	partir → part~~ons~~	descendre → descend~~ons~~
je parlais	je finissais	je partais	je descendais
tu parlais	tu finissais	tu partais	tu descendais
il / elle parlait	il / elle finissait	il / elle partait	il / elle descendait
nous parlions	nous finissions	nous partions	nous descendions
vous parliez	vous finissiez	vous partiez	vous descendiez
ils / elles parlaient	ils / elles finissaient	ils / elles partaient	ils / elles descendaient

ATTENTION

The imperfect of **il pleut** is **il pleuvait.**

B. Imperfect of **être**

Etre is the only verb that does not take its imperfect stem from the **nous** form. Although its imperfect stem (**ét-**) is irregular, the endings are the regular imperfect tense endings.

j'étais	nous étions
tu étais	vous étiez
il / elle était	ils / elles étaient

ATTENTION

Because the imperfect is based on the first-person plural of the present tense you must keep the pronunciation of the stem. Be careful especially with **je faisais** (/fø zɛ/) and **tu prenais** (/prø nɛ/). The first vowel of each verb has the same sound as **je peux** (/ʒø pø/).

C. Use of the Imperfect Tense

The imperfect often indicates an action viewed as repeated or continuous in the past. It has the following equivalents in English.

Quand j'**étais** enfant, je **parlais** espagnol.	When I *was* a child, I *used to speak* Spanish.
Il **partait** quand je suis arrivé.	He *was leaving* when I arrived.
En 1962, nous **habitions** en France.	In 1962, we *lived (were living)* in France.

D. The Imperfect and the **Passé Composé** Tenses

The imperfect and the **passé composé** tenses are not interchangeable. They each represent different views toward actions in the past.

1. The imperfect describes conditions in the past, while the **passé composé** relates specific actions.

J'**étais** fatigué, mais je **suis sorti.**	I *was tired*, but I *went out*.
Il **faisait** beau, mais à midi il **a plu.**	The weather *was* beautiful, but at noon *it rained*.
J'**avais** mal aux dents et je **suis allé** chez le dentiste.	I *had* a toothache, and I *went* to the dentist's.

2. The imperfect expresses unspecified, repeated actions in the past; the **passé composé** represents a single action or series of single actions.

Quand j'**avais** onze ans, j'**allais** à l'église le dimanche.	When I *was* eleven, I *used to (would) go* to church on Sunday.
Quand j'**avais** onze ans, je **suis allé** en Angleterre.	When I *was* eleven, I *went* to England.
Je ne lui **téléphonais** pas souvent, mais je lui **ai téléphoné** trois fois hier.	I *did not used to call* him often, but I *called* him three times yesterday.

* Note in the above examples that a noun or adverb of time is often used with the imperfect.

3. While the imperfect represents a background action, the **passé composé** represents a specific event, sometimes an interruption.

Elle **attendait** l'autobus quand l'accident **est arrivé.**	She *was waiting* for the bus when the accident *occurred*.
Nous **regardions** la télévision lorsque le téléphone **a sonné.**	We *were watching* television when the phone *rang*.
Elle **prenait** le petit déjeuner quand sa mère l'**a appelée.**	She *was having* breakfast when her mother *called* her.

 ATTENTION

Because four imperfect endings begin with the letter *a,* remember the spelling changes in verbs ending in -*cer* or -*ger.* For infinitives ending in -*cer,* the *c* becomes ç before *a* or *o:* commencer → commençons, commençais.

For infinitives ending in -*ger,* the *e* is maintained before endings that begin with *a* or *o:* changer → changeons, changeait.

Pratiquons

A. Remplacez les mots en italique par les mots donnés.

1. *Marie* choisissait des cadeaux.   (Vous, Nous, Tu, On, Je, Elles, Il)
2. *Elle* n'était pas contente.   (Je, Vous, Ils, On, Tu, Nous)
3. Faisiez-*vous* des courses en ville?   (elle, tu, il, on, ils, elles, Marc, Les Sûret)

B. Mettez les phrases suivantes à l'imparfait.

1. Je sors tous les soirs.
2. Il travaille en ville.
3. Nous partons le matin.
4. Jacques répond au téléphone.
5. Es-tu fatiguée?
6. Il pleut beaucoup.
7. Vous ne pouvez pas venir?
8. Ils veulent aller au cinéma.

C. Dans les phrases suivantes, mettez les verbes au passé composé ou à l'imparfait, selon le cas.

1. Je (être) avec Michel quand Paul (partir).
2. Le professeur (parler) lorsque Marc (entrer) dans la classe.
3. Quand nous (sortir), il (faire) du brouillard.
4. Lorsqu'il (naître), sa sœur (avoir) deux ans.
5. J'(avoir) soif quand je (rentrer) et je (prendre) une boisson.
6. Il (réfléchir) quand le gendarme (klaxonner).

D. Changez le paragraphe suivant à l'imparfait. Commencez avec «Le dimanche... »

Dimanche dernier, nous avons fait la grasse matinée. J'ai pris mon petit déjeuner à onze heures et je suis sorti pour acheter le journal. J'ai fait une promenade et je suis rentré à la maison. L'après-midi, j'ai regardé la télévision et j'ai écouté des disques. Ma femme a téléphoné à ses parents et elle les a invités chez nous.

E. Mettez les verbes du paragraphe suivant au passé composé ou à l'imparfait, selon le cas.

A la Gare

Samedi dernier, nous _____ (arriver) à la gare à sept heures. Nous _____ (être) en avance car le train pour Paris _____ (partir) à huit heures. Mes parents _____ (avoir) froid et ils _____ (vouloir pas) rester. Nous _____ (aller) au restaurant et nous _____ (prendre) un café bien chaud. A huit heures moins cinq, le train _____ (entrer) en gare et il y _____ (avoir) beaucoup de gens. Nous _____ (monter) et nous _____ (trouver) trois places ensemble. Le train _____ (partir). Il _____ (pleuvoir) et il _____ (faire) du brouillard. Nous _____ (être) contents de rentrer.

Parlons

A. Quand vous étiez au lycée, que faisiez-vous? Employez les expressions suivantes, si vous voulez.

étudier beaucoup / peu	avoir de bonnes / mauvaises
sortir avec…	notes,
rentrer à… heures	échouer / réussir aux examens
répondre aux questions du	obéir / désobéir aux professeurs
professeur	… ?
être studieux(-se)	

B. Quelles interruptions avez-vous eues récemment? Choisissez une expression dans chaque colonne (*each column*).

MODÈLE: Je faisais mes devoirs quand le téléphone a sonné.

Activités	*Interruptions*
faire mes devoirs	téléphone, sonner
prendre un bain	ami, arriver
dîner	tomber
parler avec mon petit ami / ma petite amie	facteur, arriver
dormir	faire de l'orage
regarder un bon film à la télévision	mon petit frère, entrer
écouter de la musique classique	mes parents, rentrer
… ?	avoir mal aux dents
	… ?

C. Imaginez la vie (*life*) de l'homme préhistorique. Faites des questions et des réponses en utilisant les expressions données.

MODÈLE: habiter dans une maison
Est-ce que l'homme préhistorique habitait dans une maison?

porter des chaussures	fumer des cigarettes
porter une cravate	manger de la viande
regarder la télévision	être artiste
parler français	voyager beaucoup
dormir dans un lit	travailler à la campagne
inventer le téléphone	avoir beaucoup de vacances

D. Racontez l'histoire d'un incident de votre vie. Faites attention aux verbes!

E. Répondez aux questions suivantes.

1. Quelle heure était-il quand vous êtes arrivé(e) à l'université aujourd'hui?
2. Quel temps faisait-il quand tu es parti(e) ce matin?
3. Quel âge aviez-vous quand vous êtes entré(e) à l'université?
4. Quand tu étais petit(e), qu'est-ce que tu aimais faire?
5. Quand vous alliez au lycée, où habitiez-vous?
6. A-t-il neigé l'hiver dernier? Neigeait-il le jour de Noël?

IV. **Venir** and Verbs like **Venir, Venir de** + *Infinitive*

A. Venir

venir *to come*	
je viens	nous venons
tu viens	vous venez
il / elle vient	ils / elles viennent
passé composé: il est venu	

Elle **vient** chez nous ce soir.

She *is coming* to our house tonight.

Je **suis venu** à huit heures.

I *came* at eight.

Ils vont **venir** demain.

They are going *to come* tomorrow.

* Note that **venir** is conjugated with **être** in the **passé composé**.

* Other compounds of **venir**, like **devenir** (*to become*), and **revenir**, (*to come back*) are conjugated alike and take **être** in the **passé composé**.

Mots clés

Verbs conjugated like **venir**

tenir   to hold
tenir à + *noun*   to be fond of + *noun*
tenir à + *infinitive*   to be anxious to + *infinitive*; to insist on + *present participle*

retenir   to hold back; to remember
appartenir à   to belong to
obtenir   to obtain

*

These verbs form the **passé composé** with **avoir**.

ATTENTION

Devenir is often used in the expression **Qu'est-ce que tu deviens?**, meaning *What are you up to?* In the past, **Qu'est-ce qu'il est devenu?** means *Whatever became of him?* Like **être**, **devenir** does not take an article with professions that are not modified by adjectives.

Il est devenu **professeur**.   He became *a teacher*.

B. Venir de + *Infinitive*

The construction **venir de** + *infinitive* represents the **passé immédiat** and is used in two tenses: the present and the imperfect.

In the present tense, a conjugated form of **venir** + **de** + *infinitive* indicates a recently completed action. It is equivalent to the English *have just* + *past participle*.

Present

Je **viens de** passer un examen.   I *have just* taken an exam.
Elles **viennent de** partir.   They *have just* left.

In the imperfect tense, a conjugated form of **venir** + **de** + *infinitive* indicates an action that was completed just before another past action, which is expressed in the **passé composé.** This is equivalent to the English *had just* + *past participle*.

Imperfect

Il **venait d'**arriver quand je suis   He *had just* arrived when I got
    rentré.   home.
Nous **venions d'**ouvrir la porte   We *had just* opened the door
    quand le téléphone a sonné.   when the telephone rang.

Pratiquons

A. Remplacez les mots en italique par les mots donnés.

1. *Il* vient chez moi le dimanche.   (Je, Vous, Elles, Jacqueline, Ils, Tu, On)
2. *Mes amis* sont venus hier soir.   (Vous, Tu, Nous, Je, Elles, Il, Marc)
3. *Il* tenait à cet ami.   (Elles, Je, On, Jacqueline, Nous, Vous, Tu)

B. Mettez les phrases suivantes au présent.

1. Etes-vous venus à six heures?
2. Je suis revenu de Paris aujourd'hui.
3. Il va l'obtenir.
4. Tu ne vas pas retenir ces dates.
5. Elle est devenue médecin.
6. Nous n'allons pas venir avec vous.

C. Mettez les phrases suivantes à l'imparfait.

1. Elle vient de finir son dessert.
2. Ils viennent en voiture.
3. Je tiens à mes photos de famille.
4. Venez-vous souvent ici?
5. Nous revenons souvent à cet hôtel.
6. Cette auto appartient à mon frère.

D. Refaites les phrases suivantes en employant les expressions données.

1. Demain, il va revenir du Canada.   (Hier,…)
2. Ils adorent leur nouvelle maison.   (… tenir à…)
3. L'étudiant obtient de mauvaises notes.   (Les étudiants…)
4. Elles ont fini à minuit.   (… revenir…)
5. Je viens de faire mes valises.   (Nous…)
6. Tu veux ces vieux vêtements?   (… tenir à…)
7. Qu'est-ce que ton ami Gilles a fait?   (… devenir?)
8. Vous n'étudiez pas maintenant?   (… venir…)

E. Mettez les phrases suivantes au passé immédiat en employant **venir de** au présent ou à l'imparfait, selon le cas.

1. Mon père part.
2. Ma sœur est malade.
3. Robert finissait son examen quand le professeur est parti.
4. Ces étudiants obtiennent de bonnes notes.
5. Elles prennent un café.
6. Marie répondait à la question quand j'ai trouvé la réponse.

Parlons

A. Choisissez des objets dans la classe et demandez, «A qui appartient ce...?» ou «Est-ce que... appartiennent à...?».

MODÈLE: A qui appartient ce sac?
Il appartient à Marie.

Est-ce que ces cahiers appartiennent à Jacques?
Oui, ils lui appartiennent.

B. Répondez aux questions suivantes avec **tenir.** Employez les réponses suivantes, si vous voulez.

1. A quoi tenez-vous? Quel objet aimez-vous beaucoup?

de vieilles chaussures, une belle photo de..., des livres anciens, une montre, un cadeau de mon (ma) petit(e) ami(e),... ?

2. Qu'est-ce que vous tenez à faire le week-end prochain?

aller au cinéma, faire la grasse matinée, aller chez des amis, rentrer chez mes parents,... ?

C. Avez-vous une bonne ou une mauvaise mémoire (*memory*)? Retenez-vous...

... le nom des gens?	... les anniversaires?
... les dates?	... l'heure de vos rendez-vous
... les numéros de téléphone?	... les verbes irréguliers?
... l'adresse de vos amis?	... le vocabulaire en français?

D. Séparez-vous en petits groupes et répondez à la question «Qu'est-ce que vous avez fait récemment?» Employez **venir de** avec les expressions suivantes dans vos réponses.

prendre le petit déjeuner, obtenir une bonne note en... , échouer à un examen de..., rentrer de..., ...?

E. Répondez aux questions suivantes.

1. Que voulez-vous devenir?
2. Tu vas partir ce week-end? Quand reviens-tu?
3. As-tu obtenu une bonne note? Quand?
4. Votre camarade de chambre vient de quelle ville?
5. Viens-tu souvent en classe?
6. Allez-vous revenir à l'université l'année prochaine?
7. A quelles organisations appartiens-tu?
8. Qui est venu chez vous hier soir?

Communiquons

LE CODE DE LA ROUTE

In order to drive in France, you must be eighteen years old and take private lessons from an **auto-école.** The French driver's license is very difficult to obtain, but you never need to renew it. An American wishing to drive in France would do well to obtain an international driver's license before going, and to become familiar with French traffic regulations (**le code de la route**).

The basic driving rules in France are the same as in North America for the most part, but there are some differences. As mentioned in the dialogue in this chapter, the right of way is always given to the vehicle on the right unless otherwise indicated. Because of increasing traffic–related deaths, the government has begun limiting speed more drastically on main highways and expressways. Many drivers, however, ignore these laws. Other efforts to reduce casualties include the mandatory use of seat belts (**les ceintures de sécurité**) and forbidding children under twelve from riding in the front seat.

When driving in France at night, you notice immediately that headlights (**les phares**) are yellow. To reduce noise in cities, it is forbidden to honk. Drivers signal with high beams (**donner un coup de phares**) to warn others. Americans generally find French drivers very aggressive, so it's wise to be cautious when driving in France.

Vocabulaire utile

conduire   *to drive*
rouler à cent (kilomètres / heure)   *to go sixty (miles / hour)*
faire du + *speed*   to go (a certain speed)
doubler   *to pass (another car)*
stationner   *to park*
brûler un feu   *to run a red light*
faire de l'auto-stop   *to hitchhike*
la station service   *the service station*
tomber en panne   *to have a breakdown*
prendre de l'essence   *to get gas*
prendre de l'huile   *to add oil*
faire le plein   *to fill up (the tank)*
vérifier les pneus   *to check the tires*
la chauffeur   *the driver*
le chauffard   *the reckless driver*
le piéton   *the pedestrian*
le volant   *the steering wheel*
la portière   *the car door*
le coffre   *the trunk*

Il prend de l'essence.

EXERCICES

A. Repondez aux questions.

1. As-tu fait de l'auto-stop? Où?
2. En général, roulez-vous vite?
3. Brûlez-vous souvent les feux? Pourquoi?
4. Où stationnez-vous à l'université?
5. Aimes-tu mieux conduire ou faire de l'auto-stop?
6. Etes-vous tombé en panne? Pourquoi?
7. Quelle station service fréquentez-vous? Pourquoi?
8. Es-tu un chauffard?

B. France uses international road signs (**les panneaux routiers**). Try to match the following indications with the appropriate signs.

1. stop   *stop*
2. stationnement interdit   *no parking*
3. chaussée glissante   *slippery when wet*
4. défense de tourner à droite   *no right turn*
5. sens interdit   *do not enter*
6. défense de doubler   *no passing*
7. vitesse limitée à cent (kilomètres)
   maximum speed sixty (miles)
8. sens unique   *one way*

a
e

b
f

c
g

d
h

Suspension et annulation du permis de conduire

Travailleur immigré, sachez que si vous commettez :

• Une infraction grave au Code de la route (excès de vitesse, dépassement dangereux, non respect d'un stop par exemple), votre permis de conduire peut être **suspendu.**

• Une infraction très grave (homicide ou blessures involontaires, conduite en état d'ivresse, délit de fuite par exemple), votre permis de conduire peut être **suspendu** ou **annulé.**

• La suspension ou l'annulation d'un permis entraîne celle de tous les autres permis dont vous pourriez être titulaire.

• Si vous conduisez malgré l'annulation ou la suspension de votre permis, vous risquez d'être condamné à une amende ou à un emprisonnement de six mois. En cas d'accident, vous n'êtes plus garanti par votre assurance.

ICEI

Information Culture et Immigration
43 bis, rue des Entrepreneurs 75015 Paris
Tél. 575 62 32
et le Ministère de la Justice - Service de l'information
et des Relations Publiques

Section culturelle

Driving in France

The following story is adapted from an article in *l'Express*, a French magazine similar to *Time*. It concerns a seemingly minor accident, which turned out to be one of the most expensive ever recorded. In keeping with the French authorities' concern about drunken driving, the police gave a Breathalyzer test to the driver at fault. Because the test was negative, the driver was not responsible for the damages. When the final bills were in, they amounted to thirty million francs, which was roughly six million dollars at the time. Because of all this, the driver's insurance went up by five dollars.

Un Accident très cher

Un accident d'automobile a eu des conséquences gigantesques.

C'était le jour d'un match de football historique entre l'équipe de St. Etienne (France) et l'équipe de Kiev (URSS). Il pleuvait fort° et la route était glissante.° La Citroën est arrivée à un passage à niveau° situé dans un virage° et a dérapé.° Quand le chauffeur et son passager sont descendus, la voiture était sur les rails et ils ne pouvaient pas la déplacer.° Ils sont allés téléphoner pour demander de l'aide, mais un train de marchandises° est arrivé. Il a percuté° la voiture à 103 km-h, l'a pulvérisée et a déraillé sur cent mètres. Un pont° et tout le train sont tombés dans un canal. L'accident n'a pas fait de morts° mais il y a eu deux blessés° et des dommages° considérables.

La SNCF,° la principale victime de l'accident, a perdu une locomotive neuve° de quatre millions de francs et vingt et un wagons° de 150.000 à 200.000 francs chacun.° En plus, cent mètres de rail sont endommagés et un pont est détruit.° Tous les wagons étaient pleins de marchandises et des milliers° de bouteilles de bière et de sachets de soupe° sont perdus.

hard / slippery
railroad crossing / curve / skidded
move
freight train
crashed into / bridge
caused deaths
injured people / damage
French train company / new
(train) cars / each
destroyed
thousands / soup packets

clean
cranes

Pendant neuf jours, les rails sont inutilisables et le train Paris-Strasbourg ne peut pas passer. Entre les deux gares isolées par l'accident, les passagers prennent un autocar.

Trente-quatre personnes ont travaillé pendant 110 heures pour nettoyer° le canal. Six énormes grues° ont été nécessaires pour sortir les wagons de l'eau.

Sur le canal, quarante bateaux ont attendu huit jours pour pouvoir passer. Cent kilos de poissons sont morts car ils ont consommé trop de bière et de soupe.

M. Gasson, le responsable de cet accident, est un employé du lycée de Bar-le-Duc. Ce n'est pas un chauffard et son assurance va payer les trente millions de francs de dommages!

Adapté d'un article de *l'Express,* no. 1293

QUESTIONS SUR LE TEXTE

1. Quel temps faisait-il le jour de l'accident?
2. Où est-ce que l'accident est arrivé?
3. Pourquoi le chauffeur est-il descendu de la voiture?
4. Quelles sont les conséquences du passage du train de marchandises?
5. Qu'est-ce que la SNCF a perdu?
6. Pourquoi est-ce que les poissons sont morts?
7. Qui a payé les dommages?
8. Dessinez (*Draw*) l'accident.

OBJECTIVES: French department stores / French people's interest in public opinion polls / how the French conceive of happiness

the vowel sounds /o/ and /ɔ/ / direct and indirect object pronouns in the first and second persons / subjunctive forms of regular verbs / uses of the subjunctive mood / how to express uncertainty

14

Au Monoprix

Henri et Monique Boileau font leurs courses. Ils viennent de faire des provisions° pour la semaine. Mais ils ont oublié quelque chose d'important.°

M. BOILEAU Je voudrais que nous cherchions° un cadeau pour ma mère.

MME BOILEAU J'ai peur° qu'il n'y ait pas° de choix° ici. Mais on peut demander à une vendeuse° de nous° aider.

M. BOILEAU Mademoiselle, il faut° que nous trouvions° quelque chose pour l'anniversaire de ma mère. Pouvez-vous me° donner quelques° idées?

LA VENDEUSE Oui, je vais vous° montrer plusieurs choses. Suivez-moi° au rayon° d'articles ménagers.°

MME BOILEAU Je doute° que nous ayons° le temps de chercher partout,° Henri! Je vais t'attendre dans la voiture.

M. BOILEAU Comme tu veux. Mais moi, je veux absolument° acheter un cadeau ce soir.

Mots clés

Vocabulaire du dialogue

faire des provisions *(f)* to buy
   groceries
quelque chose d'important something
   important
que nous cherchions that we look for
   (**chercher**)
j'ai peur I'm afraid (**avoir**)
qu'il n'y ait pas that there isn't (**avoir**)
le choix the choice
la vendeuse the saleswoman
nous us
il faut it is necessary (**falloir**)
que nous trouvions that we find
   (**trouver**)

me me
quelques some
vous you
moi me
le rayon the aisle, the department
les articles *(m + pl)* **ménagers** the
   household goods
je doute I doubt (**douter**)
que nous ayons that we have (**avoir**)
partout everywhere
t' (te) you
absolument absolutely

FAISONS CONNAISSANCE

Like the United States, France has a variety of chain stores in major cities and, more recently, in suburban areas. **Monoprix** and **Prisunic,** the oldest, are combination discount department stores and large supermarkets. As suburbs around major cities expand, new stores appear. Two new ones are **Mammouth** and **Carrefour.**

In Paris, people generally refer to the five or six major department stores as «**les grands magasins.**» They include such famous stores as **Le Printemps, Le Bon Marché, Les Galeries Lafayette, Le Bazar de l'Hôtel de Ville,** and **La Samaritaine.** Most of these do not have a grocery department.

ETUDIONS LE DIALOGUE

1. Où sont M. et Mme Boileau?
2. Qu'est-ce qu'ils ont oublié?
3. Qui va les aider?
4. Où vont-ils chercher un cadeau?
5. Où est-ce que Mme Boileau va attendre?
6. Pourquoi M. Boileau ne vient-il pas immédiatement?

Enrichissons notre vocabulaire

Pourquoi est-ce que tu veux m'**embrasser?**

Why do you want *to kiss* me?

Pour te **souhaiter** ton anniversaire!

To *wish* you a happy birthday!

Je peux vous **offrir** quelque chose d'**autre?**

Can I *offer* you something *else?*

Oui, donnez-nous un café.

Yes, give us a cup of coffee.

Allez-vous habiter en ville?

Are you going to live in town?

Non, j'ai peur **qu'il y ait** trop de **bruit.**

No, I am afraid *that there might* be too much *noise.*

Aimez-vous votre professeur?

Do you like your teacher?

Non, je pense qu'il est trop **indulgent.** / Non, je ne pense pas **qu'il soit** assez **sévère.** / Oui, mais je suis **desolé qu'il parte.**

No, I think that he is too *lenient.* / No, I do not think *that he is strict* enough. / Yes, but I'm *sorry that he's leaving.*

Qu'est-ce qu'il vous faut pour être heureux?

What do you need to be happy?

Il faut que j'**aie** des amis **fidèles.** / une vie calme. / beaucoup de **loisirs.** / Il faut que je **rencontre quelqu'un** d'intéressant.

I need to *have faithful* friends. / a quiet life. / a lot of *leisure time.* / I have to *meet someone* interesting.

Avez-vous perdu votre **passeport?**

Have you lost your *passport?*

Non, je suis **sûr** qu'on l'a **volé.**

No, I am *sure* that someone *stole* it.

Mots clés

autre other, else	**le passeport** the passport
le bruit the noise	**quelqu'un** someone
désolé, -e sorry	**rencontrer** to meet
embrasser to kiss	**sévère** strict
fidèle faithful	**souhaiter** to wish
indulgent, -e lenient	**sûr, -e** sure
les loisirs (*m + pl*) leisure time	**voler** to steal
offrir offer	

Prononciation

The Vowel Sounds /o/ and /ɔ/

The second pair of mid-vowels in French is pronounced with the tongue back and the lips very rounded. As with the sounds /e/ and /ɛ/, the tongue is neither high nor low. Repeat the following words after your teacher.

French	English
beau	bow
faux	foe
eau	oh
l'eau	low

The /ɔ/ sound is the same as the /o/ sound, except that in the former, the mouth is held more open. You use the /o/ sound when the word ends in a vowel sound, the /ɔ/ sound when a pronounced consonant follows.
Repeat the following words after your teacher.

/o/	/ɔ/
beau	bonne
faux	fort
mot	mode
nos	notre
tôt	tort
vos	votre

The spellings *au* and *ô* are almost always pronounced /o/, not /ɔ/.

EXERCISE

Read the following sentences aloud, paying particular attention to the open /ɔ/ sound and the closed /o/ sound.

1. Monique porte un beau chapeau.
2. Le téléphone sonne dans le bureau.
3. Apportez une pomme au professeur.
4. Paulette propose des choses idiotes.
5. Les Boileau ne consomment pas d'eau.
6. Il ne fait pas trop chaud en automne.
7. Donnez-moi votre stylo aussi.
8. Nous sommes à côté du château de Chambord.
9. Notre auto consomme beaucoup d'eau.
10. On donne des chaussettes comme cadeau.

Grammaire

I. Direct and Indirect Object Pronouns (first and second persons)

A. Review

Direct objects receive the action of the verb; they answer the question *Who?* or *What?*

> J'aime **le fromage.** → Je l'aime.
> Il va regarder **la télévision.** → Il va **la** regarder.
> Elle a vu **mes photos.** → Elle **les** a vues.

Indirect objects indicate to whom the object is directed. They answer the question *To whom?* or *For whom?*

> Tu as donné un cadeau **à ta mère?** → Tu **lui** as donné un cadeau?
> Elles ont prêté l'auto **aux voisins.** → Elles **leur** ont prêté l'auto.

B. The above examples are all third-person pronouns. In the first and second persons, direct and indirect object pronouns have the same form.

	singular	*plural*
1st person	me	nous
2nd person	te	vous

Pronouns as direct objects:

Il **me** voit souvent au supermarché.	He sees *me* often at the supermarket.
Je **t'**admire beaucoup.	I admire *you* a lot.
Elle **nous** a oubliés.	She forgot *us*.
Ils ne vont pas **vous** inviter.	They aren't going to invite *you*.

Pronouns as indirect objects:

Il **m'**a donné son adresse.	He gave *me* his address.
Elle **t'**a téléphoné hier.	She called *you* yesterday.
Ils ne **nous** obéissent pas.	They don't obey *us*.
Monique veut **vous** expliquer quelque chose.	Monique wants to explain something *to you*.

Note that **me** and **te** become **m'** and **t'** before a vowel.

C. Placement of Pronouns

First– and second-person object pronouns are placed in the same position as third-person object pronouns:

1. directly before the conjugated verb in the present, imperfect, and **passé composé** tenses:

Il **me** parlait quand elle **nous** a vus.	He was talking *to me* when she saw *us*.
Te répond-il en français?	Does he answer *you* in French?

2. in front of the infinitive when there is a helping verb:

Elle ne veut pas **vous** voir.	She doesn't want to see *you*.
Ils vont t'inviter la semaine prochaine.	They are going to invite *you* next week.

3. in front of the verb in the negative imperative:

Ne **me** parlez pas de vos vacances.	Don't talk *to me* about your vacation.

but *after* the verb in the affirmative imperative:

Servez-**nous** vite.	Serve *us* quickly.

The pronoun **me** becomes **moi** in the affirmative imperative, and is linked to the verb with a hyphen.

Ne **me** montrez pas les réponses. → Montrez-**moi** les réponses.
Ne **me** laissez pas seul. → Laissez-**moi** seul.

 ATTENTION

1. The distinction between direct and indirect object pronouns with **me, te, nous,** and **vous** is important only when determining past participle agreement in the **passé composé.** Only preceding direct object pronouns agree.

DIRECT OBJECTS:	Elle **nous** a **regardés.**
	Je **vous** ai **vus** au cinéma.
INDIRECT OBJECTS:	On t'a **téléphoné** ce matin.
	Elle ne m'a pas **obéi.**

2. It is possible to use both a direct and an indirect object pronoun in the same sentence. Consult the Appendix for their correct order in a sentence.

Pratiquons

A. Ajoutez (*Add*) les pronoms donnés dans les phrases suivantes.

1. Il attend au café.   (me, nous, vous, te, le, la, les)
2. Elle a téléphoné.   (nous, lui, leur, me, vous, te)
3. Ne désobéissez pas!   (lui, me, nous, leur)

B. Mettez les phrases suivantes à l'impératif.

1. Tu me donnes une montre.
2. Vous ne nous obéissez pas.
3. Vous ne me regardez pas.
4. Tu nous prêtes un stylo.
5. Vous me passez la salade.
6. Tu ne nous réponds pas.

C. Mettez les phrases suivantes au passé composé. Attention à l'accord (*agreement*) du participe passé.

1. Il me téléphone souvent.
2. Les enfants nous demandent de l'argent.
3. Est-ce qu'elle vous présente à ses parents?
4. Tu ne nous choisis pas.
5. Je ne te comprends pas.
6. Ils nous parlent en espagnol.

D. Répondez aux questions suivantes en employant les mots entre parenthèses.

1. Est-ce que vous m'aimez? (Oui...)
2. Est-ce qu'elle t'a donné son adresse? (Non...)
3. Vous nous avez vus à la bibliothèque? (Oui, nous...)
4. Vous voulez un café ou un thé? (Donnez...)
5. Est-ce que nous pouvons vous téléphoner? (Oui...)
6. Est-ce que tu m'as entendu ce matin? (Non, je...)
7. Est-ce que je peux t'inviter? (Non, ne...)
8. Est-ce que vous allez m'acheter une auto? (Non...)

E. Trouvez des questions pour les réponses suivantes.

MODÈLE: (*Réponse*) Oui, il m'aime.
(*Question*) *Est-ce qu'il vous aime?*

1. Oui, elle m'a parlé hier soir.
2. Oui, elles vont nous inviter.
3. Non, ils ne peuvent pas te comprendre.
4. Oui, je t'ai présenté mon frère.
5. Non, nous ne vous avons pas oublié.
6. Oui, montrez-moi vos photos.

Parlons

A. Expliquez à la classe vos rapports (*relationships*) avec vos amis. Suivez le modèle.

MODÈLE: aimer bien?
Oui, ils m'aiment bien.
Oui, je les aime bien aussi.

passer / voir?
téléphoner souvent?
souhaiter votre / leur anniversaire?
consulter quand il y a des problèmes?

donner des cadeaux?
inviter?
parler en français?
prêter de l'argent?

B. Expliquez vos rapports avec le professeur.

   1. Qu'est-ce que votre professeur fait pour vous?

      vous expliquer la leçon?
      vous donner de bonnes / mauvaises notes?
      vous comprendre quand vous avez des problèmes?
      vous chercher quand vous n'êtes pas en classe?
      vous punir souvent?

   2. Qu'est-ce que vous allez faire pour le remercier (*to thank*)?

      lui donner des cadeaux?   l'inviter chez vous?   l'embrasser?
      lui apporter des gâteaux?   l'écouter en classe?   … ?

C. Vous rencontrez un garçon / une fille charmant(e) dans une boîte de nuit. Imaginez la conversation.

    Est-ce que je vous ai déjà rencontre(e)?
    Comment vous appelez-vous?
    Je peux vous donner une cigarette?
    Je peux vous offrir une boisson?
    Tu peux me donner ton numéro de téléphone?
    Tu veux m'indiquer ton adresse?
    Tu vas me parler de tes projets pour l'avenir?
    Je peux passer te voir?
    Je peux t'embrasser?

D. Vous êtes condamné(e) (*condemned*) et vous allez mourir demain matin. Qu'est-ce que vous demandez à la dernière minute?

   MODÈLE: donner du champagne → *Donnez-moi du champagne.*
               laisser seul → *Ne me laissez pas seul.*

   servir un bon dîner   parler
   donner des cigarettes   faire un gâteau
   prêter une Bible   montrer un film de…
   apporter une bouteille de vin   oublier
   chanter quelque chose   préparer plusieurs sandwiches
   écouter: «Je suis innocent»   donner la clé

E. Répondez aux questions suivantes.

   1. Qu'est-ce que vos parents vous servent pour votre anniversaire?
   2. Qu'est-ce que le Père Noël t'a apporté l'année dernière?
   3. Est-ce que votre professeur vous répond en français?
   4. Où est-ce que ton (ta) petit(e) ami(e) t'a rencontré(e)?
   5. Qui te téléphone souvent?
   6. Qui est-ce qui ne peut pas vous supporter?
   7. Qui est-ce qui te punissait quand tu étais enfant?
   8. Qui peut te prêter une voiture?

II. The Subjunctive of Regular Verbs

A. Introduction

Until now, you have been using the indicative mood (**le présent, l'imparfait,** and **le passé composé**) to express facts, and the imperative mood to express commands and requests. In French, the subjunctive mood is used to express the feelings and opinions of the speaker, such as doubt, emotion, uncertainty, guarded opinion, and volition. Even though the subjunctive is used more frequently in French, it also exists in English: I wish *that he were* home now.

As in English, the subjunctive in French is mostly used in subordinate clauses following a main clause. Both clauses are linked by **que** (*that*).

Je veux **que nous cherchions** un cadeau.

I want (us) to look for a gift. (*literally*: I want that we look for a gift)

B. Forms of the Present Subjunctive

The subjunctive endings are the same for the four groups of regular verbs you know. They are added to the stem of the first-person plural of the present indicative.

nous chantons → *chant-*	
-e	*-ions*
-es	*-iez*
-e	*-ent*

chanter	finir	partir	vendre
que je chante	que je finisse	que je parte	que je vende
que tu chantes	que tu finisses	que tu partes	que tu vendes
qu'il chante	qu'elle finisse	qu'il parte	qu'elle vende
que nous chantions	que nous finissions	que nous partions	que nous vendions
que vous chantiez	que vous finissiez	que vous partiez	que vous vendiez
qu'ils chantent	qu'elles finissent	qu'ils partent	qu'elles vendent

 ATTENTION

Adding a written *-e* to the stem of *-ir* and *-dre* verbs causes the final consonant to be pronounced: **partir** → **part–** → **que je parte, descendre** → **descend–** → **que tu descendes, dormir** → **dorm–** → **qu'il dorme**

C. The Subjunctive of **avoir** and **être**

The two most frequent irregular verbs in the subjunctive are **avoir** and **être.** You will learn some other irregular verbs in the subjunctive in chapter 15.

avoir	être
que j'aie	que je sois
que tu aies	que tu sois
qu'il ait	qu'elle soit
que nous ayons	que nous soyons
que vous ayez	que vous soyez
qu'ils aient	qu'elles soient

 ATTENTION

The first– and second-person plural subjunctive of **avoir** is pronounced with the /e/ sound: **nous ayons** /nu ze jõ/, **vous ayez** /vu ze je/.

Pratiquons

A. Remplacez les pronoms en italique par les pronoms donnés dans les phrases suivantes.

　1. Il faut que *je* travaille.　(vous, on, tu, ils, nous, elle)
　2. Je voudrais qu'*ils* répondent.　(tu, nous, on, vous, il, elles)
　3. Elle doute qu'*ils* choisissent.　(on, vous, je, il, tu, nous)
　4. Il regrette que *tu* partes.　(je, nous, elle, on, ils, vous)

B. Remplacez les verbes en italique par les verbes donnés dans les phrases suivantes.

　1. Je regrette que vous n'*arriviez* pas.　(répondre, partir, réussir, parler, obéir, étudier)
　2. Il faut que tu *restes* ici.　(être, travailler, dormir, descendre, finir, attendre)
　3. Il vaut mieux que nous *commencions*.　(avoir de la patience, écouter, être à l'heure, ne pas fumer, partir, finir)

C. Formez des phrases complètes avec les mots donnés.

　1. Je / douter / que / mon / parents / être / en retard
　2. Tu / vouloir / que / je / répondre / en français
　3. Les étudiants / désirer / que / nous / ne... pas / avoir / examen / demain
　4. Il faut / que / vous / réussir
　5. Elle / être / désolé / que / je / ne... pas / avoir / le temps
　6. Il vaut mieux / que / tu / être / prudent

D. Dans les phrases suivantes, remplacez les mots en italique par les mots entre parenthèses.

    1. *Je* regrette que *vous* ne soyez pas contents.   (Elle... tu...)
    2. *Nous* voulons que tu *invites* des amis français   (Je... avoir...)
    3. *Il* regrette que nous *restions* seuls.   (Vous... être...)
    4. Ils sont *désolés* que tu *oublies* les examens.   (... contents... réussir...)
    5. Ils *veulent* que *je* vende ma voiture.   (... ne... pas... tu...)
    6. *Désirez*-vous que je vous *donne* du lait?   (Vouloir... servir... ?)

Parlons

A. Pour être un(e) bon(ne) étudiant(e), qu'est-ce qu'il faut faire?

    MODÈLE: étudier beaucoup
              Il faut qu'on étudie beaucoup.

écouter le professeur	finir tous les devoirs
passer beaucoup de temps à la bibliothèque	réussir aux examens
être studieux(-euse)	ne pas sortir le soir
choisir ses classes attentivement	répondre à toutes les questions
dormir peu	réfléchir beaucoup
	... ?

B. Vous allez écrire une lettre au Président des Etats-Unis et vous lui donnez des conseils (*advice*).

    MODÈLE: m'inviter à la Maison Blanche
              Je voudrais que vous m'invitiez à la Maison Blanche.

ne pas oublier les pauvres	répondre aux questions des journalistes
dépenser moins d'argent	
écouter les femmes	servir du vin de Californie à la Maison Blanche
voyager en autobus	
avoir moins de vacances	être plus patient avec les sénateurs
parler avec les Russes	
encourager les gens sans travail	

C. Répondez aux questions suivantes.

    1. Est-ce qu'il faut que vous passiez un examen cette semaine?
    2. Est-ce qu'il vaut mieux (*Is it better*) qu'on étudie l'art ou la musique?
    3. Est-ce qu'il est important qu'on punisse les enfants?
    4. Combien d'heures faut-il que vous dormiez?
    5. Est-ce que ton / ta petit(e) ami(e) veut que tu sortes avec elle / lui tous les soirs?
    6. As-tu peur qu'on entende vos conversations au téléphone?

III. Uses of the Subjunctive

A. Emotion

The subjunctive mood is used in subordinate clauses starting with **que,** after verbs or expressions of emotion.

Je regrette **que vous ne soyez pas** content.	I'm sorry *(that) you're not* happy.
Nous sommes désolés **que vous n'aimiez pas** nos amies.	We're sorry *(that) you don't like* our friends.

Some verbs and expressions of emotion that call for the subjunctive in the subordinate clause are:

avoir peur to be afraid	**être furieux(-euse)** to be angry
regretter to be sorry	**être heureux(-euse)** to be happy
être content(e) to be happy	**être surpris(e)** to be surprised
être désolé(e) to be sorry	

 ATTENTION

Note that, in order to use the subjunctive, there should be a different subject in the subordinate clause. If the subjects in both clauses are the same, the infinitive is used.

J'ai peur qu'**elle** ait froid cet hiver.	*I'm afraid (that) she'll* be cold this winter.
J'ai peur d'**avoir** froid cet hiver.	*I'm afraid (that) I'll* be cold this winter.

B. Volition

The subjunctive is used in the subordinate clause following verbs and expressions of wish, desire, preference, and other impositions of will.

Elle **veut que nous arrivions** de bonne heure.	She *wants us to arrive* early.
Tu **aimes mieux que je choisisse** le restaurant?	Do you *prefer (that) I choose* the restaurant?

Some verbs and expressions of will, wishing, and desire that take the subjunctive are:

aimer mieux to prefer	**souhaiter** to wish
désirer to want	**vouloir** to want
il est préférable it's preferable	

 ATTENTION

Again, note that the subject in the subordinate clause must be different from the subject in the main clause for the subjunctive to be used.

C. Impersonal Expressions

The subjunctive is used in the subordinate clause after expressions with no overt subject, that is, without a reference to any particular person or thing.

Il faut que vous étudiiez vos leçons. *You have to* study your lessons.

Il est dommage qu'elles partent demain. *It's too bad (that)* they're leaving tomorrow.

Impersonal expressions implying opinion or personal judgment that take the subjunctive:

Il faut que / il est nécessaire que   It is necessary that

Il est bon que   It is good that

Il est dommage que   It's too bad that

Il est important que   It is important that

Il est rare que   It is rare that

Il est temps que   It is time that

Il semble que   It seems that

Il se peut que   It may be that / perhaps / it's possible that

Il vaut mieux que   It is better that

Il est possible / impossible que   It is possible / impossible that

 ATTENTION

Verbs and expressions that imply certainty in the speaker's mind do *not* take the subjunctive.

être sûr	Nous **sommes sûrs** qu'ils ne sont pas là.
Il est certain	**Il est certain** que vous n'obéissez pas.
Il est probable	**Il est probable** que Marie est très fatiguée.
penser *(affirmative)*	Elle **pense** que vous êtes charmant.

There are many other verbs of this type, including **apprendre, décider, espérer, expliquer, indiquer, montrer, oublier,** and **répondre.**

D. Doubt and Uncertainty

The subjunctive is also used after verbs and expressions of doubt or uncertainty.

Je **ne pense pas que nous ayons** le temps.	I *don't think (that) we have* the time.
Elle **n'est pas sûre qu'il retourne** en France.	She's *not sure (that) he'll return* to France.

Verbs and expressions of doubt and uncertainty that take the subjunctive:

douter   to doubt
ne pas penser   not to think
ne pas être sûr   to not be sure, be unsure

 ATTENTION

1. Because they imply certainty, **penser, (croire),** and **être sûr** in the affirmative are followed by a verb in the indicative.

Elle **pense** qu'il **est** beau.	She *thinks* (that) he *is* handsome.
but: Elle **ne pense pas qu'il soit** intelligent.	She *doesn't think (that) he is* smart.

2. Remember that there should also be a different subject in the subordinate clause in order to use the subjunctive.

Pratiquons

A. Dans les phrases suivantes, remplacez les mots en italique par les expressions données.

1. Je suis *surpris* qu'il soit absent.   (certain, étonné, désolé, sûr, furieux, content)
2. Il est *nécessaire* que vous ayez assez de temps.   (préférable, possible, sûr, peu probable, important, probable)

B. Dans les phrases suivantes, mettez les verbes en italique à la forme négative.

1. Elle *pense* que tu es intelligent.
2. Nous *sommes* sûrs qu'ils ont froid.
3. Tu *veux* qu'il parte de bonne heure.
4. Jacqueline *est* certaine que vous étudiez beaucoup.
5. Je *pense* que nous regardons trop la télévision.
6. Ils *sont* sûrs que vous sortez tous les soirs.

C. Formez des phrases complètes en employant les mots donnés.

1. professeur / être / furieux / nous / étudier / pas
2. Je / aimer / mieux / vous / me / inviter / dimanche
3. parents / souhaiter / je / réussir / examen

4. Elle / penser / nous / être / studieux
5. Mon / amis / ne... pas / être / sûr / vous / être / assez / grand
6. Il se peut / je / sortir / ce soir
7. Il / être / temps / tu / finir / petit déjeuner
8. Il / être / probable / elles / avoir / soif

D. Dans les phrases suivantes, remplacez les mots en italique par les mots entre parenthèses.

1. Ils n'*oublient* pas que je suis américain.   (... penser...)
2. Il est *dommage* que vous dormiez trop.   (... certain...)
3. *Elle* a peur que *j'*aie chaud.   (Nous... il...)
4. Ils *indiquent* que nous arrivons en avance.   (... vouloir...)
5. Je *doute* qu'elle perde son sac.   (... ne... pas douter...)
6. Il semble qu'*elle* n'ait pas peur.   (... vous...)

E. Répondez aux questions suivantes en employant les mots entre parenthèses.

1. Faut-il que je parte maintenant?   (Oui...)
2. Voulez-vous qu'elle sorte avec vous?   (Non,...)
3. Etes-vous désolés que je reste à la maison?   (Non, nous... contents...)
4. Aime-t-elle mieux que vous lui donniez un disque? (Non,... des livres.)
5. Vaut-il mieux qu'il soit timide?   (Non,... ne pas avoir peur.)
6. Est-ce que je peux arriver en retard?   (Non, j'aime mieux que...)

Parlons

A. Donnez votre opinion des situations suivantes en employant «Je pense que... »
ou «Je ne pense pas que... »

MODÈLE: les Français: Ils sont grands.
            Je pense qu'ils sont grands.
            Je ne pense pas qu'ils soient grands.

1. l'Amérique: Les Américains sont sympathiques.
                        Les Canadiens travaillent beaucoup.
                        Il y a trop de gens.
                        Nous aimons trop l'argent.
2. les parents: Ils sont très sévères.
                        Ils ont beaucoup de patience.
                        Ils aiment mes amis.
                        Ils me donnent trop d'argent.
3. les grandes villes: Il y a trop de bruit.
                        La pollution est un problème.
                        Les habitants sont aimables.
                        On dort bien en ville.
4. mes amis: Ils sont ennuyeux.
                        Ils ont du talent.
                        Vous les aimez.
                        Ils m'aident souvent.

B. Faites des phrases en employant des expressions dans les listes données.

MODÈLE: Il est bon / je suis patient(e)
            Il est bon que je sois patiente.

Il est préférable	je suis patient(e)
Il est possible	vous arrivez à l'heure
Il est impossible	nous préparons la leçon
Il est certain	nous partons bientôt
Il semble	vous sortez ce soir
Il est dommage	je réussis à l'examen
Il est peu probable	vous choisissez de bons exercices
Il est nécessaire	vous avez vingt-neuf ans
Il est temps	nous étudions plusieurs langues
Il est bon	vous êtes indulgent(e)

C. Dans les situations suivantes, choisissez la bonne solution.

    1. Vous avez un examen demain matin. Il vaut mieux que vous...
        a. étudier ce soir
        b. écouter des disques
        c. sortir avec des amis

    2. Ton frère veut sortir avec une jolie fille. Il vaut mieux qu'il...
        a. lui téléphoner à trois heures du matin
        b. l'inviter chez lui
        c. lui parler en français

    3. Vos amis veulent aller en France cet été. Il vaut mieux qu'ils...
        a. travailler le week-end
        b. dépenser beaucoup d'argent
        c. partir maintenant

    4. Les restaurants sont fermés et vous avez faim. Il vaut mieux que vous...
        a. demander un sandwich à vos voisins
        b. attendre le petit déjeuner
        c. préparer quelque chose à la maison

    5. Ta grand-mère veut venir te voir mais une amie t'a déjà invité(e). Il vaut mieux que tu...
        a. attendre ta grand-mère chez toi
        b. partir immédiatement
        c. trouver une autre solution

D. Dans les situations suivantes, es-tu content(e) ou désolé(e)?

    MODÈLE: Le professeur est sévère.
               Je suis désolé(e) que le professeur soit sévère.

    1. Ma classe a un examen cette semaine.
    2. Nous étudions le subjonctif.
    3. Les gens fument beaucoup.
    4. Le professeur me choisit pour aller au tableau.
    5. Nous donnons de l'argent aux pays pauvres.
    6. Mon français est (ne... pas) excellent.

E. Répondez aux questions suivantes.

    1. As-tu peur d'obtenir une mauvaise note dans ce cours?
    2. Pensez-vous aller au cinéma bientôt? Qu'est-ce que vous voulez voir?
    3. Est-ce qu'il se peut que vous visitiez l'Europe cette année?
    4. Est-il nécessaire que tu choisisses ta profession maintenant?
    5. Es-tu sûr(e) que tes amis soient fidèles?
    6. Pensez-vous que votre cours de français soit trop difficile?

Communiquons

L'INCERTITUDE (*Uncertainty*)

French has expressions to use when you are not sure of facts or names. Use **on** as the subject when you cannot name a specific person.

On nous a volé notre portefeuille.	Our wallet was stolen. *Someone / they* stole our wallet.
On a sonné à la porte.	*Someone* rang the doorbell.

Use **quelqu'un** (*someone*) to replace a person's name.

Quelqu'un m'a téléphoné.	*Someone* called me.
J'ai vu **quelqu'un** dans l'auto.	I saw *someone* in the car.

Use **quelque chose** (*something*) to indicate a thing that cannot be specified. The word is always masculine.

Quelque chose est tombé de la table.	*Something* fell from the table.
Je voudrais **quelque chose** pour le mal de dents.	I would like *something* for a toothache.

Both **quelqu'un** and **quelque chose** take *de* (*d'*) before an adjective.

Il a rencontré **quelqu'un de célèbre.**	He ran into *somebody famous.*
Ils ont oublié **quelque chose d'important.**	They forgot *something important.*

Use **quelque part** (*somewhere*) or **un endroit** (*a place*) for an unnamed place.

Ils sont allés **quelque part.**	They went *somewhere.*
Elles l'ont laissé **quelque part.**	They left it *somewhere.*
Je cherche **un endroit** tranquille.	I'm looking for a quiet *place.*

Use **un truc** in familiar French to mean *a gadget, a thingamajig.*

Je cherche un **truc** pour ouvrir cette bouteille.	I'm looking for a *gadget* to open this bottle.
Il te faut un **truc** spécial.	You need a special *gadget.*,

Use **une chose** (*a thing*) for abstract nouns or ideas.

C'est **une chose** essentielle.	It's *something* essential.
Je vais vous expliquer **une chose** importante.	I'm going to explain to you *something* important.
Qui a fait **cette chose?**	Who did *that?*

EXERCICES

A. Dans les phrases suivantes, remplacez les mots en italique par des expressions d'incertitude.

    1. Je cherche *une cuillère* pour manger ma soupe. (*deux possibilités*)
    2. Elle l'a oublié *à la bibliothèque*.
    3. Robert est un *garçon* intelligent.
    4. *Deux jeunes* ont pris ma valise. (*deux possibilités*)
    5. J'ai trouvé *une idée* extraordinaire.
    6. Elles vont acheter *un cadeau* pour ton anniversaire.

B. Dans les phrases suivantes, remplacez les expressions d'incertitude en italique par des mots ou des noms précis (*precise nouns*).

    1. *Quelqu'un* a inventé le téléphone.
    2. Prêtez-moi *un truc* pour ouvrir la porte.
    3. Il m'a vendu *quelque chose à lire*.
    4. Elle m'a invitée à dîner *quelque part*.
    5. *On* a trouvé l'Amérique en 1492.
    6. Vous voulez *quelque chose à manger?*

C. Répondez aux questions suivantes.

    1. As-tu déjà rencontré quelqu'un d'important? Qui?
    2. Etes-vous allé(e) quelque part le week-end dernier?
    3. Avez-vous visité un joli endroit?
    4. As-tu fait quelque chose d'intéressant récemment?
    5. Est-ce qu'on vous a invité(e) quelque part?
    6. Est-ce que quelqu'un va passer te voir ce soir?

Section Culturelle

French People and Happiness

French people are avid readers of public opinion polls (**les sondages d'opinion**). These appear regularly in French newspapers and magazines, and vary in content from the serious (national politics) to the frivolous (reactions to ''Dallas'' in *Paris Match*). French people are so easily affected by them that it is now forbidden to publish political polls immediately before an election.

To find out about happiness, a French institute gave forty-five minute interviews to 1,053 people aged thirteen and above. Almost everyone claimed to be happy; those who were not gave a specific reason, such as depression, illness, or the death of a loved one. When asked who they thought was the happiest person, most chose Georges Brassens, a folk singer and poet who celebrated love and liberty.

Le Bonheur° et les Français

Sont-ils heureux? Une question compliquée. Et une réponse simple: oui, les Français sont heureux. Selon° un sondage d'opinion, la santé° est la principale source de bonheur, et neuf Français sur° dix pensent que les gens les plus heureux sont les médecins, parce qu'ils tiennent les clés de la santé. Les médias donnent une place de plus en plus° importante aux problèmes de santé, et cela contribue à augmenter° l'inquiétude° des gens.

L'amour° suit immédiatement la santé sur la liste des éléments indispensables au bonheur. En troisième et quatrième positions viennent la liberté et la famille. Ces quatre critères° sont les seuls choisis par au moins° trois Français sur quatre. L'argent tient seulement le septième rang° et ne semble pas intéresser plus de la moitié° des gens.

Ces affirmations sont le fait° des classes riches car l'argent garde° une très grande importance parmi° les ouvriers.° Ils ont choisi l'argent et le travail avant la liberté, un luxe° pour eux. Il est étonnant° que la vie spirituelle ne soit pas essentielle pour la majorité de la population. L'engagement pour° une cause occupe la dernière place; il est possible que les Français aient une conception individualiste du bonheur.

happiness

According to / health
out of
more and more
increase / anxiety
Love

criteria / at least
rank / half
fact / occupies
among / workers / luxury
surprising
commitment to

However / truly
Some people
Furthermore / to admit
abnormal / maladjusted

questioned / confident
favored / right

Cependant,° quand quelqu'un pense être heureux, est-ce qu'il est vraiment° heureux? Certains° affirment que non. Selon eux, puisque les gens aspirent au bonheur, ils ont l'impression d'être heureux. De plus° avouer° qu'on est malheureux, c'est passer pour être anormal° ou stupide, et personne ne veut être inadapté.°

Enfin, la majorité des Français pensent que les autres sont moins heureux qu'eux. Interrogés° sur l'avenir, les Français sont confiants°; ils sont certains d'habiter un pays favorisé.° Pour eux, espérer n'est pas seulement un besoin, c'est un droit.°

obtain

know

consider themselves
knowledge / educated

faith

luck

Le Bonheur: qu'est-ce que c'est?

Qu'est-ce qui, à votre avis, est essentiel pour procurer° le bonheur?

La santé.................................	90,4%
L'amour..................................	80
La liberté................................	75,1
La famille	73,5
La justice et l'égalité	66
Le travail................................	62,7
L'argent.................................	52,5
La sécurité	51,1
Les plaisirs de la vie et vos centres d'intérêt	49,8
Le savoir,° être instruit,° cultivé..............	45,4
Le confort................................	40,2
Le succès personnel.......................	33,8
La vie spirituelle, la foi°	33,2
La chance°	32,5
L'engagement pour une cause	24

Etes-vous heureux?

D'une manière générale, est-ce que vous êtes

Très heureux	28,6%
Assez heureux............................	63,6
Malheureux	4,6
Ne sait° pas	3,2

Et Les Autres Français?

A votre avis, les Français, dans leur majorité, se considèrent-ils° comme

Heureux...................................	36,6%
Malheureux	18,4
Ni l'un ni l'autre.........................	35,7
Ne sait pas	9,3

Adapté d'un article de l'*Express*, no. 1367

QUESTIONS SUR LE TEXTE

1. En général, est-ce que les Français sont heureux?
2. Quelle est la principale source de bonheur pour eux?
3. Qu'est-ce qu'ils placent en deuxième position? en troisième? en quatrième?
4. Pour qui est-ce que l'argent est très important?
5. Pourquoi est-ce que l'engagement pour une cause n'est pas important?
6. Pourquoi les Français ne veulent-ils pas être malheureux?
7. Est-ce que les Français considèrent l'avenir avec optimisme ou pessimisme?
8. Et pour vous, le bonheur, qu'est-ce que c'est?

OBJECTIVES: shopping in France / the French monetary system / French people's attitudes towards allowances for children

vowel sounds /ø/ and /œ/ / **boire, recevoir** and **devoir** / irregular verbs in the subjunctive / negative expressions

15

A La Charcuterie°

Mme Neveu doit° préparer un dîner pour quatre personnes. Elle entre dans une charcuterie pour acheter le hors d'œuvre° et le plat principal.

LE CHARCUTIER°	Bonjour Madame, qu'est-ce que vous désirez aujourd'hui?
MME NEVEU	Nous recevons° des amis ce soir et il faut que je fasse° quelque chose de bon. Vous n'avez plus° de pâté de foie?°
LE CHARCUTIER	Si,° voulez-vous que j'aille° le chercher?
MME NEVEU	Oui, et il faut que je prenne° aussi du jambon de Bayonne.° Je n'ai rien° comme viande!
LA CHARCUTIÈRE°	Nous vous recommandons° les cailles° toutes préparées; vous devriez° les essayer.°
MME NEVEU	Je n'ai jamais° servi de cailles; j'ai peur que cela ne soit pas suffisant.° Donnez-moi donc° huit tranches° de jambon et cinq cents grammes° de pâté.
LE CHARCUTIER	Voilà, Madame!
MME NEVEU	Combien je vous dois?°
LA CHARCUTIÈRE	Cent deux francs.

Mots clés

Vocabulaire du dialogue

la charcuterie   pork-butcher's shop and delicatessen
doit   has to, must (**devoir**)
le hors d'œuvre   the hors d'œuvre
le plat principal   the main dish
le charcutier   the pork-butcher
recevons   are receiving (**recevoir**)
que je fasse   that I make (**faire**)
ne... plus   any more, no longer
le pâté de foie   the liver pâté
Si   Yes (*to a negative question*)
que j'aille   that I go (**aller**)
que je prenne   that I get (**prendre**)
du jambon de Bayonne   some smoked ham

ne... rien   nothing
la charcutière   the pork-butcher's wife
recommandons   recommend (**recommander**)
les cailles (*f*)   the quail
vous devriez   you ought to (**devoir**)
essayer   to try
ne... jamais   never
suffisant   sufficient
donc   then
la tranche   the slice
le gramme   the gram
cinq cents grammes   about a pound
je vous dois   do I owe you (**devoir**)

FAISONS CONNAISSANCE

Although supermarkets are increasingly popular in France, many people continue to buy food at specialty stores. The **charcuterie** depicted in this dialogue specializes in pork products, such as **le jambon** (*ham*), **les saucisses** (*sausage*), and **les côtelettes et rôtis de porc** (*pork chops and roasts*). The **charcutier(-ière)** also prepares various foods that are served ready–to–eat. These would include **hors d'œuvre**, such as **la salade niçoise, les champignons à la grecque** (*Greek-style mushrooms*), and **les œufs en gelée** (*eggs in gelatin*). A **charcutier(-ière)** also prepares more elaborate dishes, which the shopper can warm up just before dinner. Some possibilities are **la choucroute** (*sauerkraut*), **les poulets rôtis** (*roast chickens*), and **le couscous** (a North African grain, vegetable, and meat dish).

DU PAIN,

DU VIN,

DU BOURSIN.

ETUDIONS LE DIALOGUE

1. Pourquoi Mme Neveu est-elle dans une charcuterie?
2. Qu'est-ce qu'elle veut servir comme hors d'œuvre?
3. Qu'est-ce qu'elle a choisi comme viande?
4. Qu'est-ce que la charcutière lui recommande?
5. Pourquoi ne veut-elle pas de cailles?
6. Combien est-ce qu'elle doit au charcutier?

Enrichissons notre vocabulaire

Qu'est-ce que vous **buvez** au **travail?**	What do you *drink at work?*
Je **bois** du café au lait.	I *drink* coffee with cream.
Qu'est-ce que vous **devez** faire ce soir? / **devriez** faire ce soir?	What do you *have* to do tonight? / *should* you do tonight?
Je **dois** étudier. / Je **devrais** étudier.	I *have* to study. / I *should* study.
Est-ce que ton thé est très chaud?	Is your tea very hot?
Oui, il faut **que je boive lentement.**	Yes, *I must drink slowly.*
Est-il possible **que vous receviez** le **coup de téléphone** aujourd'hui? / votre **courrier** aujourd'hui?	Is it possible *that you will get* the *phone call* today? / your *mail* today?
Oui, mais il est possible **que je le reçoive** demain.	Yes, but it's possible *that I will get* it tomorrow.
Elle fait encore des **fautes?**	Does she still make *mistakes?*
Non, elle ne fait plus de fautes!	No, she *doesn't* make mistakes *anymore!*
Qu'est-ce que vous **commandez** au restaurant?	What do you *order* in a restaurant?
Je commande toujours du **poisson** mais je ne prends jamais de viande.	I always order *fish* but I never have meat.

Mots clés

boire to drink	**la faute** the mistake
commander to order	**lentement** slowly
le coup de téléphone the phone call	**le poisson** the fish
le courrier the mail	**le travail** the work

Prononciation

The Vowel Sounds /ø/ and /œ/

The third pair of mid-vowels in French is /ø/ and /œ/. The /ø/ sound is pronounced with the mouth mostly closed, the tongue forward, and the lips rounded. It is represented by the letters *eu,* and occurs in words such as **bleu** and **heureux.** The unaccented *e* in words such as **je, ne, ce,** and **que** approximates this sound.

You will notice that the /ø/ sound occurs when it is the last sound in a syllable. If the syllable ends in a consonant, you must pronounce the /œ/ sound by opening your mouth slightly. The /œ/ sound is also written *eu,* but it occurs only before a pronounced consonant, in words such as **leur, veulent,** and **neuf.**

Repeat the following words after your teacher.

/ø/	/œ/
bleu	beurre
heureux	chauffeur
neveu	couleur
eux	heure
peu	peur
veut	veulent
peut	peuvent

There is only one exception to the above rule: when the final consonant is the /z/ sound, usually written *se,* you keep the vowel sound /ø/. In the following lists, the adjectives in the left column have the same final vowel sound as those on the right.

/ø/	/øz/
ambitieux	ambitieuse
courageux	courageuse
délicieux	délicieuse
ennuyeux	ennuyeuse
heureux	heureuse

EXERCISE

Read the following sentences aloud, distinguishing between the closed /ø/ sound and open /œ/ sound.

1. Je veux aller chez eux.
2. Elle a peur que tu ne sois pas à l'heure.
3. Ils ne peuvent pas supporter cette odeur curieuse.
4. Le facteur veut deux francs.
5. Le docteur peut venir à deux heures vingt-deux.
6. Ma sœur est ambitieuse et studieuse.
7. Les jeunes professeurs aiment les idées neuves.
8. Il pleut, mais nous avons des pneus neufs.

Grammaire

I. **Boire, recevoir,** and **devoir**

Three irregular French verbs that have similar conjugations are **boire, recevoir,** and **devoir.**

présent		
boire *to drink*	**recevoir** *to receive*	**devoir** *must, to have to, to be supposed to, to owe*
je bois	je reçois	je dois
tu bois	tu reçois	tu dois
il boit	elle reçoit	il doit
nous buvons	nous recevons	nous devons
vous buvez	vous recevez	vous devez
ils boivent	ils reçoivent	ils doivent
passé composé		
j'ai bu	tu as reçu	il a dû
imparfait		
nous buvions	vous receviez	elles devaient

Buvez-vous du café?	Do you *drink* coffee?
Ils **ont bu** trois bières.	They *drank* three beers.
Il ne **reçoit** pas beaucoup de courrier.	He doesn't *get* much mail.
Nous allons **recevoir** des amis samedi.	We're going *to have* friends *over* on Saturday.

Devoir, followed by an infinitive, has several possible meanings in English.

Je **dois aller** chez le dentiste.	I *have to* / *am supposed to* go to the dentist's.
Elle **a dû partir** de bonne heure.	She *had to leave* / *must have left* early.
Nous **devions prendre** le train.	We *were supposed to take* the train.

Devoir, followed by a noun, means *to owe.*

Jacques **me doit vingt francs.**	Jacques *owes me twenty francs.*

ATTENTION

Devoir is frequently used in the conditional tense to give advice, in which case it means *should* or *ought to*.

> Je **devrais** téléphoner à ma mère.   I *ought* to call my mother.
>
> Vous **ne devriez pas** faire cela.   You *shouldn't* do that.

Devoir plus a verb in the infinitive can replace the expression **il faut que** plus a verb in the subjunctive.

> **Il faut que** tu réussisses à cet examen. → *Tu dois* réussir à cet examen.

Pratiquons

A. Dans les phrases suivantes, remplacez les mots en italique par les pronoms donnés.

1. *Elle* boit du thé.   (Nous, Tu, Je, On, Vous, Ils)
2. *Je* ne reçois pas de lettres.   (Vous, On, Tu, Nous, Elles, Il)
3. *Nous* devons étudier ce soir.   (Elle, Je, On, Vous, Tu, Elles)

B. Mettez les phrases suivantes au temps (*tense*) indiqué entre parenthèses.

1. Elle boit du vin avec ses repas.   (*imparfait*)
2. Nous avons reçu un coup de téléphone.   (*futur proche*)
3. Vous devez rester deux heures.   (*passé composé*)
4. Je lui dois de l'argent.   (*futur proche*)
5. Les enfants boivent beaucoup de lait.   (*passé composé*)
6. Elles reçoivent plusieurs amis.   (*imparfait*)

C. Formez des phrases complètes avec les mots donnés.

1. Hier / elle / recevoir / lettre
2. On / boire / vin / blanc / avec / écrevisses
3. Tu / devoir / obéir / parents
4. Nous / recevoir / toujours / amis / samedi
5. Quand / elle / être / jeune / elle / boire / pas / café
6. Vous / devoir / prendre / parapluie; il / pleuvoir

D. Dans les phrases suivantes, remplacez **il faut que** par la forme correcte du verbe **devoir.**

1. Il faut que je parte maintenant.
2. Il faut que tu sois en classe à trois heures.
3. Il faut que les enfants restent à la maison.
4. Il faut que nous ayons de la patience.
5. Il faut que Pierre choisisse le vin.
6. Il faut que vous vendiez cette voiture.

E. Refaites les phrases suivantes, en employant les mots entre parenthèses.

  1. Je ne reçois pas beaucoup de courrier. (Hier…)
  2. Elles ont dû quitter la maison à six heures. (Demain…)
  3. Ils boivent de la bière. (Il… ne… pas…)
  4. Tu reçois des cadeaux? (Quand tu étais jeune… ?)
  5. Je dois finir ce travail. (Il faut que…)
  6. Elle ne boit pas de vin. (L'année dernière… eau minérale.)

Parlons

A. Qu'est-ce qu'on boit traditionnellement dans les pays suivants?

thé	bière
vodka (*f*)	café
vin	Coca-Cola (*m*)

  1. En France, on…
  2. En Amérique, nous…
  3. En Angleterre, on…
  4. En URSS, les Russes…
  5. En Allemagne, ils…
  6. Au Brésil, on…

B. Quel(s) cadeau(x) avez-vous reçu(s) pour Noël? pour votre anniversaire? pour une autre fête? et votre petit(e) ami(e)? et vos parents?

C. Qu'est-ce que vous devriez faire dans les situations suivantes?

MODÈLE: Vous avez un examen demain.
   Je devrais étudier les verbes.

  1. Il pleut beaucoup.
  2. Votre camarade de chambre est très désolé(e).
  3. Tu dois beaucoup d'argent à un(e) ami(e).
  4. Vous avez trop bu et votre mère est là quand vous rentrez.
  5. Tu as perdu ton portefeuille.
  6. Vous êtes fatigué(e).

D. Séparez-vous en petits groupes et posez (*ask*) les questions suivantes: «Qu'est-ce que tu dois faire ce soir?» «avant le week-end?» «l'été prochain?» Choisissez un membre de chaque groupe pour informer la classe des résultats (*results*).

E. Répondez aux questions suivantes.

  1. Qu'est-ce que vous aimez boire le matin?
  2. Qu'est-ce que tu bois quand tu manges de la viande?
  3. De qui avez-vous reçu une lettre cette semaine?
  4. Aimes-tu recevoir des amis chez toi ou aimes-tu mieux sortir?
  5. A qui devez-vous de l'argent?
  6. As-tu dû étudier hier soir?

II. Irregular Subjunctive Verbs

A. Verbs with Two Subjunctive Stems

In addition to **avoir** and **être,** several other French verbs are irregular in the subjunctive. Some use both the first- and third-person plural forms of the present indicative to form two different subjunctive stems, one for first- and second-person plurals and one for the other persons.

Nous **pren**ons → que nous **pren**ions; ils **prenn**ent → qu'ils **prenn**ent

prendre stems: prenn-, pren-		recevoir stems: reçoiv-, recev-	
que je prenne	que nous prenions	que je reçoive	que nous recevions
que tu prennes	que vous preniez	que tu reçoives	que vous receviez
qu'il prenne	qu'ils prennent	qu'elle reçoive	qu'elles reçoivent

voir stems: voi-, voy-		venir stems: vienn-, ven-	
que je voie	que nous voyions	que je vienne	que nous venions
que tu voies	que vous voyiez	que tu viennes	que vous veniez
qu'il voie	qu'ils voient	qu'elle vienne	qu'elles viennent

* Note that the endings are the same for all subjunctive verbs.

Boire and **devoir** are conjugated like **recevoir. Tenir** is conjugated like **venir.**

Il est possible qu'elle **vienne** seule.	She may *come* alone.
Il vaut mieux qu'on **boive** du vin blanc.	We'd better *drink* white wine.

aller stems: aill-, all-		vouloir stems: veuill-, voul-	
que j'aille	que nous allions	que je veuille	que nous voulions
que tu ailles	que vous alliez	que tu veuilles	que vous vouliez
qu'il aille	qu'ils aillent	qu'il veuille	qu'ils veuillent

* Note that **aller** and **vouloir** take one subjunctive stem from the **nous** form of the present indicative. The other subjunctive stem is irregular.

Est-ce qu'il faut que vous **alliez** à l'université ce matin?	Do you have to *go* to the university this morning?
Non, il faut que j'**aille** à la banque.	No, I must *go* to the bank.
Il se peut qu'ils **veuillent** sortir ce soir.	They may *want* to go out tonight.

B. Verbs with One Irregular Subjunctive Stem

Several other verbs have only one subjunctive stem, which is irregular.

faire	fass-
que je fasse	que nous fassions
que tu fasses	que vous fassiez
qu'il / elle fasse	qu'ils / elles fassent

Also: **pouvoir:**   que je puisse / que nous puissions
        suivre: que je suive / que nous suivions

 ATTENTION

1. The expression **il faut** becomes **il a fallu** in the past and **il va falloir** in the future.

> **Il a fallu** que je prenne l'avion.   I *had to* take the plane.
> **Il va falloir** que tu fasses la   You're *going to have* to do the
> vaisselle.   dishes.

2. The subjunctive form of **il pleut** is **qu'il pleuve.**

Pratiquons

A. Remplacez les mots en italique par les pronoms donnés.

1. Je doute qu'*elle* puisse venir.   (tu, il, nous, on, elles, vous)
2. Il est possible que *nous* allions en France.   (je, vous, on, tu, ils, elle)
3. J'ai peur que *tu* ne veuilles pas venir.   (vous, on, nous, elle, ils, elles)

B. Remplacez les mots en italique avec les expressions données.

1. Il a fallu que nous *travaillions beaucoup.*   (faire le ménage, aller à la charcuterie, boire de l'eau, voir ce film, retenir ces dates)
2. Elle a peur que vous *arriviez en retard.*   (vouloir rester longtemps, ne pas prendre le dernier métro, suivre trop de cours, ne pas pouvoir répondre, la voir)
3. Il va falloir qu'on *rentre.*   (aller à l'église, faire des courses, recevoir ces gens, prendre l'avion, être en avance)

C. Complétez les phrases suivantes avec les verbes donnés.

1. Je voudrais que vous _____ (prendre) des vacances.
2. Il est peu probable qu'il _____ (aller) à la bibliothèque.
3. Il ne pense pas que tu _____ (venir) me voir.
4. Ils sont sûrs que vous _____ (pouvoir) réussir.

5. Nous doutons qu'il _____ (pleuvoir).
6. Il est possible que je _____ (devoir) revenir demain.
7. Etes-vous désolé que Marc ne _____ (suivre) pas votre cours?
8. Je pense que vous _____ (avoir) une bonne idée.

D. Refaites les phrases suivantes en employant les mots entre parenthèses.

1. Elle est certaine que vous buvez trop. (Elles ne...)
2. J'avais peur que vous vouliez partir. (Nous... tu...)
3. Demain, il va falloir que nous voyions le médecin. (Hier... je...)
4. Monique ne pense pas que vous fassiez vos devoirs. (Monique pense...)
5. Il est probable qu'ils vont en Europe. (... peu probable...)
6. Vous doutez qu'ils veuillent m'inviter? (Tu... pouvoir...)

E. Formez des phrases en utilisant des expressions dans les colonnes données.

MODÈLE: Je doute qu'il fasse la cuisine.

Il est possible	suivre un cours de français
Il est sûr	tenir à des photos de famille
Je doute	vouloir aller au concert
Elles ne pensent pas	faire la cuisine
Il faut	avoir mal aux dents
Il vaut mieux	prendre l'avion
Je pense	voir un film anglais
As-tu peur	devoir de l'argent à la banque
Etes-vous content	recevoir des amis
	boire du Coca-Cola

Parlons

A. Indiquez le degré de certitude des situations suivantes. certain? possible? peu probable? impossible?

MODÈLE: Il pleut ce soir.
          Il est possible qu'il pleuve ce soir.

1. Je réussis à mon examen de français.
2. Je vais en Europe cet été.
3. Je suis un cours d'anthropologie le trimestre prochain.
4. Nous avons un bon professeur le trimestre prochain.
5. Les étudiants sont contents à la fin de ce cours.
6. Je deviens professeur de lycée.
7. Je bois trop de bière.
8. Nous voulons aller en classe samedi.
9. Mes amis peuvent me prêter une voiture.
10. Mon professeur fait très bien la cuisine.

B. Faites les prévisions de la météo (*weather report*) en utilisant des éléments dans les quatre colonnes.

Cet après-midi	il est possible		faire beau
Ce soir	il est probable		faire mauvais
Demain	je doute	que	faire chaud / froid
Ce week-end	il est certain		pleuvoir
	je pense		faire du vent
	je ne pense pas		neiger

C. Qu'est-ce que vous regrettez dans la vie? Choisissez vos réponses dans la liste suivante, ou exprimez vos propres regrets (*express your own regrets*).

MODÈLE: Mes professeurs sont sévères.
Je regrette que mes professeurs soient sévères.

1. Mes notes sont mauvaises.
2. Le professeur donne beaucoup de travail.
3. Mon voisin reçoit trop d'amis.
4. Mon (Ma) camarade de chambre ne fait pas le ménage.
5. L'université n'a pas de films français.
6. On doit passer des examens.
7. Il pleut aujourd'hui.
8. Notre classe ne va pas au laboratoire tous les jours.
9. Mon (Ma) camarade de chambre ne prend pas de bain.
10. La banque ne veut pas me prêter d'argent.

D. Qu'est-ce qu'il faut que le professeur fasse?

MODÈLE: donner de bonnes notes
Il faut que vous donniez de bonnes notes.

être patient(e)	avoir du tact
expliquer la leçon	aller plus lentement
pouvoir nous comprendre	recevoir des étudiants chez vous
faire de bons cours	prendre des vacances

E. Répondez aux questions suivantes.

1. Est-il important que vous suiviez des cours de français?
2. Pensez-vous qu'on voie de bons films à la télévision? de bonnes émissions?
3. Est-il nécessaire que tu ailles en classe tous les jours?
4. Est-il possible que vous vouliez travailler pendant les vacances?
5. Est-il possible que tes amis aillent au cinéma sans toi?
6. A quel âge pensez-vous qu'on doive pouvoir boire de l'alcool?

III. Negatives

You already know the general negative expression in French, **ne... pas,** which always surrounds the conjugated verb.

AU PRÉSENT: Elle **ne vient pas** avec nous. | She *isn't coming* with us.

AU PASSÉ: Robert **n'a pas fait** la vaisselle. | Robert *didn't do* the dishes.

AU FUTUR: Je **ne vais pas** prendre mon parapluie. | I'm *not going to* take my umbrella.

There are several other negative expressions in French. Like **ne... pas,** they also surround the conjugated verb.

Il **ne** va **jamais** en classe. | He *never* goes to class. / He *doesn't ever* go to class.

Je n'ai **plus** de patience. | I *don't* have *any more* patience.

Il n'a **rien** fait. | He did *nothing*. / He did*n't* do *anything*.

Il n'y a **personne** ici. | *No one's* here. / There's *nobody* here.

Elle n'a **que** deux dollars. | She has *only* two dollars.

The negative **ne... personne** surrounds the helping verb and the past participle in the **passé composé**. It surrounds the conjugated verb and the infinitive with double verbs.

Nous n'avons vu **personne.** | We saw *no one*. / We did*n't* see *anyone*.

Elle **ne** va inviter **personne.** | She is*n't* going to invite *anyone*.

Je **ne** veux oublier **personne.** | I do*n't* want to forget *anyone*.

The **que** of **ne... que** immediately precedes the noun it modifies.

Je n'ai **pas** de stylo; je n'ai **qu'**un crayon. | I do*n't* have a pen; I *only* have a pencil.

Elles n'ont vu **qu'**un film français. | They saw *only* one French film.

Two negatives can be the subject of a sentence. The **ne** remains.

Rien n'est arrivé. | *Nothing* happened.

Personne n'est venu. | *No one* came.

Three negative expressions can be used alone.

Vous allez au restaurant universitaire?—**Jamais!** | Are you going to the university restaurant?—*never!*

Qui vous a invité? —**Personne!** | Who invited you? —*Nobody!*

Qu'est-ce qu'il a reçu pour son anniversaire? —**Rien.** | What did he get for his birthday? —*Nothing*.

 *Mots clés*

  Negative expressions

ne... jamais never, not ever	**ne... personne** no one, nobody, not
ne... plus no longer, no more, not	anyone
any more	**ne... que** only
ne... rien nothing, not anything	

ATTENTION

1. Remember that the non-definite (indefinite and partitive) articles all become **de** in the negative. The only exception, **ne... que,** does not require the article to change.

Ils ont toujours **de** l'argent.	They always have money.
Ils n'ont jamais **d'**argent.	They never have *any* money.
Cette charcuterie a encore **du** jambon.	This pork butcher shop still has *some* ham.
Cette charcuterie n'a plus **de** jambon.	This pork butcher shop doesn't have *any* more ham.
Je n'ai pas **de** dollars; je n'ai que **des** francs.	I don't have *any* dollars; I only have francs.

2. While it is possible to use two or more negative expressions in the same sentence, **pas** is never used with **jamais, plus, personne,** or **rien.**

Je ne vois **jamais plus personne.**	I *never* see *anyone any more.*
Elle ne mange **plus rien** le matin.	She doesn't eat *anything any more* in the morning.

Pratiquons

A. Mettez les phrases suivantes à la forme négative.

1. Je vais toujours à l'église le dimanche.
2. Nous avons encore du temps.
3. J'ai perdu quelque chose.
4. Elle a rencontré quelqu'un à Moscou.
5. Je vais acheter quelque chose pour son anniversaire.
6. Les étudiants aiment toujours les classes.
7. Quelqu'un a sonné.
8. Je veux encore de l'eau minérale.

B. Mettez les phrases suivantes à la forme affirmative.

1. Nous ne sommes jamais allés au Mexique.
2. Je n'ai rien entendu.
3. Il n'y avait personne à la maison.
4. Vous n'êtes plus fatigué?
5. Il ne veut rien faire.
6. Nous ne pouvons jamais les comprendre.
7. Elle ne voit plus son petit ami.
8. Personne n'a réussi à l'examen.

C. Mettez les phrases suivantes au passé composé.

1. Elle n'a que des problèmes.
2. Ils ne vont plus à la plage.
3. Je ne sors jamais pendant la semaine.
4. Je ne vois personne dans la rue.
5. Tu ne fais rien samedi.
'6. Jacques ne passe qu'un an en Angleterre.

D. Répondez négativement aux questions suivantes.

1. Qui est venu te chercher?
2. Qu'est-ce qu'ils ont fait hier?
3. Quand buvez-vous du vin?
4. Est-ce qu'ils ont encore du travail?
5. Qui est-ce que vous allez choisir?
6. Qui est-ce qui est tombé?

E. Ajoutez (*Add*) **ne... que** aux phrases suivantes.

1. Je mange des légumes.
2. Il veut acheter une voiture.
3. Ils ont fait des fautes.
4. Nous aimons la musique classique.
5. Il parle avec son frère.
6. Elles vont pouvoir trouver de mauvais restaurants.

Parlons

A. Qu'est-ce que vous faites **souvent** ou de **temps en temps** (*from time to time*), et qu'est-ce que vous ne faites **jamais?**

MODÈLE: aller à l'église → *Je vais souvent à l'église.*
        étudier le samedi soir → *Je n'étudie jamais le samedi soir.*
        manger du poisson → *Je mange du poisson de temps en temps.*

avoir faim l'après-midi
oublier un examen
boire de l'alcool
fumer des cigarettes
sortir avec un footballeur

regarder la télévision
écouter de la musique classique
faire du sport
piloter un avion
perdre mon temps

B. Expliquez comment la vie a changé pour vous, pour votre famille, pour vos amis et pour votre pays. Qu'est-ce qu'on ne fait plus?

MODÈLE: vous: regarder la télévision le samedi matin
Je ne regarde plus la télévision le samedi matin.

vous

dormir l'après-midi
aimer...
attendre le Père Noël
vendre des journaux
obéir / désobéir à mes parents
... ?

vos amis

me téléphoner
venir me voir
répondre à mes lettres
vouloir aller danser
habiter près de chez moi
... ?

vos parents

aller en vacances tous les ans
aller au cinéma
recevoir mes amis
m'embrasser
jouer avec moi
... ?

les gens

pouvoir supporter les autres
trouver du calme
avoir de la patience
aimer travailler
apprécier la nature
... ?

C. Pour être snob, il ne faut faire ou utiliser que certaines choses. Qu'est-ce qu'on doit faire dans les situations suivantes?

MODÈLE: servir / vin... → *On ne sert que du vin français.*

porter / jeans...
porter / chaussures...
porter / vêtements...
aimer les... (autos)

sortir avec...
fréquenter / restaurant...
passer / vacances à...
faire mes courses à...

D. Qu'est-ce que vous refusez absolument de faire? Répondez aux questions suivantes.

MODÈLE: Vous habitez avec quelqu'un?   *Non, je n'habite avec personne.*
Tu parles souvent italien?   *Non, je ne parle jamais italien.*

1. Vous allez au concert?
2. Tu invites des gens au restaurant?
3. Vous étudiez le week-end?
4. Vous donnez quelque chose au professeur?
5. Tu attends quelqu'un longtemps?
6. Vous détestez quelqu'un?
7. Tu expliques tes actions à quelqu'un?
8. Vous prêtez quelque chose à quelqu'un?

E. Répondez aux questions suivantes.

1. Arrivez-vous souvent en classe en retard?
2. Quand est-ce que vous ne faites rien?
3. Quand est-ce que tu ne veux voir personne?
4. Qu'est-ce que tu n'as jamais fait?
5. Est-ce que quelqu'un t'a téléphoné ce matin?
6. Est-ce que quelque chose vous est arrivé aujourd'hui?

Communiquons

L'ARGENT (*Money*)

The monetary system in France is based on the **franc.** Francs are available as bills (**billets de banque**) in ten, fifty, one hundred, two hundred, and five hundred denominations and as coins (**pièces**) in one, two, five, and ten denominations. **Centimes** are available only as coins in five, ten, twenty, and fifty denominations; there are one hundred **centimes** in a **franc.** The exchange rate has fluctuated wildly, in recent years, between four and nine **francs** to the U.S. dollar. Belgian and Swiss currency is also called "**franc,**" but their values are different from that of the French **franc:** a Belgian **franc** is worth about two cents, a Swiss about fifty cents.

It is possible to obtain French currency in exchange for dollars at large banks in many American cities. French **francs** are also available in traveler's checks (**les chèques de voyage**), but most French stores will not accept them. The most advantageous way of changing money in France is at a bank. After hours, you can find currency exchanges (**les bureaux de change**) at airports and large train stations. Many hotels and restaurants will change money, but at lower rates.

In 1960, a U.S. dollar was worth about five hundred French **francs.** The French government finally devalued them so one hundred **anciens francs** became one **nouveau franc.** Because most French people, including storekeepers, still use the old system, you may have to divide a quoted price by one hundred. Printed prices must be in **nouveaux francs.**

Another monetary term you hear in France is **sou.** The **Québécois** use **sou** to mean *one cent.* Although this unit of currency has not been commonly used for generations, it still exists in several expressions: **avoir de gros sous,** *to be rich,* **être près de ses sous,** *to be stingy,* **ne pas avoir le sou,** *to be broke.*

Vocabulaire utile

la monnaie   *change*
rendre la monnaie   *to give back change*
faire de la monnaie   *to make change*
garder la monnaie   *to keep the change*

Combien coûte... / C'est... ?
Combien... ? / Quel est le prix... ? } *How much is . . . ?*

dépenser   *to spend*
économiser   *to save*
gaspiller   *to waste*
l'argent de poche   *allowance*

Il rend la monnaie.

Langage familier (*slang*)
le fric   *money*
cent balles   *a franc*
être fauché, être à sec   *to be broke*

Quelques prix (*some prices*)
0,75 soixante quinze centimes
1,50 un franc cinquante
3,10 trois francs dix

QUESTIONS

1. A combien est-ce qu'on change le franc aujourd'hui?
2. Combien d'argent de poche avez-vous chaque semaine?
3. As-tu de la monnaie pour un dollar maintenant?
4. Economisez-vous de l'argent en ce moment? Pourquoi?
5. Aimes-tu gaspiller de l'argent? Quand?
6. Est-ce que tu es fauché(e)? Pourquoi?
7. Dans ta ville, combien coûte un journal? l'autobus? le cinéma?
8. Vous êtes sorti(e) hier soir à Paris et vous avez dépensé beaucoup d'argent. Calculez les prix suivants en dollars: taxi 47F, dîner 175F, théâtre 120F, boîte de nuit 250F, hôtel 320F.

Section culturelle

Allowances for Children

Like Americans, French people have varying opinions when it comes to giving children an allowance. Some feel that it is a way to establish good habits early: the child receives a fixed sum and must learn to budget it wisely. Others prefer that their children ask directly for things they want; this allows parents to exercise more control over what children acquire.

A recent poll in France shows that the two things children are most likely to pay for out of their own money are birthday gifts for their parents and candy. The things French parents are most likely to pay for are trips to the movies or to a swimming pool.

Attitudes about childhood differ greatly. Some people see it as a period of life to enjoy for its own sake; others see it simply as a time of preparation for adulthood.

This article, adapted from *L'Express,* reports on a poll taken to determine why French children receive an allowance, and how much they receive.

L'Argent de poche°

Pour certains,° on utilise l'argent de poche pour mesurer° l'affection des parents, et pour d'autres, leur laisser-faire.° C'est une indication de l'autonomie d'un enfant ou de sa mauvaise éducation,° de sa capacité à tenir un budget ou de pouvoir régner° sur ses copains.° Pour les enfants, c'est toujours «Quelqu'un dans ma classe reçoit cent francs par° mois, moi je ne reçois pas autant.»°

Beaucoup d'enfants entre six et quatorze ans reçoivent de l'argent de poche régulièrement. Les différences entre les sommes° viennent souvent des différences entre les revenus° des parents. Les cadres supérieurs° donnent d'habitude° plus que les agriculteurs° ou les ouvriers.° On donne plus en ville et moins à la campagne.

Allowance

For some, / to measure
permissiveness

upbringing / rule / pals

each

as much

amounts

income / upper management /
   usually / farmers
workers

slip / hand / grandchildren

godfathers / godmothers / gifts

this / either . . . or . . .

to soften / spoil
percent

deserve

needs

candy

wash

For the most part, / to earn

Les grands-mères glissent° une pièce dans la main° de leurs petits-enfants,° le di-manche; les parrains° et marraines° donnent des étrennes.° Les parents donnent un sou pour ceci° et un sou pour cela. Ils donnent quand l'enfant demande, ou° chaque semaine ou° jamais. Cette anarchie laisse les enfants perplexes: ils n'aiment pas les différences.

Est-ce qu'il faut donner de l'argent de poche aux enfants? Combien? Quand? Les parents hésitent entre le désir d'adoucir° la vie de leurs enfants et la peur de la «gâter,»° et il résulte trois attitudes: 44% (pour cent°) ne donnent rien, 36% donnent de temps en temps et 20% donnent une somme fixe chaque semaine.

Pour les parents traditionnels, «un sou est un sou,» et il faut le mériter.° Pour les parents modernes, un enfant doit pouvoir acheter quelque chose d'inutile et apprendre à économiser et à dépenser son argent. Quand les parents ne pensent pas qu'on doive donner de l'argent de poche aux enfants, ils utilisent les mêmes excuses: «Mon enfant n'a besoin de° rien,» « Il est trop jeune» ... Même quand ils sont libéraux et donnent de l'argent de poche à leurs enfants, les parents veulent exercer un contrôle: «Voilà dix francs, mais ne dépense pas plus de trois francs pour des bonbons.°»

Souvent, après l'école ou le week-end, certains enfants essayent de travailler un peu: ils lavent° des voitures, vendent des gâteaux ou gardent des enfants le soir. Ils font cela parce qu'ils veulent avoir de l'argent de poche, mais ne pensent pas que leurs parents doivent le leur donner. Pour la plupart,° ils veulent le gagner.°

Adapté d'un article de l'*Express*, no. 1433

QUESTIONS SUR LE TEXTE

1. Qu'est-ce que l'argent de poche peut indiquer?
2. Comment expliquez-vous les différences entre les sommes données par les parents?
3. Qui donne de l'argent aux enfants?
4. Combien de parents ne donnent rien aux enfants?
5. Expliquez l'expression «Un sou est un sou.»
6. Quelles excuses les parents utilisent-ils pour ne rien donner aux enfants?
7. Pourquoi certains enfants travaillent-ils après l'école?
8. Quelle sorte de travail font-ils?

QUESTIONS FACULTATIVES

1. Recevez-vous de l'argent de poche?
2. Depuis quand reçois-tu de l'argent de tes parents?
3. Allez-vous donner de l'argent à vos enfants? Combien pour un enfant de dix ans? de quinze ans?
4. Qu'est-ce que tu as fait pour gagner de l'argent quand tu étais au lycée?

A. Répondez aux questions suivantes en employant les mots entre parenthèses.

1. Avez-vous vu Monique? (Oui,... venir... hier)
2. Est-ce que vous allez nous inviter? (Oui...)
3. Pensez-vous qu'il fasse beau demain? (Non, je... pleuvoir)
4. Est-ce que vous venez me voir? (Oui,...)
5. Tu m'aimes? (Oui,...)
6. Etes-vous sûr qu'il soit fatigué? (Oui,...)
7. Est-il possible que vous partiez demain? (Non, il faut que... partir aujourd'hui)
8. Est-ce que j'ai perdu quelque chose? (Non,... rien...)
9. Est-ce que je vous ai vus au concert? (Oui,...)
10. Est-ce que tu dois aller à la bibliothèque? (Non, il faut que... aller en classe)
11. Est-ce que je peux te téléphoner ce soir? (Non, téléphoner... demain.)
12. Qui vient de recevoir cette lettre? (Mes parents...)
13. Qui a sonné à la porte? (Personne...)
14. Que faites-vous quand vous avez soif? (... boire... bière)

B. Refaites les phrases suivantes en utilisant les mots entre parenthèses.

1. Elle part à neuf heures et elle va à la charcuterie. (Hier)
2. Je suis sûr qu'il ne veut pas venir. (... furieux...)
3. Quelque chose est arrivé. (*Mettez au négatif.*)
4. Je les vois quand ils sortent. (*Mettez au passé.*)
5. Il a attendu seulement trois minutes. (ne... que...)
6. Il ne faut pas qu'il boive d'alcool. (... devoir...)
7. Je ne pense pas qu'ils soient compétents. (*Mettez à l'affirmatif.*)
8. Nous n'allons jamais au théâtre. (*Mettez au passé.*)
9. Tu ne penses pas que nous allions en France. (Il... que je...)
10. Elle répond à la question. (*Mettez au pluriel.*)
11. Je reçois des amis. (Vous... bons...)

12. Il ne réussit jamais à ses examens.   (Nous avons peur...)
13. Je dois partir quand elle arrive.   (*Mettez au passé.*)
14. Quelqu'un a entendu quelque chose.   (Personne...)

C. Faites des phrases complètes avec les mots donnés, en faisant les changements nécessaires.

1. Paul / boire / jamais / eau
2. Tu / répondre / plus / téléphone
3. Ils / venir / hier / et / partir / demain
4. Personne / devoir / rien / mes parents
5. Il / être / peu probable / tu / voir / Jacques
6. Jeanne / vendre / jamais / livres
7. Hier / nous / descendre / en ville / avec / enfants
8. Quand / je / habiter / Québec / je / recevoir / souvent / amis
9. Elles / tenir / faire / promenade
10. Mes parents / penser pas / je / avoir / talent
11. Il / avoir / peur / arriver / en retard
12. nuit dernière / je / entendre / rien
13. Elle / mourir / année / dernier
14. Hier / il / falloir / nous / venir / tôt

D. Complétez le paragraphe suivant avec la forme correcte des verbes donnés.

La semaine dernière, Jacqueline et ses amis _____ (aller) à la plage. Quand ils _____ (partir), il _____ (faire) très froid et il _____ (falloir) qu'ils _____ (prendre) des vêtements chauds. Ce _____ (être) très tôt le matin et dans la voiture personne ne _____(parler). Après deux heures de route, il _____ (arriver) dans une petite ville. Il _____ (être) cinq heures du matin et tout le monde _____ (vouloir) continuer pour être à la plage de bonne heure. Mais Jacqueline_____(avoir) faim et elle _____(vouloir) qu'ils _____ (prendre) leur petit déjeuner immédiatement. Ils _____ (chercher) un café ou un restaurant ouvert, mais comme il _____ (être) peu probable qu'ils _____ (pouvoir) trouver quelque chose à cinq heures, ils _____ (décider) de continuer. Ils _____ (arriver) trois heures plus tard. Ils _____ (descendre) de voiture et _____ (décider) d'aller sur la plage. Seule Jacqueline n(e) _____ (vouloir) pas et il _____ (falloir) qu'elle _____ (aller) acheter un sandwich.

E. Complétez les phrases suivantes de manière logique.

1. Je ne pense pas que...
2. Il est probable que...
3. Mes parents veulent que...
4. A ma résidence, nous venons de...
5. Il ne faut pas que nous...
6. Je doute que mon professeur...
7. Hier, j'ai reçu...
8. Je suis sûr que...
9. Les Américains pensent que...
10. Il se peut que...

F. Traduisez (*Translate*) les phrases suivantes.

1. I gave you that book.
2. He received us in his new house.
3. She is going to telephone you tomorrow.
4. Nothing happened.
5. They did not sell anything.
6. You must wait for your brother.
7. We do not watch TV anymore.
8. You didn't hear anyone?
9. They never drink red wine with meat.
10. She has to go to the dentist's today.

Conversations en petits groupes

A. Interviewez un(e) camarade de classe et posez-lui les questions suivantes.

1. Que veux-tu devenir?
2. Quelle sorte de travail as-tu fait? As tu vendu quelque chose?
3. Où es-tu allé(e) le week-end passé?
4. Qu'est-ce que tu as fait?
5. Qu'est-ce que tu ne fais jamais?
6. Qui te donne ton argent de poche?

B. Que faisiez-vous avant d'aller à l'école?

jouer beaucoup?   manger beaucoup de glace?   regarder... la télévision?
être méchant(e)?   dormir l'après-midi?

C. Etes-vous connaisseur? Qu'est-ce qu'on boit... ?

avec la cuisine chinoise?   avec la cuisine italienne?   au petit déjeuner?
pour un anniversaire?   avec du bifteck?   avec du saumon?   ... ?

D. Quelle est ta réaction aux situations suivantes?

J'ai peur que	il y a un conflit international
Je ne pense pas que	Le Président va à Moscou
Je pense que	le Canada veut coloniser les Etats-Unis
	les jeunes peuvent influencer le gouvernement
	les athlètes russes ne sont pas compétitifs
	le Japon vend trop de voitures aux Etats-Unis
	le Mexique nous doit beaucoup d'argent

E. Est-ce que vous avez eu une longue journée (*a long day*)?

1. A quelle heure êtes-vous parti(e)?
2. Combien de temps êtes-vous resté(e) / avez-vous passé à l'université?
3. Qu'est-ce que vous avez fait?
4. A quelle heure êtes-vous rentré(e)?

F. Qu'est-ce que vous devriez faire?

étudier plus souvent?   téléphoner à mes parents?   dormir moins?
envoyer une lettre à des amis?   aller à l'église?   ... ?

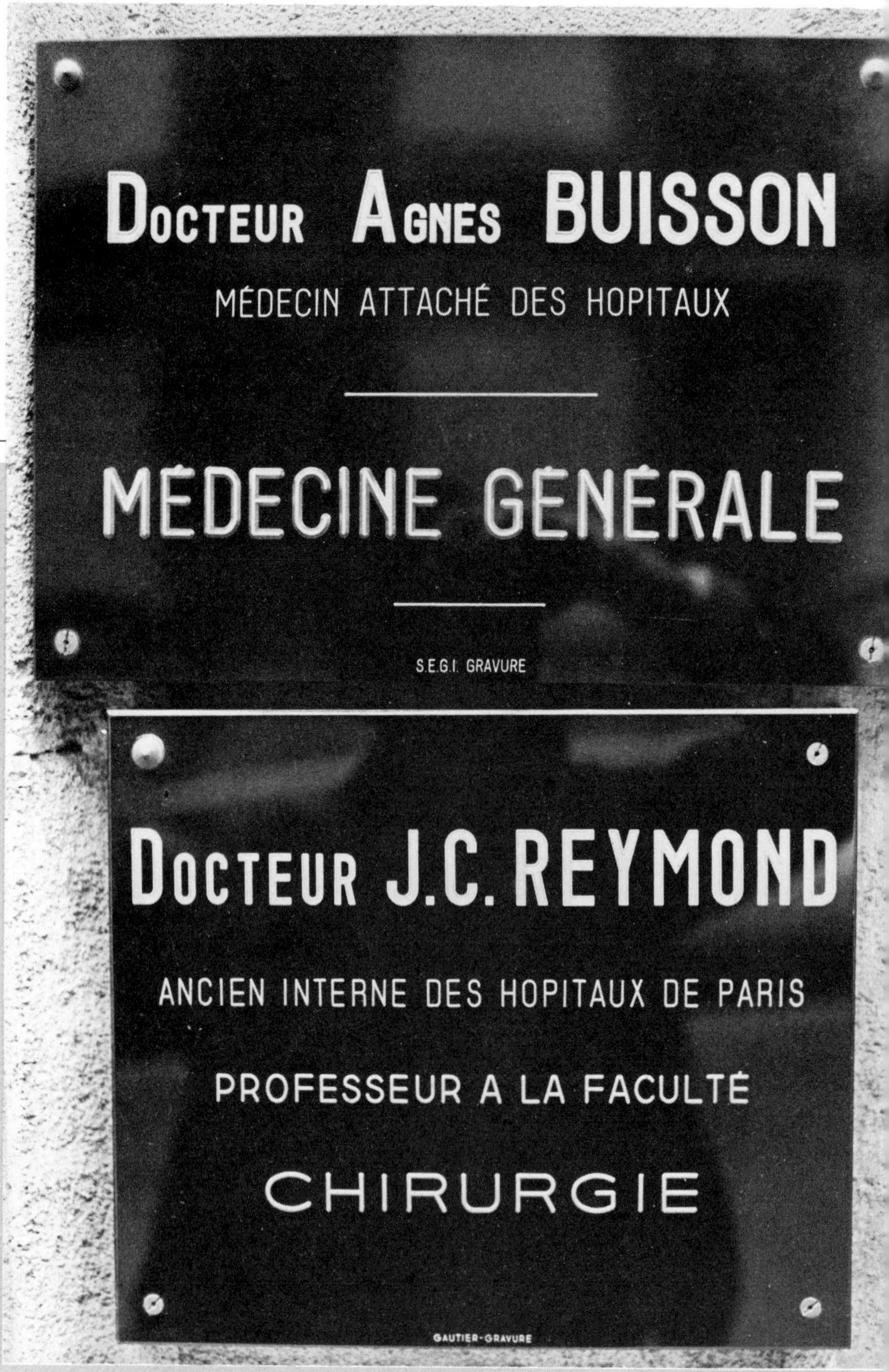

Docteur Agnes BUISSON
MÉDECIN ATTACHÉ DES HOPITAUX
MÉDECINE GÉNÉRALE
S.E.G.I. GRAVURE
Docteur J.C. REYMOND
ANCIEN INTERNE DES HOPITAUX DE PARIS
PROFESSEUR A LA FACULTÉ
CHIRURGIE
GAUTIER-GRAVURE

OBJECTIVES: medical care in France / how to seek assistance in a medical emergency / mineral water and other French medical treatments

initial and final consonant sounds / stem-changing verbs such as **espérer** and **acheter** / reflexive verbs

17

Chez le médecin

Paul Prévot va consulter son médecin car il dort mal et est très fatigué depuis deux semaines.

LE MÉDECIN Bonjour, Paul. Qu'est-ce qui ne va pas?°

PAUL Depuis quinze jours je suis très fatigué et le soir, je ne peux pas m'endormir.°

LE MÉDECIN Est-ce que vous vous couchez° de bonne heure? Est-ce que vous vous réveillez° tôt le matin?

PAUL Je me couche généralement vers° onze heures et je ne me lève jamais° avant sept heures.

LE MÉDECIN Déshabillez-vous.° Je vais vous examiner° mais je ne pense pas que ce soit sérieux.

L'examen terminé, le médecin appelle° Paul dans son bureau.

PAUL Alors docteur, est-ce que c'est grave?°

LE MÉDECIN Je ne pense pas. Il faut que vous vous reposiez° le plus possible.° Evitez° le café avant de vous coucher et ne vous inquiétez pas trop.

Mots clés

Vocabulaire du dialogue

Qu'est-ce qui ne va pas? What's wrong (**aller**)

m'endormir fall asleep (**s'endormir**)

vous vous couchez you go to bed (**se coucher**)

vous vous réveillez you wake up (**se réveiller**)

vers about, around

je ne me lève jamais I never get up (**se lever**)

Déshabillez-vous. Get undressed. (**se déshabiller**)

examiner examine

appelle calls (**appeler**)

grave serious

vous vous reposiez you get rest (**se reposer**)

le plus possible as much as possible

évitez avoid (**éviter**)

ne vous inquiétez pas don't worry (**s'inquiéter**)

FAISONS CONNAISSANCE

Medical students in France must go through rigorous training, which begins the year after high school. Admission to medical school is still fairly easy in France, but only a small proportion of first-year students passes exams and continues on to the second year. A general practitioner's training usually lasts about seven years. Like other divisions of French universities, medical schools are practically tuition-free.

Most family doctors in France still follow the tradition of making house calls. A family would never go to a hospital for an emergency—it would call the doctor. Most doctors work in their own apartments and do not have secretarial help. French citizens are reimbursed by the social security system for 80 percent of their medical expenses.

In France, many people consult pharmacists rather than doctors. A pharmacist can offer advice on minor illnesses, and sell medicines over the counter that are much stronger than those available without a prescription in this country.

ETUDIONS LE DIALOGUE

1. Pourquoi Paul Prévot va-t-il chez le médecin?
2. Combien d'heures est-ce qu'il dort?
3. Est-ce que le docteur pense que ce soit grave?
4. Est-ce qu'il examine Paul?
5. Qu'est-ce que le docteur recommande?
6. Est-ce qu'il faut que Paul boive beaucoup de café?

Enrichissons notre vocabulaire

Vous appelez le **chat?**	Are you calling the *cat?*
Non, j'appelle mon **chien.**	No, I am calling my *dog.*
Vas-tu passer la **journée** à Chamonix?	Are you going to spend the *day* in Chamonix?
Oui, **J'espère** qu'**il va y avoir** de la **neige.**	Yes. I *hope* that *there is going to be* some *snow.*
Votre sœur aime la vie **à la campagne?**	Does your sister enjoy life *in the country?*
Oui, elle **se promène** partout.	Yes, she *goes for walks* everywhere.
Qu'est-ce qu'elle fait?	What is she doing?
Ell **se lave** les **mains.**	She *is washing* her *hands.*
Suivez mes **conseils.** Ne vous couchez pas tard avant cet examen.	Take my *advice.* Don't go to bed late before this exam.
D'accord, je vais me coucher de bonne heure.	*Okay,* I'm going to go to bed early.
S'est-elle levée avant vous?	Did she get up before you?
Oui, mais je me suis couché très tard.	Yes, but I went to bed very late.

Mots clés

à la campagne in the country	**il va y avoir** there is (are) going to be
le chat the cat	**la journée** day
le chien the dog	**se laver** to wash oneself
les conseils (*m + pl*) the advice	**la main** the hand
d'accord okay	**la neige** the snow
espérer to hope	**se promener** to go for a walk

Prononciation

Initial and Final Consonant Sounds

A. Initial Consonants

If you place your hand in front of your mouth and pronounce an English word starting with the /p/, /t/, or /k/ sounds, you will feel a puff of air. This is *aspiration*, and you must avoid it in French.

Listen carefully and repeat the following pairs of words, trying to eliminate the aspiration in the French words.

English	*French*
Paul	Paul
Paris	Paris
pop	papa
peer	Pierre
two	tout
taunt	tante
car	car
course	course

B. Final Consonants

Final consonant sounds are stronger in French than in English. In French, it is very important to pronounce clearly final consonants. As you know, some grammatical distinctions depend on the presence or absence of a final consonant sound in the oral form.

GENDER: étudiant /e ty djã/, étudiante /e ty djãt/
NUMBER: il descend /dɛ sã/, ils descendent /dɛ sãd/

Repeat after your professor the following pairs of words, making the final consonant sound much stronger in French.

English	*French*
habit	habite
bees	bise
coat	côte
descend	descendent
pen	vienne
port	porte
long	longue
son	sonne

Now practice these French words, making sure to sound the final consonant.

verte	sorte	verbe	servent	heureuse	tienne	sac	rendent
porte	parte	tante	lampe	forme		dorme	fête	perdes

EXERCISE

Read the following sentences aloud, avoiding the aspiration of initial consonant sounds and stressing final ones.

1. Le professeur pose une question intéressante.
2. Patrick passe l'été dans l'appartement de sa tante.
3. Au printemps, à Paris, les terrasses des cafés sont pleines.
4. Ces pays deviennent de plus en plus pauvres.
5. Un cours de psychologie demande beaucoup de travail.
6. Brigitte part faire des courses avec Monique.
7. Ton père n'a pas trouvé ton parapluie.
8. Mme Pinton est morte?
9. Bernard porte une cravate verte.
10. Les Prévot dorment avec leurs fenêtres ouvertes.

Grammaire

I. Stem-changing Verbs

Two groups of common *-er* verbs have stem changes in the **je, tu, il,** and **ils** forms of the present indicative. These are verbs that have **é** /e/ or **e** /ə/ at the end of their stem, such as **posséder** and **acheter.**

posséder	acheter
je possède	j'achète
tu possèdes	tu achètes
il possède	elle achète
nous possédons	nous achetons
vous possédez	vous achetez
ils possèdent	elles achètent

* Note that the /e/ and /ə/ sounds change to a more open /ɛ/ sound, thus causing a change to an accent grave (**è**) before a pronounced final consonant.

préférer→je préfère /pRe fe Re→pRe fɛR/
répéter→tu répètes /Re pe te→Re pɛt/
lever→il lève /lə ve→lɛv/
appeler→elle appelle /a pə le→a pɛl/

In the present indicative, only the **nous** and **vous** forms keep the same pronunciation and spelling as the infinitive because these forms do not end in a consonant sound.

espérer→nous espérons /ɛs pe Re/→/ɛs pe Rɔ̃/
acheter→vous achetez /a ʃ te/→/a ʃte/

Mots clés

> ### Verbs conjugated like **préférer** and **acheter**
>
> | /e/ | /ə/ |
> |-----|-----|
> | **inquiéter** to worry | **lever** to raise |
> | **posséder** to own | **enlever** to take off / away |
> | **préférer** to prefer | **acheter** to buy |
> | **répéter** to repeat | **promener** to walk |
> | **sécher** (**un cours**) to cut class | **appeler** to call |
> | **espérer** to hope | |

ATTENTION

1. **Appeler** uses a double *l* instead of an **accent grave** to make the vowel sound /ɛ/ before a final consonant sound.

   j'app**ell**e, ils app**ell**ent, *but* nous appelons

2. **Espérer** never takes the subjunctive.

J'esp**è**re qu'elle **est** là.	I *hope* she is there.
Il esp**è**re que nous **allons** arriver à l'heure.	He *hopes* we *are going to* arrive on time.

Pratiquons

A. Substituez les pronoms donnés dans les phrases suivantes.

1. *Elle* répète les phrases.   (Je, Vous, On, Ils, Nous, Tu)
2. En 1978, *je* possédais une voiture.   (vous, elle, nous, tu, elles, on)
3. Il faut que *tu* appelles un médecin.   (nous, je, vous, ils, il, on)

B. Allez au tableau (*blackboard*) et conjuguez (*conjugate*) les verbes donnés selon les indications.

1. je / inquiéter (présent)	6. vous / répéter (présent)
2. tu / lever (passé composé)	7. on / sécher (passé composé)
3. nous / posséder (subjonctif)	8. elles / enlever (imparfait)
4. ils / acheter (présent)	9. tu / espérer (présent)
5. promener (impératif)	10. nous / préférer (subjonctif)

C. Substituez les expressions données dans les phrases suivantes.

1. Tu inquiètes tes parents.   (enlever ta cravate, préférer les blondes, promener ton chien, sécher tes cours, espérer être riche)
2. Elle levait la main.   (posséder une bicyclette, appeler son ami, répéter sa question, acheter un sac, espérer devenir professeur)
3. Je doute que vous répétiez bien.   (promener l'enfant, enlever la vaisselle, acheter des cigarettes, posséder du talent, préférer cela)

D. Formez des phrases avec les mots donnés.

1. Paul / acheter / livres
2. Nous / répéter / fautes
3. Il / appeler / mère
4. Je / inquiéter / parents
5. Vous / posséder / auto
6. Il faut / nous / promener / chien
7. Répéter / phrases / après moi
8. trimestre dernier / elles / sécher / jamais / cours
9. Quand / elle / être / enfant / elle / espérer / être / pilote
10. enlever / ton / imperméable

E. Refaites les phrases suivantes en employant les mots donnés.

1. Je préférais le chocolat.   (Vous…)
2. Levez la main si vous voulez répondre.   (… tu…)
3. Il est possible que nous achetions une maison.   (… probable…)
4. Elles sèchent beaucoup de classes.   (Hier, elles…)
5. Il espère qu'il fait beau.   (Nous…)
6. La grand-mère promène les enfants.   (… demain.)

Parlons

A. Etes-vous différent(e) de votre camarade de chambre?

MODÈLE: le jazz / la musique classique
          Je préfère la musique classique.
          Il (elle) préfère le jazz.

1. cinéma, théâtre, télévision
2. lait, thé, bière, vin
3. étudier, faire une promenade, aller danser
4. la plage, les montagnes, la campagne, les grandes villes
5. … ?

B. Votre famille a une semaine de vacances; qu'est-ce que vous espérez?

Nous	espérer	il va faire beau	on va rester à la maison
Moi, je		il va neiger	
Ma sœur / Mon frère		il va y avoir des cinémas	on va faire un long voyage
Mes parents		il va y avoir beaucoup de gens	mon (ma) petit(e) ami(e) va venir avec nous
		il ne va y avoir personne	on ne va pas dépenser trop d'argent
		tous nos amis vont venir	

C. Qui est-ce qu'on appelle dans les situations suivantes?

> MODÈLE: Notre mère voit un accident.
> *Elle appelle les gendarmes.*

1. Tu as mal aux dents.
2. Vos camarades et vous, vous entendez vos voisins à trois heures du matin.
3. Ton père est fatigué et il ne dort pas bien.
4. Vous étudiez mais vous ne comprenez pas la leçon.
5. Votre petit(e) ami(e) veut aller danser.
6. Quelqu'un mange au restaurant et son café est froid.

D. Trouvez quelqu'un dans la classe qui possède les choses suivantes.

> MODÈLE: un vélo → *Je possède un vélo.*
> un chien → *Marc possède un chien.*

une auto jaune	un livre de chimie
un bateau	un pantalon vert
des disques des Beatles	une photo de famille
une collection de timbres	un billet de deux dollars
une carte du monde	des chaussures rouges

E. Répondez aux questions suivantes.

1. Est-ce que l'avenir t'inquiète?
2. Aimez-vous lever la main en classe ou préférez-vous écouter?
3. Qu'est-ce que tu as acheté pour la fête de ta mère?
4. Séchez-vous souvent les cours? Quels cours préférez-vous sécher?
5. Combien d'enfants espérez-vous avoir? des garçons ou des filles?
6. Préférez-vous les grandes voitures ou les voitures économiques?

II. Reflexive Verbs: Présent and **Futur Proche**

Reflexive verbs in French describe an action that the subject performs upon itself, that is, the action *reflects* on the subject. These verbs are conjugated with a reflexive pronoun, which represents the same person as the subject. Reflexive pronouns have the same position as the other object pronouns you have learned.

se coucher	s'amuser
je **me** couche	je **m'**amuse
tu **te** couches	tu **t'**amuses
il **se** couche	elle s'amuse
nous **nous** couchons	nous **nous** amusons
vous **vous** couchez	vous **vous** amusez
ils **se** couchent	elles s'amusent

Elle **se couche** à onze heures.	She *goes to bed* at eleven.
Il **s'appelle** Paul Prévot.	*His name is* Paul Prévot.
	(*literally,* He calls himself Paul Prévot.)
Nous **nous amusons** beaucoup avec nos amis.	We *have a good time* with our friends.

＊ In the negative, the reflexive pronoun still precedes the conjugated verb.

Tu ne **te lèves** jamais avant dix heures?	You never *get up* before ten?

＊ In a *verb + infinitive* construction, the reflexive pronoun still precedes the infinitive.

J'espère que vous allez **vous dépêcher.**	I hope you're going *to hurry.*

＊ With inversion, the reflexive pronoun still precedes the conjugated verb.

Vous endormez-vous tôt?	Do you *fall asleep* early?

 ATTENTION

Reflexive pronouns must represent the same person as the subjects, even if the verbs are not conjugated.

Pour **m'**amuser, j'aime aller au cinéma.	To have a good time, *I* like to go to the movies.
Est-ce que **vous** buvez un verre de lait avant de **vous** coucher?	Do *you* have a glass of milk before going to bed?
Nous ne pouvons pas **nous** reposer avec tout ce bruit.	*We* can't rest with all that noise.

Mots clés

Reflexive verbs

s'habiller to get dressed, dress oneself	**s'inquiéter** to worry
se déshabiller to get undressed, undress oneself	**s'amuser** to have a good time
	se lever to get up
se laver to wash oneself	**se réveiller** to wake up
s'appeler to be called	**se coucher** to go to bed
se rappeler to remember	**s'endormir** to fall asleep
se promener to go for a walk	**se reposer** to rest
se dépêcher to hurry	**se détendre** to relax
se trouver to be located	

Pratiquons

A. Substituez les verbes donnés dans les phrases suivantes.

1. Je *me couche* à onze heures.   (se lever, s'endormir, se réveiller, se laver, s'habiller)
2. Nous ne *nous détendons* jamais.   (se promener, s'amuser, se dépêcher, s'inquiéter, se reposer, se laver)
3. Vous allez *vous reposer* maintenant?   (se dépêcher, se promener, s'habiller, se lever, se coucher)

B. Substituez les pronoms donnés dans les phrases suivantes.

1. *Elle* se lève tôt.   (Je, Nous, Ils, Tu, On, Vous, Il)
2. *Je* ne me rappelle pas son adresse.   (Tu, Nous, Ils, On, Vous, Elle, Il)
3. *Ils* ne peuvent pas se détendre.   (Nous, Je, Tu, On, Elle, Vous, Ils)

C. Mettez les phrases suivantes au futur proche.

1. Ils s'amusent en ville.
2. Le garçon se dépêche.
3. Nous nous reposons avant le dîner.
4. Vous endormez-vous de bonne heure?
5. Il ne se rappelle pas mon adresse.
6. Vous ne vous inquiétez pas?
7. Je ne me lève pas tôt.
8. Elles se promènent sur la plage.

D. Mettez les phrases suivantes à la forme interrogative en utilisant l'inversion.

1. Il se déshabille dans sa chambre.
2. Elle s'appelle Monique.
3. Tu te réveilles tôt.
4. Je ne peux pas me détendre.
5. Nous allons nous amuser en ville.
6. Vous vous lavez maintenant.

E. Répondez aux questions suivantes en utilisant les mots entre parenthèses.

1. A quelle heure te lèves-tu?   (… à huit heures.)
2. Vous vous lavez dans la cuisine?   (Non, nous… chambre.)
3. Je peux me reposer ce matin?   (Non… cet après-midi.)
4. Vous vous couchez tard?   (Oui, mais les enfants… tôt.)
5. Est-ce que nous allons arriver en retard?   (Non… se dépêcher.)
6. Pourquoi allez-vous vous reposer?   (Je… pour… se détendre.)

F. Où se trouvent les villes suivantes?

MODÈLE: Paris → *Paris se trouve en France.*

1. Milan	3. Trois Rivières	5. Dakar	7. Tolède
2. Lisbonne	4. Rio	6. Casablanca	8. Dublin

Parlons

A. Racontez (*tell about*) une journée typique dans votre vie. Ensuite (*next*), racontez une journée idéale. Si vous voulez, utilisez les mots de la liste et un adverbe: **à... heure(s), tôt, tard, de bonne heure.**

se réveiller	rentrer
se lever	se reposer
se laver	se déshabiller
s'habiller	se coucher
se dépêcher	s'endormir
partir pour les cours	

B. Que faites-vous pour vous amuser? vous reposer? vous endormir? vous détendre? vous réveiller?

MODÈLE: Pour me réveiller, je bois du café.

C. Quand est-ce que les gens s'inquiètent?

Je		rentrer tard
Mes parents		ne pas téléphoner
Mon (Ma) petit(e) ami(e)		oublier un anniversaire
Mon (Ma) camarade de chambre	s'inquiéter	dépenser trop d'argent
Mon professeur	quand	sécher les cours
... ?		se déshabiller dans la rue
		avoir trop de travail
		ne pas répondre aux lettres
		ne pas manger assez
		... ?

D. Comment s'appellent les personnes suivantes? Si vous n'êtes pas sûr, répondez «Je ne me rappelle pas.» Est-ce que vous pouvez inventer d'autres questions?

1. l'auteur de *Hamlet*
2. l'auteur de *Jane Eyre*
3. le héros du film *Casablanca*
4. le Président de la République Française
5. la petite amie de Superman
6. le Premier Ministre du Canada
7. le Vice Président des Etats-Unis
8. les frères Marx

E. Répondez aux questions suivantes.

1. Qui est-ce qui se trouve à ta gauche?
2. Vous inquiétez-vous souvent? Pourquoi?
3. Préférez-vous vous coucher tôt ou tard?
4. Où aimes-tu te promener?
5. Où vous trouviez-vous hier à cinq heures?
6. Quand est-ce qu'il faut que vous vous dépêchiez?

III. Reflexive Verbs (**Passé Composé** and Imperative)

A. All reflexive verbs are conjugated with **être** in the **passé composé.**

Je **me suis levé** à sept heures.	I *got up* at seven.
Il **s'est inquiété.**	He *worried.*
Tu ne **t'es** pas **couché** hier soir?	You didn't *go to bed* last night?
Vous êtes-vous déjà **lavé?**	Have you already *washed up?*

As with other **être** verbs in the **passé composé,** the past participle agrees with the subject.

Les enfants se sont bien amusé**s.**	The children had a good time.
Nous nous sommes habillé**s.**	We got dressed.
Elle ne s'est pas dépêché**e.**	She did not hurry.

B. In the imperative, the reflexive pronoun acts as a direct object, following the verb in the affirmative, preceding the verb in the negative.

Levez-vous!	*Get up!*
Dépêchons-nous!	*Let's hurry!*
Ne vous déshabillez pas maintenant!	*Don't undress* now!
Ne te couche pas trop tard!	*Don't go to bed* too late!

 ATTENTION

The pronoun **te** becomes **toi** when it *follows* the verb.

Ne **te** dépêche pas! → Dépêche-**toi!**
Ne t'habille pas bien! → Habille-**toi** bien!

Pratiquons

A. Substituez les pronoms donnés dans les phrases suivantes.

    1. *Nous* nous sommes trouvés en France l'été dernier. (Je, Vous, Elle, Ils, Tu, On)

    2. *Je* ne me suis pas reposé cet après-midi. (Nous, Elle, Tu, Vous, Ils, On)

B. Substituez les verbes donnés dans les phrases suivantes.

    1. *Réveillez*-vous! (se lever, se laver, se coucher, se reposer, s'habiller, se dépêcher)

    2. Ne *t'inquiète* pas! (se dépêcher, s'endormir, se coucher, se déshabiller, se lever, se réveiller)

C. Mettez les phrases suivantes au passé composé.

1. Ils se lèvent tôt.
2. Nous ne nous promenons jamais sur la plage.
3. Elle se repose après ses cours.
4. Je me couche de bonne heure.
5. Tu ne t'endors pas de bonne heure.
6. Ils s'amusent avec leurs enfants.
7. Jean s'inquiète pour rien.
8. Vous vous réveillez seul?

D. Mettez les phrases suivantes à l'impératif.

1. Tu ne te lèves pas trop tard.
2. Tu te dépêches pour aller en classe.
3. Nous nous amusons.
4. Vous ne vous déshabillez pas ici.
5. Tu te reposes cet après-midi.
6. Nous ne nous lavons pas dans la cuisine.
7. Tu ne t'endors pas au concert.
8. Nous nous levons quand le professeur arrive.

E. Refaites les phrases suivantes en employant les mots entre parenthèses.

1. Je me suis amusée hier soir.   (Nous…)
2. Elle va se promener dans le parc.   (Hier…)
3. Lève-toi de bonne heure!   (*Mettez au négatif.*)
4. Marc s'est endormi en classe.   (Jacqueline et Monique…)
5. Luc a travaillé au café.   (… se reposer…)
6. Ne te réveille pas avant dix heures.   (*Mettez à l'affirmatif.*)

Parlons

A. Racontez la journée de votre camarade de chambre hier. Utilisez les mots de la liste et des adverbes: **à… heure(s), tôt, de bonne heure, tard.**

se lever	rentrer
s'habiller	se reposer
prendre le petit déjeuner	dîner avec…
partir pour l'université	se coucher
étudier à la bibliothèque	

B. Qu'est-ce qui est arrivé? Expliquez!

MODÈLE: Vous êtes très fatigué(e).   *Je n'ai pas pu m'endormir.*

1. Vous arrivez en classe en retard.   (se lever tard? ne pas se dépêcher? autobus / être en retard?)
2. Un(e) camarade de classe n'a pas fait ses devoirs.   (s'amuser hier soir? s'endormir sur ses livres? se reposer après dîner? … ?)
3. Votre ami(e) semble malheureux.   (s'inquiéter trop? ne pas se détendre assez? ne pas se reposer ce week-end? … ?)
4. Vos amis n'ont pas voulu vous recevoir.   (ne pas se laver? ne pas s'habiller? vouloir se promener en ville? … ?)

C. Quels conseils donnez-vous à quelqu'un pour les problèmes suivants? Si vous voulez, utilisez les verbes de la liste et des adverbes: *moins, plus souvent, plus tôt, plus tard.*

MODÈLE: Un ami ne veut pas aller en classe.
          Promenons-nous!

se lever	se détendre	se réveiller
se coucher	s'amuser	s'endormir
se reposer	se promener	s'inquiéter

1. Vos amis n'ont pas d'énergie.
2. Un(e) ami(e) est trop sérieux(-euse)
3. Vos ami(e)s veulent sortir avec vous.
4. Votre camarade de chambre ne finit jamais son travail.
5. Un(e) camarade de classe n'écoute pas le professeur.
6. Vos ami(e)s ont peur d'échouer aux examens.
7. Vos parents n'ont pas le temps de prendre le petit déjeuner.
8. Votre camarade de chambre dort trop.

D. Quels conseils donnent les personnes suivantes?

ne pas s'inquiéter	ne pas s'endormir
se détendre	se coucher tôt
se déshabiller	se dépêcher
se réveiller	s'amuser

1. le médecin?
2. le dentiste?
3. le professeur?
4. votre mère?
5. le chauffeur d'autobus?
6. votre camarade de chambre?
7. le psychiatre?
8. votre père?

E. Répondez aux questions suivantes.

1. A quelle heure vous êtes-vous levé(e) hier?
2. Comment est-ce que vous vous êtes habillé(e) dimanche dernier?
3. Vous êtes-vous reposé(e) hier? Où? Quand?
4. Est-ce que vous vous êtes réveillé(e) tôt le week-end passé? A quelle heure?
5. Tes ami(e)s se sont-ils (elles) bien amusé(e)s chez toi?
6. Vous êtes-vous endormi(e) en classe? Pendant quel cours?

Communiquons

LA SANTÉ, ET LES PARTIES DU CORPS
(Health and the parts of the body)

A. The main expressions concerning health are:

> Comment allez-vous?　*How are you?*
> Je vais bien　*I'm fine.*
> Je ne vais pas bien.　*I'm not well.*
> être en bonne / mauvaise santé　*to be in good / poor health*
> être malade　*to be sick*

The verb **se sentir** (*to feel*) is conjugated like **partir.**

> Vous sentez-vous bien?　*Do you feel well?*
> Non, je ne me sens pas bien.　*No, I feel badly.*
> Non, je me sens un peu fatigué.　*No, I feel a little tired.*

B. An American who gets sick in Paris can visit the **Hôpital Américain,** where English is spoken, or call SOS Médecin (707-77-77) and ask for an English-speaking doctor. Outside Paris, you can call **Prompts-Secours.** If you go to a doctor's office, you ask for **une consultation;** a house call is **une visite.** It is best to call a **généraliste** (general practitioner).

In large cities in France, every neighborhood has a pharmacy that stays open all night, called a **pharmacie de garde.** Closed pharmacies have signs on the door referring you to the **pharmacie de garde,** or you can ask a police officer.

C. For a more specific ailment, you can use one of the following expressions with the name of a part of the body.

> avoir mal à / au / aux...　*to have an ache / a sore . . .*
> se faire mal à / au / aux...　*to hurt one's . . .*
> se casser le / la / les...　*to break one's . . .*

Le Corps humain

1. les oreilles	6. la main	11. le dos
2. la tête	7. cinq doigts	12. le ventre
3. la bouche	8. les cheveux	13. la jambe
4. la gorge	9. les yeux / un œil	14. le genou
5. le bras	10. le nez	15. le pied

J'ai mal aux dents.	*I have a toothache.*
Elle a mal à la gorge.	*She has a sore throat.*
Ils ont mal aux pieds.	*Their feet hurt.*

* Note that possessive adjectives are generally not used with parts of the body in French—ownership is understood!

Il s'est fait mal au genou.	*He hurt his knee.*
Attention! Tu vas te faire mal au dos!	*Watch out! You're going to hurt your back!*

* Note that subjects and past participles of reflexive verbs do *not* agree when parts of the body are given.

Il s'est cassé le bras.	*He broke his arm.*
Elle s'est cassé la jambe.	*She broke her leg.*
Nous nous sommes lavé les dents.	*We brushed our teeth.*

QUESTIONS

1. En général, êtes-vous en bonne ou en mauvaise santé?
2. Comment vas-tu aujourd'hui?
3. As-tu été malade récemment? As-tu consulté un médecin?
4. Comment vous sentez-vous maintenant?
5. As-tu souvent mal? Où?
6. Est-ce que vous vous êtes cassé quelque chose? Que faisiez-vous?

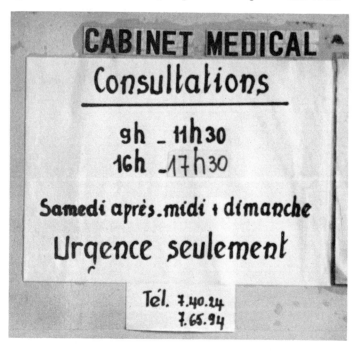

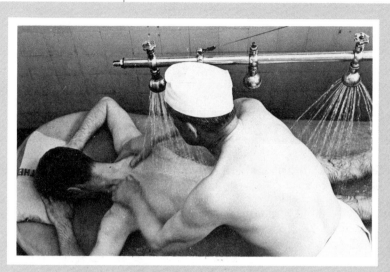

Section culturelle

Mineral Water and other French Medical Treatments

Like other Europeans, many French people believe in the medicinal effects of mineral waters and baths. This idea is not new—the Romans established spas (**les stations thermales**) all over Europe centuries ago. Some of the more famous centers are Bath in England, Vichy and Evian in France, and Baden-Baden in Germany. Each site has mineral springs believed to have specific curative powers. For example, a French person might go to Luchon in the Pyrenees for respiratory ailments or Aix-les-Bains for rheumatism.

A stay (**une cure**) normally lasts three weeks and, if approved, can be partially reimbursed by the Social Security system. A patient (**un(e) curiste**) can have any of the following treatments: hot baths, showers, mud baths, steam inhalation, and massages from a specialist called a **kinésithérapeute.** One of the most important features is drinking water directly from the springs. Some waters, such as Vichy and Vittel, are bottled and sold worldwide. Perrier is a popular mineral water, but does not claim to have any particular healing properties.

A newer treatment in France uses sea water to treat various maladies. It is called **la thalassothérapie,** from the Greek word **thalassa,** for *sea.* As with more traditional spas, these centers often cater to people who have no specific ailments, but who just want to "get away from it all."

La Thalassothérapie

Au milieu° d'une piscine,° un vieux monsieur avec un gros ventre° bat° des pieds avec difficulté. A sa droite, une danseuse de l'opéra de Paris lève ses longues jambes à des hauteurs° insensées.° Accroupis° dans l'eau, deux hommes de quarante ans, très sérieux,

In the middle / swimming pool / stomach / flaps heights / incredible / Squatting

duck / hair
vague / cross

salty / dozen

is leading / session

sports lovers / industrialists
troubles
fans
attract
that

skin
pressure / nose
wall / strong / fire hose /
   sprays
breathe
pleasure
bubbling
algae
this

takes care of

escape

better
medicine
to discover

marchent comme un canard.° Deux femmes aux cheveux° gris exécutent une danse russe approximative° et deux jeunes femmes essayent sans succès de se croiser° les bras derrière le dos...

Dans cette piscine d'eau chaude salée,° une douzaine° d'adultes font de curieuses contorsions. Le jeune homme en blanc n'est pas un psychiatre, mais un kinésithérapeute: il dirige° une séance° de thalassothérapie.

La cure de thalassothérapie consiste à se mettre dans de l'eau de mer; elle est devenue un «must» aujourd'hui en France. Acteurs et actrices, sportifs,° et industriels° utilisent cette méthode pour laver leur corps de tous les maux.°

Les adeptes° sont de plus en plus nombreux. Aujourd'hui, il y a trente établissements installés sur les côtes françaises, et ils attirent° quatre-vingt mille curistes par an. La France suit l'exemple de l'Union Soviétique, où il y a six millions de curistes, et celui° de l'Allemagne avec son million d'adeptes.

Le programme de la cure est très stricte. Premier chapitre: bain. Immersion dans de l'eau très chaude et pendant vingt minutes, une jeune femme passe sur votre peau,° sous l'eau, un jet d'eau de deux kilos de pression.° Ensuite, à la douche! On vous place le nez° au mur,° et une forte° femme armée d'une sorte de lance d'incendie° vous arrose° avec un jet d'eau à quatre kilos de pression. D'abord, on ne peut pas respirer,° puis on commence à apprécier ce plaisir° masochiste. Enfin, eau froide pour finir.

Ce n'est pas tout: il y a aussi des massages et des bains bouillonnants:° un bain d'eau de mer et d'algues,° agitées par de l'air sous pression.

Tout ceci° pourquoi? Parce qu'on veut se sentir bien!

Pourquoi tous ces gens viennent-ils faire une cure de thalassothérapie? Le monsieur au gros ventre doit faire de la gymnastique, mais l'âge et l'obésité ne facilitent pas l'exercice; dans l'eau de mer chaude, pas de problème! La femme aux cheveux gris soigne° des rhumatismes; la danseuse veut donner plus d'élasticité à ses muscles. Mais les autres? Les deux jeunes femmes, l'une est médecin et l'autre vendeuse, viennent là pour «se détendre.» Mais, en réalité, elles sont là pour combattre leur cellulite et pour échapper° à leur mari et à leurs enfants.

Les médecins traditionnels, que pensent-ils des cures d'eau de mer? Si elles n'exercent pas d'action scientifique évidente, elles ont une action psychologique indéniable: après la visite, 94 pour cent des curistes se sentent mieux,° 82 pour cent vont moins souvent chez le médecin et 91 pour cent prennent moins de médicaments.° La thalassothérapie date des Romains mais on n'a pas encore eu le temps de découvrir° tous les secrets de l'eau de mer!

Adapté d'un article de L'Express, no. 1570

QUESTIONS SUR LE TEXTE

1. Que font le vieux monsieur, la danseuse et les deux hommes de quarante ans?
2. Qu'est-ce qu'il y a dans la piscine?
3. Qui est le jeune homme en blanc?
4. Qu'est-ce que la thalassothérapie?
5. Est-ce qu'il y a beaucoup d'adeptes en France? dans d'autres pays?
6. Décrivez (Describe) le programme.
7. Pourquoi ces gens font-ils une cure?
8. Quels sont les résultats de cette méthode?

QUESTIONS FACULTATIVES

1. Que fais-tu pour te sentir mieux?
2. As-tu goûté de l'eau minérale? Quelle sorte?
3. Que faites-vous pour faire de l'exercice?
4. Tu aimes échapper à quelque chose?
5. Pensez-vous que les cures thermales soient un traitement sérieux?
6. Où est-ce qu'il y a des stations thermales en Amérique?

18

Chez Ernest à l'heure du Journal Télévisé

Robert et Jean prennent l'apéritif° dans leur café préféré à l'heure des informations° à la télévision. Ils attendent le reportage° sur le Tour de France. Ernest, le patron,° vient de servir un pastis° et lève son verre à leur santé.°

ROBERT ET JEAN A la tienne,° Nénesse!°

ERNEST A la vôtre,° Messieurs!

JEAN Oh, regarde, ils vont montrer le film de l'étape° d'aujourd'hui.

ROBERT Celle° d'hier était formidable! Le maillot° jaune avait encore deux secondes d'avance° à cent mètres° de l'arrivée,° mais il a perdu sa première place.

JEAN Tout le monde dit° qu'il va gagner° aujourd'hui.

ERNEST Est-ce que je vous sers un autre pastis? Vos verres sont vides.°

ROBERT Celui° de Jean, oui, mais moi je n'ai pas encore terminé le mien.°

JEAN Non, merci. J'ai soixante kilomètres° à faire ce soir et je n'aime pas conduire° la nuit.

Mots clés

Vocabulaire du dialogue

l'apéritif *(m)*   the before-dinner drink
les informations *(f)*   the news
le reportage   the report
le patron   the proprietor
le pastis   the licorice-flavored alcoholic drink
la santé   health
À la tienne!   Here's to you!; To your health!
Nénesse   diminutive for *Ernest*
À la vôtre!   Here's to you!; To your health!
l'étape *(f)*   the part of the race

celle   that
le maillot   the jersey
d'avance   ahead
le mètre   the meter
l'arrivée *(f)*   the finish line
dit   says (**dire**)
gagner   to win
vide   empty
celui   that
le mien   mine
le kilomètre   the kilometer
conduire   to drive

FAISONS CONNAISSANCE

The **Tour de France,** one of the world's major bicycle races, preoccupies many French people each year during June and July. The race covers a large portion of France in a succession of day-long steps called **étapes.** The leader in the race, who wears a yellow jersey (**un maillot jaune**) for identification, is established by the best total amount of time of all the competitors.

French television gives extensive coverage to the race. There are live broadcasts of each day's finish and filmed highlights on the evening news. Many French people go to cafés to watch the coverage with their friends. The **pastis** is a very popular drink, especially in southern France. It has a strong licorice flavor and is high in alcohol content.

ETUDIONS LE DIALOGUE

1. Où sont Robert et Jean?
2. Que font-ils?
3. Qu'est-ce que Nénesse leur dit?
4. Qu'est-ce qu'on va montrer à la télévision?
5. Qu'est-ce qui est arrivé au maillot jaune?
6. Que boivent Robert et Jean?
7. Est-ce que Robert veut encore un pastis? Pourquoi pas?
8. Pourquoi est-ce que Jean ne veut plus de pastis?

Enrichissons notre vocabulaire

Qu'est-ce que **vous dites?**	What *are you saying?*
Je dis toujours la **vérité.**	I always *tell* the *truth.*
Non, **nous disons** souvent des **mensonges.**	No, *we* often *tell lies.*
Qu'est-ce que cet auteur **a écrit?**	What *did* this author *write?*
Il a écrit des **poèmes.** / des **romans.** / des **contes.** / des **pièces.**	He wrote *poems.* / *novels.* / *tales.* / *plays.*
Qu'est-ce que je peux lire?	What can I read?
Tu peux lire ce **texte.** / ce **magazine.** / cette **revue.**	You can read this *text.* / this *magazine.* / this *magazine.*
Vous aimez les **chansons** d'Edith Piaf?	Do you like Edith Piaf's *songs?*
Oui, mais je préfère **celles** de Brassens.	Yes, but I prefer Brassens' (*the ones* / *those by Brassens.*)
On vend des **cigares** en Suisse et à Cuba?	They sell *cigars* in Switzerland and in Cuba?
Oui, mais **ceux** de Cuba sont des **produits** nationaux.	Yes, but *the* Cuban *ones* are national *products.*
Est-ce que vous avez apporté nos passeports?	Did you bring our passports?
Oui, j'ai **le mien,** mais j'ai oublié **le vôtre.**	Yes, I have *mine,* but I forgot *yours.*

Mots clés

celles	those, the ones	**le mien**	mine
ceux	those, the ones	**la pièce**	the play
la chanson	the song	**le poème**	the poem
le cigare	the cigar	**le produit**	the product
le conte	the short story, tale	**la revue**	the magazine
dire	to say, tell	**le roman**	the novel
écrire	to write	**le texte**	the text
le magazine	the magazine	**la vérité**	the truth
le mensonge	the lie	**le vôtre**	yours

Prononciation

The sounds /s/, /z/, /sj/ and /zj/

A. The /s/ and /z/ sounds

The distinction between the sounds /s/ and /z/ is very clear in French. A single letter **s** between two vowels is always pronounced /z/, while a double **s** represents /s/. This permits contrasts between words such as **le désert** and **le dessert.** Repeat after your teacher the following words, which have the same meanings in English and French but vary between the sounds /s/ and /z/.

English	*French*
philosophy	la philosophie
dessert	le dessert
curiosity	la curiosité
disagreeable	désagréable
disobey	désobéir

Now repeat after your teacher the following French words, which contain the sound /s/, the sound /z/, or both.

ils choisissent	vous finissez	qu'il désobéisse	Nénesse
nous réussissons	la bise	tu laisses	la phrase
la boisson	l'écrevisse	ennuyeuse	mes amis

B. The /sj/ and /zj/ sounds

In French, the sounds /s/ and /z/ are often followed by the /j/ sound, which is very similar to the initial sound in *yes.* The equivalent words in English usually have a /ʃ/ sound, the sound often represented by *sh.* In French, it is important to make two distinct sounds, /s/ or /z/, then the /j/ sound.

Repeat after your teacher the following words, which contrast the sounds /s/ + /j/ and /z/ + /j/.

nous passions	l'expression	traditionnel	l'occasion
nous faisions	parisien	vous lisiez	une description
la télévision	une pression	tes yeux	une allusion

Now pronounce after your teacher the following words, which contrast the /ʃ/ sound in English with the /sj/ sound in French.

English	*French*
patience	la patience
pollution	la pollution
exceptional	exceptionnel
essential	essentiel
national	national
action	action

EXERCISE

Read aloud the following sentences, paying attention to the difference between the sounds /s/ and /z/, and pronouncing the sound /sj/ instead of /ʃ/.

1. Mademoiselle a refusé son dessert.
2. Nous allons visiter une église suisse.
3. Les Parisiens préfèrent la conversation à la télévision.
4. Les vacanciers réussissent à supporter la pollution.
5. Il est essentiel que vous annonciez les résultats du match de baseball.
6. Nous excusons son hypocrisie et sa curiosité.
7. Mon voisin ressemble à mon professeur de physique.
8. Attention, Monsieur, je ne possède pas beaucoup de patience.
9. Les paresseux choisissent des solutions traditionnelles.
10. Il est possible que l'édition française du dictionnaire vous fasse plaisir.

Grammaire

I. Verbs like **conduire** and **écrire**

Several verbs in French have infinitives that end in *-ire* and have similar conjugations.

conduire *to drive*	écrire *to write*
je conduis	j'écris
tu conduis	tu écris
il conduit	elle écrit
nous conduis**ons**	nous écrivons
vous conduis**ez**	vous écrivez
ils conduis**ent**	elles écrivent

* To conjugate these verbs, you must learn which pronounced consonant appears in the plural forms. You then add the same endings as with regular *-ir* verbs.

Tu me **conduis** à la gare?　　*You're driving* me to the station?
Elle écrit des poèmes.　　*She writes* poems.
Nous écrivons à nos petites　　*We are writing* to our girlfriends.
amies.

Mots clés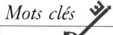

Verbs conjugated like **conduire**

traduire　to translate　　nous traduisons
lire　to read　　nous lisons
décrire　to describe　　nous décrivons
produire　to produce　　nous produisons
dire　to say / tell　　nous disons

Vous ne **dites** pas de　　*You* don't *tell* lies.
mensonges.
Décrivez-moi votre chambre.　　*Describe* your room to me.
Cuba **produisait** de bons　　Cuba *used to produce* good
cigares.　　cigars.
Il faut que **nous disions** la　　It's necessary that *we tell* the
vérité.　　truth.
Ils ont lu des romans de　　*They have read* novels by Balzac.
Balzac.

* Note that **dire** has the irregular form **vous dites**.

* In other tenses (the imperfect and subjunctive), these verbs follow the normal rules.

The past participles of these verbs vary somewhat.

conduire → conduit   écrire → écrit
produire → produit   décrire → décrit
lire → lu   dire → dit

Pratiquons

A. Remplacez les mots en italique par les pronoms donnés.

   1. *Nous* écrivons à nos parents.   (Vous, Je, Elles, Il, Tu, Ils)
   2. *Ils* disent toujours la vérité.   (Tu, Nous, Vous, On, Elles, Je)
   3. Il faut que *tu* conduises lentement.   (nous, on, vous, je, il, elles)

B. Mettez les verbes au temps indiqué entre parenthèses.

   1. Ils lisent un bon roman.   (passé composé)
   2. On produit du café ici.   (futur proche)
   3. Vous avez dit oui?   (présent)
   4. Ils vont traduire ces phrases.   (présent)
   5. Elles écrivent à Marc.   (passé composé)
   6. Vous me décrivez vos vacances.   (impératif)
   7. Je n'ai pas lu le journal.   (imparfait)
   8. Nous avons écrit trois lettres.   (présent)

C. Faites des phrases avec les mots donnés, en faisant tous les changements nécessaires.

   1. Jacques et Marie / écrire / poèmes
   2. Luc / lire / lettre / hier
   3. Elles / dire / non / professeur
   4. Je / conduire / depuis / trois ans
   5. Ce matin / nous / traduire un texte / quand / professeur / entrer

D. Dans les phrases suivantes, substituez le verbe donné entre parenthèses.

   1. J'ai acheté le dernier livre de Yourcenar.   (lire)
   2. Qu'est-ce que vous lui répondez?   (dire)
   3. Ils regardent une voiture.   (conduire)
   4. As-tu reçu une lettre hier?   (écrire)
   5. Il faut que tu répètes ces phrases.   (traduire)
   6. Nous appelons notre professeur.   (décrire)

E. Traduisez les phrases suivantes.

   1. Yesterday she drove me to school.
   2. Tell me the truth!
   3. I'm writing my brother.
   4. He was reading a book when they came in.
   5. You must translate those sentences.
   6. Can you describe him?

Parlons

A. Décrivez les choses suivantes. Ensuite, dites à un(e) autre étudiant(e) de vous décrire quelque chose.

MODÈLE: votre maison → *Ma maison est grande.*

votre chambre   vos dernières vacances
votre petit(e) ami(e)   vos voisins
votre voiture   votre salle de classe
votre professeur

B. Qu'est-ce qu'ils produisent?

MODÈLE: Hollywood?
          A Hollywood on produit des films.

1. Le Brésil?   4. Les Russes?   de l'alcool   du café
2. La France?   5. Les Japonais?   des cigares   du vin
3. Cuba?   6. Les Suisses?   des montres   des voitures

C. Que lisez-vous? Qu'est-ce que vous avez lu récemment? Donnez des titres (*titles*). Qu'est-ce que les autres personnes lisent?

des journaux   des magazines
des romans   un livre de français
des poèmes   des contes de...

1. Moi, je   4. Mes ami(e)s
2. Mon (ma) camarade de chambre   5. Mes parents
3. En classe, nous   6. Mes professeurs

D. Qui a écrit les choses suivantes?

1. *Hamlet?*
2. *Les Pirates de Penzance?*
3. *Les Misérables?*
4. *Don Quichotte?*
5. *Le Tour du monde en quatre-vingts jours?*
6. *La Divine Comédie?*
7. *Candide?*
8. *Le Soleil se lève aussi?*

E. Que dites-vous dans les situations suivantes?

MODÈLE: Quelqu'un vous sert l'apéritif.
          Quand quelqu'un me sert l'apéritif, je dis «A la tienne.»

«Au revoir»   «Bonjour»
«Entrez»   «Ne t'inquiète pas»
«Bonne nuit»   «Merci»
«Allô»   «Dépêche-toi»

1. Quelqu'un arrive chez vous.
2. Quelqu'un vous donne de l'argent.
3. Quelqu'un part.
4. Quelqu'un va se coucher.
5. Quelqu'un sonne à la porte.
6. Quelqu'un téléphone.
7. Quelqu'un est en retard.
8. Quelqu'un a peur.

F. Répondez aux questions suivantes.

1. En quelles langues écrivez-vous?
2. Quelle sorte de voiture conduis-tu?
3. Qui t'écrit souvent?
4. Aimes-tu traduire en français?
5. Quel âge aviez-vous quand vous avez lu votre premier livre?
6. Jusqu'à quel âge avez-vous écrit au Père Noël?

II. Demonstrative Pronouns

Demonstrative pronouns are similar to demonstrative adjectives (**ce, cet, cette, ces**) in that they point out something, but demonstrative pronouns *replace* nouns. They have the same number and gender as the nouns they replace.

Demonstrative pronouns		
	singular	*plural*
masculine	celui	ceux
feminine	celle	celles

Demonstrative pronouns have several equivalents in English, depending on how they are used. The pronouns are usually followed by two structures:

1. the suffixes *-ci* or *-là,* to indicate closeness

Ce livre-**ci** est bon mais **celui-là** est ennuyeux.	*This* book is good, but *that one* is boring.
J'aime **cette** cravate-**ci,** mais je préfère **celle-là.**	I like *this* tie, but I prefer *that one.*
Donnez-moi **celle-ci** et **celle-là.**	Give me *this one* and *that one.*

2. the preposition **de,** often to show possession

A qui est ce parapluie? C'est **celui de** Robert.	Whose umbrella is this? It's Robert*'s.*
Est-ce que ces chaussures sont **celles de** Jacqueline?	Are these shoes Jacqueline's?
Préférez-vous la photo de droite ou **celle de** gauche?	Do you prefer the photo on the right or *the one* on the left?

ATTENTION

Demonstrative pronouns refer to people or things. They can have a somewhat derogatory meaning when used to refer to people.

Oh, **ceux-là,** je ne les aime pas.	*Those guys!* I don't like them.
Celui-là, il n'est jamais à l'heure.	*That character* is never on time.

Pratiquons

A. Dans les phrases suivantes, remplacez les mots en italique avec un pronom démonstratif.

MODÈLE: Donnez-moi ce livre-là.
Donnez-moi celui-là.

1. Aimez vous *cette robe*-ci?
2. Il conduit *cette auto*-là, n'est-ce pas?
3. Nous allons traduire *ces phrases*-ci.
4. Avez-vous lu *ce roman*-ci?
5. Je n'ai pas écrit *ces lettres*-là.
6. Voulez-vous voir *ces photos*-ci?
7. Où produit-on *ces films*-là?
8. Elles n'écoutent jamais *ces disques*-ci.

B. Dans les phrases suivantes, remplacez les mots en italique avec un pronom démonstratif pour indiquer la possession.

MODÈLE: Tu as perdu le stylo du professeur.
Tu as perdu celui du professeur.

1. *La bicyclette* de Luc est verte.
2. J'ai oublié *le cahier* de Marie.
3. *La maison* de ma famille n'est pas assez grande.
4. *Les magasins* de Paris sont ouverts le jeudi soir.
5. *Les chambres* de l'Hôtel Beau Rivage sont chères.
6. Passez-moi *la clé* de Jacqueline.
7. Je n'ai pas suivi *les conseils* de mon professeur.
8. *Le portefeuille* de Marie n'est pas très joli.

C. Répondez aux questions suivantes en employant des pronoms démonstratifs.

1. Préférez-vous les robes de Dior ou les robes d'Yves St. Laurent?
2. Est-ce que l'équipe de Lyon ou l'équipe de Marseille va gagner?
3. Tu as perdu les livres de Michel ou les livres de Sylvie?
4. Vont-elles inviter les parents de Monique ou les parents de Jean?
5. C'est aujourd'hui l'anniversaire de Catherine ou l'anniversaire de Chantal?
6. Nous écoutons les chansons de Brel ou les chansons de Brassens?

D. Allez au tableau et écrivez les phrases suivantes en remplaçant les noms par des pronoms démonstratifs.

1. Ce voyage-ci ne me semble pas très intéressant.
2. Attention à la voiture de gauche!
3. Cette leçon-ci n'est pas très difficile.
4. On peut boire l'eau de Paris.
5. Les vêtements des années quarante sont très appréciés maintenant.
6. Cet autobus-ci va à l'Opéra; cet autobus-là va à Montmartre.
7. Les cigarettes de mon père sont sur la table.
8. Ils ont perdu les bagages des Ducharme.

Parlons

A. Indiquez vos préférences en employant des pronoms démonstratifs.

MODÈLE: les romans de Camus ou les romans de Sartre?
           Je préfère ceux de Sartre.

1. les films de Spielberg ou les films de Lucas?
2. les films de Jeanne Moreau ou les films de Brigitte Bardot?
3. les pièces de Molière ou les pièces de Shakespeare?
4. la politique de Kennedy ou la politique de Reagan?
5. les vêtements de Lady Diana ou les vêtements de Brooke Shields?
6. l'équipe de football de votre université ou l'équipe d'une autre université?
7. la cuisine de votre mère ou la cuisine de votre résidence universitaire?
8. les autos du Japon ou les autos d'Allemagne?

B. Vous interrompez (*interrupt*) une conversation et vous entendez les phrases suivantes. Qu'est-ce que le pronom démonstratif peut représenter?

MODÈLE: «J'ai trouvé *ceux* de Marc dans ma voiture.»
           Il a trouvé les livres de Marc.

1. Vous avez essayé ceux-ci? Ils sont délicieux!
2. Ceux du professeur sont sur son bureau.
3. Celle-là n'est pas très économique.
4. Moi, je préfère celui-ci.
5. Celle-là n'est pas assez jolie pour aller dîner.
6. Ils ont trouvé celles-là dans la rue.

C. Quelles sortes de produits achetez-vous? Vous pouvez commencer la réponse avec «Moi, j'achète...»

1. les vins de Californie ou les vins de New York?
2. les disques des Beatles ou les disques de Loretta Lynn?
3. les voitures du Japon ou les voitures des Etats-Unis?
4. le café de Colombie ou le café du Brésil?
5. le fromage de France ou le fromage des Etats-Unis?

6. le thé d'Angleterre ou le thé de Chine?
7. les montres de Suisse ou les montres du Japon?
8. le chocolat des Etats-Unis ou le chocolat de Suisse?

D. Répondez aux questions suivantes.

1. Préférez-vous les cours du matin ou les cours de l'après-midi?
2. Regardez-vous les émissions d'ABC, de CBS, de NBC ou de PBS?
3. Aimez-vous mieux la musique des années quatre-vingts ou la musique des années cinquante?
4. Préférez-vous les vacances d'hiver ou les vacances d'été? Pourquoi?
5. Qu'est-ce qui est plus intéressant, les cours de français ou les cours de mathématiques?
6. Quelle sorte de football est plus dangereux, le football des Américains ou le football des Européens?
7. Fréquentez-vous le cinéma de l'université ou les cinémas de la ville?
8. Lisez-vous le journal de l'université ou le journal de la ville?

E. Choisissez entre la photo de gauche et la photo de droite.

1. Quelle église préférez-vous?

2. Quel monument as-tu visité?

3. Quelle route veux-tu prendre?

4. Dans quelle maison veux-tu habiter?

5. Quelle sorte de vêtements portez-vous?

6. Dans quelle sorte de restaurant dînez-vous souvent?

III. Possessive Pronouns

Possessive pronouns replace possessive adjectives and the items possessed. In English, we say They are *my books* or They are *mine*.

	m. sing	f. sing	m. plural	f. plural	English
1st sing	le mien	la mienne	les miens	les miennes	mine
2nd sing	le tien	la tienne	les tiens	les tiennes	yours
3rd sing	le sien	la sienne	les siens	les siennes	his / hers / its
1st plur	le nôtre	la nôtre	les nôtres		ours
2nd plur	le vôtre	la vôtre	les vôtres		yours
3rd plur	le leur	la leur	les leurs		theirs

J'ai fait mes devoirs. As-tu fait **les tiens?**

I did my homework. Did you do *yours?*

Elle n'aime pas cette montre. Elle préfère **la sienne.**

She doesn't like this watch. She prefers *hers.*

Tu as vu tes notes? **Les miennes** sont très bonnes.

Have you seen your grades? *Mine* are very good.

Ils ont présenté **les leurs** hier.

They presented *theirs* yesterday.

Mes parents habitent à Paris. Et **les vôtres?**

My parents live in Paris. And *yours?*

Leur professeur est américain, mais **le nôtre** est français.

Their teacher is American, but *ours* is French.

✱ Note that in French, possessive pronouns agree in gender and number with the items possessed, *not* with the possessor.

 ATTENTION

1. Note that with all possessive pronouns, "It's . . ." and "They are . . ." translate as "**C'est...** " and "**Ce sont...** " **Ils** and **Elles** are not used, except with the expression of ownership in the **être à** + *noun or pronoun* construction.

    C'est celui de Pierre? Oui, **c'est** le sien.

    Is it Pierre's? Yes, it's his.

    Est-ce que **ce sont** vos livres ou les leurs?

    Are they your books or theirs?

    A qui est cette montre? **Elle** est à moi.

    Whose watch is this? *It* is mine.

2. Don't forget that **le** and **les** combine with any preceding **à** or **de** in the ways you have studied earlier.

    As-tu téléphoné à tes parents? Moi, je vais téléphoner **aux** miens.

    Did you call your parents? I'm going to call mine.

| Vous voulez que je parle de mon passé, mais vous ne parlez pas **du** vôtre. | You want me to talk about my past, but you never talk about yours. |
| Leurs voitures sont à côté **des** nôtres. | Their cars are next to ours. |

Pratiquons

A. Remplacez les mots suivants par des pronoms possessifs.

1. sa chemise 2. nos livres 3. mon école 4. votre stylo 5. notre université 6. ton mari 7. vos vêtements 8. sa cravate 9. ma femme 10. leurs maris 11. tes disques 12. leur avion 13. mes amis 14. tes mains 15. son père 16. son auto 17. celui de Marie 18. celle de Paul 19. ceux des Boileau

B. Dans les phrases suivantes, remplacez les mots en italique par des pronoms possessifs.

1. Je n'aime pas *tes chaussures*.
2. Veux-tu regarder *mes photos?*
3. *Leurs amis* sont très sympathiques.
4. *Sa mère* est arrivée en retard.
5. *Mes vêtements* sont tombés dans l'eau.
6. Le professeur a oublié *celui de Jacques*.
7. *Notre équipe* a gagné le match.
8. *Vos idées* sont excellentes.
9. J'ai perdu *leur parapluie*.
10. A *ta santé!*

C. Complétez les phrases suivantes avec un pronom possessif.

1. J'ai fait mes devoirs; as-tu fait _____ ?
2. Il n'a pas de voiture; il veut que je lui prête _____ .
3. Nous venons de recevoir notre courrier, mais ils n'ont pas encore reçu _____ .
4. Voilà mon adresse; donnez-moi _____ .
5. Les Boileau ont vendu leur maison, mais M. Ducharme ne veut pas vendre _____ .
6. Ce sont les chaussures de Paul? Oui, ce sont _____ .

Parlons

A. Le professeur montre des objets; identifiez-les avec des pronoms possessifs.

MODÈLE: PROFESSEUR   Est-ce que c'est le sac de Marie?
           ETUDIANT   Oui, c'est le sien.
           PROFESSEUR   Est-ce que ce sont les cahiers de Luc et de Robert?
           ETUDIANT   Non, ce sont les miens.

B. Employez des pronoms possessifs pour décrire les choses suivantes.

MODÈLE: tes week-ends   *Les miens ne sont pas assez longs.*
             votre équipe de football   *La nôtre perd ses matchs.*

1. ta famille   7. votre université
2. ton (tes) frère(s)   8. votre ville
3. ta (tes) sœur(s)   9. votre résidence
4. ton appartement   10. votre pays
5. tes cours   11. votre président
6. tes vacances   12. votre professeur

C. Avez-vous un rival (un frère, une sœur, un voisin, un ami...)? Faites une comparaison (*comparison*) entre vous et lui ou elle.

MODÈLE: notes
             Mes notes sont bonnes; les siennes sont mauvaises.
             voiture
             Ma voiture est vieille; la sienne est neuve.

cours	faciles	difficiles
petit(e) ami(e)	beau	laid
appartement	petit	grand
amis	fascinants	ennuyeux
idées	sensationnelles	stupides
santé	bonne	mauvaise
français	excellent	médiocre
vêtements	neufs	vieux

D. Séparez-vous en groupes de deux et comparez les villes où vous êtes né(e)s.

MODÈLE: avoir beaucoup / peu d'habitants
             Ma ville a beaucoup d'habitants;
             La tienne a peu d'habitants.

             être calme / avoir du bruit
             Ma ville est très calme.
             Il y a beaucoup de bruit dans la tienne.

être petite / grande	avoir de bons / mauvais restaurants
être loin / près des montagnes	avoir beaucoup / peu de pollution
avoir peu / beaucoup de cinémas	être loin / près de la plage
avoir beaucoup / peu de parcs	

E. Répondez aux questions suivantes.

1. Les nouvelles voitures sont économiques, et la vôtre?
2. Il y a souvent du bruit dans les résidences, et dans la tienne?
3. Est-ce que votre université est trop grande ou trop petite?
4. Est-ce que la police de ta ville est très stricte?
5. Est-ce que tes week-ends sont très occupés?
6. Beaucoup de parents n'aiment pas la musique moderne, et les vôtres?

Communiquons

LE SYSTÈME MÉTRIQUE

To function in most French-speaking countries, you must be familiar with the metric system. The following comparisons will help you do conversions from the U.S. system to the metric system, and vice versa.

A. Le Poids (*Weight*)

> 1 ounce = 28 grammes
> 1 pound = 454 grammes
> une livre = 500 grammes
> 100 g = 4 ounces (environ / *about*)
> 1 kilogramme = 2.2 pounds

3 ounces = ? grammes
Multipliez 3 par 28. Cela fait 84 grammes.

50 kilogrammes = ? pounds
Multipliez 50 par 2,2. Cela fait 110 *pounds*.

B. La Longueur (*Length*)

> 1 inch = 2,54 centimètres (*cm*)
> 1 foot = 30 centimètres (environ)
> 1 yard = 0,94 mètre (environ)
> 1 mile = 1,6 kilomètres (environ)
> 1 cm = .4 inches (environ)
> 1 mètre = 39.4 inches (environ)
> 1 km = 0.62 miles

5 feet 8 inches = ? mètres
5 feet 8 inches = 68 inches. Multipliez 68 par 2,54. Cela fait 1,7272 mètres ou un mètre soixante-treize.

525 kilomètres = ? miles
Multipliez 525 par 0,62. Cela fait 325,50 ou 325 1/2 miles.

C. Le Volume

1 quart = 0,95 litre
1 gallon = 3,8 litres
1 litre = 1.06 quarts

D. La Température

degrés centigrades = 5/9 (F − 32)
degrés Fahrenheit = 9/5 C + 32

40°C = ? F
Multipliez 40 par 9 et divisez par 5. Cela fait 72. Ajoutez (*Add*) 32.
Cela fait 104°F.

68° F = ? C
68° moins 32 font 36. Multipliez 36 par 5 et divisez par 9. Cela fait
20° C.

Vocabulaire utile

peser (je pèse) to weigh	Je **pèse** quatre-vingts kilos.
mesurer *to be . . . tall*	Elle **mesure** un mètre soixante.
faire *to be . . . tall*	Jacques **fait** presque deux mètres.
to be . . . degrees (weather)	Il **fait** trente degrés aujourd'hui.
avoir *to have a temperature of . . .*	La fille **a** trente-neuf.
le kilo *a kilo*	Ça coûte vingt francs **le kilo.**
à l'heure *an hour*	Elle roulait à cent **à l'heure.**

QUESTIONS

1. Combien pesez-vous en kilos?
2. Si le biftek coûte 30 F le kilo, c'est combien en $ / lb? (*Un franc = 12¢ environ.*)
3. Combien mesurez-vous?
4. A combien de kilomètres habites-tu de la maison de tes parents? de l'université? (*J'habite à... kilomètres.*)
5. En Amérique, on mesure l'économie d'une voiture en *miles per gallon*. En France, c'est en litres aux 100 kilomètres. Combien est-ce que ta voiture consomme? (*Elle fait du...*)
6. A quelle vitesse (*speed*) aimez-vous rouler?
7. Quelle est la température normale du corps humain?
8. Est-ce qu'il fait beau aujourd'hui? Combien fait-il?

Section culturelle

Getting Into Shape in France

As in the United States, the fascination with "getting into shape" (**la mise en forme**) has invaded France. Recently, spas and fitness centers have opened everywhere in France. In addition to participating in traditional sports like tennis, French people have taken up jogging, squash, and cycling as never before.

In France, people are more and more concerned about improving the quality of life; in the government there is now a cabinet post to work in this area (**le ministre de la condition de la vie**). While French people are, in general, rather traditional, they are willing to change their lifestyles if they feel it will improve their health. This attitude is evidenced by the presence of **la cuisine minceur, la thalassothérapie,** and **le body building.** It is amazing that so many French people are now willing to sacrifice lunch hours and a good deal of leisure time for physical exercise.

Furthermore, sex roles in sports have been changing. Many French women are now practicing bodybuilding, an activity that has always existed in France as **le culturisme.** It now serves for general conditioning, rather than for muscle-building competition.

Être en forme

Un de ces matins où je n'avais plus vingt ans et où j'avais mal à la tête, j'ai adhéré° à un club de gymnastique. J'ai cédé à la pression inadmissible de mon environnement: mes amis disent tout le temps, «Je vais me remettre° en forme»; mes voisins se lèvent de bonne heure pour faire quinze fois le tour du pâté de maisons°; je lis dans les magazines et sur les murs dans la rue: «Dialoguez avec votre corps!»

On veut nous culpabiliser°; on veut que nous fassions la conquête de notre corps, et j'ai retrouvé des milliers de Français sur la route de cette conquête.

En France, 21 pour cent des habitants des villes et 10 pour cent de ceux des campagnes pratiquent régulièrement le jogging. Le nombre des membres de la Fédération Française

joined

get back
block (of a street)

make feel guilty

d'Education Physique a doublé en cinq ans et est passé à 240.000. Dans tout le pays, des clubs de «mise en forme»° ouvrent leurs portes. Les librairies° sont pleines de livres sur le corps, la forme, le bien-être° et l'harmonie dans le sport. Une revue *Vital,* née il y a deux ou trois ans, tire à° plus de trois cent mille exemplaires.° Dans les grandes villes, les clubs de squash se multiplient.

physical fitness / bookstores
well-being
has a circulation of / copies

En 1980, on a vendu 2.300.000 vélos en France, pour 1.210.000 dix ans plus tôt. La production de chaussures de tennis a triplé en sept ans et le nombre de joueurs° a quadruplé en dix ans.

players

Un autre aspect de la mise en forme est le «bodybuilding.» Importé des Etats-Unis, il est devenu très populaire en France chez les hommes et chez les femmes. Avant l'arrivée du «bodybuilding,» le culturisme existait en France, mais ses adeptes° étaient tous des hommes, des candidats au titre° M. Univers. Avec le «bodybuilding,» tout a changé: hommes et femmes, mannequins° et employés de bureau, directeurs et secrétaires développent leurs muscles sans honte.° Pour certaines «nouvelles femmes» le muscle est une idéologie: forte dans les cuisses,° forte dans la tête.

fans
title
models
shame
thighs

Si le muscle est l'avenir de la femme et si celle-ci n'a plus peur de faire des poids et des haltères,° la souplesse° devient la dernière conquête des hommes. On les trouve maintenant dans des classes de gymnastique rythmique et de danse moderne réservées aux femmes dans le passé.

weight lifting / flexibility

Le grand responsable de ce nouveau culte de la «mise en forme,» c'est le Club Méditerranée. Après un séjour° de deux ou trois semaines dans un centre où on pratique tous les sports, la danse, la gymnastique et le yoga, on a besoin de continuer. Selon un récent sondage, un «actif moyen»° passe 38 pour cent de ses heures de loisir pendant la semaine, 43 pour cent pendant le week-end et 19 pour cent pendant les vacances à garder° la forme.

stay
average person
to keep

En France, la forme est le véritable art nouveau. Ses adeptes sont pour la plupart des hommes et des femmes de trente-cinq à quarante-cinq ans. Le bien-être physique devient une composante° du bonheur national. Je pense, donc je sue.°

component / I think, therefore I sweat

Adapté d'un article de *l'Express,* no. 1609.

QUESTIONS SUR LE TEXTE

1. Pourquoi l'auteur du texte a-t-il adhéré à un club de gymnastique?
2. Pourquoi est-ce que des milliers de Français font la même chose?
3. Où trouve-t-on des indications de l'importance de la mise en forme?
4. Quel équipement sportif est-ce qu'on vend en France en ce moment?
5. Qu'est-ce que le culturisme?
6. Pourquoi est-ce que les femmes font du «bodybuilding?»
7. Qu'est-ce que les hommes ont commencé à faire? Pourquoi?
8. D'après (*According to*) l'auteur, quel est le responsable de ce nouveau culte? Pourquoi?
9. Quels sports est-ce qu'on pratique au Club Mediterranée?
10. Comprenez-vous l'allusion littéraire dans la phrase «Je pense, donc je sue»?

QUESTIONS FACULTATIVES

1. Es-tu en forme? Est-il important d'être en forme?
2. Quels sport pratiques-tu pour garder la forme?
3. Appréciez-vous le culturisme? Pourquoi?
4. Est-ce qu'il y a des sports «masculins» et des sports «féminins?»

19

On y va?°

Bernard et Gilles viennent de décider d'aller au cinéma, mais ils ne réussissent pas à choisir un film.

BERNARD Où est-ce que tu veux aller au cinéma?

GILLES Nous sommes près de l'Olympique.° Qu'est-ce qu'on y° joue?

BERNARD Le dernier film de Buñuel. Tu t'intéresses aux films à thèse?°

GILLES Je n'en° ai jamais vu et je ne m'y° intéresse pas du tout! On ne peut pas aller voir un western?°

BERNARD Tu peux y aller si tu en as envie,° mais moi, je refuse° de regarder ces imbécillités.° Ce sont toujours des films étrangers et j'ai du mal à° lire les sous-titres.°

GILLES Moi, j'ai besoin de° me détendre et je tiens à° voir quelque chose d'amusant.°

BERNARD D'accord. Allons téléphoner à Jacqueline pour l'inviter à venir avec nous.

GILLES Allons-y!

Mots clés

Vocabulaire du dialogue

On y va? Shall we go?
l'Olympique a movie theater
y there
Tu t'intéresses aux Are you interested
  in (**s'intéresser à**)
le film à thèse the film with a
  message
en of them
y in it
le western the western (movie)

tu en as envie you feel like it (**avoir
  envie de**)
je refuse I refuse (**refuser**)
l'imbécillité (*f*) the stupid thing
j'ai du mal à I have trouble (**avoir du
  mal à**)
les sous-titres (*m*) the subtitles
j'ai besoin de I need (**avoir besoin de**)
je tiens à I insist on, am anxious to
  (**tenir à**)
amusant funny

**FAISONS
CONNAISSANCE**

Many Americans have the mistaken impression that French people make only intellectual films, which are highly symbolic and which convey a specific esthetic or political point of view (**des films à thèse**). This idea comes from the fact that this is the kind of French film most frequently imported to the USA. Some of the better known directors and their films are François Truffaut: *L'Argent de Poche (Small Change)*; Jean-Luc Godard: *Week-end*; Louis Malle: *Pretty Baby*; Jean Renoir: *La Grande Illusion*; Luis Buñuel: *Le charme discret de la bourgeoisie, Belle de Jour*.

French people attend all kinds of movies, most of which never come to the United States. In fact, American westerns are often more popular in Europe than they are here. In spite of what Bernard says in the dialogue, French people are much less reluctant than Americans to see a movie with subtitles.

ETUDIONS LE DIALOGUE

1. Qu'est-ce que Bernard et Gilles ont décidé de faire?
2. Qu'est-ce qu'on joue à l'*Olympique*?
3. Quelles sortes de films est-ce que Buñuel a faits?
4. Est-ce que Gilles aime ce genre de film? Qu'est-ce qu'il préfère?
5. Qu'est-ce que Bernard refuse d'aller voir? Pourquoi?
6. Pourquoi Gilles va-t-il au cinéma?

Enrichissons notre vocabulaire

Qu'est-ce que vous tenez à faire?	What are you anxious to do?
Je tiens à avoir un **métier** intéressant. / à gagner beaucoup d'argent.	I am anxious to have an interesting *profession.* / to earn a lot of money.
Je refuse de travailler dans un bureau.	*I refuse* to work in an office.
J'espère avoir des **responsabilités.**	I hope to have *responsibilities.*
Qu'est-ce que vous faites?	What are you doing?
J'écoute ma radio. / regarde la télévision. / réponds à une lettre. / écris à ma mère. / **change de** pantalon.	I'm listening to my radio. / watching television. / answering a letter. / writing to my mother. / *changing* my pants.
Qu'aimez-vous faire pendant vos loisirs?	What do you like to do during your free time?
J'aime **jouer au football.** / jouer au **baseball.** / jouer au **tennis.** / jouer au **golf.** / jouer aux **cartes.**	I like *to play soccer.* / *baseball.* / *tennis.* / *golf.* / *cards.*
J'aime **jouer du piano.** / jouer du **violon.** / jouer de **la trompette.** / jouer de la **guitare.**	I like to *play the piano.* / the *violin.* / the *trumpet.* / the *guitar.*
Est-ce que t'intéresses au **jazz?**	Are you interested in *jazz?*
Oui, je m'y intéresse.	Yes, I'm interested in it.
Ont-ils parlé de leurs vacances?	Did they talk about their vacation?
Oui, ils **en** ont parlé.	Yes, they talked *about it.*

Mots clés

le baseball baseball	**le métier** the profession
les cartes (*f*) (playing) cards	**le piano** the piano
changer de to change	**refuser de** to refuse to
le football soccer	**la responsabilité** the responsibility
le golf golf	**le tennis** tennis
la guitare the guitar	**la trompette** the trumpet
le jazz jazz	**le violon** the violin
jouer à to play (a game)	
jouer de to play (a musical instrument)	

Prononciation

Intonation

Intonation is the change in the pitch of the voice. It enables a speaker to distinguish between sentences such as *She's going to the movies.* and *She's going to the movies?*

French intonation is not radically different from that of English. The two basic kinds are rising intonation and falling intonation.

1. Rising Intonation
   The pitch of the voice rises in the following types of sentences:

   YES-OR-NO
   QUESTIONS:

   Aimez-vous le chocolat?

   Est-ce qu'il est parti?

   Vous avez de l'argent?

   PAUSES (when you do
   not complete a
   sentence, but pause
   for a breath at a
   comma)

   Elle n'est pas venue parce
   qu'elle est occupée.

   J'ai acheté un parapluie, mais je l'ai perdu.

   Nous sommes allés au cinéma et
   nous avons dîné après.

2. Falling Intonation
   The pitch of the voice drops in the following types of sentences:

   DECLARATIVE: Il va faire beau.

   Marie n'est pas là.

   Nous sommes très fatigués.

   IMPERATIVE: Dépêche-toi.

   Venez avec nous.

   Allons au restaurant.

   INFORMATION QUESTIONS
   (those that start with an
   interrogative adverb or
   pronoun):

   Qu'est-ce que vous allez faire?

   Comment allez-vous?

   Pourquoi fait-il cela?

EXERCISE

Read the following sentences aloud, paying particular attention to rising and falling intonation patterns.

1. Voulez-vous danser?
2. Passez-moi le sucre.

3. Qui n'a pas pris de dessert?
4. Monique est sympathique.
5. J'ai lu un livre et j'ai téléphoné à un ami.
6. Couchez-vous plus tôt.
7. Combien coûte le kilo de jambon?
8. Ce film est très mauvais.
9. Le professeur n'était pas content quand il a vu les examens.
10. Si vous avez mal aux dents, allez chez le dentiste.

Grammaire

I. Verbs and Infinitives

A. Verbs followed directly by an Infinitive

You have learned that it is possible to use two consecutive verbs in a sentence in French. Many verbs that you already know that take an infinitive directly are:

aimer	espérer
aimer mieux	il faut
aller	il vaut mieux
désirer	pouvoir
détester	préférer
devoir	vouloir

Je **ne peux pas répondre.**	I *can't answer.*
Il **vaut mieux téléphoner** avant minuit.	It *is better to call* before midnight.
Tu **espères être** médecin?	Do you *hope to be* a doctor?
Elle **déteste étudier** le week-end.	She *hates studying* on weekends.

B. Verbs followed by **à** and an Infinitive

Some verbs that take the preposition **à** before an infinitive are:

apprendre à	inviter à	hésiter à
commencer à	réussir à	avoir du mal à
continuer à	tenir à	

Elle **a appris à lire** à l'âge de deux ans.	She *learned to read* at the age of two.
Nous **avons du mal à nous lever** tôt.	We *have trouble getting up* early.
Il **ne réussit pas à vendre** sa voiture.	He *isn't succeeding in selling* his car.
Avez-vous **commencé à préparer** cette leçon?	Have you *started preparing* this lesson?

C. Verbs followed by **de** and an Infinitive

Some verbs that take the preposition **de** before an infinitive are:

accepter de	regretter de	avoir besoin de
choisir de	venir de	avoir envie de
décider de	se dépêcher de	avoir peur de
essayer de	finir de	éviter de
oublier de	rêver de (*to dream*)	refuser de
	cesser de (*to stop*)	

Avez-vous **envie d'aller** en ville?	Do you *feel like going* to town?
Dépêche-toi de t'habiller!	*Hurry up and get dressed!*
J'ai **décidé de faire** la vaisselle.	I *decided to do* the dishes.
Nous **avons besoin de travailler** dimanche.	We *need to work* on Sunday.

ATTENTION

If you use pronoun objects with two verbs, remember that the pronoun precedes the verb of which it is an object.

J'ai invité mes amis à regarder mes photos.   Je les ai invités à les regarder.

In the sentences above, **amis** is the object of **invité**, and **photos** is the object of **regarder.**

Il déteste faire **ses valises.** → Il déteste **les** faire.
Je vais essayer de téléphoner **au Président.** → Je vais essayer de **lui** téléphoner.
Elle apprend à lire **le chinois.** → Elle apprend à **le** lire.

* Note that à and **de** *do not* combine with pronoun objects.

Pratiquons

A. Dans les phrases suivantes, remplacez les verbes en italique par les verbes donnés.

1. Il *va* partir. (venir, vouloir, espérer, hésiter, décider, choisir)
2. Elle *aime* parler français. (commencer, préférer, refuser, avoir peur, désirer, aller)
3. Nous n'*avons* pas *pu* lire sa lettre. (vouloir, hésiter, avoir du mal, avoir envie, se dépêcher, réussir)

B. Complétez les phrases suivantes avec une préposition, s'il y a lieu (*if necessary*).

1. Détestez-vous _____ étudier?
2. Elle regrette _____ arriver en retard.
3. Nous continuons _____ regarder la télévision.
4. Je viens _____ terminer le roman.

5. Ils ont besoin _____ se laver.
6. Mon père tient _____ prendre des photos.
7. Est-ce que tu vas inviter tes amis _____ aller au restaurant?
8. Il vaut mieux _____ attendre.
9. Elle n'a pas accepté _____ nous parler.
10. Ils vont _____ essayer _____ nous téléphoner ce soir.

C. Formez des phrases avec les mots donnés.

1. Mon mari / cesser / fumer / année / dernier
2. Ils / oublier / apporter / argent
3. Nous / finir / dîner / huit heures
4. Apprendre / vous / conduire?
5. Il faut / visiter / Paris / printemps
6. J'aime mieux / me / coucher / tôt
7. L'enfant / avoir du mal / décrire / accident
8. Mon / sœur / décider / commencer / apprendre / espagnol

D. Traduisez les phrases suivantes.

1. It is better to open the window.
2. We need to examine this problem.
3. My mother succeeded in selling the house.
4. I hope to see you soon.
5. They hate to get up early.
6. Do you really insist on inviting him?
7. I prefer to listen to him.
8. He can't avoid doing the dishes.

E. Remplacez les mots en italique par des pronoms.

1. Vas-tu essayer de téléphoner *à Marc?*
2. Nous devons finir *cette leçon.*
3. Elles invitent *leurs parents* à montrer *leurs photos.*
4. J'ai essayé d'apprendre *le russe.*
5. As-tu décidé de punir *tes enfants?*
6. Ils ont du mal à fermer *la valise.*

Parlons

A. Qu'est-ce que vous préférez faire?
   J'aime...   J'accepte...   Je déteste...   Je refuse...

me lever tôt	étudier le week-end
préparer le petit déjeuner	écrire des lettres
sortir quand il pleut	lire
faire le ménage	sécher des cours
aller en classe à pied	conduire vite
suivre des cours le matin / l'après-midi	... ?
parler français avec mes amis	

B. Interrogez (*Question*) un(e) camarade de classe sur ses projets pour l'avenir.

aller	habiter en Europe?	devenir célèbre?
tenir	suivre des cours	faire du cinéma / du
choisir	pendant dix ans?	théâtre
préférer	gagner peu / beaucoup	avoir un / deux / trois /
décider	d'argent?	... / enfants?
rêver	avoir peu / beaucoup	faire de la politique?
hésiter	de responsabilités?	être professeur /
espérer	travailler en ville / à la	médecin?
vouloir	campagne?	voyager beaucoup?
avoir envie		
devoir		
... ?		

C. Vous allez consulter un psychiatre. Quelles sortes de problèmes pouvez-vous imaginer?

Je commence	viens	continue	évite
ne veux pas	ne réussis pas	ai envie	déteste
ai peur	ne peux pas	ai du mal	refuse

sortir de ma chambre	embrasser des gens dans la rue
dormir bien	porter des vêtements de femme /
répondre au téléphone	d'homme
parler avec des filles /	voir des fantômes
des garçons	me prendre pour Napoléon
sortir seul	... ?
me promener sans vêtements	

D. Prenez (*Make*) des résolutions!

Je vais cesser,... Je vais commencer... Je vais essayer... J'espère...

fumer (moins)	manger moins / mieux
écrire à mes parents (plus souvent)	sécher des cours
étudier le soir	boire de la bière / du vin
gaspiller (*waste*) mon argent	échouer aux examens
être plus patient(e)	... ?
économiser de l'argent	

E. Répondez aux questions suivantes.

1. Aimez-vous aller au cinéma ou au théâtre?
2. Qu'est-ce que tu as appris à faire récemment?
3. Qu'est-ce que tu as du mal à faire?
4. Qu'est-ce que vous avez envie de faire ce week-end?
5. Préférez-vous habiter dans une résidence universitaire ou dans un appartement?
6. Pourquoi as-tu choisi de venir à cette université?

II. Verbs followed by Nouns

A. Verbs are either transitive or intransitive. Transitive verbs take a direct object.

J'ai acheté **des disques.**   I bought *some records.*

An intransitive verb has no direct object, or it requires a preposition.

Elle est rentrée tôt.   She returned early.
Nous allons chez le dentiste.   We're going to the dentist's.

B. There are a number of verbs that are transitive in French but intransitive in English. Some transitive French verbs that you know are: **regarder, chercher, attendre, demander, écouter,** and **fréquenter.**

Voulez-vous regarder **mes photos?**   Do you want to look *at my photos?*

Elle fréquente **un Italien.**   She's going out *with an Italian man.*
Les enfants demandent **du gâteau.**   The children are asking *for some cake.*

C. There are also many verbs that are intransitive in French but transitive in English.

avoir besoin de	répondre à	jouer de (*to play a*
changer de	ressembler à	*musical instrument*)
désobéir à	téléphoner à	obéir à
échouer à (*to fail*)	jouer à (*to play a sport*)	tenir à
entrer dans		réussir à

Ne désobéissez pas **à vos parents!**   Don't disobey *your parents.*
Tenez-vous **à cette vieille robe?**   Are you fond *of this old dress?*
Faites attention quand vous entrez **dans la cuisine.**   Be careful when you enter (go *into*) *the kitchen.*

D. Many verbs in French must take the preposition **à** before a noun.

annoncer *à* **quelqu'un**   to announce to someone
appartenir *a*   to belong to
penser *à*   to think about
conseiller *à* **quelqu'un de faire quelque chose**   to advise someone to do something
demander *à* **quelqu'un de faire quelque chose**   to ask someone to do something
dire *à* **quelqu'un de faire quelque chose**   to tell someone to do something
recommander *à* **quelqu'un de faire quelque chose**   to recommend to someone to do something

Annoncez aux enfants que le dîner est sur la table.	*Tell the children* that the dinner is on the table.
Tu penses souvent à **tes amis?**	Do you often think *about your friends?*
Il **a demandé à Jacques** de lui prêter dix dollars.	He *asked Jacques* to lend him ten dollars.

E. Some verbs take the preposition **de** before a noun or a pronoun.

s'occuper de (*to take care of*)	venir de
parler de	revenir de

Chez lui, il **s'occupe du** ménage.	At home, he *takes care of* the housework.
Elle **vient de** Rome.	She *comes from* Rome.
Ne nous **parlez** pas **de** vos vacances.	Don't *talk* to us *about* your vacation.

ATTENTION

1. **Penser** takes the preposition à when it means *to have something in mind*.

Je n'aime pas **penser aux** examens.	I don't like *to think about* exams.

When **penser** means *to have an opinion*, it takes **de** and is almost always used in a question.

Que **pensez**-vous **de** votre professeur?	What do you *think of* your teacher?

2. The verbs that take the preposition **de** do not take an article if the noun is used in a general sense.

Il **change** souvent **de** vêtements!	He often *changes clothes!*
Ils **ont besoin d'argent.**	They *need money.*
Elle s'occupe d'étudiants étrangers.	She *takes care of foreign students.*

Pratiquons

A. Dans les phrases suivantes, remplacez les mots en italique par les verbes donnés.

1. Il *écoute* sa mère.   (ressembler, attendre, obéir, répondre, s'occuper, écrire)
2. Elle *travaille* dans un café.   (fréquenter, chercher, entrer, téléphoner, parler, revenir)
3. J'*adore* mon petit ami.   (tenir, parler, désobéir, regarder, demander, penser)

B. Complétez les phrases suivantes avec une préposition ou un article, ou avec les deux, s'il y a lieu.

1. Avez-vous échoué _____ examen?
2. Il n'écoute jamais _____ mes conseils.
3. Est-ce que ces chaussures appartiennent _____ enfants?
4. Le professeur a demandé _____ étudiant _____ fermer la porte.
5. Mes amis aiment jouer _____ football.
6. Tu ne vas pas réussir _____ examen.
7. Pour être professeur, on a besoin _____ patience.
8. Il a conseillé _____ ses amis _____ étudier l'espagnol.

C. Formez des phrases complètes avec les mots donnés.

1. Dire / votre / amies / entrer / maison
2. Hier / je / écrire / lettre / Président
3. Entrer / hôtel / pour / téléphoner / votre / parents
4. Il / annoncer / étudiants / date / de l'examen
5. Elle / recommander / touristes / regarder / ce / beau / église
6. Nous / revenir / Montréal / hier

D. Traduisez les phrases suivantes.

1. They asked for some water.
2. You have to change shirts.
3. Paul looks like his father.
4. That does not belong to me.
5. I need a key to enter the house.
6. Do you like to play tennis?
7. Answer the telephone!
8. Write him a letter!

E. Répondez aux questions suivantes en utilisant les mots donnés.

1. Est-ce que c'est votre sac? (Non… appartenir… Marie)
2. Tu pars pour l'université? (Non… revenir… supermarché)
3. Est-ce qu'elle a froid? (Oui… demander… garçon… fermer… fenêtre)
4. Tu veux écouter de la musique? (Non… préférer… regarder… films)
5. Tu veux aller au cinéma? (Oui… chercher… journal)
6. Qu'est-ce que tu fais? (penser… petite amie)

Parlons

A. Racontez vos activités pendant une journée typique. Utilisez les verbes suivants.

téléphoner	écouter	s'occuper	jouer
écrire	chercher	parler	fréquenter
regarder	penser	revenir	changer

B. Identifiez les personnes suivantes selon leur profession.

Nancy Lopez		le piano
Chris Evert Lloyd		le baseball
Yehudi Menuhin		la guitare
Andrès Segovia	jouer à	la trompette
Fernando Valenzuela	*ou*	le golf
Herschel Walker	jouer de	le violon
Liberace		le tennis
Al Hirt		le football

C. Quels conseils donnez-vous aux gens quand ils ont les problèmes suivants?

MODÈLE: Votre ami échoue aux examens.
Je lui dis d'étudier tous les jours.
Je lui recommande de parler au professeur.

1. Un ami est toujours fatigué.
2. Des amis veulent se mettre en forme (*to get into shape*).
3. Une amie a mal aux dents.
4. Des gens viennent d'un pays étranger et ils veulent écouter de la musique.
5. Des touristes dans ta ville ont très faim.
6. Votre camarade de chambre n'a pas parlé à ses parents depuis longtemps.
7. Quelqu'un vient de voler l'auto de ton frère.
8. Votre petit(e) ami(e) aime danser.

D. Séparez-vous en petits groupes et complétez les phrases suivantes. Ensuite expliquez à la classe les similarités et les différences entre vos réponses.

J'ai besoin ____ pour être heureux.
Je cherche ____ dans la vie.
Je pense souvent ____ .
Avec mes amis, je parle ____ .
Je tiens beaucoup ____ .
Pour l'avenir, je ne demande que ____ .

E. Répondez aux questions suivantes.

1. A qui ressemblez vous? A quel animal?
2. A qui téléphonez-vous souvent? écrivez-vous?
3. A quoi penses-tu en ce moment?
4. Quelle sorte de musique aimes-tu écouter?
5. Désobéissez-vous souvent? A qui?
6. A quoi tenez-vous beaucoup?
7. Quels sports pratiques-tu?
8. De quel instrument jouez-vous?

III. Y and en

  A. The Pronoun **y**

    The pronoun **y** replaces direct objects that show place. It means *there*.

> Il habite **à Paris.** → Il **y** habite.
>   He lives *in Paris.* → He lives *there.*

> Ils vont travailler **à la bibliothèque.** → Ils vont **y** travailler.
>   They are going to work *in the library.* → They are going to work
>   *there.*

> Nous sommes allées **en France.** → Nous **y** sommes allées.
>   We went *to France.* → We went *there.*

    Y is also used with verbs taking the preposition **à** whenever the object is *not* a person.

> Nous avons répondu **à sa lettre.** → Nous **y** avons répondu.
>   We answered *her / his letter.* → We answered *it.*

> Je pense souvent **à mes vacances.** → J'**y** pense souvent.
>   I often think *about my vacation.* → I think *about it* often.

> Ils ne s'intéressent pas **aux films à thèse.** → Ils ne s'**y** intéressent
>   pas.
>   They aren't interested *in films with a message.* → They aren't
>   interested *in them.*

   * Note that **y** has the same position as the other pronouns you have
   learned.

 ATTENTION

If the object of the preposition **à** is a person, you cannot use **y**; you must use the indirect object **lui** or **leur**.

> J'ai répondu **à la lettre.** → J'**y** ai répondu.   I answered *it.*
> J'ai répondu **au professeur.** → Je **lui** ai répondu.   I answered *him.*

  B. The Pronoun **en**

    The pronoun **en** replaces any direct object modified by a non-definite article. It is the equivalent of the English *some*, or in negative sentences, *any*.

> J'ai pris **des photos.** → J'**en** ai pris.
>   I took *some photos.* → I took *some.*

> Elle va acheter **des cadeaux.** → Elle va **en** acheter.
>   She's going to buy *some gifts.* → She's going to buy *some.*

> Tu ne bois jamais **de vin?** → Tu n'**en** bois jamais?
>   You never drink (*any*) *wine?* → You never drink *any?*

En can replace a noun modified by a number or an adverb of quantity. The number or adverb remains after the verb in the sentence.

> Elle a beaucoup **de disques**. → Elle **en** a beaucoup.
> She has a lot *of records*. → She has a lot *(of them)*.

> Ne donnez pas trop **de devoirs**. → N'**en** donnez pas trop.
> Don't give too much *homework*. → Don't give too much *(of it.)*

> Les Ducharme ont trois **voitures**. → Les Ducharme **en** ont trois.
> The Ducharmes have *three cars*. → The Ducharmes have three *(of them)*.

En is also used when the object is preceded by the preposition **de**.

> J'ai besoin **de vacances**. → J'**en** ai besoin.
> I need *a vacation*. → I need *one*.

> Il revient **de Montréal** ce soir. → Il **en** revient ce soir.
> He's returning *from Montreal* tonight. → He's returning *(from there)* tonight.

> Elle n'aime pas parler **de son travail**. → Elle n'aime pas **en** parler.
> She doesn't like to talk *about her work*. → She doesn't like to talk *about it*.

If the object of the preposition **de** is a person, you cannot use **en**; you must use **de** plus a tonic pronoun (**lui, elle, eux,** and so on).

> Il s'occupe **de ses affaires**. → Il s'**en** occupe.
> He takes care *of their business* → He takes care *of it*.
> Il s'occupe **des enfants**. → Il s'occupe **d'eux**.
> He takes care *of the children*. → He takes care *of them*.

 ATTENTION

1. There is *never* any agreement between **y** or **en** and a past participle.

> Ils ont habité **en Angleterre**. → Ils **y** ont habité.
> Il a acheté **des chaussures**. → Il **en** a acheté.

2. **Liaison** is always obligatory between pronouns and **y** and **en**.

> Ils y sont allés l'année dernière.

> Allons-y.

> Elles en ont trouvé au supermarché.

3. When **y** and **en** are used with a reflexive verb, they follow the reflexive pronoun.

> Elle s'intéresse **à la musique classique**. → Elle s'**y** intéresse.
> Il s'occupe **de la vaisselle**. → Il s'**en** occupe.

When **en** is used with **il y a**, it follows **y**.

Il y a des stylos dans le bureau. → **Il y en a** dans le bureau.
Il n'y a plus de café. → **Il n'y en a** plus.
Y a-t-il des montagnes au Maroc? → **Y en a-t-il** au Maroc?

Pratiquons

A. Remplacez les mots en italique par les pronoms **le, la, l', les** ou **en**, selon le cas (*accordingly*).

1. Elle cherche *son sac / du sucre / sa place / des fautes / son mari / un restaurant?*
2. Il va acheter *cette auto / mes livres / des disques / leur maison / de la viande / du lait.*
3. Tu as trouvé *de l'argent / mon portefeuille / des clés / ton frère / des amis / tes amis?*

B. Remplacez les mots en italique par les pronoms **y, lui** ou **leur,** selon le cas.

1. Ils répondent *au téléphone / à Jacqueline / aux questions / aux enfants / au courrier / à la lettre.*
2. J'ai téléphoné *à mon frère / au café / à l'hôtel / à mes amis / au restaurant / à Luc.*

C. Dans les phrases suivantes, remplacez les mots en italique par un pronom.

1. Je suis allée *en France.*
2. Nous revenons *de l'église.*
3. Il s'intéresse *à l'art moderne.*
4. Ils ont bu trop *de vin.*
5. Jacqueline a perdu *de l'argent.*
6. Jeanne n'a pas voulu *de salade.*
7. Ils jouent *au tennis* depuis deux heures.
8. Tu ne vas pas réussir *à ton examen.*

D. Mettez les phrases suivantes au passé composé et faites l'accord (*make the agreement*), s'il y a lieu.

1. Nous en revenons.
2. Vous les voyez?
3. Ils y arrivent à trois heures et demie.
4. Je lui écris une lettre.
5. Elle en donne aux enfants.
6. Ils la trouvent sympathique.

E. Répondez aux questions suivantes en utilisant les mots entre parenthèses et en remplaçant les noms par des pronoms.

1. Avez-vous répondu à la lettre de votre mère? (Oui...)
2. Avez-vous déjà mangé des écrevisses? (Non...)
3. Obéit-il au code de la route? (Non... jamais...)
4. Joue-t-elle du piano? (Oui...)
5. As-tu rencontré des acteurs célèbres? (Oui,... trois...)
6. A-t-il habité à Paris? (Oui,... pendant deux ans.)

Parlons

A. Parle de tes voyages! Est-ce que tu es déjà allé(e) dans les endroits (*places*) suivants? Sinon (*if not*), est-ce que tu voudrais y aller?

MODÈLE: à Washington? *J'y suis allé.*
à Tahiti? *Non, je n'y suis jamais allé, et je ne veux pas*
y aller / mais je voudrais y aller.

1. à Québec?
2. à Paris?
3. à San Francisco?
4. à Moscou?
5. à Londres?
6. à Rome?
7. à Tokyo?
8. à Pékin?

B. Que faites-vous très souvent? de temps en temps? rarement? jamais?

MODÈLE: dîner au restaurant? *J'y dîne souvent.*
Je n'y dîne jamais.

1. boire du champagne?
2. manger du caviar?
3. aller au cinéma?
4. recevoir du courrier?
5. inviter des amis?
6. jouer aux cartes?
7. écrire des poèmes?
8. échouer aux examens?
9. penser aux vacances?
10. voir des films étrangers?

C. Interrogez vos camarades pour trouver qui a le plus grand nombre de...

MODÈLE: frères et sœurs? *Marc en a six.*

1. autos?
2. livres?
3. dollars dans son portefeuille?
4. robes / pantalons?
5. examens cette semaine?
6. disques?
7. cravates?
8. petit(e)s ami(e)s?

D. Pourquoi va-t-on à ces endroits?

MODÈLE: au théâtre? *On y voit des pièces.*

1. à la bibliothèque?
2. à la librairie?
3. au cinéma?
4. au restaurant?
5. au concert?
6. à la cuisine?
7. au laboratoire de langues?
8. en classe?

E. Répondez aux questions suivantes.

1. Vous intéressez-vous à la littérature? au culturisme (*body building*)?
2. Tiens-tu à tes photos d'enfant?
3. Téléphonez-vous souvent à vos parents?
4. Quand avez-vous besoin d'argent?
5. Vas-tu au restaurant universitaire? Qu'est-ce que tu en penses?
6. Quand prenez-vous du café?
7. Bois-tu beaucoup de bière?
8. Qu'est-ce que vous servez à vos amis?

Communiquons

AU CINÉMA

Like many Americans, French people enjoy going to the movies. A tourist who wants to see a French movie or another foreign film with subtitles (**en version originale**) will be surprised if not prepared for the French system. There are three kinds of movie theaters in France: **le cinéma d'exclusivité** shows first-run movies; **le cinéma de quartier** shows movies a few weeks after they appear, or old movies; and **le cinéma d'art et d'essai,** found in large cities, shows experimental and avant-garde films.

A theater will show a film continuously (**permanent**), or there will be only one or two showings (**séances**). A ticket can vary in price according to where you sit, and there can be a discount for students, the military, and the elderly. When you enter, a woman (**une ouvreuse**) will take you to a seat, using a flashlight if it is dark. You are expected to tip her about a franc per person. In recent years, some theaters in Paris and other large cities have ceased employing **ouvreuses.**

The showing begins with filmed advertising, coming attractions, and often a short subject. After these, the lights come back on and the **ouvreuses** walk along the aisle selling candy and ice cream. Soft drinks and popcorn are never sold in French movie theaters. After this intermission, the main feature begins.

French people are much more likely than Americans to go to a particular movie because of its director. Other French-speaking countries produce successful films entirely on the director's reputation: Quebec and Senegal have produced many films of social and political significance.

"J'arrive trop tard pour la publicité?"

"Préférez-vous l'orchestre ou le balcon?"

"Elle reçoit un gros pourboire."

Vocabulaire utile

prendre les billets   *to buy tickets*
en v.o. (en version originale)   *in the
   original version*
doublé   *dubbed*
l'orchestre (m)   *the main floor*
le balcon   *the balcony*
une réduction   *a discount*
une ouvreuse   *an usher*
un pourboire   *a tip*
la publicité   *advertising*
les extraits   *the coming attractions*
les dessins animés   *the cartoons*
le grand film   *the main feature*
un navet   *a bad film*
un acteur   *an actor*
une actrice   *an actress*
le metteur en scène   *the director*

Voici les différentes sortes de films selon leur popularité en France

les films comiques   *comedies*
les films policiers   *detective movies*
les westerns   *Westerns*
les films à thèse   *films with a message*
les films d'amour   *romantic movies*
les comédies musicales   *musical comedies*
les films d'épouvante   *horror movies*
les films de science fiction   *sci-fi films*

QUESTIONS

Répondez aux questions suivantes.

1. A ton avis, est-ce que les films comiques ou les films de science fiction sont les plus populaires en France?
2. Faites une liste des genres de film selon vos préférences.
3. Appréciez-vous un certain metteur en scène?
4. Quel est ton acteur préféré? ton actrice préférée?
5. Quel film aimez-vous beaucoup? Quel film avez-vous vu plusieurs fois?
6. As-tu déjà vu un film étranger? en version originale ou doublé?
7. Préférez-vous le cinéma, le théâtre ou la télévision? Pourquoi?
8. As-tu vu un navet? Quel en est le titre?

Section culturelle

Efforts to Preserve Minority Languages in France

We generally associate one or two languages with any given country: English with the United States, English and French with Canada, and French with France. Such is rarely the case, however. Many different languages—both indigenous and imported—are spoken in North America. In France, at least seven languages, which are completely different from French, are spoken. One of them is **breton,** a language of Celtic origin spoken in the western province of **Bretagne** (*Brittany*). The language is related to Welsh and Gaelic.

As with many languages not used in official business, **breton** is dying. Most of the people who use it are adults in rural areas. In recent years, younger people in **Bretagne** have developed a keen interest in preserving their language and culture. The French government has begun to support these efforts. The following reading tells about one such effort.

This type of situation is not unknown in North America. Canada has taken steps to preserve native American languages, and numerous projects are underway in Louisiana to encourage the development of the French language among its 750,000 native speakers.

Le Breton à l'école

Maud, Gaïdig et Glenn sont les premiers à suivre l'école «tout en breton,» pour sauver° leur culture.

L'école de Tréglonou° est unique. Avec trois enfants, c'est la plus petite école en France; c'est aussi la seule école communale° où les enfants n'apprennent pas dans la langue de Molière mais dans celle de leurs ancêtres celtes.° A l'école de Tréglonou, le breton est obligatoire.

save

a village in Brittany
primary school
Celtic ancestors

call each other / address / teacher
rough
falls / overwhelming / to prevent

Thus / three years ago / seed

nursery school

gifts
high moral standards / meeting place
teacher
Basque

mayor

However,

in the process of / condemned to death / bet

En entrant dans la classe, si on dit «Bonjour» à Maud, Gaïdig et Glenn, trois petits blonds de six ans, ils vous regardent mais ne répondent pas. Ils refusent de parler français. Un instant après, ils parlent, s'appellent° et s'adressent° à leur maîtresse° dans une langue un peu rugueuse,° le breton.

Sur cette école minuscule repose° un projet écrasant:° empêcher° la langue bretonne de mourir. Aujourd'hui, seulement 600.000 Bretons parlent la langue de leurs ancêtres; cette langue va devenir une langue morte si on ne fait rien.

Ainsi,° il y a trois ans,° on a créé l'association «Diwan,» en français «le germe.»° Quand son fils, Glenn, a eu trois ans, René L'Hostis a organisé avec quelques amis la première école maternelle° en breton. Aujourd'hui, il y en a quinze, et 250 enfants y apprennent à lire et à écrire en breton.

Dans la région, la population a beaucoup de sympathie pour ces écoles et les gens financent leur fonctionnement avec des dons.° Sur le plan administratif, c'est simple: si quelqu'un a le baccalauréat, une bonne moralité° et un local° satisfaisant, il peut ouvrir une école privée. Sur le plan pédagogique, c'est difficile: l'institutrice° de Tréglonou s'inspire des écoles basques° en France et en Espagne.

Tous les enfants de l'école «Diwan» parlent français et l'écrivent correctement.

Les vieux de Tréglonou considèrent l'école «Diwan» avec un certain scepticisme. Même le maire° est un peu critique. Il a peur que le breton des petits Diwan soit artificiel et ne soit pas le vrai breton du pays.

Cependant,° avec ses trois élèves, l'école de Tréglonou est un laboratoire où on est en train d'°essayer de sauver une culture condamnée à mort.° C'est un pari° à mille contre un, mais ce n'est pas un pari stupide.

Adapté d'un article de *L'Express,* no. 1531

QUESTIONS SUR LE TEXTE

1. Qui sont Maud, Gaïdig et Glenn?
2. Pourquoi sont-ils différents des autres enfants français?
3. Qu'est-ce qu'on est en train de faire dans cette école?
4. Est-ce que beaucoup de gens parlent breton?
5. Qu'est-ce que «Diwan?»
6. Comment finance-t-on le projet?
7. Est-ce qu'il y a d'autres projets comme celui-ci en France?
8. Est-ce que tout le monde pense que ce projet est une bonne idée?

QUESTIONS FACULTATIVES

1. Etes-vous pour ou contre une multitude de langues dans un pays?
2. Parles-tu une autre langue à la maison?
3. Quelles sont d'autres langues parlées en Amérique du Nord?
4. Voulez-vous que vos enfants apprennent une autre langue? Quelle langue?

A. Répondez aux questions suivantes en employant les mots entre parenthèses.

1. Quand vous promenez-vous? (... le soir.)
2. Comment vous appelez-vous? (... Jean et Marc.)
3. Quand est-elle allée en Europe? (... 1979. *Employez un pronom.*)
4. Où as-tu mangé des écrevisses? (... en Louisiane. *Employez un pronom.*)
5. Pourquoi ne sont-ils pas contents? (... s'inquiéter trop.)
6. Qu'est-ce que vous avez envie de faire ce soir? (... se détendre.)
7. Est-ce qu'elle peut s'occuper de ces examens? (Oui... *Employez un pronom.*)
8. Qu'est-ce qu'ils ont fait hier soir? (... lire un livre et... écrire... lettres.)
9. Vous vous levez ensemble? (Non, nous... sept heures... les enfants... huit heures.)
10. Elles ont détesté le concert? (Non... s'amuser.)
11. Combien de desserts ont-ils pris? (... trois. *Employez un pronom.*)
12. Qu'est-ce qu'il faut que je fasse? (Il faut... acheter de la viande.)
13. Pourquoi êtes-vous si mal habillé? (... devoir s'habiller trop vite.)
14. Que fait-on à la bibliothèque? (... lire des livres. *Employez un pronom.*)

B. Refaites les phrases suivantes en utilisant les mots entre parenthèses.

1. Tu te dépêches. (*Employez l'impératif.*)
2. Il a trouvé *les clés de Jacques.* (*Employez un pronom.*)
3. Ils ont produit beaucoup de café. (*Employez le présent.*)
4. Je n'ai pas pu faire les exercices du professeur. (*Employez le présent.*)

5. Tu dis toujours la vérité.   (Vous... mensonges.)
6. Lève-toi tôt. (*Mettez au négatif.*)
7. Elle se déshabille dans sa chambre.   (*Mettez au passé composé.*)
8. Il a répondu à ma *lettre*.   (... lire... *Employez un pronom.*)
9. Ils lisent un *roman*.   (... hier... *Employez un pronom.*)
10. *La voiture* de gauche est ta *voiture*.   (*Employez des pronoms.*)
11. Ils préfèrent *les réponses* de Michel.   (Nous... *Employez un pronom.*)
12. Nous nous sommes endormis devant la télévision.   (*Employez l'imparfait.*)
13. Je conduis *l'auto* des Ducharme.   (Vous... *Employez un pronom.*)
14. Aimez-vous mieux notre maison ou la maison de M. Boileau?   (... il... *Employez des pronoms.*)

C. Faites des phrases avec les mots donnés.

1. Elles / espérer / arriver / à l'heure
2. Nous / commencer / traduire / poème / hier
3. Ils / avoir / besoin / prendre / vacances
4. Je / venir / se / laver
5. Vous / hésiter / se promener / en ville
6. Elles / écrire / romans / et / contes
7. Je / conseiller / mes amis / écouter / notre / parents
8. Monique / chercher / stylo / pour écrire / Jacqueline
9. Marc, / obéir / ton / mère; / changer / chemise!   (*Employez l'impératif.*)
10. Quand / elle / ne... pas / jouer / violon, / elle / jouer / tennis
11. Ils / ne... pas / tenir / se reposer / maintenant
12. Entrer / maison / et / se reposer!   (*Employez l'impératif.*)
13. Je / dire / enfants / continuer / étudier
14. L'année / dernier / elle / traduire / pièce / italien

D. Remplacez les mots en italique avec des pronoms.

1. Il a lu mon *poème* et *les poèmes* de mes amis.
2. Moi, je parle *de l'avenir;* lui, il parle des *enfants*.
3. Avez-vous vu mes *chaussures?*
4. Elles ont besoin de *sucre*.
5. Ils vont aller *en Angleterre* cet été.
6. Il y a *du lait* dans le Frigidaire.
7. Je m'intéresse *à la musique classique*.
8. Nous avons acheté beaucoup *de timbres*.
9. Elle veut six *saucisses*.
10. Nous avons invité *nos voisins* à écouter *nos disques*.
11. Avez-vous rencontré mes *parents?*
12. Nous voulons nous reposer *dans notre chambre*.
13. *L'appartement* de Paul est petit, mais *l'appartement* de Jeanne est grand.
14. *La porte* de droite est ouverte.

E. Complétez le paragraphe suivant avec la forme correcte des verbes donnés.

Hier, Anne-Marie _____ (se réveiller) à sept heures et _____ (se lever) quelques minutes après. Elle _____ (se laver) et _____ (aller chercher) le journal. Elle le _____ (lire) rapidement et _____ (se dépêcher) _____ (s'habiller). Elle _____ (appeler) un taxi et l' _____ (attendre) pendant vingt minutes. Elle _____ (dire au chauffeur) _____ (la conduire) au bureau. Dans le taxi elle _____ (écrire) des lettres à ses employés.

F. Complétez les phrases suivantes de manière logique.

1. J'aime lire…
2. Mes parents conduisent…
3. J'espère être…
4. Pour le week-end, nous avons besoin…
5. Elle a du mal…
6. Il se dépêche quand…
7. Le professeur a dit que…
8. T'inquiètes-tu quand…
9. Pour me détendre…
10. … de me lever tôt.

Travail en petits groupes

A. Décrivez une journée typique, ou votre journée d'hier.

se réveiller	s'habiller	décider de	changer de vêtements
se lever	partir	jouer à	écrire à
se laver	lire le journal	se détendre	se coucher
prendre le petit déjeuner	commencer à	rentrer	

B. Que dites-vous aux personnes suivantes?

MODÈLE: ton frère?   *Je lui dis de me prêter sa voiture.*

me donner de bonnes notes	être plus calme
venir chez moi	me faire un gâteau
m'envoyer de l'argent	

1. vos parents?
2. tes voisins?
3. tes amis?
4. votre petit(e) ami(e)?
5. votre professeur?
6. les autres?

C. Identifiez des objets dans la classe. Utilisez les trois formes suivantes: *appartenir à*, pronoms démonstratifs, pronoms possessifs.

MODÈLE: Ce stylo appartient à Jacques.
          C'est celle de Robert.
          Ce sont les miens.

D. Quels sont vos projets pour demain? pour ce trimestre? pour l'avenir?

MODÈLE: Je tiens à apprendre le français.
          J'espère recevoir de bonnes notes.
          J'ai décidé de devenir pharmacien.

E. Vous vous trouvez sur une île (*island*) déserte. Qu'est-ce qu'il faut que vous ayez pour être heureux(-euse)? Employez l'expression *avoir besoin de*.

MODÈLE: J'ai besoin d'un Frigidaire.
          J'ai besoin de trouver de l'eau.

F. Donnez le nom d'un(e) athlète ou d'un(e) musicien(-ienne) à votre camarade de classe. Ensuite, demandez-lui quel sport il (elle) pratique ou de quel instrument il (elle) joue.

MODÈLE: Martina Navratilova joue au tennis.
          Arthur Rubenstein a joué du piano.

G. Répondez aux questions suivantes.

1. Que pensez-vous…

   MODÈLE: des westerns?   *Je pense qu'ils sont ennuyeux.*

   des Beatles?   de la télévision?
   du Président des Etats-Unis?   de votre cours de français?
   des Français?   … ?

2. Quand vous vous trouvez dans les situations suivantes, à quoi pensez-vous?

   MODÈLE: vous êtes en classe
             Quand je suis en classe, je pense à mes vacances.

   vous téléphonez à votre petit(e)   vous êtes seul(e)
      ami(e)   tu passes un examen
   vous vous reposez   vous recevez un télégramme
   vous regardez un film d'épouvante   tu pars en vacances
   tu es en classe   … ?

21

Réponse à Une Petite Annonce

Un étudiant américain qui° s'appelle Daniel vient de lire les petites annonces° dans le journal du matin. Il a trouvé une chambre à louer° qui° l'intéresse et il téléphone à la propriétaire.°

DANIEL   Allô, bonjour, Madame. J'ai lu la petite annonce que° vous avez placée dans le journal et j'aimerais° avoir des renseignements sur la chambre que vous voulez louer.

MME VELIN   Bien sûr!° C'est une grande chambre qui donne sur un parc et que je loue tous les ans à des étudiants étrangers.

DANIEL   Quel est le prix° du loyer?°

MME VELIN   Sept cents francs par mois si vous payez les charges° ou huit cents francs charges comprises.° Voudriez-vous° aller voir la chambre maintenant?

DANIEL   Oui, mais je ne sais pas° où° elle se trouve.

MME VELIN   Connaissez-vous° l'hôtel St. Jacques? C'est juste° en face,° au numéro vingt et un. C'est au sixième étage,° la troisième porte à gauche. Demandez la clé à la concierge.°

DANIEL   Très bien, je vais y aller tout de suite° et je vais vous rappeler° dans la soirée.°

Mots clés

Vocabulaire du dialogue

qui who
les petites annonces *(f + pl)* the classified ads
louer to rent
qui that
la propriétaire the landlady
que that
j'aimerais I would like (**aimer**)
Bien sûr! Of course!
le prix the price
le loyer the rent
les charges the utilities
comprises included

Voudriez-vous Would you like (**vouloir**)
je ne sais pas I don't know (**savoir**)
où where
Connaissez-vous Do you know (**connaître**)
juste just
en face opposite
l'étage *(m)* the floor
la concierge the concierge
tout de suite right away
rappeler to call back
la soirée the evening

FAISONS CONNAISSANCE

Many French families rent rooms to students in their own homes or apartments or in property they own, for purely financial reasons. This is particularly true of widows and older couples whose children have left home. They use the rent money to pay taxes and to supplement their incomes. This is a fortunate situation for students because few universities have enough student housing.

A **concierge,** such as the one mentioned in the dialogue, is usually a woman responsible for the distribution of mail, helping visitors, and keeping the building clean. **Concierges** are rapidly disappearing as building owners install automatic locks and individual mailboxes.

French people have a different way of counting floors. The first floor is **le rez-de chaussée,** the second floor, **le premier étage,** and so on. To an American, the room in the dialogue **au sixième étage** would be on the seventh floor. On the top floor of many apartment buildings (**les immeubles**) there are maids' rooms, which are often rented to students.

ETUDIONS LE DIALOGUE

1. Qu'est-ce que Daniel vient de faire? Pourquoi?
2. A qui téléphone-t-il?
3. Décrivez la chambre.
4. Quel est le prix du loyer?
5. Où se trouve la chambre?
6. Est-ce que Daniel la prend tout de suite?

Enrichissons notre vocabulaire

Qu'est-ce que nous allons regarder?	What are we going to look at?
L'appartement **que** j'ai loué. / **qui** donne sur la rue. / **où** j'habite.	The apartment *that* I rented. / *that* looks out on the street. / *where* I live.
Que feriez-vous **à ma place?**	What would you do *in my place*?
A ta place, je ne **répéterais** pas cela. / j'**irais** avec eux. / je **serais** très **fâché.** / je n'**aurais pas peur.**	*In your place,* I *would* not *repeat* that. / I *would go* with them. / I *would be* very *angry.* / I *would not be afraid.*
Connaissez-vous cet homme?	Do you know this man?
Je le **reconnais,** mais je ne sais pas son nom.	I *recognize* him, but I do not know his name.

Mots clés

j'aurais peur I would be afraid (**avoir peur**)	**à ma / ta place** in my / your place
fâché(e) angry	**reconnaître** to recognize
j'irais I would go (**aller**)	**je répéterais** I would repeat (**répéter**)
	je serais I would be (**être**)

Prononciation

The Mute *e*

Mute *e* is a sound represented by the symbol /ə/, which may or may not be pronounced, according to its position in the sentence. When it *is* pronounced, it is virtually identical to the /ø/ of **peu.**

Mute *e* is easily identified in written form by the letter *e* with no accent mark, and is never followed by more than one written consonant.

> nous serons, vous ferez: both contain mute *e*
> nous verrons has the /ɛ/ sound as indicated by two following *r*'s.

In casual conversation, most French speakers drop as many mute *e*'s as possible, short of creating a string of unpronounceable consonants. Three important rules:

1. Never pronounce a mute *e* before a vowel.

quatrɇ heures	votrɇ appartement	un autrɇ étudiant
notrɇ ami	une tablɇ immense	un pauvrɇ homme

2. In general, drop a mute *e* if it is preceded by only one pronounced consonant. For example, **trop de gens** is pronounced /tRodʒɑ̃/. The /ə/ is preceded by *d*, but *p* is not pronounced.

beaucoup dɇ livres	sans cɇ livre
un kilo dɇ beurre	dans lɇ bureau
assez dɇ travail	vous lɇ savez
pas dɇ place	tu nɇ bois pas

3. If a mute *e* follows two pronounced consonants, it is better to keep it.

Il ne sait pas.	Regarde le garçon.
avec le couteau	Elles me connaissent.
Jeanne te voit.	une pauvre femme
le gouvernement	quatre semaines de vacances

EXERCISE

Read the following sentences aloud, dropping as many mute *e*'s as possible.

1. Je ne sais pas si je le veux.
2. Beaucoup de gens se reposent le matin.
3. Elle me donne trop de travail.
4. A quatre heures nous décidons de préparer le dîner.
5. Qu'est-ce que vous allez me montrer?
6. Mon appartement se trouve près de la banque.
7. Avec ce professeur, vous ne pouvez pas échouer.
8. Votre frère veut connaître notre amie.
9. Il m'a demandé de me lever.
10. Nous nous promenons dans le parc à côté de l'église.

Grammaire

I. Relative pronouns: **que, qui,** and **où**

Relative pronouns relate one part of a sentence to another. They allow a speaker to combine two shorter sentences.

> Here is the book. I read the book. → Here is the book *that* I read.
> Did you see the man? The man drove a red car. → Did you see the man *who* drove a red car?

A. The Relative Pronoun **que**

In French, the relative pronoun to use for the *direct object* of a verb in the second sentence is **que.**

> Je cherche la chambre. Vous louez **la chambre.** → Je cherche la chambre **que** vous louez.

* Because **la chambre** is the direct object of the verb **louer,** you must use the relative pronoun **que.**

> Elle n'aime pas l'émission. Ils regardent **l'émission.** → Elle n'aime pas l'émission **qu'**ils regardent.

* **L'émission** is the direct object of the verb **regarder;** you must join the sentences with **que.**

The pronoun **que** is a direct object. If it represents a feminine or plural noun or both, you will have to make the noun agree with the past participle.

> Il m'a prêté **les photos** que j'ai demandé**es.**
> Elle s'intéresse à **la robe** que tu lui as montré**e.**
> Nous n'avons pas **les journaux** qu'ils ont achet**és.**

B. The Relative Pronoun **qui**

The relative pronoun to use for the *subject* of the verb in the second sentence is **qui.**

> J'ai invité des gens. **Ces gens** sont sympathiques. → J'ai invité des gens **qui** sont sympathiques.

* **Ces gens** is the subject of the verb **être,** so the correct relative pronoun is **qui.**

> Nous avons besoin du livre. ⎫   Nous avons besoin du livre **qui**
> Le livre appartient à Marie. ⎭   appartient à Marie.
> We need the book. ⎫   We need the book *that* belongs to
> The book belongs to Marie. ⎭   Marie.

* **Le livre** is the subject of the verb **appartenir,** so the correct relative pronoun is **qui.**

Because **qui** is the subject of the following verb, the verb must be conjugated according to the subject in the first clause.

C'est **moi** qui **suis** arrivé à l'heure.	It is *I* who *arrived* on time.
C'est **elle** qui **est** montée.	It is *she* who *went* upstairs.

C. The Relative Pronoun **où**

When the second clause indicates place, the relative pronoun to use is **où.**

Je ne sais pas **où** tu travailles.	I don't know *where* you work.
Il n'a pas dit **où** il allait.	He didn't say *where* he was going.
Voilà la chambre **où** ils dorment.	There is the room *where* they sleep.

In chapter 18, you learned that demonstrative pronouns (**celui, celle, ceux, celles**) must be followed by *-ci, -là,* or the preposition **de.** They can also be followed by relative pronouns.

Elle n'aime pas ceux **que** j'ai achetés.	She doesn't like the ones *that* I bought.
Prenez celui **qui** est sur la table.	Take the one on the table.
Regardez cette maison. C'est celle **où** je suis né.	Look at that house. It's the one *where* I was born.

 ATTENTION

1. The relative pronoun is never omitted in French, although it may be in English.

Voilà l'homme **qu'**elle a vu.	There is the man *(that, whom)* she saw.
Où est l'argent **qu'**il t'a donné?	Where is the money *(that)* he gave you?

* Note that **que** becomes **qu'** before a vowel (**qui** does not change).

2. To use the correct relative pronoun in English, it is important to distinguish between persons or things (*who, that*). This has no importance in French. You need only know whether the pronoun is the subject or direct object of the relative (i.e., second) clause.

Est-ce que c'est Jacques **que** tu as oublié?	Is it Jacques *whom* you forgot?
Est-ce que c'est ce parapluie **que** tu as oublié?	Is it this umbrella *that* you forgot?
Regardez ce monsieur **qui** est tombé.	Look at that man *who* fell.
Regardez cette lampe **qui** est tombée.	Look at that lamp *that* fell.

Pratiquons

A. Formez une phrase en combinant les deux phrases données.

1. Il a eu la note. Il voulait la note.
2. J'aime la chemise. Il a acheté la chemise.
3. Il danse avec une fille. Cette fille est très jolie.
4. Il a perdu le portefeuille. Je lui ai donné le portefeuille.
5. Nous avons visité la maison. Napoléon est né dans cette maison.
6. Ils voient des films. Les films sont amusants.
7. Donnez-moi le stylo. Le stylo est sur la table.
8. Tu n'aimes pas ces pays. Dans ces pays, il neige beaucoup.

B. Complétez les phrases suivantes avec un pronom relatif.

1. Il regarde une émission _____ n'est pas très bonne.
2. Apportez-moi le verre _____ j'ai laissé dans la cuisine.
3. Il va quitter la place _____ il a trouvée.
4. La ville _____ il passe ses vacances est au bord de la mer.
5. Est-ce qu'il y a un magasin _____ on vend de la bière?
6. Je préfère les autos _____ sont économiques.
7. Nous n'apprécions pas les gens _____ disent des mensonges.
8. La lettre _____ tu as écrite est trop pessimiste.

C. Complétez les phrases suivantes.

1. Nous avons acheté des disques que…
2. Il sèche les cours qui…
3. Je vous recommande des films qui…
4. J'ai visité une ville où…
5. Le restaurant universitaire sert des repas que…
6. Avez-vous lavé les vêtements que…
7. Ils passent leurs vacances dans un pays où…
8. Elle conduit une voiture qui…

D. Dans les phrases suivantes, remplacez les noms avec un pronom démonstratif.

MODÈLE: C'est la classe que je préfère.
C'est celle que je préfère.

1. Ce n'est pas la ville où il habite.
2. Voilà les chaussettes qui sont trop grandes.
3. As-tu perdu la cravate qu'on vient de te donner?
4. Nous n'aimons pas le vin que vous servez.
5. Je ne peux pas lire le roman que tu veux me prêter.
6. Voilà les amis qui viennent dîner.

E. Traduisez les phrases suivantes.

1. Take the street that is on your left.
2. Have you seen the student who arrived yesterday?
3. I forgot the money you lent me.
4. Is this the apartment where he lives?
5. She'll buy the gifts he wants.
6. You gave an answer that is false.

F. Mettez les phrases suivantes au passé composé.

1. Voilà les cigarettes qu'il achète.
2. Aimez-vous les gâteaux que je vous apporte?
3. La chambre où je dors est au troisième étage.
4. Je rencontre les femmes qu'ils fréquentent.
5. Parlez-vous la langue que nous étudions?
6. Elles n'aiment pas les photos que je prends?

Parlons

A. Complétez les phrases suivantes logiquement.

1. J'aime les filles (les garçons) qui...
2. Je préfère les films qui...
3. J'adore la cuisine que...
4. Je m'intéresse à la musique qui...
5. J'apprécie les étudiants qui...

B. Donnez une définition des termes suivants.

MODÈLE: un dentiste?   *C'est celui qui s'occupe des dents.*

1. un facteur?
2. un agent de police?
3. un professeur?
4. un(e) pharmacien(-ienne)?
5. un chauffeur?
6. une concierge?
7. un charcutier?
8. une ouvreuse?

C. Trouvez les noms des villes où se trouvent les monuments suivants.

MODÈLE: la Tour Eiffel?   Paris, c'est la ville où se trouve la Tour Eiffel.

1. Le Palais de Buckingham
2. la Maison Blanche?
3. la Statue de la liberté?
4. le Forum?
5. les Plaines d'Abraham?
6. l'Arc de Triomphe?
7. la Place Rouge?
8. l'Acropole?

D. Formez des phrases logiques avec les éléments donnés.

J'admire les gens		être intéressant
Je ne peux pas supporter les gens		parler trop
J'aime visiter des pays		ne pouvoir rien faire
Je déteste les villes	qui	être trop difficile
Je voudrais avoir une profession	que	donner mal à la tête
Je n'écoute jamais les gens	où	ne rien apprendre
Les étudiants s'intéressent aux cours		travailler beaucoup
On n'aime pas s'occuper de problèmes		faire très chaud / froid
... ?		être sincère
		... ?

E. Répondez aux questions suivantes.

1. Dans quelle sorte de ville habites-tu?
2. Suivez-vous des cours qui sont trop difficiles? Quels cours?
3. Parlez des vacances que vous avez passées récemment.
4. Portes-tu des vêtements que tu n'aimes pas? Quand?
5. Espérez-vous avoir un métier où vous allez gagner beaucoup d'argent ou qui est très intéressant, ou les deux?
6. Est-ce qu'il y a des mensonges qui sont nécessaires? Donnez des exemples.

II. The Conditional Mood

A. Formation of the Conditional

aimer	descendre
j'aimer**ais**	je descendr**ais**
tu aimer**ais**	tu descendr**ais**
il aimer**ait**	il descendr**ait**
nous aimer**ions**	nous descendr**ions**
vous aimer**iez**	vous descendr**iez**
elles	elles descendr**aient**
aimer**aient**	

choisir	écrire
je choisir**ais**	j'écrir**ais**
tu choisir**ais**	tu écrir**ais**
il choisir**ait**	il écrir**ait**
nous choisir**ions**	nous écrir**ions**
vous choisir**iez**	vous écrir**iez**
elles choisir**aient**	elles écrir**aient**

* In French, you form the conditional mood by adding the endings of the imperfect tense to the infinitive.

* If the infinitive ends in **-r,** you pronounce the *r*: **aimer** → **j'aimerais.**

* If the infinitive ends in **-re,** you drop the *e* before adding the ending: **écrire** → elle **écrirait.**

Several verbs that you already know have irregular conditional stems:

aller → j'**ir**ais		recevoir → vous **recevr**iez	
avoir → tu **aur**ais		tenir → nous **tiendr**ions	
devoir → il **devr**ait		venir → il **viendr**ait	
être → nous **ser**ions		voir → tu **verr**ais	
faire → vous **fer**iez		vouloir → je **voudr**ais	
pouvoir → elles **pourr**aient			

Stem-changing verbs use the **accent grave** or the double consonant to keep the /ɛ/ sound. The verbs with an accent **aigu** in the last syllable of the stem keep the /e/ sound.

acheter	elle ach**è**terait
se lever	nous nous l**è**verions
appeler	vous appe**ll**eriez

but:

préférer	je préférerais
répéter	tu répéterais

B. Use of the Conditional

The conditional mood expresses a possible occurrence that would exist under certain conditions.

Nous **aimerions** passer nos vacances en Espagne.	We *would like* to spend our vacation in Spain.
Ella a dit qu'elle **ferait** la vaisselle.	She said that she *would do* the dishes.
Nous pensions qu'ils **se lèveraient** de bonne heure.	We thought that they *would get up* early.

The conditional mood also softens a request or a statement.

Est-ce qu'elle **voudrait** visiter l'appartement?	*Would she like* to visit the apartment?
Tu dois → Tu **devrais** étudier plus souvent.	You must → You *should* study more often.

Pratiquons

A. Remplacez les mots en italique par les pronoms donnés dans les phrases suivantes.

1. Sans cela, *il* n'aurait plus d'argent.   (nous, elle, vous, tu, ils, je, on)
2. Elle pensait que *nous* l'appellerions.   (je, vous, elles, tu, il, on, ils)
3. *Ils* voudraient aller au cinéma.   (Nous, Elle, On, Tu, Vous, Je, Ils)

B. Substituez les verbes donnés dans les phrases suivantes.

1. Nous aimerions voyager.   (vouloir, devoir, pouvoir, préférer, adorer)
2. Avec vous, je partirais tout de suite.   (aller, revenir, comprendre, sortir, répondre)
3. Vous n'achèteriez pas cela.   (faire, regarder, avoir besoin de, écrire, voir)

C. Mettez les phrases suivantes au conditionnel.

1. Qu'est-ce que cela indique?
2. Est-ce que je peux avoir une bière?
3. Elle veut de l'argent.
4. Est-ce que vous appelez un médecin?
5. Je suis heureux de vous voir.
6. Est-ce qu'il vend une livre de jambon?
7. Tu as vu le musée du Louvre?
8. Ils ont bu trois verres de lait.

D. Formez des phrases avec les mots donnés. Mettez les verbes au conditionnel.

1. Sans argent / vous / pouvoir pas / acheter / le / cadeaux
2. Je / n'entrer pas / vieux / maison
3. Sans / son / chien / il / avoir peur
4. Lui, il / refuser / faire / cela
5. Ce / enfants / ne jamais désobéir / parents
6. Eux, ils / ne pas dire / mensonges?
7. Sécher / vous / cours / de ce professeur?
8. Moi, / je / demander / garçon / une / autre / carte

E. Répondez aux questions en employant les mots entre parenthèses.

1. Que feriez-vous à ma place?   (… aller voir le médecin)
2. Vous voulez quelque chose?   (… vouloir un pastis)
3. Aimeraient-ils sortir? (Non… préférer se reposer)
4. Peut-elle m'attendre devant la porte?   (Non… avoir froid)
5. Est-ce qu'elle aimerait avoir un «A?»   (Oui… être contente d(e)…)
6. Est-il toujours fatigué?   (Oui… devoir se reposer)

Parlons

A. Qu'est-ce qu'on devrait faire dans les situations suivantes?

MODÈLE: Vous avez un examen demain.
          Je devrais étudier.

1. Vous avez mal aux dents.
2. Votre ami n'a jamais d'argent.
3. Tu as soif / faim.
4. Vos camarades sèchent tous leurs cours.
5. Tu es fatigué(e).
6. Votre camarade de chambre échoue à ses examens.
7. Le professeur est furieux.
8. Votre université a trois jours de vacances.
9. Tu as besoin d'aspirine.
10. Tes parents veulent visiter l'Europe.

B. Que feriez-vous à la place de ces gens?

MODÈLE: Votre camarade de chambre veut étudier une langue étrangère.
          A sa place, j'étudierais le français.

1. Un touriste dans votre ville veut aller à l'église.
2. Un ami veut lire un journal.
3. Des amis veulent voir un bon film.
4. Ta sœur veut faire ton dessert préféré.
5. Vos voisins ne veulent pas venir trop tard.
6. Votre petit frère veut pratiquer un sport qui n'est pas dangereux.
7. Ton père veut boire du bon vin.
8. Tes amis veulent regarder quelque chose à la télévision.

LE NOUVEL
obscrvateur
11, rue d'Aboukir, 75081 Paris Cedex 02 Telephone : 260-36-91

C. Si vous pouviez refaire votre vie, que feriez-vous de différent?

MODÈLE: J'étudierais beaucoup plus.
J'habiterais en Europe.

suivre plus / moins de cours de
   français
aller à l'université de...
garder la forme
changer de nom
louer un appartement

acheter une voiture
économiser de l'argent
être plus / moins sympathique
apprendre à jouer du / de la...
apprendre à jouer au / à la...
... ?

D. Changez les phrases suivantes en essayant d'être plus poli(e).

MODÈLE: Donnez-moi une bière!
Pourriez-vous me donner une bière?

1. Je veux un verre de lait.
2. Il faut que tu fasses cela.
3. Passez-moi le bifteck!
4. Nous voulons partir maintenant.
5. Tu dois répondre aux questions.
6. Elle désire venir avec nous.

E. Répondez aux questions suivantes.

1. Qu'est-ce que tu aimerais faire dimanche?
2. A la place du Président, que ferais-tu?
3. Sans baccalauréat, que feriez-vous?
4. Avec beaucoup d'argent, qu'est-ce que vous achèteriez?
5. Avec beaucoup de loisirs, où passeriez-vous vos vacances?
6. Quand devrais-tu finir tes cours à l'université?

III. Savoir and connaître

A. Forms of savoir and connaître

French has two verbs meaning *to know;* both are irregular.

savoir	connaître
PRÉSENT	
je sais	je connais
tu sais	tu connais
il sait	il connaît
nous savons	nous connaissons
vous savez	vous connaissez
elles savent	elles connaissent
IMPARFAIT	
je savais	je connaissais
nous savions	nous connaissions
PASSÉ COMPOSÉ	
elle a su	il a connu
SUBJONCTIF	
que je sache	que je connaisse
que vous sachiez	que vous connaissiez
CONDITIONNEL	
elle saurait	il connaîtrait
elles sauraient	ils connaîtraient

B. Use of savoir and connaître

Savoir and **connaître** are almost never interchangeable.

1. Savoir means *to know a fact, to know very well,* or *to know how to do something.* Never use it to mean to know people.

Je ne **sais** pas son numéro de téléphone.	I don't *know* his (her) phone number.
Elle ne **sait** pas pourquoi.	She doesn't *know* why.
Ils **savent** que vous ne venez pas.	They *know* that you are not coming.
Nous ne **savons** pas jouer au tennis.	We don't *know* how to play tennis.

2. **Connaître** means *to be acquainted with.* Always use it to mean *to know people,* but *never* place it before a subordinate clause.

Ils est important que vous **connaissiez** ses parents.	It is important that you *know* his parents.
Connaissez-vous Paris?	*Do you know* Paris?
Il **connaît** bien les poèmes de Victor Hugo.	He *knows* Victor Hugo's poems well.

3. In some cases, both verbs can be used in similar sentences, but the meaning will then be different.

Connaissez-vous cette chanson?   Do you *know* that song? (Are you familiar with . . .)

Savez-vous cette chanson?   Do you *know* that song? (Do you know the words . . .)

There are important differences in the meanings of these verbs in the imperfect and **passé composé** tenses.

Il **connaissait** la femme.   He *knew* the woman.
Il **a connu** la femme.   He *met* the woman.
Elle **savait** la réponse.   She *knew* the answer.
Elle **a su** la réponse.   She *found out* the answer.

 ATTENTION

1. When implying knowledge rather than the absence of an impediment, use **savoir,**—not **pouvoir**—the French equivalent of the verb *can* in English.

Elle **ne sait pas** chanter.   She *can't* sing. (That is, she has a poor voice.)

Elle **ne peut pas** chanter.   She *can't* sing. (She has a sore throat.)

Je **ne sais pas** jouer du piano.   I *can't* play the piano. (That is, I never learned.)

Je **ne peux pas** jouer du piano.   I *can't* play the piano. (I know how, but I broke my finger.)

2. Another verb conjugated like **connaître** is **reconnaître,** *to recognize.*

Je l'ai vu mais il ne m'a pas **reconnu.**   I saw him, but he didn't *recognize* me.

Reconnaissez-vous cette photo?   *Do* you *recognize* this photo?

Pratiquons

A. Substituez les pronoms donnés dans les phrases suivantes.

1. Il ne connaît pas sa sœur. (Tu, Nous, Je, On, Vous, Elles, Elle)
2. Elle ne sait pas l'adresse. (Je, Vous, On, Nous, Tu, Ils, Elles)
3. Il faut que tu saches cela. (il, vous, nous, je, on, elles, elle)
4. Je ne le connaissais pas à Paris. (Nous, Tu, Elles, Il, Vous, On)

B. Utilisez la forme correcte du verbe donné.

SAVOIR

1. Je ne ____ pas où il est. (*présent*)
2. Nous ____ qu'elle était en France. (*passé composé*)
3. ____ –vous s'il vient ce soir? (*présent*)
4. Elle ne ____ pas où aller. (*imparfait*)
5. Sans moi, ils ne ____ rien. (*conditionnel*)

CONNAÎTRE

6. Elles ne ____ pas mes voisins. (*présent*)
7. Où est-ce que tu ____ Jacqueline? (*passé composé*)
8. Il est possible que vous ____ déjà mes parents. (*subjonctif*)
9. Sans Christophe Colomb, on ne ____ pas l'Amérique. (*conditionnel*)
10. ____ –elle New York? (*présent*)

C. Complétez les phrases suivantes avec la forme correcte du verbe **savoir, connaître** ou **pouvoir,** selon le cas.

1. ____ –vous son nom?
2. Elle ne ____ pas qu'il est parti.
3. Je ne ____ pas venir avec vous; j'ai mal aux dents.
4. Où est-ce qu'elle a ____ son mari?
5. Ils ne ____ pas parler italien.
6. Nous ____ nos voisins depuis dix ans.
7. Est-ce que tu ____ les romans de Balzac?
8. Nos étudiants ____ chanter en français.
9. Mon fils ne ____ pas jouer au baseball parce qu'il est fatigué.
10. Je ne ____ pas où il est né.

D. Traduisez les phrases suivantes.

1. I didn't recognize him.
2. Do you know how to speak Spanish?
3. Can you play the piano?
4. We knew he would come.
5. Do they know that it is raining?
6. She knows a good Italian restaurant near here.

E. Répondez aux questions suivantes en utilisant les mots entre parenthèses.

1. Quelle heure est-il? (… ne… pas savoir)
2. Qui est cette fille? (Je… ne… pas… reconnaître.)
3. Connaissez-vous ce monsieur? (Oui, mais nous… pas son nom.)
4. Pensez-vous que je sache conduire? (Oui…)
5. Quand a-t-elle appris la note? (… savoir… hier.)
6. Il connaît Jacqueline? (Oui… connaître le trimestre dernier.)

Parlons

A. Qu'est-ce qu'il faut qu'on sache pour faire les choses suivantes?

MODÈLE: pour être chauffeur de taxi?
Pour être chauffeur de taxi, il faut qu'on sache conduire!

pour passer le permis de conduire?   pour travailler chez Maxim's?
pour habiter en France?   pour être playboy?
pour être étudiant?

B. Qu'est-ce que vous savez faire de spécial? Voici quelques possibilités. Qu'est-ce que vous ne savez pas faire que vous voulez apprendre?

piloter un avion?   faire la cuisine?   jouer de... ?
parler espagnol?   danser le tango?   imiter une personne célèbre?
faire des robes?

C. Connaissez-vous... ?

MODÈLE: des villes? *Oui, je connais Londres.*
des gens célèbres? *Oui, je connais un sénateur.*

1. des villes loin d'ici?   5. un très mauvais restaurant?
2. une autre culture?   6. de bons poèmes?
3. des gens célèbres?   7. des étrangers sympathiques?
4. de bons films?   8. des professeurs ennuyeux?

D. Interviewez un(e) camarade de classe en utilisant les questions suivantes. Ensuite, communiquez ses réponses aux autres.

Sais-tu
Connais-tu
Peux-tu

danser?
jouer d'un instrument?
parler une langue étrangère?
faire la cuisine?
des poèmes américains?
des gens en France?
une chanson récente?
un numéro de téléphone important?
venir chez moi ce soir?
jouer du piano ici?

E. Répondez aux questions suivantes.

1. Où avez-vous connu votre petit(e) ami(e)? votre camarade de chambre?
2. Connaissez-vous des poèmes français? Quels poèmes?
3. Savez-vous la date de votre examen final?
4. Sais-tu ton numéro de Sécurité Sociale (sans vérifier)?
5. Reconnaîtrais-tu tes amis d'enfance?
6. On dit que l'expression américaine «toodle-oo» vient du français «à tout à l'heure.» Le saviez-vous?

Communiquons

LA PRESSE FRANÇAISE

Les Quotidiens *(daily papers)*

In France, most newspapers and news magazines can be associated with major political movements. For example, in Paris *Le Figaro* is rather conservative, but *L'Humanité* is the official newspaper of the Communist Party. One of the most respected French newspapers is *Le Monde*, which has a liberal point of view. On the other hand, some newspapers, such as *France-Soir*, concentrate on minor daily events of popular interest, rather than politics.

Although the major Parisian dailies are available throughout France, each region has its own paper. For example, Lyon has *Le Progrès*, Toulouse *La Dépêche du Midi*, and Rennes *Ouest-France*. While news from Paris tends to dominate the country, regional newspapers also play an important role: *Le Progrès* furnished much useful information on Klaus Barbie, the Nazi war criminal brought back to Lyon from Bolivia.

Les Hebdomadaires *(weeklies)*

France has several types of weekly magazines. The ones for world news are *L'Express*, *Le Point*, and *Le Nouvel Observateur*. *Paris-Match* and *Jours de France* provide general information and emphasize photographs and gossip about popular figures. *Elle* is a magazine for women.

La Presse spécialisée

There are numerous publications for specific interests. *L'Equipe* is a daily newspaper for sports fans; *Le Canard Enchaîné* is a weekly newspaper specializing in political satire. The latter uses many puns, innuendos, and allusions that only people who follow the daily political scene understand.

Monthly magazines (**les mensuels**) include those for fashion (*les revues de mode*), such as *Marie-Claire* and *Marie-France*. *F Magazine* is a publication representing the feminist point of view.

French people consult *Télé 7 Jours* or *Télé-Poche* to find out what is on television. In Paris, magazines such as *Pariscope* and *l'Officiel des Spectacles* give a complete listing of the current movies, plays, and night club acts. And, of course, most French hobbyists and sports lovers have publications for their individual interests.

Vocabulaire utile

les rubriques   *the sections* (of a paper or magazine)
les faits divers   *the human interest stories*
les sports   *the sports page*
l'économie   *the business section*
les spectacles   *movies, concerts, night clubs, theater*
les petites annonces   *the classified ads*
l'éditorial   *the editorial page*
le courrier du cœur   *the lonely hearts column*
l'horoscope   *the horoscope*
les bandes dessinées   *the comic strips*
les mots croisés   *the crossword puzzle*
à la une   *on the front page*
les gros titres   *the headlines*
le vendeur de journaux   *newspaper vendor*
s'abonner à   *to subscribe to*

QUESTIONS

1. Quel journal ou quelle revue faut-il acheter dans les situations suivantes en France?

   Vous voulez aller au cinéma.
   Tu veux savoir qui a gagné le match de football.
   Tu veux connaître la nouvelle mode.
   Vous voulez des renseignements sur les événements (*events*) internationaux de la semaine.
   Tu veux regarder la télévision.

2. Quelle rubrique faut-il consulter dans les situations suivantes en France?

   Tu cherches un appartement.
   Vous voulez connaître votre avenir.
   Tu veux savoir quelles sortes de problèmes personnels les Français ont.
   Vous voulez vous détendre.
   Vous voulez savoir qui a gagné l'étape du Tour de France.
   Tu as envie de sortir.

3. Quel journal lisez-vous? Quelles revues?
4. Où se trouve ton vendeur de journaux préféré?
5. A quelles revues vous êtes-vous abonné(e)?
6. Aimes-tu faire les mots croisés?
7. Lis-tu ton horoscope? Souvent?
8. Avez-vous écrit une lettre au courrier du cœur? Pourquoi?
9. Consultez-vous les petites annonces? Que cherchez-vous?
10. Quelle bande dessinée préfères-tu?

Section culturelle

The French Départements

From an administrative point of view, France is divided into **départements.** Except for a few, which originally were French colonies, they are all located in continental France (**la France métropolitaine** or **la Métropole**). Two of the most important overseas **départements (Départements d'Outre Mer)** are found in a chain of Caribbean islands known as the Antilles: they are *la Guadeloupe* and *la Martinique*.

These islands were colonized in the seventeenth century to make possible **le commerce triangulaire.** This refers to the trading by Europeans of spices for slaves in Africa, and slaves for rum and sugar cane in the New World. The sugar cane and rum were brought back to Europe to complete the triangle.

French planters, called **békés,** settled in the islands and prospered enormously from this trade, but many of the slaves fled to the mountains and lived off the land (**le marronage**). One colony, Saint Domingue, managed a successful revolt against Napoleon, became the first independent black country in the Western Hemisphere, and is now called **Haiti.** Other colonies remained under French control and in 1946 became French **départements.**

La Guadeloupe

La Guadeloupe, qui se trouve dans la mer des Caraïbes, se compose en réalité de plusieurs îles. «La Soufrière,» volcan° en activité, occupe la partie montagneuse («la Basse-Terre») qui abrite° aussi la forêt tropicale. Pointe-à-Pitre (en «Grande-Terre») est le port principal, et Basse-Terre (la ville) la capitale administrative.

De 1635 à 1946, la Guadeloupe a été une colonie française. L'année 1644 a vu l'arrivée des premiers esclaves° africains avec le «commerce triangulaire.» A partir de° ce moment-là, il y a eu de nombreuses révoltes d'esclaves et beaucoup ont pratiqué le «marronage»

volcano
shelters

slaves / From

dans les régions montagneuses. En février 1794, le gouvernement révolutionnaire de la France a aboli° l'esclavage,° rétabli° en 1802 par Napoléon, mais définitivement aboli en 1848.

Pendant la Seconde guerre mondiale,° les Guadeloupéens ont lutté° pour la «France Libre.»° Après la Libération, le gouvernement de la Métropole a mis fin à° la colonisation et a fait de la Guadeloupe un département intégral de la France. Politiquement et juridiquement,° les Guadeloupéens sont des Français. A partir des années soixante, des mouvements pour l'autonomie, la liberté économique et l'indépendance se développent, mais beaucoup de Guadeloupéens restent attachés à la France.

La situation économique en Guadeloupe est devenue difficile. Il y a beaucoup de chômage,° et les jeunes et les femmes surtout quittent l'île pour la Métropole. Le secteur économique traditionnel (sucre et banane) est en déclin depuis plusieurs années, sans augmentation° du secteur industriel (environ 15 pour cent de l'économie totale). La Guadeloupe est devenue une «société de consommation»° des produits importés de la Métropole.

La population de Guadeloupe est très variée et comprend entre autres les noirs (la majorité), les blancs créoles ou «békés» (gros planteurs et commerçants°), les petits blancs (pauvres), les hindous (engagés° après l'abolition) et les «métropolitains» (blancs venus récemment de France). Dans la culture antillaise (ou créole), beaucoup d'éléments européens se sont mêlés aux° éléments africains et indiens, et se retrouvent° dans les pratiques religieuses, la danse, la musique, la langue et la littérature. Les tendances littéraires ont suivi l'évolution de la société, et ont donné naissance° à la Négritude (exprimée dans l'œuvre° de Guy Tirolien), origine de la littérature proprement° antillaise. Le découverte° positive de l'Afrique a aidé à l'acceptation de soi° sans refuser le riche héritage culturel. La création littéraire reflète° aussi la nouvelle conscience culturelle et politique.

QUESTIONS SUR LE TEXTE

1. Où se trouve la Guadeloupe?
2. Décrivez la Guadeloupe.
3. Pendant combien de temps a-t-elle été une colonie? Pourquoi?
4. Quand est-elle devenue un département français?
5. Comment est l'économie de la Guadeloupe?
6. Décrivez la population de la Guadeloupe.
7. Qu'est-ce que la culture créole?
8. Qu'est-ce que la Négritude?

(marginal glosses)

abolished / slavery / restored

World War II / fought
Free France / put an end to

legally

unemployment

increase
consumption

merchants
engaged

mingled with / they meet

gave birth
the works / specifically /
   discovery
self-acceptance
reflects

22

Sainte-Anne-de-Beaupré

Michel et Anne Morin iront° à la basilique° de Sainte-Anne-de-Beaupré, près de Québec, où ils célébreront° la fête de Sainte Anne le 26 juillet.

ANNE   Quand est-ce que nous pourrons° partir pour Sainte-Anne?

MICHEL Je ne sais pas. Le magasin sera° ouvert jusqu'à sept heures demain, et je resterai° jusqu'à la fermeture.° Mais si nous nous levions de bonne heure samedi, nous y serions à neuf heures.

ANNE   Nous irons tout de suite visiter l'église, s'il n'y a pas trop de monde.°

MICHEL S'il fait beau, nous ferons un pique-nique,° mais s'il se met à° pleuvoir, nous déjeunerons° au restaurant.

ANNE   Regardons les prévisions° de la météo. Où est-ce que tu as mis° le journal?

MICHEL Je l'ai jeté.° Pourquoi ne mets°-tu pas la radio? Moi, je vais mettre le dîner à chauffer.°

Mots clés

Vocabulaire du dialogue

iront   will go (**aller**)
la basilique   the basilica
célébreront   will celebrate (**célébrer**)
pourrons   will be able (**pouvoir**)
sera   will be (**être**)
resterai   will stay (**rester**)
la fermeture   the closing
le monde   people
ferons un pique-nique   will have a
   picnic (**faire**)

se met à   begins (**se mettre à**)
déjeunerons   will have lunch
   (**déjeuner**)
les prévisions   the forecast
as mis   put (**mettre**)
l'ai jeté   threw it away (**jeter**)
mets   turn on (**mettre**)
chauffer   to heat

FAISONS CONNAISSANCE

Sainte-Anne-de-Beaupré, one of the oldest sites of pilgrimage in North America, attracts over a million people a year. July 26th is the Feast of Saint Anne, the grandmother of Christ, and therefore attracts the biggest crowds. In the seventeenth century, it was believed that the site brought about several miraculous cures.

Many people of Quebec are Catholic because they are direct descendants of the French, mainly Bretons, who colonized the area. Sainte Anne is important because she is the patron saint of Brittany. The main holiday in Quebec is June 24th, the Feast of Saint John, who is Quebec's patron saint.

ETUDIONS LE DIALOGUE

1. Où est-ce que Michel et Anne iront le 26 juillet?
2. Jusqu'à quelle heure est-ce que Michel va travailler le 25?
3. A quelle heure est-ce qu'ils seront à Sainte-Anne?
4. Qu'est-ce qu'ils feront à Sainte-Anne?
5. Où déjeuneront-ils s'il fait mauvais?
6. Où est-ce que Michel a mis le journal?
7. Comment est-ce que Anne peut savoir le temps qu'il va faire?
8. Qu'est-ce que Michel va faire?

16 tickets 11 $
s.v.p., vérifier le nombre de tickets à l'achat
Commission de transport de la Communauté urbaine de Montréal

Enrichissons notre vocabulaire

Qu'est-ce qui **arrivera** au **vingt et unième siècle?**

What *will happen* in the *twenty-first century?*

Tout le monde **sera** en bonne santé!

Everybody *will be* in good health!

Est-ce qu'elle **saura** la réponse quand / **lorsqu'**elle **recevra** ma lettre?

Will she *know* the answer *when* she *receives* my letter?

Non, mais elle **partira dès que** / **aussitôt que** nous lui **téléphonerons.**

No, but she *will leave as soon as we call* her.

S'il fait beau, je ne reste jamais à la maison.

If it's nice out, I never stay home.

Ils **viendront** si vous les invitez.

They *will come* if you invite them.

Si vous faisiez un **effort,** vous réussiriez.

If you made an *effort*, you would succeed.

Qu'est-ce qu'elle va **mettre?**

What is she going to *put on?*

Elle va mettre un **manteau.** / un **blue-jeans.**

She's going to put on a *coat.* / *jeans.*

Est-ce qu'ils **ont permis** à Marc d'arriver en retard?

Did they *allow* Marc to arrive late?

Oui, et il nous **a promis** de ne pas rester longtemps.

Yes, and he *promised* us not to stay too long.

Mots clés

arrivera will happen (**arriver**)	**promettre** to promise
aussitôt que as soon as	**recevra** will receive (**recevoir**)
le blue-jeans the blue jeans	**saura** will know (**savoir**)
dès que as soon as	**sera** will be (**être**)
l'effort *(m)* the effort	**le siècle** the century
lorsque when	**téléphonerons** will telephone
le manteau the overcoat	(**téléphoner**)
mettre to put (on)	**viendront** will come (**venir**)
partira will leave (**partir**)	**vingt et unième** twenty-first
permettre to permit	

Prononciation

Liaisons

As you learned in chapter 5, **liaisons** occur when a normally silent, final written consonant is pronounced because a word starting with a vowel follows. Often, a certain amount of flexibility is allowed when deciding whether or not to pronounce the consonant.

A. Liaisons obligatoires

You *must* make the **liaisons** that fall into the following categories:

1. articles or adjectives plus nouns

mes amis	un petit homme	un autre livre
mon appartement	un grand immeuble	d'autres exemples
un habitant	de vieilles églises	dix étudiants

2. pronouns and verbs

ils habitent	nous en voulons
nous y allons	il va les inviter
donnez-en	vont-ils les acheter
on en a	vous en avez vu
elles les ont	

    But do not pronounce subjects in inversion:

sont-ils / allés	voulez-vous / en acheter	pouvez-vous / ouvrir

3. many one-syllable prepositions and adverbs

très utile	sous un arbre
chez eux	bien aimé
dans un restaurant	sans elle

B. Liaisons facultatives

Some **liaisons** are optional. Generally, you should make more of them when speaking in a formal style. Some categories are:

1. negation

    pas avec moi *or* pas / avec moi

    jamais au théâtre *or* jamais / au théâtre

    plus à Paris *or* plus / à Paris

2. verbs plus verbs, prepositions, or articles

   je dois aller *or* je dois / aller

   il faut appeler *or* il faut / appeler

   je voudrais inviter *or* je voudrais / inviter

But with **est** and **-ont** verbs, **liaison** is obligatory:

   il est allé   ils font une erreur   elles ont un appartement

3. two-syllable prepositions and adverbs

   devant une église *or* devant / une église

   beaucoup aimé *or* beaucoup / aimé

   souvent excellent *or* souvent / excellent

EXERCISE

Read the following sentences aloud, making all **liaisons obligatoires.**

1. Ils en ont un.
2. Montrez-en aux enfants.
3. Elles y sont allées sans eux.
4. Je les ai vus avec leurs amis.
5. Etes-vous allés au cinéma en été?
6. Les bons étudiants adorent aller à la bibliothèque.
7. Il est très important de lire des livres intéressants.
8. Nous avons beaucoup aimé le premier appartement.
9. As-tu bien entendu son annonce?
10. Les hommes sont-ils arrivés avant une heure?

La Saint Jean Baptiste à
Montréal le 24 juin.

Grammaire

I. The Future Tense

You already know the forms and uses of the **futur proche,** the most frequent way of expressing a future action in conversation.

In French, there is also a future tense, which uses only one verb form. To conjugate a verb in the future tense, you add the endings to either the infinitive or, in some cases, to an irregular stem.

parler	finir	répondre	lire
je parler**ai**	je finir**ai**	je répondr**ai**	je lir**ai**
tu parler**as**	tu finir**as**	tu répondr**as**	tu lir**as**
il parler**a**	il finir**a**	il répondr**a**	il lir**a**
nous parler**ons**	nous finir**ons**	nous répondr**ons**	nous lir**ons**
vous parler**ez**	vous finir**ez**	vous répondr**ez**	vous lir**ez**
ils parler**ont**	ils finir**ont**	ils répondr**ont**	ils lir**ont**

* Note that you drop the *e* from infinitives ending in *-re* before you add the future endings: **lire → ils liront.**

> **Nous lirons** ce roman l'année prochaine.   *We will read* that novel next year.
> **Je répondrai** avec une lettre.   *I'll answer* in (with) a letter.
> **Elles parleront** au président la semaine prochaine.   *They will talk* to the president next week.

Some verbs have irregular stems in the future tense. The future endings are regular.

> savoir → il **saur**a   falloir—il faut → il **faudr**a
> recevoir → il **recevr**a   valoir—il vaut (mieux) → il **vaudr**a (mieux)

The future form of **il pleut** is **il pleuvra.**

 ATTENTION

Most verbs that have irregular stems in the future tense also have irregular stems in the conditional tense. For these verbs, the irregular stem is the same for both the future and the conditional. For these irregular stems, refer to the section on formation of the conditional in chapter 21. The future tense endings are always the same.

> CONDITIONAL: Nous **devri**ons écrire souvent.   We *should* write often.
>   FUTURE: Nous **devr**ons écrire souvent.   We *will have to* write often.

> CONDITIONAL: Elle **verr**ait le cadeau.   She *would see* the gift.
>   FUTURE: Elle **verr**a le cadeau.   She *will see* the gift.

In conversation, the **futur proche** is used much more frequently than the **futur.** There is, however, a slight difference in meaning: the **futur proche** expresses actions that will take place fairly soon, while the **futur** refers to more distant actions.

Nous allons faire une promenade.	*We are going to take* a walk.
Nous ferons une promenade dimanche matin.	*We will take* a walk Sunday morning.
Est-ce qu'**ils vont inviter** ses amis?	*Are they going to invite* their friends?
Est-ce qu'**ils inviteront** ses amis a la campagne?	*Will they invite* their friends to the country?

 ATTENTION

When you use **quand** and **lorsque** (*when*) or **dès que** and **aussitôt que** (*as soon as*) in a sentence for future actions, you must use the **futur** in both clauses, even though you would use the present tense in English.

Je lui demanderai **quand il arrivera.**	I will ask him *when he comes.*
Dès qu'elle partira, nous nous coucherons.	*As soon as she leaves*, we shall go to bed.

Pratiquons

A. Substituez les pronoms donnés dans les phrases suivantes.

1. Nous ne parlerons pas de l'examen. (Vous, Je, Elles, Tu, On, Il)
2. Vous viendrez cet été? (Tu, Elle, Nous, Ils, On)
3. Elle ne fera pas la cuisine. (Elles, Il, Je, Vous, Nous, Tu)

B. Dans les phrases suivantes, mettez les verbes au futur.

1. Nous allons partir la semaine prochaine.
2. Il va pleuvoir tout l'été.
3. Allez-vous faire cet exercice?
4. Il va falloir que vous reveniez.
5. Elles vont répondre à toutes les questions.
6. Je vais visiter l'Asie.
7. Nous allons vendre notre maison.
8. Tu vas choisir une belle cravate.

C. Dans les phrases suivantes, changez les verbes du conditionnel au futur.

1. Il faudrait que je parte.
2. Vous voudriez déjeuner?
3. Nous appellerions le médecin.
4. Je ne ferais pas cela.
5. Tu prendrais le train?
6. Elles n'iraient pas loin.

D. Dans les phrases suivantes, changez les verbes du passé composé au futur.

1. Dès qu'elle est arrivée, je l'ai embrassée.
2. Quand il a téléphoné, je suis parti.
3. Aussitôt que nous avons reçu sa lettre, nous y avons répondu.
4. Mon père m'a acheté une voiture lorsque j'ai réussi à mon examen.
5. Nous nous sommes levés aussitôt qu'elle a appelé.
6. Il a été content quand il a eu une bonne note.

E. Traduisez les phrases suivantes.

1. Will it rain this weekend?
2. Tomorrow you'll be tired.
3. As soon as he wakes up, I will dress him.
4. We will be able to leave when they sell our house.
5. I will call you when dinner is ready.
6. We will see you next year.

Parlons

A. Quels sont vos projets pour l'année prochaine?

MODÈLE: Je suivrai des cours de mathématiques.
          Je ne perdrai pas mon argent.

aller en Europe avec…
faire de la gymnastique
jouer à…
étudier le, la, les…
acheter un, du,…
lire les…

habiter à… avec…
finir mes études
commencer à…
être plus sérieux(-euse), patient(e)
studieux(-euse)
… ?

B. Que ferez-vous pendant un été idéal?

MODÈLE: J'irai aux Caraïbes.

acheter une nouvelle voiture
regarder la télévision huit heures
    par jour
passer ton temps au téléphone
boire / manger beaucoup de…
ne rien faire

écrire des poèmes / des contes /
    un roman / des lettres…
faire la grasse matinée tous les
    jours
danser tous les soirs
écouter mes disques / la radio,…

C. Que ferez-vous…

1. quand il fera beau?
2. quand il pleuvra?
3. quand vous serez en vacances?
4. lorsque vous aurez une auto?
5. lorsque vous pourrez avoir un appartement?
6. lorsque vous serez vieux (vieille)?
7. dès que vous aurez un diplôme?
8. dès que cette classe finira?
9. dès que vous rentrerez à la maison?
10. aussitôt qu'il sera huit heures?
11. aussitôt que le week-end arrivera?
12. aussitôt que vous aurez beaucoup d'argent?

La basilique de Sainte-
Anne-de-Beaupré

D. Imaginez la vie au vingt et unième siècle.

> MODÈLE: On passera le week-end sur la lune.
> Nous ne travaillerons plus.
> Les gens resteront jeunes.

n'aller plus chez le dentiste (n'avoir plus de dents)
avoir des robots pour…
n'être jamais fatigué(e)
ne faire plus la vaisselle (ne manger plus)
il faut parler plusieurs langues
pouvoir travailler deux jours par semaine
faire du trois cents à l'heure
n'avoir plus besoin de médecins
voir les gens au téléphone
vouloir retourner en 1985 (le bon vieux temps!)

E. Répondez aux questions suivantes.

1. Où irez-vous cet été?
2. Quand aurez-vous vingt-trois ans? Comment fêterez-vous cet anniversaire?
2. Quand commencerez-vous à travailler?
4. Quand est-ce que vous passerez votre examen de français? Y réussirez-vous ou y échouerez-vous?
5. A quelle heure vous lèverez-vous dimanche?
6. Sécherez-vous des cours la semaine prochaine?

II. Si clauses

Both French and English have sentences in which one action depends on a certain condition. One such type of sentence uses *if* in English and **si** in French.

> If it rains, we won't go out.
> If she were late, she would telephone.

In French, as in English, there is a sequence of verb tenses used in **si** clauses. At this point, you can construct three types.

1. **Si** / present tense—present tense
   Use this sequence with general rules or typical conditions.

S'il **pleut,** je **prends** mon parapluie.	If it *rains,* I *take* my umbrella.
Si j'**ai** faim, je **mange** un sandwich.	If I *am* hungry, I *eat* a sandwich.
Si on **étudie,** on **a** de bonnes notes.	If you *study,* you *get* good grades.

2. **si** / present tense—future
   Use this sequence for a specific event.

Si l'autobus **est** en retard, nous **prendrons** un taxi.	If the bus *is* late, we *will take* a taxi.
Si tu ne **réussis** pas, elle **sera** furieuse.	If you don't *succeed,* she *will* be furious.
Si on m'**appelle,** je ne **répondrai** pas.	If someone *calls* me, I *will* not *answer.*

3. **si** / imperfect—conditional
   Use this sequence for hypothetical situations.

S'il **avait** du tact, il **aurait** plus d'amis.	If he *had* tact, he *would have* more friends.
Si nous nous **levions** de bonne heure, nous **serions** trop fatigués.	If we *got up* earlier, we *would be* too tired.
Si vous **achetiez** cela, vous le **regretteriez.**	If you *bought* that, you *would be* sorry.

 ATTENTION

The **si** clause can occur first or second in the sentence.

> **S'il** fait beau, nous irons à la piscine.
> OR Nous irons à la piscine, **s'il** fait beau.

> **Si** j'avais de l'argent, j'achèterais cette auto.
> OR J'achèterais cette auto **si** j'avais de l'argent.

Pratiquons

A. Remplacez les mots en italique par les expressions verbales données.

1. Si j'avais de l'argent, *j'achèterais une voiture.* (aller à Paris, manger au restaurant, prendre l'avion, être content(e), venir avec vous, avoir une nouvelle auto, louer un avion)
2. Nous *jouerons aux cartes*, si tu viens chez moi. (s'amuser beaucoup, regarder la télévision, pouvoir écouter des disques, faire la cuisine, être seul(e)s, aller à la piscine)

B. Dans les phrases suivantes, ajoutez l'expression **ce soir** et mettez le verbe en italique au futur.

1. S'il pleut, on *reste* à la maison.
2. Si les enfants ont faim, ils *mangent*.
3. Si on est fatigué, on *se couche* de bonne heure.
4. Si quelqu'un téléphone, nous ne *répondons* pas.
5. S'il y a un bon programme à la télévision, *restes*-tu à la maison?
6. Je *mange* chez Paulette, si mes parents ne préparent pas le dîner.

C. Faites des phrases hypothétiques en mettant (*by putting*) les verbes à l'imparfait et au conditionnel, selon le cas.

MODÈLE: Si Marie est malade, nous irons sans elle.
Si Marie était malade, nous irions sans elle.

1. S'il fait beau, ils iront à la campagne.
2. Si c'est ton anniversaire, je te ferai un cadeau.
3. Nous ne prendrons pas la voiture s'il fait du brouillard.
4. Tu auras mal à la tête si tu bois trop.
5. Si vous aimez la musique classique, nous écouterons ce disque.
6. Nous ne verrons personne si nous entrons dans ce café.

D. Faites deux phrases différentes avec chaque groupe de mots.

1. Si / je / recevoir / son / lettre, je / lui / écrire
2. Si / elle / nous / téléphoner, nous / savoir / réponse
3. Si / je / inviter / Jacques, les autres / ne... pas... vouloir / venir
4. Si / enfants / être en retard, il / valoir mieux / les / attendre
5. Si / elle / ne... pas / se dépêcher, elle / ne... jamais / être / à l'heure
6. Si / il / ne... pas / dire / vérité, il / falloir / le / punir

E. Refaites les phrases suivantes en employant les mots entre parenthèses.

1. S'il ne vient pas, je lui téléphone. (... demain...)
2. Quand elle verra cette maison, elle l'achètera. (Si...)
3. S'il avait de la patience, il ne dirait pas cela. (... faire...)
4. Elle sera contente quand elle recevra un cadeau. (... si...)
5. Si elle devient médecin, elle sera riche. (Quand...)
6. Si c'était lundi, on recevrait du courrier. (... c'est...)

Parlons

A. Formez des phrases avec **si** pour illustrer une règle (*rule*) générale.

MODÈLE: Si j'ai faim, je mange.

avoir froid	faire beau
avoir chaud	neiger
avoir soif	pleuvoir
être fatigué(e)	échouer à un examen
le professeur est absent	avoir de l'argent

B. Quelle sera votre réaction si les personnes suivantes vous téléphonent?

MODÈLE: Si mes parents me téléphonent, je leur demanderai de l'argent.

mes parents	Richard Nixon
mon professeur	la police
le Président	Hugh Hefner
Brigitte Bardot	le Prince Charles

C. Imaginez un monde différent. Qu'est-ce qui arriverait...

1. s'il n'y avait plus d'eau?
2. s'il ne faisait jamais de soleil?
3. si l'argent n'existait pas?
4. si on n'avait plus de télévision?
5. si personne ne parlait anglais?
6. si on avait des cours le dimanche matin?
7. si les gens ne portaient pas de vêtements?
8. si les hommes avaient les bébés?
9. si on ne tombait jamais malade?
10. si je n'avais pas besoin de travailler?

D. Comment votre vie serait-elle différente si...

1. vous n'alliez pas à l'université?
2. tu étais de l'autre sexe?
3. tu n'avais pas de camarade de chambre?
4. vous aviez (n'aviez pas) une auto?
5. tu avais des cours faciles?
6. tu ne savais pas lire?
7. vous étiez très pauvre?
8. vous n'aviez pas besoin d'apprendre le français?

E. Répondez aux questions suivantes.

1. Où habiteriez-vous si vous pouviez choisir?
2. Si vous receviez beaucoup d'argent, qu'est-ce que vous achèteriez?
3. Que fais-tu le matin si tu n'as pas de classes?
4. Si tu allais prendre ton dernier repas, qu'est-ce que tu préférerais manger?
5. Si tu oublies de passer un examen, que feras-tu?
6. Si vous êtes très fâché(e), que faites-vous?

III. Mettre

PRÉSENT	
je mets	nous mettons
tu mets	vous mettez
il met	ils mettent
FUTUR et CONDITIONNEL	
je mettrai	nous mettrions
IMPARFAIT	
tu mettais	vous mettiez
PASSÉ COMPOSÉ	
il a mis	elles ont mis
SUBJONCTIF	
que je mette	que nous mettions
IMPÉRATIF	
mets	mettons mettez

Mettre is irregular and means *to put, to put on* (*clothing*), or *to turn on* (*a radio or a television set*).

Où est-ce que je peux **mettre** mon parapluie?	Where can I *put* my umbrella?
Elle **a mis** sa robe neuve.	She *put on* her new dress.
Il faut que tu **remettes** tes devoirs à l'heure.	You have to *hand in* your homework on time.
Permettez-moi de vous servir un verre de vin.	*Allow* me to serve you a glass of wine.
Ils **promettaient** souvent de venir mais on ne les voyait jamais.	They often *promised* to come, but we never saw them.

* Other verbs conjugated like **mettre** and **remettre**, *to postpone, to hand in, to hand back, to put back;* **permettre**, *to permit, to allow;* and **promettre**, *to promise*.

 ATTENTION

Permettre and **promettre** take **à** before a person and **de** before an infinitive.

Elle ne **permet** pas **aux** enfants de goûter.	She doesn't *allow* the kids to have an afternoon snack.
Je lui ai **promis de faire** la vaisselle.	I *promised* him (her) *I'd do* the dishes.

Pratiquons

A. Substituez les pronoms donnés dans les phrases suivantes.

1. Je mets du sucre dans le café.   (On, Nous, Tu, Vous, Ils, Elle)
2. Il vaudrait mieux que tu mettes un imperméable.   (je, vous, elles, on, ils, nous)
3. Il promet de nous écrire.   (Elle, Vous, Tu, Je, Elles, Ils)

B. Complétez les phrases suivantes avec les formes correctes des verbes donnés.

1. Où est-ce que tu _____ (mettre) mes affaires?
2. Il nous _____ (promettre) de revenir.
3. Le professeur est furieux que je ne _____ (remettre) jamais mes devoirs.
4. Ils aiment _____ (remettre) les choses à plus tard.
5. Il me _____ (permettre) de conduire son auto.
6. Si j'avais de l'argent, je le _____ (mettre) à la banque.
7. _____ (mettre) tes chaussures sous le lit.
8. Si tu me _____ (permettre) de rester, je te _____ (promettre) de ne pas parler.

C. Formez des phrases complètes avec les mots donnés.

1. Je / ne... pas / mettre / lait / dans / thé
2. Il / remettre / viande / dans le Frigidaire / ce matin
3. Ils / promettre / parents / téléphoner / le dimanche
4. Ne... pas / permettre / ton / enfants / jouer dans la rue
5. La semaine prochaine / nous / mettre / notre / nouveau / imperméable
6. Si / tu / mettre / radio / je / ne... pas / pouvoir / étudier

D. Refaites les phrases suivantes en employant les mots entre parenthèses.

1. En automne nous mettrons des vêtements chauds.   (L'hiver dernier...)
2. J'ai invité mes amis à jouer au tennis.   (... promettre...)
3. Si tu mets ton imperméable, il ne pleuvra pas.   (... pleuvrait...)
4. Les enfants ne portent pas de chaussettes en été.   (... mettre...)
5. Il est important que tu écrives cette lettre au professeur.   (... remettre...)
6. Vous nous demandez de fermer la porte.   (... permettre...)

E. Remplacez les mots en italique par des pronoms.

1. Elle a mis *les clés* sur la table.
2. Nous avons mis *de l'huile* sur la salade.
3. Ils ne vont pas permettre *aux enfants* de partir.
4. Mon camarade de chambre a remis *la lettre* au facteur.
5. Ils refusent de promettre *à Jacques* de finir.
6. Monique n'a pas mis *la vaisselle* dans la cuisine.

Parlons

A. Divisez-vous en petits groupes et posez des questions à partir des (*from*)

expressions suivantes.

remettre des devoirs en retard

mettre dans votre Frigidaire

mettre la télévision / la radio

mettre dans votre café / thé

mettre sur la table pour le petit déjeuner

mettre de l'argent à la banque

mettre dans votre valise pour partir en vacances

mettre dans une lettre à vos parents

B. Qu'est-ce que vous avez promis de faire que vous avez fait, et que vous n'avez pas fait?

MODÈLE: J'ai promis à mon petit ami de lui téléphoner plus souvent. (Je le fais.)

J'ai promis au professeur de venir en classe tous les jours. (Je ne le fais pas.)

à	*de*	
parents	faire moins de	conduire plus
professeur	bruit	lentement
ami(e)s	étudier plus	être plus
petit(e) ami(e)	souvent	patient(e)
camarade(s) de	rentrer le week-	parler moins
chambre	end	manger comme
voisin(e)(s)	écrire toutes les	il faut
agents de police	semaines	m'habiller bien
facteur	l' / les inviter	... ?
frère / sœur	au restaurant	
fille / garçon		
. . . ?		

C. Quels vêtements mettez-vous...

1. quand il pleut?
2. quand il fait très froid?
3. quand vous allez à l'église?
4. quand vous sortez avec un garçon / une fille?
5. pour dormir?
6. pour aller en classe?
7. pour vous amuser?
8. pour prendre un bain?

D. Quand vous aurez des enfants, qu'est-ce que vous leur permettrez de faire et qu'est-ce que vous ne leur permettrez pas de faire?

MODÈLE: Je leur permettrai de faire du vélo.
             Je ne leur permettrai pas de jouer à table.

manger du gâteau	regarder la télévision
jouer au football	avoir un chat ou un chien
sortir le soir	avoir un(e) petit(e) ami(e)
se promener sans vêtements	avoir une voiture
fumer	apprendre le français
partir le week-end	… ?
mettre les pieds sur la table	

E. Répondez aux questions suivantes.

1. Quels disques mets-tu très tard le soir?
2. Quand mettez-vous la radio ou la télévision?
3. Quels devoirs as-tu remis en retard? Est-ce que le professeur était fâché?
4. Qu'est-ce que vous avez promis de faire cette année?
5. Permets-tu aux gens près de toi de fumer?
6. Où mettrez-vous votre argent quand vous serez riche?

Communiquons

LES ÉMOTIONS

In a conversation, it is often necessary to express an emotional reaction to a statement or event. The ways of expressing these feelings rarely fit into the traditional grammatical categories used in textbooks. The following groups of words will help you express yourself in an authentic manner in French. Of course, most of the "**exclamations**" are appropriate only in informal situations.

EXCLAMATIONS   EXPRESSIONS

1. **L'Étonnement** (*surprise*)

Tiens! *Hey!*
Ça alors! *I'll be darned!*
C'est pas vrai! *No?!*
Comment? *What?*
Quoi? *What?*

Je suis étonné(e) que... (*Subjonctif*)
Elle est surprise que... (*subjonctif*)
Il s'étonne que... (*subjonctif*)
Tu ne savais pas que... (*indicatif*)
Nous avons du mal à croire que... (*indicatif*)

2. **La Déception** (*disappointment*)

Tant pis! *Too bad!*
(Quel) dommage! *That's too bad!; What a shame.*
Zut alors! *Darn!*
Merde alors! *Damn!*

Je regrette que... (*subjonctif*)
Je suis navré (*sorry*) que... (*subjonctif*)
Il est désolé que... (*subjonctif*)
Nous sommes déçus (*disappointed*) (*subjonctif*)

3. **La Satisfaction**

Tant mieux! *Good!*
Parfait! *Perfect!*
Bon! *Good!*
Chouette alors! *Great!*
Formidable! *Great!*
Fantastique! *Fantastic!*
Terrible! *Super!*

Vous êtes heureuses que... (*subjonctif*)
Ils sont contents que... (*subjonctif*)
Elles sont satisfaites que... (*subjonctif*)
Je suis ravi(e) (*delighted*) que...

4. La Colère *(anger)*

Ça suffit! *Enough!*
Arrête! *Stop!*
Laisse-moi! *Leave me alone!*
Fiche-moi la paix! *Leave me alone!*
J'en ai marre! *I've had it up to here!*
J'en ai assez! *I've had it with this!*
Ça va pas, non? *Are you crazy?*
Tu me casses les pieds! *You really annoy me!*

Il est fâché que... *(subjonctif)*
Elle est furieuse que... *(subjonctif)*

5. L'Indifférence

Ça m'est égal. *I don't care.*
Je m'en fiche. *I don't care.*
Ça ne fait rien. *It doesn't matter.*
Ce n'est pas grave. *It's not serious.*
Ce n'est pas grand-chose. *It's no big deal.*
Et après? *So what?*
Comme ci, comme ça. *So-so*

Ça m'est égal si... *(indicatif)*
Peu m'importe si... *(indicatif)*

QUESTIONS

Que diriez-vous dans les situations suivantes?

1. Votre camarade de chambre met la radio très fort.
2. Tes ami(e)s veulent aller voir un western.
3. Tu viens d'échouer à un examen.
4. Vous trouvez cent dollars dans la rue.
5. Le chauffeur dans la voiture derrière vous klaxonne.
6. Tu perds ta montre.
7. Vous avez un «A» en français.
8. Vous rencontrez un(e) ami(e) que vous n'avez pas vu(e) depuis trois ans.
9. Tes voisins parlent jusqu'à trois heures du matin.
10. Quelqu'un veut vous vendre une auto.
11. Tu n'as plus d'argent à la banque.
12. Un ami t'invite à passer le week-end à la plage.

Section culturelle

French in Quebec

One of the largest French-speaking areas is in North America. It is Quebec, the largest province of Canada. Montreal is, in fact, the second largest francophone city in the world. While Canada is officially bilingual, English has always been the major language. Having a minority language predominate in Quebec has caused many problems over the years. A recent manifestation of this situation was the effort by the **Parti Québécois** to separate Quebec from the Confederation. While this measure failed in a referendum, an earlier action by the government of Quebec has drawn a lot of attention.

In 1977, the government of Quebec passed the **Charte de la langue française,** which made French the official language of that province. Many English-speakers feared this would make them second-class citizens and divide families in which the parents spoke English, because their children would use only French in school. In truth, the Charter makes French the predominant language in Quebec, but it also guarantees the rights of all citizens to use their native tongue.

Le Français au Québec

Le 26 août 1977, l'Assemblée nationale du Québec a adopté *la Charte de la langue française.* Cette Charte garantit aux Québécois francophones le respect de certains droits° linguistiques fondamentaux,° et fait du français la langue normale et habituelle du travail, du commerce et de l'Administration.

Dans le passé, il fallait que les Québécois connaissent l'anglais pour trouver du travail et surtout pour occuper les postes de direction.° *La Charte de la langue française* était donc essentielle si l'on voulait que cette langue survive au Québec. Alors que les anglophones° sont majoritaires° dans neuf provinces canadiennes, les francophones dominent au Québec. En 1976, 81 pour cent de sa population était de langue française, 12 pour cent de langue

rights
fundamental

management positions
English-speakers
the majority

anglaise et 7 pour cent d'une autre langue. Dans ces conditions, le Québec devait garantir la place du français au Canada.

Cinq articles de la Charte décrivent les droits linguistiques fondamentaux des Québécois:

- Toute° personne a le droit d'exiger° que l'Administration et tous les services publiques communiquent en français avec elle.
- Dans les assemblées déliberantes, toute personne a le droit de s'exprimer° en français.
- Les travailleurs ont le droit d'exercer leurs activités en français.
- Les consommateurs° ont le droit d'être informés et servis en français.
- Toute personne a le droit de recevoir un enseignement° en français.

Plus précisément, la Charte oblige les employeurs à communiquer en français avec leur personnel à tous les niveaux° de leur entreprise.° Un employeur ne peut pas congédier° un membre de son personnel parce qu'il ou elle ne parle que le français, mais un employeur peut utiliser une autre langue quand il s'adresse à la partie de son personnel qui ne connaît pas la langue officielle. *La Charte de la langue française* exige la primauté° du français et non son exclusivité.

Pour ce qui est de° l'enseignement, la Charte stipule qu'il doit se donner° en français pour les classes maternelles° et dans les écoles élémentaires et secondaires. D'autre part,° le Québec continue à subventionner° les écoles anglophones, mais seuls les enfants dont l'un des parents a reçu l'enseignement élémentaire en anglais peuvent y aller. Le gouvernement a aussi fait des règlements pour étendre° le droit de recevoir l'enseignement en anglais.

La Charte a aussi créé la *Commission de protection de la langue française,* chargée de régler° les cas de non-respect des devoirs° et obligations. *La Charte de la langue française* favorise l'évolution sociale et culturelle des Québécois et, par conséquent, leur permet d'affirmer leur identité nationale.

Marginal glosses:

every / demand

express oneself

consumers
education

levels / business / fire

primacy

As for / be given
nursery school classes / On the other hand
subsidize

extend

in charge of regulating / duties

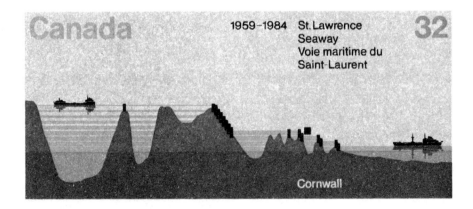

Canada　1959–1984　St. Lawrence Seaway　Voie maritime du Saint-Laurent　32

Cornwall

QUESTIONS SUR LE TEXTE

1. Qu'est-ce qui est arrivé au Québec le 26 août 1977?
2. Que garantit la Charte? Pourquoi est-elle essentielle?
3. Combien de personnes parlent français au Québec? anglais?
4. Quels sont les cinq droits linguistiques des Québécois?
5. Selon la Charte, qu'est-ce qu'un employeur doit faire? ne peut pas faire?
6. Qui peut recevoir un enseignement en anglais?
7. Quel est le rôle de la *Commission de protection de la langue française?*
8. Qu'est-ce que la Charte permet aux Québécois de faire?

QUESTIONS FACULTATIVES

1. A-t-on besoin d'une Charte de la langue anglaise aux Etats-Unis?
2. Aimeriez-vous que vos enfants aillent à l'école en français?
3. Es-tu pour ou contre (*for or against*) la sécession d'une province ou d'un état qui est différent(e) des autres?
4. Connaissez-vous d'autres pays où il y a des problèmes linguistiques identiques à ceux du Québec?

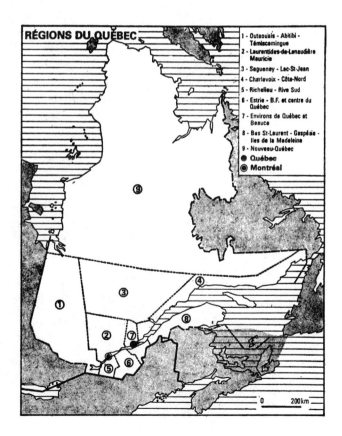

.23

Sur la Grand-Place de Bruxelles

Mamadou, un Sénégalais; Irène, une Belge; et Jean, un Suisse, tous étudiants à l'Institut Supérieur de l'Etat de Traducteurs° et Interprètes de Bruxelles, se promènent sur la Grand-Place et décident de s'installer° à la terrasse° du Café de la Couronne.

IRÈNE Allons prendre un pot° à La Couronne!

MAMADOU Ça doit être très cher car c'est toujours plein de touristes.

JEAN Ce n'est pas tellement° plus° cher qu'ailleurs,° on y mange bien et ils ont de bonnes bières.

IRÈNE Il n'y a pas de café meilleur marché° autour de° la Grand-Place, et l'ambiance° est plus agréable.°

(Ils s'installent à la terrasse de La Couronne.)

IRÈNE Regardez l'Hôtel de Ville! C'est un des plus vieux° bâtiments° de la ville. Je suis sûre qu'il n'y a pas de bâtiments aussi anciens° au Sénégal.

MAMADOU Certainement pas!° Nos villes existent° depuis moins longtemps° et notre architecture est bien plus° moderne.°

JEAN Tiens, voilà la serveuse.° Commandons vite quelque chose.

Mots clés

Vocabulaire du dialogue

le traducteur   the translator
s'installer   sit down
la terrasse   the terrace, sidewalk
prendre un pot   have a drink
   (*familiar*)
tellement   really
plus... que   more . . . than
ailleurs   elsewhere
meilleur marché   cheaper, less
   expensive
autour de   around

l'ambiance (*f*)   atmosphere
plus agréable   nicer
un des plus vieux   one of the oldest
les bâtiments (*m*)   the buildings
aussi anciens   as old
Certainement pas!   Certainly not!
existent   exist (**exister**)
moins longtemps   less time
bien plus   much more
moderne   modern
la serveuse   the waitress

**FAISONS
CONNAISSANCE**

Brussels is one of Europe's truly international cities. The home of numerous multinational corporations, it is also the headquarters of NATO and the Common Market. Brussels is a bilingual city, where most native Belgians speak both French and Flemish. **L'Institut Supérieur de l'Etat de Traducteurs et Interprètes de Bruxelles,** the school mentioned in the dialogue, draws students from all over the world who study to become translators and interpreters.

Brussels's main tourist attraction is the **Grand-Place,** a square surrounded by eighteenth-century buildings that used to house various guilds. The **Hôtel de Ville,** The City Hall, dating from the fifteenth century, dominates the square. Nearby is the famous statue, the **Mannekin Pis,** a small fountain that surprises and sometimes shocks tourists.

The Berlaymont, (ECC) Common Market Building, Brussels, Belgium

ETUDIONS LE DIALOGUE

1. Mamadou vient de quel pays?
2. Qu'est-ce que Irène propose?
3. Pourquoi est-ce que Mamadou ne veut pas y aller?
4. Pourquoi est-ce que Jean aime *La Couronne*?
5. Décrivez l'Hôtel de Ville.
6. Quelle est la différence entre l'architecture de Bruxelles et celle du Sénégal?

Enrichissons notre vocabulaire

Mangez-vous souvent des omelettes?	Do you often eat omelets?
Oui, j'**aime bien** les **œufs.**	Yes, I *am fond of eggs.*
Est-ce qu'ils ont travaillé **suffisamment?**	Did they work *enough?*
Non, ils ont mal utilisé leur temps.	No, they used their time poorly.
Qui sont les bons **joueurs** dans votre équipe?	Who are the good *players* on your team?
Marc et Yvette sont les **meilleurs.**	Marc and Yvette are *the best.*
Est-ce que M. Dupont **enseigne** bien?	Does Mr. Dupont *teach* well?
Oui, il enseigne **mieux que** mes professeurs de l'année dernière.	Yes, he teaches *better than* my teachers last year.
Qui est **le plus grand écrivain** français, à votre avis?	Who is *the greatest* French *writer*, in your opinion?
Flaubert est le meilleur écrivain; *Madame Bovary* est le roman **le plus connu** de la littérature française.	Flaubert is the best writer; *Madame Bovary* is *the best-known* novel in French literature.

Mots clés

aimer bien to be fond of	**mieux que** better than
l'écrivain *(m)* the writer	**l'œuf** *(m)* the egg
enseigner to teach	**le plus connu** the best-known
le joueur the player	**le plus grand** the greatest
le(s) meilleur(e)(s) the best	**suffisamment** enough

Prononciation

Les Bêtes noires

At this point, you have learned all the main features of French pronunciation. There always remain a few individual words that are hard to pronounce, however. We call these words **les bêtes noires,** or things that people dread. Listen carefully to the correct pronunciation.

A. Les Verbes

il peut, ils peuvent	je fais, nous faisons
tu achètes, vous achetez	je verrai, je ferai, je serai
que j'aille, que nous allions	qu'il veuille
soyons	choisissez, réussissez
ayez, aie	gagner
elle prend, elles prennent	j'aime

B. Les Adjectifs

un, une	ancien, ancienne	affreux
bon, bonne	utile, inutile	ambitieux

C. Les Noms

les gens	deux heures	une famille tranquille
ma sœur	un œuf, des œufs	l'Allemagne
le pays	un an, une année	la psychologie, l'anthropologie
juin, juillet, août	un franc	l'hiver, l'automne
monsieur, messieurs	un examen	un athlète
la faim, la femme	la peur	Jean, Jeanne
la gare, la guerre	mille, ville, fille	les Etats-Unis
l'école	un cours, un corps	un bureau de tabac

EXERCISE

Read the following sentences aloud, pronouncing each word correctly.

1. Ma sœur aime les œufs et le beurre.
2. Je ne pense pas que Jean veuille gagner le match.
3. Nos familles prennent leurs vacances en juin et en juillet.
4. Il est inutile de chercher un pays où les gens ne sont pas ambitieux.
5. Nous faisons une promenade entre la gare et l'école.
6. En automne et en hiver ils peuvent suivre un cours de psychologie ou d'anthropologie.
7. Jeanne verra cette femme et ce monsieur.
8. N'ayez pas peur d'une guerre entre les Etats-Unis et l'Allemagne.
9. Je serai là à deux heures et je ferai un bon repas.
10. Il ne faut pas que les athlètes aillent au bureau de tabac.

Grammaire

I. Adverbs

A. Introduction

Adverbs are words that modify adjectives, verbs, or other adverbs. They usually indicate manner or degree, and answer the questions *How?*, *How much?*, *When?*, and *Where?*

He answers the phone *quickly*.
They own a *very* large house.
She drives *much too slowly*.

You have already learned the following adverbs: **assez, peu, beaucoup, souvent, bien, très, déjà, trop, mal**, and **vite**.

The following indications of time and place are also adverbs: **aujourd'hui, ailleurs, demain, ici, hier, là-bas, tard, tôt, partout**, and **quelquefois** (*sometimes*).

B. Adverbs created from Adjectives

Other adverbs may be created from adjectives by adding the ending *-ment* (/mã/). The form of the adjective that takes this ending can vary.

1. Adjectives ending in a written vowel take *-ment* directly.

vrai → vraiment	facile → facilement
sincère → sincèrement	probable → probablement
rapide → rapidement	nécessaire → nécessairement
grave → gravement	rare → rarement
simple → simplement	tranquille → tranquillement

2. Most adjectives that end in a written consonant add *-ment* to the feminine form.

   certain, certaine → certainement
   tel, telle → tellement
   sûr, sûre → sûrement
   seul, seule → seulement
   malheureux, malheureuse → malheureusement (*unfortunately*)
   heureux, heureuse → heureusement (*fortunately*)
   sérieux, sérieuse → sérieusement
   lent, lente → lentement
   traditionnel, traditionnelle → traditionnellement
   complet, complète → complètement
   curieux, curieuse → curieusement
   long, longue → longuement
   premier, première → premièrement
   merveilleux, merveilleuse → merveilleusement

3. Most adjectives ending in *-ent* or *-ant* (/ã/) change those letters to *em* or **am,** respectively, then add *-ment.* In other words, /ã/ becomes /amã/ in both cases.

-ant	*-ent*
suffisant ← suffisamment	fréquent → fréquemment
insuffisant → insuffisamment	innocent → innocemment
méchant → méchamment	intelligent → intelligemment
	prudent → prudemment

C. Position of Adverbs

As a general rule, short, frequently-used adverbs precede past participles and infinitives, while longer ones follow.

Il est **vite** parti.   Elle a conduit **lentement.**
Je vais **vite** sortir.   Je vais sortir **tranquillement.**

While there are many exceptions to the above rule, two other rules always hold true.

1. In French, a subject and a conjugated verb are *never* separated by an adverb, as in English.

Je rentre **souvent** tard.   I *often* get home late.
(s)   (v)   (adv)   (s) (adv)   (v)

2. In French, adverbs of time and place always precede or follow the subject-verb group, but they *never* occur between those elements.

Nous allons commencer **demain.**
       (s-v group)   (adv)

Ici, il n'y a pas de cafés.
(adv)   (s-v)

Pratiquons

A. Trouvez l'adjectif correspondant aux adverbes suivants. (Vous les avez déjà étudiés.)

1. absolument	4. attentivement	7. particulièrement
2. exactement	5. progressivement	8. typiquement
3. finalement	6. régulièrement	9. récemment

B. Donnez l'adverbe qui correspond aux adjectifs suivants.

1. poli	6. curieux	11. essentiel
2. grave	7. prudent	12. général
3. certain	8. simple	13. innocent
4. traditionnel	9. complet	14. personnel
5. méchant	10. généreux	15. suffisant

C. Substituez les adverbes donnés dans les phrases suivantes.

1. Il répond prudemment.   (vite, sérieusement, rarement, lentement, mal)
2. Ils l'ont fait hier.   (complètement, bien, vite, récemment, déjà, ailleurs)
3. Nous allons bien travailler.   (longuement, fréquemment, peu, intelligemment, beaucoup, demain)

D. Changez les adjectifs entre parenthèses en adverbes, et ajoutez-les aux phrases données.

1. Elle a chanté.   (merveilleux)
2. Ils ne sont pas bons.   (tel)
3. Il me téléphone trop.   (fréquent)
4. Je les ai rencontrés.   (récent)
5. Ne me parlez pas!   (méchant)
6. Nous avons deux dollars.   (seul)
7. Vous n'avez pas terminé.   (complet)
8. Tu n'as pas faim?   (vrai)
9. Ils travaillent.   (lent)
10. Tu vas être malade.   (sûr)

E. Mettez les phrases suivantes au passé composé et faites attention à la place des adverbes.

1. Ils parlent beaucoup.
2. Nous finissons aujourd'hui.
3. Elle s'habille rapidement.
4. Il étudie peu.
5. Ils viennent me voir souvent.
6. Ils arrivent déjà.
7. Je le connais personnellement.
8. Elles écoutent sérieusement.

Parlons

A. Avec quelle fréquence faites-vous ces choses? souvent? quelquefois? rarement? jamais? Et l'été dernier?

MODÈLE: aller au cinéma
          Je vais quelquefois au cinéma.

sécher mes cours	inviter des amis
manger au restaurant	avoir de bonnes notes
aller à l'église	être malade
faire une promenade	me lever tôt
faire la cuisine	parler français
faire la grasse matinée	téléphoner à des amis
aller à la piscine	se coucher tard
lire des romans	mettre des chaussures

B. Comment faites-vous les activités suivantes?

MODÈLE: étudier   (bien, longuement, rarement, vite)
            J'étudie vite.

1. parler français   (bien, mal, lentement, rarement)
2. faire le ménage   (souvent, rapidement, mal, fréquemment)
3. répondre en classe   (rarement, difficilement, intelligemment, longuement)
4. faire vos devoirs   (sérieusement, tranquillement, attentivement, vite)
5. manger   (trop, suffisamment, peu, bien)
6. dormir   (peu, beaucoup, bien, tranquillement)
7. parler   (méchamment, longuement, prudemment, simplement)
8. s'habiller   (simplement, curieusement, traditionnellement, bien)

Et l'année prochaine?

9. travailler   (bien, beaucoup, probablement, ailleurs, ici)
10. voyager   (souvent, partout, sûrement, longuement)
11. chercher un appartement   (partout, peut-être, certainement, sérieusement)
12. faire du sport   (souvent, rarement, sûrement, régulièrement)

C. Hier, avez-vous fait ces choses vite ou lentement? Et demain?

1. se lever
2. manger
3. faire vos devoirs
4. conduire votre auto
5. s'habiller
6. lire le journal
7. travailler
8. s'endormir

D. Que faites-vous de cette manière?

MODÈLE: prudemment   *Je conduis prudemment.*

1. longuement
2. rarement
3. rapidement
4. bien
5. simplement
6. attentivement
7. régulièrement
8. intelligemment
9. mal
10. merveilleusement

E. Répondez aux questions suivantes.

1. Où allez-vous régulièrement?
2. A qui as-tu écrit récemment?
3. Qu'est-ce que tu fais particulièrement bien? mal?
4. Allez-vous préparer l'examen final suffisamment?
5. Qu'est-ce qui est typiquement français? anglais?
6. Quelle note allez-vous probablement avoir dans ce cours?

II. The French Equivalents of *good* and *well*, *bad* and *badly*

A. When expressing the equivalents of *good* and *well* and *bad* and *badly* in French, it is important to distinguish between adjectives and adverbs.

The adjectives **bon** and **mauvais** modify only nouns.

C'est un **bon** médecin.	He's (She's) a *good* doctor.
Cette bière est **mauvaise.**	This beer is *bad.*

To modify a verb or an adjective, you must use the adverbs **bien** and **mal.**

Tu as **bien** travaillé?	Did you work *well (hard)?*
Ils s'habillent **mal.**	They dress *poorly.*

B. To make a comparison, English uses *better* for both the adjective *good* and the adverb *well.*

She is a *good* singer. → She is a *better* singer.
She sings *well.* → She sings *better.*

In French, you must keep the distinction between adjectives and adverbs. The comparative of the adjective **bon(ne)(s)** is **meilleur(e)(s).** The comparative of the adverb **bien** is **mieux.**

C'est un **bon** vin. → C'est un **meilleur** vin.
Ils travaillent **bien.** → Ils travaillent **mieux.**

C. To complete a comparison, use **que** *(than.)*

M. Lebrun est un **très bon** professeur. M. Ducharme est un **bon** professeur.	M. Lebrun est un **meilleur** professeur que M. Ducharme.
Les vins français sont **très bons.** Les vins de Californie sont **bons.**	Les vins français sont **meilleurs** que les vins de Californie.
Mme Gillain explique **très bien** la leçon. Mlle Debizet explique **bien** la leçon.	Mme Gillain explique la leçon **mieux** que Mlle Debizet.
Louise chante **très bien.** Marc chante **bien.**	Louise chante **mieux** que Marc.

D. The same distinction is made between *bad* (adjective) and *badly* (adverb). The adjective is **mauvais,** the adverb **mal.** The comparatives use **plus.**

Robert a de **très mauvaises** notes.

Jacqueline a de **mauvaises** notes.

} Robert a de **plus mauvaises** notes que Jacqueline.

Je lis **très mal.**
Mon camarade de chambre lit **mal.**

} Je lis **plus mal** que lui.

ATTENTION

1. The adjectives **bon, mauvais,** and **meilleur** agree with the nouns they modify; the adverbs, **bien, mal,** and **mieux** never change.
2. Remember that **meilleur** and **mieux** are already comparative—you cannot use **plus** with them.

Pratiquons

A. Ajoutez le mot entre parenthèses aux phrases suivantes. Attention à l'accord des adjectifs.

1. Michel est un acteur.   (bon)
2. Ils ont mangé.   (bien)
3. Nous avons reçu des nouvelles.   (mauvais)
4. Avez-vous entendu ma question?   (mal)
5. Ils n'ont pas d'idées.   (meilleur)
6. Elles dorment avec la fenêtre ouverte.   (mieux)
7. J'ai une réponse à sa question.   (bon)
8. Tu as lu un livre?   (mauvais)

B. Complétez les phrases suivantes avec la forme correcte de **bon, bien, mauvais, mal, meilleur** ou **mieux,** selon le cas.

1. Je viens de voir un _____ film.
2. Ils ont _____ fait leurs devoirs.
3. Ils parlent français _____ que moi.
4. Tu ne trouveras pas de _____ restaurant que celui-ci.
5. Elle danse plus _____ que vous.
6. Est-ce que vous voyez _____ d'ici?
7. Ils ont une _____ impression des Etats-Unis.
8. Nous allons _____ faire la prochaine fois.

C. Formez des phrases complètes avec les mots donnés.

1. Nous / s'amuser / bien / hier
2. Ils / répondre / mal / question / professeur
3. Je / conduire / bien / toi

4. Ce / restaurant / être / bon / celui-là
5. parents / dormir / mal / enfants
6. Vous / connaître / bien / ville

D. Changez les adjectifs suivants en adverbes, et vice versa.

MODÈLE: Jacques est un bon danseur. → *Il danse bien.*

1. Marc est un bon chanteur.
2. Sartre était un bon écrivain.
3. Anne et Marie étudient bien.
4. Robert va être un bon vendeur.
5. Jean est un bon joueur de football.
6. Mon père conduit mal.

E. Traduisez les phrases suivantes.

1. He prepared the lesson badly.
2. She works better than her brother.
3. Jean has a better answer.
4. They dress worse than us.
5. This film is worse than that one.
6. I don't understand Spanish very well.

Parlons

A. Etes-vous sexiste? Est-ce que vous pensez qu'il y ait des choses que les hommes font mieux que les femmes, ou vice versa?

MODÈLE: Les femmes jouent au tennis mieux que les hommes.
Les hommes font mieux les courses.

conduire	nager (*swim*)
faire la cuisine	comprendre les mathématiques
faire le ménage	apprendre les langues
jouer au football	retenir les dates
réussir aux examens	chanter
danser	enseigner
	... ?

B. Est-ce que ces choses sont bonnes ou mauvaises pour la santé?

MODÈLE: l'alcool
L'alcool est mauvais pour la santé.

les cigarettes	le sel (*salt*)	le café
le vin	le sucre	le poisson
le sport	les cigares	... ?
les cures	les œufs	

C. Comparez les choses suivantes.

MODÈLE: Les Fords / les Chevrolets
          Les Fords sont meilleures que les Chevrolets.

1. le vin américain / le vin français
2. le café brésilien / le café italien
3. la bière / l'eau
4. la cuisine chinoise / la cuisine mexicaine
5. les films de Jerry Lewis / les films de Woody Allen
6. les westerns / les films policiers
7. les cours de français / les cours de… ?
8. les cigarettes françaises / les cigarettes américaines

D. Que faites-vous bien? mal?

jouer de…	retenir les noms
jouer à…	supporter les enfants
parler…	utiliser vos talents
comprendre les hommes, les femmes	voyager en avion, en bateau
travailler	lire
répondre en classe	écrire

E. Répondez aux questions suivantes.

1. Quel moment de votre enfance vous rappelez-vous bien?
2. Quelle a été ta première impression de cette université? bonne ou mauvaise?
3. Connaissez-vous un meilleur professeur que le vôtre?
4. Aimez-vous mieux sortir le soir ou rester chez vous?
5. Dors-tu mal quand il y a du bruit?
6. Combien de très bons amis (bonnes amies) as-tu?

III. The Comparative and the Superlative

A. Comparative of Adjectives and Adverbs

With the exception of **bon** and **bien,** French adjectives and adverbs form the comparative with the expression **plus... que...**

Je suis **plus** grand **que** mon père.	I'm tall*er than* my father.
Ils sortent **plus** souvent **que** nous.	They go out *more* often *than* we do.

Two other possibilities are **aussi... que** (*as . . . as*) and **moins... que** (*less . . . than*).

Il est **aussi** intelligent **que** sa sœur.	He's *as* smart *as* his sister.
Elle danse **aussi** mal **que** nous.	She dances *as* badly *as* we do.
Je comprends **moins** bien **que** toi.	I understand *less* well *than* you.

B. Comparative of Nouns

To compare nouns, you use the following expressions; **plus de... que,** (*more . . . than*), **autant de... que** (*as much / many . . . as*) and **moins de... que** (*less / fewer . . . than*).

Elle a **plus** de patience **que** lui.	She has *more* patience *than* he.
J'ai **autant de** talent **que** Marc.	I have *as much* talent *as* Marc.
Nous avons **moins** d'argent **qu'**eux.	We have *less* money *than* they do.

C. The Superlative

In the superlative, you use the **definite article** before **plus** or **moins,** and **de** with the group identified.

Anne-Marie est **la plus intelligente de** sa classe.	Anne-Marie is *the most intelligent in* her class.
Pierre est **le moins timide de** la famille.	Pierre is *the least timid in* the family.
C'est en Amérique du Sud qu'il pleut **le plus souvent.**	It's in South America that it rains *the most often.*

If you use an adjective that normally follows a noun, then you must use the definite article twice, with the same number and gender.

J'habite **la** ville **la** plus intéressante de l'état.	I live in *the* most interesting city in the state.
Ce sont **les** étudiants **les** plus actifs de l'université.	They are *the* most active students at the university.

ATTENTION

1. Note that you use **de,** not **que,** with numbers.

Nous avons moins **d'**une heure pour finir.	We have less *than* an hour to finish.
Il faut plus **de** cent mille dollars pour acheter cette maison.	You need more *than* a hundred thousand dollars to buy that house.

2. The superlative of adverbs always take **le,** because adverbs have no number or gender.

Monique parle **le** moins bien de toute la classe.	Monique speaks *the* least well of the whole class.
Nous habitons **le** plus loin de l'université de tous nos amis.	We live the farthest from the university of all our friends.

Pratiquons

A. Substituez les sujets donnés dans les phrases suivantes.

1. *Marc* est plus grand que lui.   (Marie, Ses frères, Nous, Les filles, Je)
2. *Paul* est l'étudiant le plus intelligent de la classe.   (Chantal, Jean et Luc, Vous, Michel, Marie et Sylvie)
3. *Alain* a fini le plus vite possible.   (Brigitte, Les étudiants, Gilles, Je, Catherine et Christine)

B. Formez des phrases complètes avec les mots donnés. Les symboles +, − et = représentent **plus, moins** et **aussi,** respectivement.

1. Mon / auto / être / + grand / sien
2. pièce / être / = intéressant / film
3. Elle / être / − ambitieux / sœur
4. Jacqueline / écrire / + mal / moi
5. Ce / église / être / + vieux / de la ville
6. pain / français / être / + bon / pain / américain
7. Le Louvre / être / musée / + célèbre / monde
8. La France / avoir / − plages / Etats-Unis

C. Refaites les phrases suivantes en employant les mots entre parenthèses.

1. C'est la plus grande ville de l'état.   (C'est... état... pays.)
2. Il chante mieux que sa mère.   (... aussi...)
3. Cette bière est meilleure que l'autre.   (... moins...)
4. Elle est plus patiente que vous.   (... avoir... patience...)
5. Je suis aussi courageux que Jacques.   (... avoir... courage...)
6. Jean est l'étudiant le plus studieux de sa classe.   (Jeanne... université.)
7. J'ai cinq dollars.   (... plus...)
8. Michel a vingt et un ans.   (... moins...)

D. Changez l'ordre des comparaisons sans changer la signification (*meaning*) de la phrase.

MODÈLE: Je suis plus riche que Paul. → *Paul est moins riche que moi.*

1. Il écrit plus vite qu'eux.
2. Tu as plus de problèmes que les autres.
3. Son français est moins bon que le tien.
4. Marie est aussi jolie que Monique.
5. Jean traduit mieux que ses camarades.
6. Ma voiture est plus vieille que son bateau.

E. Traduisez les phrases suivantes.

1. Pierre is the handsomest child in the family.
2. I have the best car in town.
3. She has fewer friends than I.
4. That costs more than five thousand francs.
5. Do you have as much talent as Marie?
6. Our neighbors are the nicest in the building.

Parlons

A. Séparez-vous en groupes de deux. Comparez-vous en employant les expressions suivantes.

MODÈLE: Es-tu aussi grand(e) que moi?
          Je suis plus grand(e) que toi.

avoir des sœurs, frères	parler français
habiter loin de l'université	lire des romans
se coucher tard	aller au cinéma souvent
travailler bien	être sérieux
conduire vite	dépenser de l'argent

B. Connaissez-vous…

1. la plus haute montagne du monde?
2. la plus grande ville du monde?
3. la plus grande province du Canada?
4. l'aéroport le plus actif des Etats-Unis?
5. le plus vieil homme de la Bible?
6. la langue la plus utilisée?
7. la meilleure équipe de baseball cette année?
8. le jour le plus long de l'année?
9. les montres les plus chères?
10. le plus mauvais restaurant de votre ville?

C. Quel(le) est / Qui est, à votre avis,…

le plus grand écrivain?
le film le plus amusant?
le plus mauvais chanteur?
la langue la plus difficile?
la voiture la plus rapide?
la ville la plus agréable de ton pays?
l'homme politique le moins honnête?
le cours le plus intéressant de votre université?
la profession la plus difficile?
la meilleure pizza de votre ville?

D. Dans votre classe, qui est aussi… Qui a autant de…

frères et de sœurs que vous?
studieux que vous?
paresseux que vous?
disques que vous?
patience que vous?
intelligent que vous?
pauvre que vous aujourd'hui?
cravates (robes) que vous?
beau (belle) que vous?
petit(e)s ami(e)s que vous?

E. Répondez aux questions suivantes.

1. Conduisez-vous plus vite que vos amis?
2. Quel a été le jour le plus merveilleux de ta vie?
3. Quel professeur admires-tu le plus? Qui admires-tu autant que lui (qu'elle)?
4. Conduisiez-vous déjà quand vous aviez moins de seize ans?
5. Aimerais-tu avoir autant d'argent que les Rothschild?
6. Voudriez-vous être aussi beau (belle) / riche / célèbre que Cheryl Tiegs? Burt Reynolds?

Communiquons

LE FRANÇAIS FAMILIER (*Colloquial French*)

The French you have been studying in this book is the standard variety spoken by educated people. If you go to a French-speaking country, you are more likely to hear the colloquial (**familier**) form in casual conversation. Just as English-speakers replace *I am going to* with *I'm gonna* when speaking informally, French-speakers have several ways of simplifying their language. Because they frequently omit sounds, this level of speech is often harder for a foreigner to understand. The following description will help you begin to decipher more rapid speech.

A. Fillers

French people use fillers in pauses just as we say "well," "like," or "you know." The following words have no particular meaning, but you often hear them in French conversation.

> euh /ø/
> ben /bẽ/
> m'enfin (*mais enfin*)
> m'alors (*mais alors*)
> eh bien

B. Elision

This is the dropping of a sound or a syllable. It often occurs in the following instances:

1. when there are more mute *e*'s than usual

   > J¢ te verrai d¢main. /ʃtə/
   > C¢la n¢ s¢ fait pas. (*That isn't done.*)

2. with the *u* of **tu**

   > T'es vraiment stupide.
   > T'as fini?

3. with the *l* of **il** and **ils**

   > Il̸s sont partis.
   > Il̸ n¢ sait pas.

4. with the **ne** of negations

> Je n̷e̷ veux pas venir.
> C'est pas vrai!
> J̷e̷ veux pas m̷e̷ coucher.

5. with the consonant group *-re* at the end of words

> l'aut̷r̷e̷ liv̷r̷e̷
> quat̷r̷e̷ femmes
> le pauv̷r̷e̷ garçon

C. L'argot *(slang)*

Most languages have a variety of slang. Some of the more useful words in French slang are:

> une bagnole = une auto
> bouffer = manger
> un type, un mec = un homme
> une nana = une jeune femme
> les godasses = les chaussures
> le boulot = le travail; l'emploi *the job*
> le fric = l'argent
> Ta gueule! = Tais-toi! *Shut up! (vulgar)*
> les gosses = les enfants
> la flotte = l'eau
> dingue = fou *crazy*
> le pinard = le vin

EXERCICE

Mettez les phrases suivantes en français standard.

1. I'veut pas m'donner de fric.
2. Le pauv'mec peut pas acheter d'bagnole.
3. T'as vu l'aut'nana?
4. Tu vas pas porter ces godasses au boulot?
5. T'es dingue? J'aime pas la flotte!
6. T'as pas encore fini d'bouffer?
7. I'veulent pas me l'montrer.
8. C'type a bu quat'bouteilles de pinard.

Section culturelle

The French in Mali

As you know, France was an important colonial power in the late nineteenth and early twentieth centuries. One important vestige of that era is the use of French as an official language in many African countries. Because national boundaries are rarely drawn around ethnic groups, most African countries have several such groups, and they speak different languages. French serves, in a certain sense, as a common language, although very few people outside the metropolitan areas speak it.

The following passage describes the situation in Mali, a former French colony in West Africa. It relates the feelings of Mamadou Chérif Keïta, a native of that country who has also been educated in Europe and America. He contrasts the French and African cultures, particularly with regard to the educational system. An example of a cultural dilemma often cited is the use of French textbooks in classes for African children, such as the text *Nos Ancêtres les Gaulois*!

Le Français au Mali

Je m'appelle Mamadou Keïta. Je viens de Djoliba, petit village du Mali situé sur la rive° gauche du fleuve° Niger. Mon nom de famille indique que j'appartiens à l'ethnie° malinké ou maninka qui se trouve principalement au Mali, en Guinée et en Côte d'Ivoire. Certains historiens modernes pensent que les Malinké constituent le groupe originel de cette région de l'Afrique.

Avec la colonisation française qui a duré° de la fin du dix-neuvième siècle au début° des années soixante, l'influence culturelle française s'est superposée aux° éléments de la vieille civilisation africaine. Cette influence est surtout manifestée dans la langue française retenue aujourd'hui comme langue officielle dans la plupart° des anciennes colonies de la

bank
river / ethnic group

lasted / from the end . . . until the beginning
is superimposed on

most

France, et dans les formes de gouvernement, imitées presque° toujours de l'administration coloniale et des modèles de l'ancienne métropole. Ce dualisme culturel est visible dans les liens° qui existent entre l'éducation traditionnelle africaine et l'éducation française.

Dans la société traditionnelle, l'enseignement devait intégrer° l'individu à un système très complexe de relations entre les familles, les clans et les ethnies, et entre la collectivité et ses dieux.° Mais l'introduction de l'enseignement français a souvent rompu° ce lien entre l'élève° et sa communauté. Cet enseignement, qui voulait transformer les Africains en «Français noirs,» a appris° aux jeunes Africains des réalités jugées supérieures et leur a enseigné le mépris° du monde de leurs parents. Ceux qui, comme moi, sont passés par le moule° de l'école française, sont les enfants de ce divorce. Depuis l'indépendance, on a fait certains efforts pour adapter les manuels d'enseignement aux besoins réels° des Africains. Par exemple, au lieu de° parler de pommes et de cerises,° on parle de mangues et de goyaves°; au lieu de parler de l'hiver et d'autres saisons qui n'existent pas dans la plupart des régions d'Afrique, on parle de l'hivernage° et de la saison sèche°; au lieu de parler aux petits Africains des Gaulois et de Vercingétorix,° on parle maintenant des empires du Ghana, du Mali et du Songhaï, époques° glorieuses du passé africain. Récemment, certains ont jugé ces efforts insuffisants et ont recommandé l'élimination progressive de la langue française de l'enseignement, et son remplacement par des langues africaines comme le bambara, le ouolof, le fulbé et le haoussa. Cette solution permettrait à des pays indépendants de ne plus avoir une langue officielle que la majorité du peuple ne comprend pas.

QUESTIONS SUR LE TEXTE

1. Quelle ethnie constitue le groupe originel de l'Afrique de l'Ouest?
2. Combien de temps est-ce que la colonisation française a duré?
3. Comment reconnaît-on l'influence française?
4. Quelles sont les différences entre l'éducation française et l'éducation africaine traditionnelle?
5. Qu'est-ce qu'on a fait après l'indépendance pour «africaniser» l'enseignement?
6. Quels sont les efforts les plus récents?

Marginal glosses (left column):

almost

ties
integrate

gods / broke
student
taught
scorn
mold
real, true
instead of / cherries
mangos and guavas
rainy season / dry
a Gallic chieftain
eras

A. Répondez aux questions suivantes en employant les mots entre parenthèses.

1. Connaissez-vous ce monsieur? (Oui, mais… son adresse.)
2. A ma place, est-ce que tu resterais ici? (Non,… aller avec eux.)
3. Comment a-t-elle fait la cuisine hier soir? (… bien…)
4. Qu'est-ce que vous allez faire l'année prochaine? (Nous… rentrer… lorsque nous… recevoir notre diplôme.)
5. Savent-ils parler français? (Non, mais… savoir… après ce cours.)
6. Où est-ce qu'ils ont mis leurs clés? (… sur le bureau.)
7. Qu'est-ce qu'il a promis? (… enfants… jouer avec eux.)
8. Est-ce qu'il jouera au football? (Non,… faire… jamais… cela.)
9. Vous êtes venus lentement? (Non,… vite…)
10. Quand me téléphonerez-vous? (… dès que… mes amis… partir…)
11. L'avez-vous bien connue? (Oui,… personnellement.)
12. Est-ce qu'il sait qu'on l'a choisi? (Oui,… ce matin.)
13. Qu'est-ce que tu feras quand tu seras à Paris? (… voir des amis…)
14. Pourquoi n'ont-ils pas répondu à cette question? (… ne… pas… savoir la réponse.)

B. Refaites les phrases suivantes en employant les mots entre parenthèses.

1. Il faut que tu finisses de travailler. (Demain… vous…)
2. Ils ont *bien* répondu. (*Employez **poli**.*)
3. Ils ont fait des courses samedi dernier. (… prochain.)
4. Elle ne permettra jamais *à ses amis* d'entrer chez elle. (Dans le passé… *Employez un pronom.*)
5. Je vois Paul tous les jours. (*Employez **rare**.*)

6. Est-ce que Jacqueline est une bonne étudiante? (Est-ce que... étudier...)
7. Mon frère est parti. (*Employez* **récent.**)
8. Ils ne savent pas jouer aux cartes. (... ce soir.)
9. Pensez-vous que Anne-Marie connaisse ce poème? (... savoir...)

Combinez les phrases suivantes.

10. Je ne connais pas le monsieur. Le monsieur lit le journal.
11. Ils refusent de mettre cet imperméable. Je viens d'acheter l'imperméable.
12. J'ai visité la ville. Je suis née dans la ville.
13. Ce thé est très bon. Ce thé-là n'est pas aussi bon.
14. Robert sait très bien ses leçons. Marc ne sait pas aussi bien les siennes.

C. Formez des phrases complètes avec les mots donnés.

1. Si / nous / avoir / temps / nous / voir / ville
2. Je / permettre / gens / me téléphoner / après minuit
3. Elle / ne... pas / avoir / autant / talent / sœur
4. Ce / auto / être / aussi / rapide / sien
5. C'est / bon / étudiant / classe
6. Vouloir / vous / je / mettre / télévision?
7. Demain / étudiant / venir / de bonne heure
8. Si / vous / étudier / vous / savoir / réponses
9. Le trimestre dernier / il / remettre / toujours / devoirs / en retard
10. M. Ducharme / avoir / souvent / moins / étudiants / de tous les professeurs
11. Américains / ne... pas / prendre / + / vacances / Français
12. Si / elle / savoir / ton / numéro de téléphone / elle / te / inviter
13. Ils / faire / la cuisine / aussitôt que / nous / acheter / provisions
14. L'appartement / il / habiter / être / sixième / étage

D. Complétez les phrases suivantes. Faites attention aux suggestions entre parenthèses.

1. Je ne sais pas _____ j'ai mis ma montre. (*pronom relatif*)
2. Connaissez-vous le _____ restaurant _____ la ville. (*best*)
3. Que _____ -vous si vous _____ beaucoup d'argent? (*faire, avoir*)
4. Comment s'appelle le monument _____ est à votre gauche? (*pronom relatif*)
5. Cet appartement est _____ petit _____ le mien! (*as*)
6. Je n'ai jamais vu _____ gens. (*so many*)
7. On dort _____ quand il fait frais. (*better*)
8. Le Brésil produit _____ café que l'Argentine. (*more*)
9. Je ne _____ pas que tu _____ mon frère. (*know*)
10. Si vous me _____ des mensonges, je _____ furieux. (*dire, être*)
11. Ils n'ont pas les provisions _____ je cherche. (*pronom relatif*)
12. Je voudrais connaître l'écrivain _____ a écrit ce livre. (*pronom relatif*)
13. C'est _____ film _____ l'année. (*worst*)
14. Si vous me _____ vous dépêcher, je vous _____ . (*promettre, attendre*)

E. Complétez les phrases suivantes de manière logique.

    1. Je n'aime pas les hommes (les femmes) qui...
    2. Elle ne ferait jamais...
    3. Ils ont promis à leurs parents...
    4. ... est le meilleur film...
    5. Aimez-vous les vêtements que...
    6. Je ne sais pas où...
    7. Si j'étais en retard...
    8. Nous partirons aussitôt que...
    9. Elle viendra avec vous si...
  10. J'ai plus de talent...

F. Traduisez les phrases suivantes.

    1. I don't know how to play the violin.
    2. We'll go to the beach as soon as it is warm.
    3. I would be surprised if you knew the answer.
    4. Your car is not as economical as mine.
    5. They don't know the author, and they don't know when he wrote.
    6. Will you allow me to leave early?
    7. French is not as difficult as Russian.
    8. Mme Beaupré is the best doctor in the state.
    9. Which suitcases did you put in the car?
  10. We'll go home when it starts to rain.

Travail en Petits Groupes

A. Formez des phrases avec les éléments donnés.

sujet	verbe	comp.	adjectif / nom	nom
je	être		bon	moi
mes amis	avoir		bien	vous
mon (ma)	conduire	plus	mauvais	mes amis
camarade de	étudier		mal	la classe
chambre	manger	moins	vite	la ville
mes voisins	boire		souvent	l'université
mes parents	chanter	aussi	lentement	... ?
mon frère (ma	comprendre		beau	
sœur)	danser	autant	joli	
mon professeur	fumer		laid	
mon (ma) petit(e)	jouer		intelligent	
ami(e)	obéir		stupide	
... ?	sécher		talent	
			patience	
			argent	
			... ?	

B. Interviewez un(e) camarade de classe. Parlez des sujets suivants.

la maison / la ville où vous habitez
les cours que tu suis
les gens que tu aimes
les choses qui sont importantes dans ta vie
le genre de films que tu préfères
les endroits où tu vas
les gens que tu aimes
les gens qui t'ont influencé(e)

C. Imaginez votre vie quand vous aurez cent ans.

MODÈLE: se lever à cinq heures du matin
Je me léverai à cinq heures du matin.

faire la grasse matinée   ne pas bien entendre
ne pas se souvenir des gens   ne pas bien voir
manger peu   n'avoir plus de dents
ne pas sortir   se coucher de bonne heure
ne boire que du lait   ... ?
se reposer l'après-midi

D. Interrogez vos camarades de classe. Demandez-leur s'ils (si elles) connaissent /
s'ils (si elles) savent...

jouer au bridge?
Paris?
parler une langue étrangère?
un poème de Baudelaire?
faire la cuisine?
quelqu'un de célèbre?
où il y a une charcuterie?
comment s'appelle le président du Mexique?
l'hymne national français?
... ?

E. Que feriez-vous si vous étiez de l'autre sexe?

mettre une robe (une cravate)   payer l'addition
changer de nom   avoir les cheveux plus (moins) longs
(ne plus) jouer au football   ... ?
(ne plus) faire la cuisine

F. L'année dernière, qu'est-ce que vous avez fait...

tranquillement?	souvent?	mal?	le mieux?
lentement?	bien?	fréquemment?	... ?
vite?	prudemment?	rarement?	

Appendices

Appendices

I. International Phonetic Alphabet

consonants

/p/	Pierre		/v/	vous
/t/	tu		/z/	bise
/k/	comme		/ʒ/	bonjour
/b/	bonjour		/l/	la
/d/	de		/R/	garçon
/g/	garçon		/m/	main
/f/	fille		/n/	Anne
/s/	merci, professeur		/ɲ/	poignée
/ʃ/	chez			

vowels

/i/	bise		/y/	une
/e/	café		/ø/	de, peu
/ɛ/	appelle		/œ/	heure
/a/	va		/ẽ/	bien, un, main
/ɔ/	comme		/ã/	connaissance
/o/	au		/ɔ̃/	faisons
/u/	vous			

semivowels

/j/	Pierre
/w/	oui
/ɥ/	nuit

425

II. Ordinal Numbers

To form ordinal numbers, in most cases, simply add the suffix **-ième** to the cardinal number.

cardinal		*ordinal*	
deux	*two*	deuxième	*second*
trois	*three*	troisième	*third*
dix	*ten*	dixième	*tenth*
vingt-deux	*twenty-two*	vingt-deuxième	*twenty second*
cent	*one hundred*	centième	*hundredth*

If the cardinal number ends in **-e**, you must drop the written **e** before adding the **-ième** suffix.

cardinal	*ordinal*
quatre	quatrième
onze	onzième
seize	seizième

Other exceptions are:

cardinal	*ordinal*
un, une	premier, première
neuf	neuvième
cinq	cinquième

J'habite la **deuxième** maison à gauche.

I live in the *second* house on the left.

C'est mon **premier** cours de français.

This is my *first* French course.

Il fête son **cinquante-et-unième** anniversaire.

He's celebrating his *fifty-first* birthday.

III. Double Pronoun Objects

If you use two pronoun objects in a sentence or a negative command, you must keep the following order:

me				
te	le	lui		
se	la	leur	y	en
nous	les			
vous				

Il prête ses livres à ses amis. → Il **les leur** prête.
J'ai donné de l'argent aux enfants. → Je **leur en** ai donné.
Nous allons vendre l'auto à notre voisin. → Nous allons **la lui** vendre.

Object pronouns in the first and third columns above cannot be used together. Use a tonic pronoun instead.

Il m'a présenté à Robert.   Il m'a présenté **à lui.**

In affirmative commands, use the following order:

		moi / m'		
	le	toi / t'		
verb	la	lui	y	en
	les	nous		
		vous		
		leur		

Me and **te** become **moi** and **toi** when they are the final elements of the command. If **y** or **en** is included, they become **m'** and **t'**.

Donnez-moi trois stylos. → Donnez-**m'en** trois.
Montrez-moi vos photos. → Montrez-**les**-moi.
Apportez-nous le journal. → Apportez-**le**-nous.

IV. Le Passé simple

This tense may replace the **passé composé** in formal writing. There are three sets of endings:

-er verbs	*-ir verbs*	*-dre verbs*
je chantai	je partis	je vendis
tu chantas	tu partis	tu vendis
il chanta	il partit	il vendit
nous chantâmes	nous partîmes	nous vendîmes
vous chantâtes	vous partîtes	vous vendîtes
ils chantèrent	ils partirent	ils vendirent

Irregular verbs add the following endings to their stems:

-s	-^mes
-s	-^tes
-t	-rent

The irregular stems of the verbs you know are:

avoir → eu-	être → fu-	prendre → pri-
boire → bu-	faire → fi-	savoir → su-
conduire → conduisi-	lire → lu-	suivre → suivi-
connaître → connu-	mettre → mi-	venir → vin-
devoir → du-	mourir → mouru-	voir → vi-
dire → di-	naître → naqui-	vouloir → voulu-
écrire → écrivi-	pouvoir → pu-	

Annibal **voulut** traverser les Alpes.	Hannibal *wanted* to cross the Alps.
Il **fit** ses devoirs.	He *did* his homework.
Nous **vîmes** un accident.	We *saw* an accident.
Napoléon **naquit** en Corse; il mourut à Sainte Hélène.	Napoleon *was born* in Corsica; he died on St. Helena.
Elles ne **dirent** jamais la vérité.	They never *told* the truth.

Conjugaison des verbes

Regular Verbs

INFINITIF	INDICATIF				IMPERATIF	SUBJONCTIF	CONDITIONNEL
	PRESENT	PASSE COMPOSE	IMPARFAIT	FUTUR			
-ER chanter							
je	chante	ai chanté	chantais	chanterai		chante	chanterais
tu	chantes	as chanté	chantais	chanteras	chante	chantes	chanterais
il / elle / on	chante	a chanté	chantait	chantera		chante	chanterait
nous	chantons	avons chanté	chantions	chanterons	chantons	chantions	chanterions
vous	chantez	avez chanté	chantiez	chanterez	chantez	chantiez	chanteriez
ils / elles	chantent	ont chanté	chantaient	chanteront		chantent	chanteraient
-IR servir							
je	sers	ai servi	servais	servirai		serve	servirais
tu	sers	as servi	servais	serviras	sers	serves	servirais
il / elle / on	sert	a servi	servait	servira		serve	servirait
nous	servons	avons servi	servions	servirons	servons	servions	servirions
vous	servez	avez servi	serviez	servirez	servez	serviez	serviriez
ils / elles	servent	ont servi	servaient	serviront		servent	serviraient
-IR finir							
je	finis	ai fini	finissais	finirai		finisse	finirais
tu	finis	as fini	finissais	finiras	finis	finisses	finirais
il / elle / on	finit	a fini	finissait	finira		finisse	finirait
nous	finissons	avons fini	finissions	finirons	finissons	finissions	finirions
vous	finissez	avez fini	finissiez	finirez	finissez	finissiez	finiriez
ils / elles	finissent	ont fini	finissaient	finiront		finissent	finiraient

Regular Verbs

INFINITIF		INDICATIF				IMPERATIF	SUBJONCTIF	CONDITIONNEL
	PRESENT	PASSE COMPOSE	IMPARFAIT	FUTUR				

-DRE *vendre*

je	vends	ai vendu	vendais	vendrai		vende	vendrais
tu	vends	as vendu	vendais	vendras	vends	vendes	vendrais
il / elle / on	vend	a vendu	vendait	vendra		vende	vendrait
nous	vendons	avons vendu	vendions	vendrons	vendons	vendions	vendrions
vous	vendez	avez vendu	vendiez	vendrez	vendez	vendiez	vendriez
ils / elles	vendent	ont vendu	vendaient	vendront		vendent	vendraient

-IRE *conduire*

je	conduis	ai conduit	conduisais	conduirai		conduise	conduirais
tu	conduis	as conduit	conduisais	conduiras	conduis	conduises	conduirais
il / elle / on	conduit	a conduit	conduisait	conduira		conduise	conduirait
nous	conduisons	avons conduit	conduisions	conduirons	conduisons	conduisions	conduirions
vous	conduisez	avez conduit	conduisiez	conduirez	conduisez	conduisiez	conduiriez
ils / elles	conduisent	ont conduit	conduisaient	conduiront		conduisent	conduiraient

-IRE *écrire*

j'	écris	ai écrit	écrivais	écrirai		écrive	écrirais
tu	écris	as écrit	écrivais	écriras	écris	écrives	écrirais
il / elle / on	écrit	a écrit	écrivait	écrira		écrive	écrirait
nous	écrivons	avons écrit	écrivions	écrirons	écrivons	écrivions	écririons
vous	écrivez	avez écrit	écriviez	écrirez	écrivez	écriviez	écririez
ils / elles	écrivent	ont écrit	écrivaient	écriront		écrivent	écriraient

Auxiliary Verbs

INFINITIF		INDICATIF				IMPERATIF	SUBJONCTIF	CONDITIONNEL
	PRESENT	PASSE COMPOSE	IMPARFAIT	FUTUR				

avoir

	PRESENT	PASSE COMPOSE	IMPARFAIT	FUTUR	IMPERATIF	SUBJONCTIF	CONDITIONNEL
j'	ai	ai eu	avais	aurai		aie	aurais
tu	as	as eu	avais	auras	aie	aies	aurais
il / elle / on	a	a eu	avait	aura		ait	aurait
nous	avons	avons eu	avions	aurons	ayons	ayons	aurions
vous	avez	avez eu	aviez	aurez	ayez	ayez	auriez
ils / elles	ont	ont eu	avaient	auront		aient	auraient

être

	PRESENT	PASSE COMPOSE	IMPARFAIT	FUTUR	IMPERATIF	SUBJONCTIF	CONDITIONNEL
je/j'	suis	ai été	étais	serai		sois	serais
tu	es	as été	étais	seras	sois	sois	serais
il / elle / on	est	a été	était	sera		soit	serait
nous	sommes	avons été	étions	serons	soyons	soyons	serions
vous	êtes	avez été	étiez	serez	soyez	soyez	seriez
ils / elles	sont	ont été	étaient	seront		soient	seraient

Reflexive Verb

INFINITIF

se laver

| | INDICATIF | | | | IMPERATIF | SUBJONCTIF | CONDITIONNEL |
	PRESENT	*PASSE COMPOSE*	*IMPARFAIT*	*FUTUR*			
je	me lave	me suis lavé	me lavais	me laverai		me lave	me laverais
tu	te laves	t'es lavé	te lavais	te laveras	lave-toi	te laves	te laverais
il / elle / on	se lave	s'est lavé	se lavait	se lavera		se lave	se laverait
nous	nous lavons	nous sommes lavés	nous lavions	nous laverons	lavons-nous	nous lavions	nous laverions
vous	vous lavez	vous êtes lavé(s)	vous laviez	vous laverez	lavez-vous	vous laviez	vous laveriez
ils / elles	se lavent	se sont lavés	se lavaient	se laveront		se lavent	se laveraient

Verbs with Stem Changes

INFINITIF	PRESENT	PASSE COMPOSE	IMPARFAIT	FUTUR	IMPERATIF	SUBJONCTIF	CONDITIONNEL
		INDICATIF					
acheter							
j'	achète	ai acheté	achetais	achèterai		achète	achèterais
tu	achètes	as acheté	achetais	achèteras	achète	achètes	achèterais
il / elle / on	achète	a acheté	achetait	achètera		achète	achèterait
nous	achetons	avons acheté	achetions	achèterons	achetons	achetions	achèterions
vous	achetez	avez acheté	achetiez	achèterez	achetez	achetiez	achèteriez
ils / elles	achètent	ont acheté	achetaient	achèteront		achètent	achèteraient
appeler							
j'	appelle	ai appelé	appelais	appellerai		appelle	appellerais
tu	appelles	as appelé	appelais	appelleras	appelle	appelles	appellerais
il / elle / on	appelle	a appelé	appelait	appellera		appelle	appellerait
nous	appelons	avons appelé	appelions	appellerons	appelons	appelions	appellerions
vous	appelez	avez appelé	appeliez	appellerez	appelez	appeliez	appelleriez
ils / elles	appellent	ont appelé	appelaient	appelleront		appellent	appelleraient
posséder							
je/j'	possède	ai possédé	possédais	posséderai		possède	posséderais
tu	possèdes	as possédé	possédais	posséderas	possède	possèdes	posséderais
il / elle / on	possède	a possédé	possédait	possédera		possède	posséderait
nous	possédons	avons possédé	possédions	posséderons	possédons	possédions	posséderions
vous	possédez	avez possédé	possédiez	posséderez	possédez	possédiez	posséderiez
ils / elles	possèdent	ont possédé	possédaient	posséderont		possèdent	posséderaient

Irregular Verbs

INFINITIF	INDICATIF				IMPERATIF	SUBJONCTIF	CONDITIONNEL
	PRESENT	PASSE COMPOSE	IMPARFAIT	FUTUR			
aller							
je/j'	vais	suis allé	allais	irai		aille	irais
tu	vas	es allé	allais	iras	va	ailles	irais
il / elle / on	va	est allé	allait	ira		aille	irait
nous	allons	sommes allés	allions	irons	allons	allions	irions
vous	allez	êtes allé(s)	alliez	irez	allez	alliez	iriez
ils / elles	vont	sont allés	allaient	iront		aillent	iraient
boire							
je/j'	bois	ai bu	buvais	boirai		boive	boirais
tu	bois	as bu	buvais	boiras	bois	boives	boirais
il / elle / on	boit	a bu	buvait	boira		boive	boirait
nous	buvons	avons bu	buvions	boirons	buvons	buvions	boirions
vous	buvez	avez bu	buviez	boirez	buvez	buviez	boiriez
ils / elles	boivent	ont bu	buvaient	boiront		boivent	boiraient
connaître							
je/j'	connais	ai connu	connaissais	connaîtrai		connaisse	connaîtrais
tu	connais	as connu	connaissais	connaîtras	connais	connaisses	connaîtrais
il / elle / on	connaît	a connu	connaissait	connaîtra		connaisse	connaîtrait
nous	connaissons	avons connu	connaissions	connaîtrons	connaissons	connaissions	connaîtrions
vous	connaissez	avez connu	connaissiez	connaîtrez	connaissez	connaissiez	connaîtriez
ils / elles	connaissent	ont connu	connaissaient	connaîtront		connaissent	connaîtraient

INFINITIF

| | INDICATIF | | | | IMPERATIF | SUBJONCTIF | CONDITIONNEL |
	PRESENT	PASSE COMPOSE	IMPARFAIT	FUTUR			
devoir							
je/j'	dois	ai dû	devais	devrai		doive	devrais
tu	dois	as dû	devais	devras	dois	doives	devrais
il / elle / on	doit	a dû	devait	devra		doive	devrait
nous	devons	avons dû	devions	devrons	devons	devions	devrions
vous	devez	avez dû	deviez	devrez	devez	deviez	devriez
ils / elles	doivent	ont dû	devaient	devront		doivent	devraient
dire							
je/j'	dis	ai dit	disais	dirai		dise	dirais
tu	dis	as dit	disais	diras	dis	dises	dirais
il / elle / on	dit	a dit	disait	dira		dise	dirait
nous	disons	avons dit	disions	dirons	disons	disions	dirions
vous	dites	avez dit	disiez	direz	dites	disiez	diriez
ils / elles	disent	ont dit	disaient	diront		disent	diraient
faire							
je/j'	fais	ai fait	faisais	ferai		fasse	ferais
tu	fais	as fait	faisais	feras	fais	fasses	ferais
il / elle / on	fait	a fait	faisait	fera		fasse	ferait
nous	faisons	avons fait	faisions	ferons	faisons	fassions	ferions
vous	faites	avez fait	faisiez	ferez	faites	fassiez	feriez
ils / elles	font	ont fait	faisaient	feront		fassent	feraient

| INFINITIF | INDICATIF | | | | IMPERATIF | SUBJONCTIF | CONDITIONNEL |
	PRESENT	PASSE COMPOSE	IMPARFAIT	FUTUR			
falloir							
il	faut	a fallu	fallait	faudra		faille	faudrait
mettre							
je/j'	mets	ai mis	mettais	mettrai		mette	mettrais
tu	mets	as mis	mettais	mettras	mets	mettes	mettrais
il / elle / on	met	a mis	mettait	mettra		mette	mettrait
nous	mettons	avons mis	mettions	mettrons	mettons	mettions	mettrions
vous	mettez	avez mis	mettiez	mettrez	mettez	mettiez	mettriez
ils / elles	mettent	ont mis	mettaient	mettront		mettent	mettraient
perdre							
je/j'	perds	ai perdu	perdais	perdrai		perde	perdrais
tu	perds	as perdu	perdais	perdras	perds	perdes	perdrais
il / elle / on	perd	a perdu	perdait	perdra		perde	perdrait
nous	perdons	avons perdu	perdions	perdrons	perdons	perdions	perdrions
vous	perdez	avez perdu	perdiez	perdrez	perdez	perdiez	perdriez
ils / elles	perdent	ont perdu	perdaient	perdront		perdent	perdraient
pleuvoir							
il	pleut	a plu	pleuvait	pleuvra		pleuve	pleuvrait

pouvoir

INFINITIF	INDICATIF				IMPERATIF	SUBJONCTIF	CONDITIONNEL
	PRESENT	PASSE COMPOSE	IMPARFAIT	FUTUR			
je/j'	peux	ai pu	pouvais	pourrai		puisse	pourrais
tu	peux	as pu	pouvais	pourras		puisses	pourrais
il / elle / on	peut	a pu	pouvait	pourra		puisse	pourrait
nous	pouvons	avons pu	pouvions	pourrons		puissions	pourrions
vous	pouvez	avez pu	pouviez	pourrez		puissiez	pourriez
ils / elles	peuvent	ont pu	pouvaient	pourront		puissent	pourraient

prendre

INFINITIF	INDICATIF				IMPERATIF	SUBJONCTIF	CONDITIONNEL
	PRESENT	PASSE COMPOSE	IMPARFAIT	FUTUR			
je/j'	prends	ai pris	prenais	prendrai		prenne	prendrais
tu	prends	as pris	prenais	prendras	prends	prennes	prendrais
il / elle / on	prend	a pris	prenait	prendra		prenne	prendrait
nous	prenons	avons pris	prenions	prendrons	prenons	prenions	prendrions
vous	prenez	avez pris	preniez	prendrez	prenez	preniez	prendriez
ils / elles	prennent	ont pris	prenaient	prendront		prennent	prendraient

recevoir

INFINITIF	INDICATIF				IMPERATIF	SUBJONCTIF	CONDITIONNEL
	PRESENT	PASSE COMPOSE	IMPARFAIT	FUTUR			
je/j'	reçois	ai reçu	recevais	recevrai		reçoive	recevrais
tu	reçois	as reçu	recevais	recevras	reçois	reçoives	recevrais
il / elle / on	reçoit	a reçu	recevait	recevra		reçoive	recevrait
nous	recevons	avons reçu	recevions	recevrons	recevons	recevions	recevrions
vous	recevez	avez reçu	receviez	recevrez	recevez	receviez	receviez
ils / elles	reçoivent	ont reçu	recevaient	recevront		reçoivent	recevraient

INFINITIF		INDICATIF			IMPERATIF	SUBJONCTIF	CONDITIONNEL
	PRESENT	PASSE COMPOSE	IMPARFAIT	FUTUR			
savoir							
je/j'	sais	ai su	savais	saurai		sache	saurais
tu	sais	as su	savais	sauras	sache	saches	saurais
il / elle / on	sait	a su	savait	saura		sache	saurait
nous	savons	avons su	savions	saurons	sachons	sachions	saurions
vous	savez	avez su	saviez	saurez	sachez	sachiez	sauriez
ils / elles	savent	ont su	savaient	sauront		sachent	sauraient
suivre							
je/j'	suis	ai suivi	suivais	suivrai		suive	suivrais
tu	suis	as suivi	suivais	suivras	suis	suives	suivrais
il / elle / on	suit	a suivi	suivait	suivra		suive	suivrait
nous	suivons	avons suivi	suivions	suivrons	suivons	suivions	suivrions
vous	suivez	avez suivi	suiviez	suivrez	suivez	suiviez	suivriez
ils / elles	suivent	ont suivi	suivaient	suivront		suivent	suivraient
tenir							
je/j'	tiens	ai tenu	tenais	tiendrai		tienne	tiendrais
tu	tiens	as tenu	tenais	tiendras	tiens	tiennes	tiendrais
il / elle / on	tient	a tenu	tenait	tiendra		tienne	tiendrait
nous	tenons	avons tenu	tenions	tiendrons	tenons	tenions	tiendrions
vous	tenez	avez tenu	teniez	tiendrez	tenez	teniez	tiendriez
ils / elles	tiennent	ont tenu	tenaient	tiendront		tiennent	tiendraient

INFINITIF	INDICATIF				IMPERATIF	SUBJONCTIF	CONDITIONNEL
	PRESENT	PASSE COMPOSE	IMPARFAIT	FUTUR			
venir							
je	viens	suis venu	venais	viendrai		vienne	viendrais
tu	viens	es venu	venais	viendras	viens	viennes	viendrais
il / elle / on	vient	est venu	venait	viendra		vienne	viendrait
nous	venons	sommes venus	venions	viendrons	venons	venions	viendrions
vous	venez	êtes venu(s)	veniez	viendrez	venez	veniez	viendriez
ils / elles	viennent	sont venus	venaient	viendront		viennent	viendraient
voir							
je/j'	vois	ai vu	voyais	verrai		voie	verrais
tu	vois	as vu	voyais	verras	vois	voies	verrais
il / elle / on	voit	a vu	voyait	verra		voie	verrait
nous	voyons	avons vu	voyions	verrons	voyons	voyions	verrions
vous	voyez	avez vu	voyiez	verrez	voyez	voyiez	verriez
ils / elles	voient	ont vu	voyaient	verront		voient	verraient
vouloir							
je/j'	veux	ai voulu	voulais	voudrai		veuille	voudrais
tu	veux	as voulu	voulais	voudras	veuille	veuilles	voudrais
il / elle / on	veut	a voulu	voulait	voudra		veuille	voudrait
nous	voulons	avons voulu	voulions	voudrons	veuillons	voulions	voudrions
vous	voulez	avez voulu	vouliez	voudrez	veuillez	vouliez	voudriez
ils / elles	veulent	ont voulu	voulaient	voudront		veuillent	voudraient

Vocabulaire

Français–anglais

This list contains all the French words in this text.

A number following a definition of a word indicates the chapter in which it first appears as an active vocabulary item. (P = Preliminary chapter.)

A number-letter combination indicates the appearance of a new word in a chapter's **Section culturelle** (L = Lecture.) or **Communiquons** (C). Your teacher may or may not require you to include these in your active French vocabulary.

Passive vocabulary has no chapter reference.

All nouns have gender markers. All adjectives appear in the masculine form followed by the feminine ending or feminine form.

Irregular verbs are followed by references to model verbs in the preceding charts, so that you may verify irregular forms and conjugations.

à, at, in, to 1
aboli, -e abolished 21-L
abolir to abolish 21-L
abolition *f* abolition 21-L
s'abonner à to subscribe to 21-C
abord *m*
   d'abord first 10-L
abriter to shelter 21-L
absence *f* absence 10
absent, -e absent 2
absolu, -e absolute
absolument absolutely 14
accent *m* accent

accent aigu (´)
accent circonflexe (^)
accent grave (`)
acceptation *f* acceptance 21-L
accepter de to accept 1-L; 19
accès *m* entry, access 3-C
accident *m* accident 13
accord *m*
   d'accord OK 17
accorder to grant, to accord 11
accroupi, -e squatting 17-L
acheter to buy 3-L; 6; *forms* 17
Acropole *f* Acropolis

acteur *m* actor 2
actif, -ive active 23; active person 18-L
action *f* action 17-L
activité *f* activity 21-L
actrice *f* actress 2
actualités *f* news
adapté, -e adapted 13-L
adapter to adapt 23-L
addition *f* check, restaurant bill 11-C
adepte *m*, *f* fan, adept 17-L
adhérer to join 18-L

adjectif *m* adjective
administratif, -ive administrative 19-L
administration *f* administration, management, government 6-L
admirer to admire 9
adopté, -e adopted 11-L
adopter to adopt 22-L
adorer to love 2
adoucir to soften 15-L
adresse *f* address 9-L; 11
s'adresser à to speak to (someone) 19-L
adulte *m* adult 17-L
adverbe *m* adverb
aérogramme *m* airmail letter 9-L
aéroport *m* airport
affaire *f* affair, business 6
  affaires *f* business, possessions 6
affection *f* affection 15-L
affectueux, -euse affectionate 2
afficher to post, to affix 3-C
affirmatif *m* affirmative
affirmation *f* assertion, affirmation 14-L
affirmer to affirm 14-L
affreux, euse horrible 2
Africain, -e *m, f* native of Africa 23-L
africain, -e African 6-L
africaniser to Africanize 23-L
Afrique *f* Africa 5
âge *m* age 17-L; 19
agence *f* agency, bureau 5
  agence de voyage *f* travel agency 5
agent *m*
  agent de police *m* policeman 1-L; 2
agglomération *f* metropolitan area 11-L
agité, -e agitated 17-L
agréable agreeable, pleasant 2
agréer to accept 10-C
agriculteur *m* farmer 15-L
aide *f* help, assistance 13-L
aider to aid, to help 11-L
aigu, -üe sharp, pointed

ailleurs elsewhere 23
aimable likeable, kind
aimer to like, to love 1
  aimer bien to be fond of 23
  aimer mieux to prefer 2
ainsi thus 6-L
air *m* air 3
ajouter to add 18-C
alcool *m* alcohol 3
alcootest *m* breathalizer test 13
algue *f* algae 17-L
Allemagne *f* Germany 5
allemand *m* the German language 10
allemand, -e German 2
aller to go 5
  Ça va pas, non? Are you crazy? 22-C
allié *m* ally 7-L
allô hello 9
allusion *f* allusion, reference
alors then 1-L
alphabet *m* alphabet 1
alphabétique alphabetical 11-L
ambiance *f* atmosphere, ambience 23
ambitieux, -se ambitious 2
ambition *f* ambition 6-C
améliorer to improve 10-L
Américain, -e *m, f* native of America 1-L; 7
américain, -e American 2
Amérique *f* America 5
  Amérique du Nord North America 5
  Amérique du Sud South America 5
ami, -e *m, f* friend 1
  petit ami boyfriend 2
  petite amie girlfriend 2
amicalement best wishes 10-C
amitié *f* friendship 10-C
amour *m* love, affection 14-L
  film d'amour *m* romantic movie 19-C
amusant, -e funny, amusing 10-L; 19
s'amuser to have a good time 17
an *m* year 3
anarchie *f* anarchy 15-L

ancêtre *m, f* ancestor 19-L
ancien, -enne old, former 2
Andorre *f* Andorra
Anglais, -e *m, f* Englishman, -woman
anglais *m* the English language 1
anglais, -e English 2
Angleterre *f* England 5
  Nouvelle Angleterre New England 6-L
anglophone *m, f* English-speaking person 22-L; anglophone 22-L
animal, *pl*. animaux *m* animal 5
animé, -e animated 19-C
  dessin animé *m* cartoon 19-C
année *f* year 2-L; 6
anniversaire *m* anniversary, birthday 7-L; 14
annonce *f* announcement 21
  petite annonce *f* classified ad 21
annoncer à to announce to 10-L; 13
annuaire *m* phone book 9-C
annuel, -elle annual 5-L
anormal, -e abnormal 14-L
antenne *f* antenna 10-L
anthropologie *f* anthropology 10
antillais, -e West Indian 21-L
Antilles *f* the West Indies 5-L
août *m* August 5-L; 7
apéritif *m* before-dinner drink 18
appareil *m* machine, apparatus 9
  à l'appareil on the phone 9
appartement *m* apartment 5
appartenir à to belong to 13
  (*conjugated like* **tenir**)
appel *m* call 9-L
appeler to call 7; *forms* 17
  s'appeler to be named
    Je m'appelle... My name is . . . P
    Comment vous appelez-vous? What's your name? 1
appétit *m* appetite 3
  Bon appétit! Enjoy your meal! 3
apporter to bring 11
apprécié, -e appreciated 3-L

apprécier to appreciate 2

apprendre à to learn to 11; to teach 23-L (*conjugated like prendre*)

approximatif, -ive rough, approximate 17-L

après after 1

Et après? So what? 22-C

après-midi *m* afternoon 9

arabe *m* the Arabic language 10

arbre *m* tree 3

arc *m* arch

architecture *f* architecture 10

argent *m* money 3

argent de poche allowance, pocket money 15-C

argot *m* slang 23-C

armé, -e armed 17-L

armistice *m* armistice 7-L

arrêter to stop; to arrest 22-C

arrivée *f* finish line 18; arrival 18-L

arriver to arrive 5; to happen 9

arroser to spray 17-L

art *m* art 2

cinéma d'art et d'essai art cinema, experimental cinema 19-C

article *m* article 13-L; 14

artifice *m* device, trick 7-L

artificiel, -elle artificial 19-L

artiste *m, f* artist 2

Asie *f* Asia 5

aspect *m* aspect 18-L

asperges *f* asparagus 11-C

aspirer to aspire 14-L

aspirine *f* aspirin

assassiner to assassinate

assemblée *f* assembly 22-L

assez (de) enough, rather 6-C; 7

assiette *f* plate 11-C

association *f* association 19-L

Assomption *f* Assumption 7-L

assurance *f* insurance 13-L

assurer to assure 9-L

athlète *m, f* athlete

athlétisme *m* track and field

atome *m* atom

attaché, -e attached 21-L

attendre to wait for 11 (*conjugated like perdre*)

attention *f* attention 1

faire attention à to pay attention to 6

attentif, -ive attentive

attentivement attentively, carefully

attirer to attract 17-L

attitude *f* attitude 15-L

au (*contraction of* à + le) to the, in the, at the 1; *form* 5

au lieu de instead of 23-L

au moins at least 14-L

au revoir good-bye 1

augmentation *f* increase 21-L

augmenter to increase, to enlarge 14-L

aujourd'hui today 3

aussi also, too 2; as 23

aussi... que as . . . as 23

aussitôt que as soon as 22

autant (de) as much, as many 15-L; 23

auteur *m* author 2

auto(mobile) *f* car 3

en auto by car 5-C

autobus *m* bus 3

en autobus by bus 5-C

autocar *m* intercity bus 5-C

en autocar by bus 5-C

auto-école *f* driving school 13-C

automne *m* autumn 7

autonomie *f* autonomy 15-L

autoroute *f* interstate highway 11

auto-stop *m* hitchhiking 13-C

faire de l'auto-stop to hitchhike 13-C

autour (de) around, about 23

autre other 14

d'autre part on the other hand 22-L

Autriche *f* Austria 5

aux (*contraction of* à + les) to the, in the, at the 1; *form* 5

avance *f* advance 5

d'avance ahead 18

en avance early 5

avant before 13

avec with 1

avenir *m* future 10

aventure *f* adventure

avenue *f* avenue 7-L

avion *m* airplane 3

en avion by plane 5-C; 7

par avion airmail 9-L

avis *m* opinion 10-L; 11

avoir to have 3

avoir besoin de to need 15-L; 19

avoir du mal à to have trouble 19

avoir envie de to feel like 19

avoir mal à to have an ache / sore . . . ; to hurt one's . . . 9

avoir peur de to be afraid of 14

avoir rendez-vous to have an appointment 9

avoir raison to be right 13

avoir + *number* to have a temperature of . . . 18-C

avouer to admit, to acknowledge 14-L

avril *m* April 7

baccalauréat (bac, bachot) *m* exam at the end of secondary school 2-L

bagages *m* baggage, luggage 6

faire les bagages to pack 6

bagnole *f* car (*slang*) 23-C

baignade *f* swimming 3-C

bain *m* bath 11

baiser *m* kiss 10

balcon *m* balcony 19-C

balle *f* ball, centime (*slang*) 15-C

cent balles *f* one franc 15-C

ballet *m* ballet 10-L

bambara *m* the Bambara language 6-L

banane *f* banana 11-C

bande *f* strip, band 21-C

bande dessinée *f* comic strip 21-C

banque *f* bank 5

bar *m* bar

bas, -sse low 21-L

baseball *m* baseball 19

   jouer au baseball to play baseball 19

basilique *f* basilica 22

basketball *m* basketball

   jouer au basketball to play basketball

basque Basque 19-L

Bastille *f* Bastille 7-L

bateau *m* boat 5-C

   en bateau by boat 5-C

bâtiment *m* building 23

battre to beat, to thrash, to flap 17-L

beau, belle handsome, beautiful 10; *forms* 11

   faire beau to be nice (weather) 10

beaucoup (de) much, many, a lot (of) 1

bébé *m* baby

béké *m* European planter in the Antilles 21-L

bel *special form of* **beau** *used before a masculine singular noun beginning with a vowel sound* 11

Belge *m, f* native of Belgium 23

Belgique *f* Belgium 5

besoin *m* need 14-L

   avoir besoin de to need 15-L; 19

bête *f* beast

   bête noire *f* something one dreads

beurre *m* butter 3

   beurre de cacahuètes peanut butter 3-L

Bible *f* Bible 11-L

bibliothèque *f* library 5

bicyclette *f* bicycle 5-C; 6

   à bicyclette on a bike 5-C

   faire de la bicyclette to ride a bike

bien well P

   bien sûr of course 21

   bien plus much more 23

bien-être *m* well-being 18-L

bientôt soon 1-C; 10

   à bientôt see you soon 1-C

bière *f* beer 3

bifteck *m* steak 3

bikini *m* bikini 5-L

billet *m* ticket, note, bill 15-C

   billet de banque banknote, currency 15-C

   prendre les billets to buy tickets 19-C

biologie *f* biology 10

bise *f* kiss 10-C

   faire la bise to embrace lightly and kiss on both cheeks

blanc, -che white 2; *m, f* white person 21-L

blessé, -e *m, f* wounded person 13-L

bleu, -e blue 2

blond, -e blond 2; *m, f* blond-haired person 19-L

blue-jeans *m* blue jeans 22

body building *m* body building 18-L

bœuf *m* beef 11-C

boire to drink 15

boisson *f* drink 3

boîte *f* box 2

   boîte aux lettres mailbox 9-L

   boîte de nuit night club 2

bon, -ne good 1-C; 3; *forms* 11

   bon appétit enjoy your meal 3

   bon marché cheap, inexpensive 23

   bonne nuit good night 1-C

   bon séjour have a nice stay 1-L

   faire bon to be nice (weather) 10

bonbon *m* candy 15-L

bonheur *m* happiness 14-L

bonjour *m* hello (*In Canada, also* good-bye) P

bonsoir *m* good evening 1

bord *m* edge, border 5

   au bord de la mer seashore, beach front 5

bouche *f* mouth 17-C

bouffer to eat (*slang*) 23-C

bouillonnant, -e bubbling 17-L

boulot *m* work (*slang*) 23-C

bourgeoisie *f* bourgeoisie, middle class

bouteille *f* bottle 6-C

boxe *f* boxing

   faire de la boxe to box

bras *m* arm 17-C

Brésil *m* Brazil 5

brésilien, -enne Brazilian

Bretagne *f* Brittany 19-L

Breton, -onne *m, f* native of Brittany 19-L

breton *m* the Breton language 19-L

breton, -onne Breton 19-L

bridge *m* bridge (*card game*)

   jouer au bridge to play bridge

brocolis *m* broccoli

brouillard *m* fog 10

   faire du brouillard to be foggy 10

bruit *m* noise 14

brûler to burn 13-C

   brûler un feu to run a red light 13-C

brun, -e brown 2

Bruxelles Brussels 23

bûche *f* log 7-L

   bûche de Noël yule-log 7-L

budget *m* budget 15-L

bureau *m* desk, office 3

   bureau de change currency exchange 15-C

   bureau des objets trouvés lost and found 7

   bureau de poste post office 9-L

   bureau de tabac tobacco store 23

ça that, it P

   Ça va? How's it going? P

   Ça va (bien). OK, I'm fine. P

   Ça va pas, non? Are you crazy? 22-C

cabine *f* cabin 9-C

   cabine téléphonique *f* phone booth 9-C

cabinet *m* office 9

cacahuète *f* peanut 3-L

cadeau, *pl.* cadeaux *m* gift, present 6

cadre *m* staff 15-L

   cadre supérieur *m* upper management 15-L

café *m* coffee, sidewalk café 1

cahier *m* notebook 6

caille *f* quail 15

caisse *f* cash register 3-C

calculer to calculate

calendrier *m* calendar 7

Californie *f* California 23

calme calm, quiet 11; *m* calm, quiet

calorie *f* calorie 3-L

camarade *m, f*

   camarade de chambre *m, f* roommate 2

   camarade de classe *m, f* classmate

campagne *f* country 5-L

   à la campagne in the country 5-L

camper to camp 5-L

camping *m* camping 5-L

   camping sauvage *m* primitive camping in unauthorized areas 5-L

   faire du camping to go camping 5-L

campus *m* campus 2-L

Canada *m* Canada 1

Canadien, -enne *m, f* native of Canada

canadien, -enne Canadian 2

canal *m* canal 13-L

canard *m* duck 17-L

candidat, -e *m, f* candidate, applicant 18-L

capacité *f* capacity 15-L

capitale *f* capital 10

car for, because 6-L; 11

Caraïbes the Caribbean 6-L

caravane *f* motor home 5-L

   en caravane in a motor home 5-L

carnet *m* notebook

carotte *f* carrot 11-C

carte *f* map, menu, card 1-L; 3

carte d'étudiant *f* student ID 1-L

carte routière *f* road map 11-L

jouer aux cartes to play cards 19

cas *m* case 22-L

   selon le cas accordingly

casser to break 17-C

   se casser le / la / les... to break one's . . . 17-C

   casser les pieds to annoy 22-C

casserole *f* pot 10

cause *f* cause 14-L

caviar *m* caviar

ce (c') this, that 1

   c'est it is 1

ce this, that 5; *forms* 9

ceci this 15-L

céder to give up, to give in 6-L

cédille *f* cedilla (¸)

ceinture *f* belt 13-C

   ceinture de sécurité *f* seat belt 13-C

cela that 5

célèbre famous 11

célébrer to celebrate 7-L; 22

celle this one, that one 18

celles these, those 18

cellulite *f* cellulite 17-L

celte Celtic 19-L

celui this one, that one 17-L; 18

cent hundred 5

   cent balles one franc (*slang*) 15-C

centigrade centigrade 18-C

centimètre *m* centimeter 18-C

centre *m* center 14-L

cependant yet, however 14-L

cerise *f* cherry 23-L

certain, -e certain 2

certainement certainly 23

certains some people 14-L

certitude *f* certainty

ces these, those 9

cesser de to stop 19

cet *special form of* ce *used before a masculine singular noun beginning with a vowel sound* 5-L; 9

cette this, that 9

ceux these, those 18

chacun, -e each each one 13-L

chaîne *f* chain, channel 10-L

chaise *f* chair 3

chambre *f* room 2

Champs Elysées *m* an important boulevard in Paris 7-L

champagne *m* champagne

champignon *m* mushroom

   champignons à la grecque *m* Greek-style mushrooms

chance *f* chance, luck 14-L

change *m* exchange 15-C

changement *m* change

changer de to change 3-L; 7

chanson *f* song 18

chanter to sing 1

chapeau *m* hat

chapitre *m* chapter, part 17-L

chaque each 3-L

charcuterie *f* cold cuts 11-C; pork-butcher's shop 15

charcutier, -ère *m, f* pork butcher 15

chargé, -e charged 22-L

charges *f* utilities 21

charmant, -e charming 2

charme *m* charm

charte *f* charter 22-L

chat *m* cat 17

château *m* chateau, castle 11-L

chaud, -e hot, warm 2

   avoir chaud to be hot (people) 3

   faire chaud to be hot (weather) 10

chauffard *m* reckless driver 13-C

chauffer to heat 22

chauffeur *m* driver 13-C

chaussée *f* road 7

   chaussée glissante *f* slippery when wet 13-C

chaussette *f* sock 6

chaussure *f* shoe 6

chef *m* head, leader, boss 7

chemin *m* path, road 5-C; 13

   chemin de fer *m* railroad 5-C

chemise *f* shirt 6

chemisier *m* blouse 6

chèque *m* check 9-L

   chèque de voyage *m* traveler's check 15-C

cher, -ère expensive 3; dear 10

chercher to look for 3

cheval, *pl.* chevaux *m* horse 5-C
à cheval on horseback 5-C

cheveux *m* hair 17-C

chez at the house / place of 3; in
care of 10-C

chien *m* dog 17

chimie *f* chemistry 10

Chine *f* China 5

chinois *m* the Chinese language
10

chinois, -e Chinese 3-L

chocolat *m* chocolate 3

choisi, -e chosen 14-L

choisir (de) to choose 9 (*conjugated like* finir)

choix *m* choice 14

chômage *m* unemployment 21-L

chose *f* thing 6
quelque chose something 14

choucroute *f* sauerkraut

chouette Great! 22-C

-ci *suffix used with demonstrative
pronouns and adjectives to
indicate closeness* (this
one, these) 18

ciel *m* sky 10

cigare *m* cigar 18

cigarette *f* cigarette 3

cinéma *m* movies, movie theater
2-L; 5
cinéma d'art et d'essai *m* art
cinema, experimental cin-
ema 19-C
cinéma d'exclusivité *m* first-run
theater 19-C
cinéma de quartier *m* neighborhood theater 19-C

cinq five 1

cinquante fifty 2

circonflex circumflex

circulation *f* traffic 5-L

Citroën *f* a French car 13-L

civil, -e civil, civic 7-L

civilisation *f* civilization 23-L

clan *m* clan 23-L

classe *f* class 1; classroom 3
en classe in class, to class 1

classique classical 2

clé *f* key 13

club *m* club 18-L

coca-cola *m* Coca Cola

code *m* code 13-C
code de la route *m* rules of
driving 13-C

cœur *m* heart 21-C

coffre *m* car trunk 13-C

colère *f* anger 22-C

coin *m* corner 5-C

colis *m* parcel 9-L

collectivité *f* group, community
23-L

colonial, -e colonial 23-L

colonie *f* colony 21-L

colonisation *f* colonization 21-L

coloniser to colonize 6-L

colonne *f* column

combattre to combat 17-L

combien (de) how many, how
much 1

combinant combining

combiner to combine

comédie *f* comedy 19-C
comédie musicale *f* musical
comedy 19-C

comique comic 19-C
film comique *m* comedy film
19-C

commander to order food or
drink 15

comme as, like 3
comme çi, comme ça so-so
22-C

commémorer to commemorate
7-L

commencer à to begin to 1

comment how 1
Comment ça va? How are
you? 1-C; 5
Comment allez-vous? How are
you? 1-C; 5

commerçant *m* merchant 21-L

commerce *m* business, commerce
21-L

commission *f* commission 22-L

commun, -e common

communal, -e communal 19-L
école communale *f* local primary school 19-L

communauté *f* community 23-L

communication *f* communication
9-C
communications interurbaines
f long-distance telephone
calls 9-C
communications avec préavis *f*
person-to-person tele-
phone calls 9-C

communiquer to communicate
1-C; 21

comparaison *f* comparison

comparer to compare

compétent, -e competent 2

compétitif, -ive competitive

complet, -ète complete 11-L; 23

complètement completely 23

compléter to complete

complexe complex 23-L

compliqué, -e complicated 2

comporter to include 11-L

composant, -e *m, f* component
18-L

composé, -e compound 6

se composer to be composed of,
to consist of 21-L

comprendre to understand 11; to
include 21-L (*conjugated
like* prendre)

compris, -e included; understood
21

compte-chèque *m* checking account 9-L
compte-chèque postal (C.C.P.)
m postal checking account

compter to count 11-L

conception *f* conception, idea
14-L

concert *m* concert 7

concierge *m, f* caretaker 21

concombre *m* cucumber 11-C

condamné, -e condemned 19-L

condition *f* condition 22-L

conditionnel *m* conditional tense

conduire to drive 1-L; 18
permis de conduire *m* driver's
license 1-L

confiant, -e confident 14-L

confiture *f* jam 3

conflit *m* conflict

confort *m* comfort 14-L
congé *m* leave, vacation 5-L
congédier to dismiss, to fire 22-L
conjuguer to conjugate
connaissance *f* acquaintance
connaisseur *m* connaisseur
connaître to know 21
connu, -e known 23
conquête *f* conquest 18-L
conscience *f* conscience 21-L
conseil *m* advice 17
conseiller à to recommend, to advise 19
conséquence *f* consequence 11
conséquent *m* consequence 22-L
   par conséquent consequently 22-L
conserver to keep, to preserve 6-L
considérable considerable 13-L
considérer to consider 14-L
consister to consist 17-L
consommateur, -trice *m, f* consumer, customer 22-L
consommation *f* consumption 21-L
consommer to consume 3
constituer to constitute 23-L
consultation *f* doctor's visit 17-C
consulter to consult 10
conte *m* tale 18
content, -e glad, pleased 2
continent *m* continent 6-L
continuer à to continue 1
contorsion *f* contorsion 17-L
contre against 6-L
   par contre on the other hand 6-L
contribuer to contribute 14-L
contrôle *m* control 15-L
conventionnel, -elle conventional 9
conversation *f* conversation
copain *m* pal, buddy 15-L
cordialement cordially 10-C
corps *m* body 17-C
correct, -e correct

correctement correctly 19-L
correspondance *f* correspondence, subway station with connecting lines
correspondant *m* other party, correspondent 9-L
correspondant, -e corresponding
correspondre to correspond
côte *f* coast 5
   Côte d'Azur the Riviera 5
   Côte d'Ivoire Ivory Coast 6-L
côté *m* side 5
   à côté de next to 5
côtelette *f* chop, cutlet
se coucher to go to bed 17
couleur *f* color
coup *m* blow, stroke 9-C; 15
   coup de téléphone phone call 9-C; 15
   coup de phares signal with high beams in a car 13-C
courage *m* courage 6-C
courageux, -euse courageous 2
couronne *f* crown 23
courrier *m* mail 9-L; 15
   courrier du cœur lonely hearts column 21-C
cours *m* course, class 2-L; 10
course *f* errand, race 6
   faire des courses to run errands 6
couscous *m* couscous: a North-African grain, vegetable, and meat dish
couteau *m* knife 11-C
coûter to cost 15-C
couvert, -e covered, cloudy 10
couvert *m* table setting 11-C
crayon *m* pencil 1
cravate *f* necktie 6
création *f* creation 21-L
créer to create 19-L
crème *f* cream 3
créole Créole 21-L
crêpe *f* crêpe 6
critère *m* criterion 14-L
critique *f* criticism 10-L; critical 19-L
critiquer to criticize
croisé, -e crossed 21-C

   mots croisés crossword puzzle 21-C
croiser to cross 17-L
   se croiser le / la / les... to cross one's . . . 17-L
crudités *f* vegetable salad 11-C
cuillère (cuiller) *f* spoon 11-C
   petite cuillère teaspoon 11-C
cuisine *f* cooking 2; kitchen 10-L
cuisse *f* thigh 18-L
culpabiliser to make guilty 18-L
culte *m* cult 18-L
cultivé, -e cultured, cultivated 14-L
culture *f* culture 19-L
culturel, -elle cultural 22-L
culturisme *m* body-building 18-L
cure *f* treatment 17-L; 21
curieux, -euse curious 17-L; 23
curiosité *f* curiosity 11-L
curiste *m* patient at a spa 17-L
cycle *m* cycle

d'abord at first 10-L
d'accord OK 17
dame *f* lady 10-L; 13
Danemark *m* Denmark 5
dangereux, -euse dangerous 2
dans in, into, inside 1
danse *f* dance 17-L
danser to dance 1
danseuse *f* dancer 17-L
date *f* date (in time) 7-C; 9
dater to date (in time) 17-L
d'autre part on the other hand 22-L
d'avance ahead 18
de of, from, about 1
   de plus what's more, more 14-L
   de plus en plus more and more 14-L
   de rien you're welcome 1
   de temps en temps from time to time
début *m* beginning 7
décembre *m* December 3
déception *f* disappointment 22-C
décider de to decide 10-L; 14
déclaration *f* declaration

déclin *m* decline 21-L

découverte *f* discovery 21-L

découvrir to discover 17-L

décrire to describe 18 (*conjugated like écrire*)

décrocher to pick up / answer the phone 9-C

déçu, -e disappointed 22-C

défendu, -e forbidden 3-C

défense *f* prohibition 13-C

défense de doubler no passing 13-C

défense de tourner à droite no right turn 13-C

définition *f* definition

définitivement definitively 21-L

degré *m* degree 18-C

dehors outside 3-C

déjà already 6

déjeuner to have lunch 7

déjeuner *m* lunch 3-L; 7

petit déjeuner *m* breakfast 3-L; 11

délicieux, -euse delicious 3

demain tomorrow 1-C; 5

à demain till tomorrow 1-C

demander to ask for 1-L; 5

demander à to ask (someone) 3

demi, -e half 9

demi-heure *f* half-hour 9

démonstratif, -ive demonstrative

dent *f* tooth 9

dentiste *m, f* dentist 7

département *m* department, administrative division in France 6-L

dépêche *f* dispatch 21-C

se dépêcher de to hurry 17

dépenser to spend 10

déplacement *m* movement 5-C

déplacer to move, to dislodge 13-L

depuis since 7

depuis quand? how long? 7

dérailler to derail 13-L

déraper to skid 13-L

dériver to derive 6-L

dernier, -ère last 6

derrière behind 5

des some 3

des (*contraction of* **de** + **les**) of the, from the, about the 5

dès que as soon as 22

désagréable disagreeable, unpleasant 2

descendre to go down, to come down, to get off 13 (*conjugated like perdre*)

description *f* description 7

désert, -e deserted

se déshabiller to undress 17

désir *m* desire, wish 15-L

désirer to want 2

désobéir à to disobey 11 (*conjugated like finir*)

désolé, -e sorry 14

dessert *m* dessert 7-L; 9

dessin *m* drawing 19-C

dessin animé *m* cartoon 19-C

dessiné, -e drawn, designed 21-C

bande dessinée *f* comic strip 21-C

dessiner to draw

destinataire *m, f* addressee 10-C

détaillé, -e detailed 11-L

se détendre to relax 17

détester to hate 2

détruit, -e destroyed 13-L

deux two 1

devant in front of 5

développer to develop 18-L

devenir to become 13

Qu'est-ce que tu deviens? What are you up to? 13

Qu'est-ce qu'il est devenu? What became of him? 13

deviner to guess

devoir to have to, to owe 15; **devriez** 10-L

devoir *m* duty, homework 5

d'habitude usually 15-L

dialogue *m* dialogue 1

dialoguer to talk to, to have a dialogue with 18-L

dictionnaire *m* dictionary 10

dieu *m* god 23-L

différence *f* difference 9-L

différent, -e different 19-C

difficile difficult 2

difficulté *f* difficulty 17-L

dimanche *m* Sunday 7

dinde *f* turkey 7-L

dîner *m* dinner 3

dîner to have dinner 5

dingue crazy (*slang*) 23-C

diplomate *m, f* diplomat 2

diplôme *m* diploma

dire to say, to tell 1; *forms* 18

directement directly 9-L

directeur, -trice *m, f* director 10-C

direction *f* management, direction 22-L

diriger to direct, to lead 17-L

discothèque *f* discotheque 5-L

discret, -ète discreet

dispendieux, -euse expensive (*Quebec French*) 6

disque *m* record, disk 1

distance *f* distance 5-C

distingué, -e distinguished 10-C

distribuer to distribute 9-L

divers, -e diverse, various 9-L

divin, -e divine

divisé, -e divided 4

diviser to divide 18-C

divorce *m* divorce 23-L

dix ten 1

dix-huit eighteen 1

dix-neuf nineteen 1

dix-sept seventeen 1

docteur *m* doctor 9

doigt *m* finger 17-C

dollar *m* dollar 7

dominer to (pre)dominate 22-L

dommage *m* damage, harm 13-L; 14

Quel dommage! That's too bad! 22-C

don *m* gift (monetary), donation 19-L

donc so, therefore 15

donné, -e given

donner to give 3

donner sur to look out on / over 11

se donner to be given 22-L

dormir to sleep 11 (*conjugated like servir*)

dos *m* back 17-C

doublé, -e doubled, dubbed (film) 19-C
doubler to pass (in traffic) 13-C; to double 18-L
douche *f* shower 11
douleur *f* pain 9
douter to doubt 14
douzaine *f* dozen 17-L
douze twelve 1
droit *m* law 10; right 14-L
droit, -e straight 5-C
  tout droit straight ahead 5-C
droite *f* right 5-C
  à droite to the right 5-C
drôle funny 10-L
du some 3; (*contraction of* **de** + **le**) of the, from the, about the 5
dualisme *m* dualism 23-L
durer to last 23-L

eau *f* water 3
  eau minérale *f* mineral water 3
échapper to escape 17-L
échouer à to fail 2-L; 19
école *f* school 2-L; 3
  école communale *f* local primary school 19-L
  école maternelle *f* nursery school 19-L
  école privée *f* private school 19-L
économie *f* economics, economy 21-C
économies *f* savings 10
  faire des économies to save money 10
économique economical 11; economic 21-L
économiser to save 15-C
économiste *m, f* economist 2
écouter to listen to 1
écouteur *m* earphone
écran *m* screen 10-L
écrasant, -e overwhelming 19-L
écrevisse *f* crayfish 3
écrire to write 9-L; 18

écrivain *m* writer 23
édition *f* edition 11-L
éditorial *m* editorial 21-C
éducation *f* education, up-bringing 10
  éducation physique *f* physical education 10
effort *m* effort 22
égal, -e equal, same 22-C
  Ça m'est égal I don't care 22-C
égalité *f* equality, evenness 14-L
église *f* church 5
élasticité *f* elasticity 17-L
électricité *f* electricity 9-L
élément *m* element 14-L; 15
élémentaire elementary 22-L
élève *m, f* pupil 23-L
élimination *f* elimination 23-L
éliminer to eliminate 3-L
élision *f* the dropping of a sound or syllable
elle she, it 1; she, her, it 6
elles they 1; they, them 6
embrasser to kiss 10-C; 14
émission *f* program, broadcast 10-L; 21
empêcher to prevent 19
empire *m* empire 23-L
emploi *m* employment
  emploi du temps *m* schedule
employant using
employé, -e *m, f* employee 7
employer to use 6-L
employeur *m* employer 22-L
en some / any 7; *use* 19
en in, to 1
  en classe in class, to class 1
  en face facing, across from 21
  en général in general 3-L
  en panne broken down 13-C
  en plus what's more 10-L
  en recommandé registered mail 9-L
  en tort in the wrong 13
  en ville downtown 5
enchaîné, -e chained 21-C
enchaînement *m* consonant linking
enchanté, -e pleased 2-C

encombré, -e jammed, crowded 5-L
encore again, still 6; more 15
  encore plus even more 10-L
  pas encore not yet 6
encourager to encourage
encre *f* ink 3
endommagé, -e damaged 13-L
s'endormir to fall asleep 17
endroit *m* place 5-L
énergie *f* energy 6-C
enfance *f* childhood
enfant *m, f* child 1
  petit-enfant *m, f* grandchild
enfin finally 10-L
engagé, -e hired, engaged 21-L
engagement *m* engagement, commitment 14-L
enlever to take off, to take away 17 (*conjugated like* **acheter**)
ennuyeux, -euse boring 2
énorme enormous 13-L
enrichir to enrich
enseignement *m* instruction, education 22-L
enseigner to teach 23
ensemble together 1
ensuite then, afterwards, next 5-C
entendre to hear 10-L; 13 (*conjugated like* **prendre**)
entrant entering 19-L
entre between 5-L; 9
enterprise *f* undertaking, enterprise 5-L
entrer dans to go in, to enter 3-C; 13
enveloppe *f* envelope 10-C
envelopper to wrap 10
envie *f* desire 19
  avoir envie de to feel like 19
environ around, about 18-C
environnement *m* environment 18-L
envoi *m* sending, shipment 9-L
envoyer to send 9-L
épinards *m* spinach 11-C
époque *f* era 23-L
épouvante *f* terror, fear 19-C

film d'épouvante *m* horror movie 19-C
équipe *f* team 13
équipement *m* equipment
esclavage *m* slavery 21-L
esclave *m* slave 21-L
Espagne *f* Spain 5
espagnol *m* the Spanish language 10
espagnol, -e Spanish 2
espérer to hope 14; *forms* 17 (*conjugated like posséder*)
essai *m* testing, trying out, attempt, essay 19-C
   cinéma d'art et d'essai *m* art cinema, experimental cinema 19-C
essayant trying
essayer de to try 10-L; 15
essence *f* gasoline 13-C
   prendre de l'essence to get gas 13-C
essentiel, -elle essential 9-L; 14
essuyer to wipe 3-C
et and
établissement *m* establishment 11-L
étage *m* floor, story of a building 21
étape *f* stage, step 18
état *m* state 22-L; 23
Etats-Unis *m* United States 5
été *m* summer 5-L; 6
étendre to extend 22-L
ethnie *m* ethnic group 23-L
étoile *f* star 11
étonnant, -e astonishing, surprising 14-L
étonné, -e surprised, astonished 22-C
étonnement *m* surprise 22-C
étonner to surprise 22-C
étranger, -ère foreign 3-L; 10
   à l'étranger abroad 5-L
être to be 1; *forms* 2
étrennes *f* New Year's gift 15-L
étudiant, -e *m, f* student 1
étudier to study 1
Europe *f* Europe 2

Européen, -enne *m, f* native of Europe
européen, -enne European 21-L
eux they, them 6
   eux-mêmes themselves 6
évaluation *f* evaluation 11-L
événement *m* event 21-C
évident, -e evident, obvious 17-L
éviter to avoid 17
évolution *f* evolution 21-L
exact, -e exact
exactement exactly 9
examen *m* examination 2-L; 7
examiner to examine 17
excellent, -e excellent 11
exceptionnel, -elle exceptional 11-L
exclamation *f* exclamation 22-C
exclusivité *f* exclusive rights 19-C
   cinéma d'exclusivité *m* first-run movie theater 19-C
excuse *f* excuse 15-L
excuser to excuse 5-C
exécuter to execute 17-L
exemplaire *m* copy 18-L
exemple *m* example 7-L
   par exemple for example 7-L
exercer to exercise, to exert 15-L
exercice *m* exercise, practice 2
exiger to demand, to require 22-L
exister to exist 2-L; 23
exode *m* exodus 5-L
expédier to dispatch, to send off 9-L
expéditeur, -trice *m, f* sender 10-C
expliquer to explain 1
exporter to export 6-L
expression *f* expression 10-C
exprimer to express 22-L
   s'exprimer to express oneself 22-L
extrait *m* extract, coming attraction (in movies) 19-C
extraordinaire extraordinary
extra-universitaire extracurricular 2-L
extrêmement extremely 11-L

face *f* face 21
   en face facing, across from 21
fâché, -e angry 21
facile easy 2
facilement easily 23
faciliter to facilitate 17-L
facteur *m* mailman 9-L; 13
facture *f* bill 9-L
facultatif, -ive optional 2-L
faculté *f* faculty 10-C
faim *f* hunger 3
   avoir faim to be hungry 3
faire to make, to do 1; *forms* 6
   Ça ne fait rien It doesn't matter 22-C
   faire attention à to pay attention to 6
   faire beau to be nice (weather) 10
   faire bon to be nice (temperature) 10
   faire chaud to be hot (weather) 10
   faire connaissance to get acquainted
   faire de l'auto-stop to hitchhike 13-C
   faire de l'orage to be stormy 10
   faire des courses to run errands 6
   faire des devoirs to do homework 6
   faire des économies to save money 10
   faire des poids et des haltères to lift weights 18-L
   faire des provisions to buy groceries 14
   faire du / de la / de l' / des + *academic subject* to take a course in 10
   faire du + *number* to go _____ miles / kilometers per hour 13
   faire du brouillard to be foggy 10
   faire du ski to ski, to go skiing 5-L

faire du soleil to be sunny 10
faire du sport to play sports 7
faire du vélo to ride a bike
faire du vent to be windy 10
faire frais to be cool (weather) 10
faire froid to be cold (weather) 10
faire la bise to embrace lightly and kiss on both cheeks
faire la cuisine to cook 2
faire la grasse matinée to sleep late 6
faire la vaisselle to do the dishes 6
faire le ménage to do housework 6
faire le plein to fill up (a vehicle) 13-C
faire les bagages to pack 6
faire mauvais to be awful (weather) 10
faire un pique-nique to go on a picnic
faire un tour to go for a walk / drive 6
faire un voyage to go on a trip 6
faire une promenade to take a walk 6
faire + *number* + degrés to be ____ degrees (weather)
faire + *number* + mètres to be ____ meters tall
se faire mal à... to hurt one's . . . 17-C
faisant making, doing
fait *m* fact 14-L
  faits divers human interest stories 21-C
falloir to need, to have to 14
familial, -e family 7-L
familier, -ère familiar 15-C
famille *f* family 6-L; 11
  en famille with the family 6-L
fantastique fantastic 2
fantôme *m* ghost
fascinant, -e fascinating 5
fatigué, -e tired 2

fauché, -e broke (*slang*) 15-C
faute *f* fault 15
faux, fausse false 2-L; 5
favorisé, -e favored, encouraged 14-L
favoriser to favor, to encourage 22-L
fédération *f* federation 18-L
féminin, -e feminine 2
femme *f* woman 1; wife 3
fenêtre *f* window 1
fer *m* iron 5-C
  chemin de fer *m* railroad 5-C
férié, -e
  jour férié *m* legal holiday 7-C
fermé, -e closed 2
fermer to close 1
fermeture *f* closing 5-L; 22
fête *f* holiday, feast 7-C; 22
  Fête du Travail *f* Labor Day 7-C
  Fête Nationale *f* Independence Day 7-L
feu *m* fire 7-L; red light 13-C
  feux d'artifice 7-L fireworks 7-L
  brûler un feu to run a red light 13-C
feuilleton *m* series (radio, television) 10-L
février *m* February 7
ficher 22-C
  Fiche-moi la paix! Leave me alone! 22-C
  Je m'en fiche. I don't care. 22-C
fiction *f* fiction 19-C
  science fiction *f* science fiction 19-C
fidèle faithful 14
fille *f* girl, daughter 2
film *m* film 5
  film à thèse message film 19
  film comique comedy film 19-C
  film d'amour romantic film 19-C
  film d'épouvante horror film 19-C

film de science fiction science fiction film 19-C
film policier detective film 19-C
grand film main feature 19-C
fin *f* end 2-L
final, -e final
finalement finally 9-L
financer to finance 19-L
finir de to finish 11
firme *f* firm, company 11-L
fixe fixed, steady 15-L
fleuve *m* river 23-L
Floride *f* Florida
flotte *f* water (*slang*) 23-C
foi *f* faith 14-L
foie *m* liver 15
fois *f* time, repetition 5
fonctionnement *m* working, functioning, operation 19-L
fonctionner to function 9-L
fondamental, -e fundamental 22-L
football *m* soccer 13-L; 19
  football américain *m* football
  jouer au football (américain) to play soccer (football) 19
footballeur *m* football / soccer player
forêt *f* forest 21-L
forme *f* form 18-L
  en forme in shape 18-L
former to form
formidable great 2
fort, -e strong, loud 17-L
fort very, strongly 13-L
Forum *m* the (Roman) Forum
fou, folle crazy 23-C
fourchette *f* fork 11-C
frais, fraîche cool, fresh 3-C; 10
  faire frais to be cool (weather) 10
franc *m* franc (unit of currency) 3-C; 7
Français, -e *m, f* Frenchman, -woman 5-L; 7
français *m* the French language 1
français, -e French 1
France *f* France 1-L; 5

francophone French-speaking 6-L; *m, f* native French speaker 22-L

francophonie *f* the ensemble of French-speaking communities 6-L

frapper to knock 3-C

freiner to brake 13

fréquence *f* frequency

fréquent, -e frequent 23

fréquenter to visit (a place), to date 2

frère *m* brother 3

fric *m* money (*slang*) 15-C

Frigidaire *m* refrigerator 5

frites *f* French fries 3

froid, -e cold 2

froid *m* cold 9

   avoir froid to be cold (people) 3

   faire froid to be cold (weather) 10

fromage *m* cheese 3-L; 14

frontière *f* border 5-L

fruit *m* fruit 11-C

fulbé *m* the Fulbé language 23-L

fumer to smoke 1

furieux, -euse angry 14

futur *m* future 5

gagner to win, to earn 15-L; 18

galerie *f* gallery 7

   Galeries Lafayette a large department store in Paris 7

garantir to guarantee 22-L

garçon *m* boy 2; waiter 3

garder to keep, to look after 14-L

gare *f* train station 5

gaspiller to waste 15-C

gastronomie *f* gastronomy 3-L

gâteau *m* cake 3

gâter to spoil 15-L

gauche *f* left 5-C; 18

   à gauche to the left 5-C

Gaule *f* Gaul 6-L

Gaulois, -e *m, f* native of Gaul 23-L

gaz *m* natural gas 9-L

gelée *f* gelatin

gendarme *m* policeman 13

général, -e general 3-C

   en général in general 3-L

généralement generally 2-L

généraliste *m* general practitioner 17-C

généreux, -euse generous 2

genou *m* knee 17-C

genre *m* type, sort, gender 19-C

gens *m* people 3-L

géographie *f* geography 10

géologie *f* geology 10

germe *m* bud, germ 19-L

Ghana *m* Ghana 23-L

gigantesque gigantic 13-L

glace *f* ice cream 3; ice 5-L

glissant, -e slippery 13-C

glisser to slip, to slide 15-L

glorieux, -euse glorious 23-L

godasse *f* shoe (*slang*) 23-C

golf *m* golf 19

   jouer au golf to play golf 19

gorge *f* throat 17-C

gosse *m, f* child (*slang*) 23-C

goûter to taste, to snack 3-L; 22

gouvernement *m* government 21-L

gouvernemental, -e governmental 22-L

goyave *f* guava 23-L

grammaire *f* grammar

gramme *m* gram 15

grand, -e great, large, tall 5-C; 7

Grande-Bretagne *f* Great Britain 5

grand-mère *f* grandmother 10

gras, grasse fat 6

grave serious 17

grec *m* the Greek language 10

grec, grecque Greek

gris, -e gray 2

gros, grosse big, large 10-C

groupe *m* group 23-L

grue *f* crane 13-L

Guadeloupe *f* Guadeloupe 6-L

Guadeloupéen, -enne *m, f* native of Guadeloupe 21-L

guerre *f* war 21-L

gueule *f* mouth (*slang*) 23-C

   Ta gueule! Shut up! (*slang*) 23-C

guide *m* guide 11-L

Guinée *f* Guinea 23-L

guitare *f* guitar 19

   jouer de la guitare to play the guitar 19

gymnastique *f* gymnastics 17-L

   faire de la gymnastique to do gymnastics 17-L

s'habiller to get dressed 17

habitant *m* resident, inhabitant 7

habiter to live (in) 1

habitude *f* habit, custom 3-L

   d'habitude usually 15-L

habituel, -elle habitual 22-L

Haïti Haiti 6-L

haltères *m* barbells 18-L

   faire des haltères to lift weights 18-L

hamburger *m* hamburger

***haoussa** *m* the Hausa language 23-L

***haricot** *m* bean 3

   ***haricot vert** green bean 3

harmonie *f* harmony 18-L

***hauteur** *f* height 17-L

hebdomadaire *m* weekly newspaper or magazine 21-C

héritage *m* heritage 21-L

***héros** *m* hero

hésiter to hesitate 15-L; 19

heure *f* hour, time 1-C; 5

   à l'heure on time 5; per hour (speed) 18-C

   à tout à l'heure see you a little later 1-C; 9

   de bonne heure early 13

heureusement fortunately 10

heureux, -euse happy 2

hier yesterday 6

Hindou, -e *m, f* Hindu 21-L

An * indicates an aspirate **h,** which is *not* subject to liaison.

histoire *f* story, history 6-L; 7
historien, -enne *m, f* historian 23-L
historique historic 11-L
hiver *m* winter 5-L; 7
hivernage *m* rainy season 23-L
***Hollande** *f* Holland 5
homme *m* man 1
honnête honest
honneur *m* honor, privilege 10-C
***honte** *f* shame 18-L
hôpital *m* hospital 3
horoscope *m* horoscope 21-C
***hors d'œuvre** *m* appetizer 11-C; 15
hôtel *m* hotel 1
   hôtel de ville *m* city hall 23
hôtesse *f* hostess 5
huile *f* oil 3
   prendre de l'huile to add oil (to a vehicle) 13-C
***huit** eight 1
huître *f* oyster 7-L
humain, -e human 17-C
humanité *f* humanity 21-C
hymne *m* hymn, anthem
hypocrisie *f* hypocrisy 2
hypocrite hypocritical 2
hypothétique hypothetical

ici here 1
idéal, -e ideal
idée *f* idea 6
identifier to identify
identique identical
identité *f* identity 1-L
idéologie *f* ideology 18-L
il he, it 1
   il y a there is, there are 1
   Il n'y a pas de quoi. Don't mention it. 1
île *f* island 21-L
illusion *f* illusion
illustrer to illustrate
ils they 1
imagination *f* imagination 6-C
imaginer to imagine

imbécillité *f* idiocy, imbecility, stupid thing 19
imité, -e imitated 23-L
immédiat, -e immediate 13
immédiatement immediately 14-L
immersion *f* immersion 17-L
immeuble *m* apartment building
imparfait *m* imperfect (tense) 13
impartial, -e impartial 10-L
impératif *m* imperative (mood)
imperméable *m* raincoat 7
impoli, -e impolite 2
importance *f* importance 14-L
important, -e important 3-L; 14
importé, -e imported 18-L
importer to matter 22-C
impossible impossible 2
impression *f* impression 14
impressionnant, -e impressive 10
imprimer to print
inadapté, -e maladjusted, mal-adapted, misfit 14-L
inadmissible intolerable 18-L
incendie *m* fire 17-L
incertitude *f* uncertainty 14-C
incident *m* incident
incompétent, -e incompetent 2
incorruptible incorruptible 10-L
Inde *f* India
indéniable undeniable 17-L
indépendance *f* independence 21-L
indépendant, -e independent 2
indication *f* indication, direction, sign 15-L
indien, -enne Indian 21-L
indifférence *f* indifference 22-C
indiqué, -e indicated
indiquer to indicate 5-C; 9
indispensable indispensable 14-L
individu *m* individual 23-L
individualiste individualistic 14-L
indulgent, -e lenient 14
industriel *m* industrialist 17-L
industriel, -elle industrial 21-L
influence *f* influence 23-L
influencer to influence
informations *f* news 18
informé, -e informed 22-L

informer to inform 10-L
ingénieur *m* engineer 2
innocent, -e innocent 23
inoubliable unforgettable
inquiéter to worry 17 (*conjugated like posséder*)
   s'inquiéter to be worried 17
inquiétude *f* anxiety, concern 14-L
insensé, -e incredible 17-L
insister to insist 2
inspirer to inspire 19-L
installé, -e installed 17-L
s'installer to sit down 23
instant *m* instant 9-C; 13
institut *m* institute 23
instituteur, -trice *m, f* instructor, teacher 19-L
instruit, -e instructed, trained 14-L
instrument *m* instrument
insuffisant, -e insufficient 23
intégral, -e integral 21-L
intégrer to integrate 23-L
intelligence *f* intelligence 6-C
intelligent, -e intelligent 2
intense intense 5-L
interdiction *f* prohibition 3-C
interdit, -e forbidden 3-C
intéressant, -e interesting 2
intéresser to interest 14-L; 21
   s'intéresser à to be interested in 19
intérêt *m* interest 14-L
international, -e international
interprète *m, f* interpreter 23
interrogatif, -ive interrogative
interrogé, -e questioned 14-L
interroger to question
interrompre to interrupt
interruption *f* interruption
interurbain, -e long distance (phone call) 9-C
interviewer to interview
intolérance *f* intolerance 2
introduction *f* introduction 23-L
introduire to introduce, to insert 3-C
inutile useless 2
inutilisable unusable 13-L

inventer to invent
inversion *f* inversion
inviter à to invite 1
Irlande *f* Ireland 5
irrégulier, -ère irregular
isolé, -e isolated 13-L
Italie *f* Italy 5
Italien, -enne *m, f* native of Italy 19
italien *m* the Italian language 10
italien, -enne Italian 2
italique *f* italics
itinéraire *m* itinerary 11-L

Jamaïque *f* Jamaica 5-L
jamais never, ever 15
jambe *f* leg 17-C
jambon *m* ham 11-C; 15
    jambon de Bayonne *m* smoked ham 15
janvier *m* January 7
Japon *m* Japan 5
Japonais, -e *m, f* native of Japan
jaune yellow 2
jazz *m* jazz 19
je I P
jeans *m* jeans 6
jet *m* jet 17-L
jeter to throw, to throw out 22
jeton *m* token 9-C
jeudi *m* Thursday 7
jeune young 1-L; 11; *m, f* young person 2-L
jogging *m* jogging 18-L
joli, -e pretty 6
jouer to play 1
    jouer à to play (a sport) 19
    jouer de to play (a musical instrument) 19
joueur *m* player 18-L; 23
jour *m* day 2-L; 7
    huit jours a week 7
    jour férié legal holiday 7-L
    quinze jours two weeks 7
    tous les jours every day 2-L
journal, journaux *m* newspaper 13
journalisme *m* journalism 10

journaliste *m, f* journalist 2
journée *f* day, duration of a day 17
judo *m* judo
jugé, -e judged 23-L
juger to judge 23-L
juillet *m* July 5-L; 7
juin *m* June 2-L; 7
jupe *f* skirt 6
juridiquement legally 21-L
jusqu'à up to, as far as, until 5-C; 10
juste just 21
justice *f* justice 14-L

kilo(gramme) *m* kilogram 6-C
kilomètre *m* kilometer 18
kinésithérapeute *m* massage specialist at a spa 17-L
klaxonner to sound one's horn, to honk 13

la (l') the 1; her, it 10
là there 5
    là-bas over there 5
-là *suffix used with demonstrative pronouns and adjectives to indicate distance (that one, those)* 18
laboratoire *m* laboratory 7
lac *m* lake 11
laid, -e ugly 2
laisser to leave, to allow 7
    laisser-faire *m* laissez-faire policy 15-L
lait *m* milk 3
lampe *f* lamp 21
lance *f*
    lance à incendie *f* firehose 17-L
langage *m* language 15-C
    langage familier *m* slang 15-C
langue *f* tongue, language 6-L; 10
latin *m* the Latin language 6-L; 10

laver to wash 15-L
    se laver to wash up 17
le (l') the 1; him, it 10
leçon *f* lesson 1
légal, -e legal 7-L
légume *m* vegetable 3
lendemain *m* the next day 10-L
lent, -e slow 9-L; 23
lentement slowly 15
les the 1; them 10
lettre *f* letter 7-L; 10
leur their 6; to them 11; theirs 18
lever to raise 17 (*conjugated like acheter*)
    se lever to get up, to rise 17
liaison *f* liaison 6
libéral, -e liberal 15-L
libération *f* liberation 21-L
liberté *f* liberty 14-L
librairie *f* book store 5
libre free 21-L
Lido *m* expensive Parisian nightclub
lien *m* tie, connection 23-L
lieu *m* place 23-L
    au lieu de instead of 23-L
    s'il y a lieu if necessary
ligne *f* line 9-C
limité, -e limited 13-C
linguistique linguistic 22-L
lire to read 1; *forms* 18 (*conjugated like conduire*)
liste *f* list 5
lit *m* bed 11
litre *m* liter 6-C
littéraire literary 21-L
littérature *f* literature 10
livre *f* pound
livre *m* book 1
local *m* locale, meeting place 19-L
local, -e local 11-L
locomotive *f* locomotive 13-L
logique logical
logiquement logically
loin (de) far, far away 5
Loire *f* French river 11-L
loisir *m* leisure, spare time 14
long, longue long 17-L; 23

longueur *f* length 11-L
longtemps long, for a long time 7
longuement at length 23
lorsque when 13
louer to rent 21
Louisiane *f* Louisiana 6-L; 20
loyer *m* rent 21
luge *f* sled 5-L
lui he, him, it 6; to him, to her, to it 11
lundi *m* Monday 7
lune *f* moon 7
   sur la lune to / on the moon 7
lutter to fight 21-L
luxe *m* luxury 14-L
Luxembourg *m* Luxemburg
lycée *m* secondary school 2-L; 5

ma my 1-L; 2
machiniste *m* driver 3-C
madame *f* Mrs., ma'am 2
mademoiselle *f* Miss 1
magasin *m* store 5-L; 9
magasiner to shop (*Quebec French*) 6
magazine *m* magazine 18
magnifique magnificent 2
mai *m* May 2-L; 7
maillot *m* jersey 18
main *f* hand 15-L; 17
maintenant now 5
maire *m* mayor 10-C
mais but 1
maison *f* house 5
   à la maison at home 5
maîtresse *f* teacher 19-L
majoritaire in the majority 22-L
majorité *f* majority 14-L
mal, maux *m* evil, pain 17-L
   avoir du mal à to have trouble 19
   avoir mal à to have an ache / sore in / on 9
   mal de dents toothache 14-C
   se faire mal à to hurt one's 17-C
mal poorly, badly 1
malade ill, sick 17-C

malheureusement unfortunately 23
malheureux, -euse unhappy, unfortunate 2
Mali *m* Mali 23-L
Malinké, -e *m*, *f* Malinke 23-L
malinké, -e Malinke 23-L
maman *f* mama 10-C
mandat *m* money order 9-L
manger to eat 1
mangue *f* mango 23-L
manière *f* manner, way 14-L
manifesté, -e manifested 23-L
maninka Maninka 23-L
mannequin *m* model 18-L
manquer to miss, to lack 10-L
manteau *m* coat 22
manuel *m* manual, textbook 23-L
marchandise *f* merchandise 13-L
marché *m* market
   bon marché cheap, inexpensive
   Marché Commun *m* European Common Market
marcher to walk 3-C
mardi *m* Tuesday 7
mari *m* husband 10
mariage *m* marriage 7-L
Maroc *m* Morocco 5
marraine *f* godmother 15-L
marre (*slang*)
   J'en ai marre! I've had it up to here! 22-C
marronage *m* living off the land 21-L
mars *m* March 5-L; 7
Martinique *f* Martinique 6-L
masculin, -e masculine 2
masochiste masochistic 17-L
massage *m* massage 17-L
match *m* match, game 13
maternel, -elle maternal 6-L
   école maternelle *f* nursery school 19-L
mathématiques (maths) *f* mathematics 10
matière *f* material, subject 10
matin *m* morning 5
matinée *f* morning, duration of the morning 6

faire la grasse matinée to sleep late 6
mauvais, -e bad 2
   faire mauvais to be bad (weather) 10
me (m') me 14; myself P; to me 5-C; 14
mec *m* man (*slang*) 23-C
méchant, -e naughty, bad 2
médecin *m* doctor 2
médecine *f* medicine 10
médias *m* mass media 14-L
médicament *m* medicine 17-L
médiocre mediocre
Méditerranée *f* Mediterranean 18-L
meilleur, -e better 10-C; 23
   le meilleur best 10-C; 23
   meilleur marché cheaper 23
mêler to mix 21-L
membre *m* member 18-L
même even 15-L; same 7
mémoire *f* memory
ménage *m* household 6
   faire le ménage to do the housework 6
ménager, -ère domestic, household 14
mensonge *m* lie 18
mensuel *m* monthly magazine 21-C
mentionné, -e mentioned 11-L
menu *m* menu 7-L
mépris *m* scorn 23-L
mer *f* sea 5
   mer des Caraïbes Caribbean Sea 21-L
   outre mer overseas 21-L
merci thank you P
   merci mille fois thanks a million 5
mercredi *m* Wednesday 7
merde *f* damn 22-C
   Merde alors! Damn! 22-C
mère *f* mother 2
mériter to deserve 15-L
merveilleux, -euse marvelous, wonderful 6
mes my 6
messieurs *m* gentlemen 5

mesurer to measure 15-L; to be tall 18-C

météo *f* weather report 22

météorologique meteorological 10-L

méthode *f* method 17-L

métier *m* occupation 19

mètre *m* meter 5-C; 18

métrique metric 18-C

métro *m* subway 7

Métropole *f* continental France 21-L

métropolitain, -e metropolitan 21-L; *m, f* person from the **Métropole** 21-L

mettant putting

metteur en scène *m* director (stage) 19-C

mettre to put, to put on, to turn on 9-L; *forms* 22

  mettre fin à to put an end to 21-L

  se mettre à to begin 22

Mexicain, -e *m, f* native of Mexico

mexicain, -e Mexican 2

Mexique *m* Mexico 5

Michelin *m* French guidebook published by the Michelin company 11.

midi *m* noon 9

Midi *m* the South of France 21-C

mien, -enne mine 18

mieux better 2

  aimer mieux to prefer 2

mil *alternate spelling of* **mille** *when used with dates* 7

milieu *m* middle 17-L

  au milieu in the middle 17-L

mille thousand 5

milliard *m* billion 7

millier *m* thousand 13-L

million *m* million 6-L; 7

minceur *f* thinness, slimness 3-L

minéral, -e mineral 3

  eau minérale *f* mineral water 3

ministre *m* minister

minuit *m* midnight 9

minuscule minuscule, small 19-L

minute *f* minute 7-C; 9

mise *f* putting 18-L

  mise en forme *f* physical fitness 18-L

mode *f* fashion 21-C

modèle *m* model 23-L

moderne modern 15-L; 23

moi me 2; *special affirmative imperative form of direct* (5-C; 14) *and indirect* (1-L; 14) *object pronouns:* me, to me

moi-même myself 6

moins less, minus 1;

moins de less, fewer 6-C; 23

  au moins at least 14-L

  moins... que less . . . than 23

mois *m* month 5-L; 7

  au mois de... in the month of . . . 5-L; 7

moitié *f* half 14-L

moment *m* moment 21-L

mon my 2; *forms* 6

Monaco *m* Monaco

monde *m* world 18; people 22

  tout le monde *m* everybody 18

mondial, -e world-wide 21-L

monnaie *f* change 15-C

  faire de la monnaie to make change 15-C

  garder la monnaie to keep the change 15-C

  rendre la monnaie to give change 15-C

monokini *m* topless swimsuit 5-L

monsieur, messieurs *m* Mr., sir, gentleman 1-L; 3

mont *m* mountain, mount

montagne *f* mountain 5-L

  à la montagne in the mountains 5-L

montagneux, -euse mountainous 21-L

monter to go up, to ride, to get on 7

montre *f* wristwatch 9

montrer to show 1

monument *m* monument 6

moralité *f* morals, morality 19-L

mort *f* death 19-L

mort, -e *m, f* dead person 13-L

mort, -e dead 19-L

mot *m* word 21-C

  mots croisés *m* crossword puzzle 21-C

moule *m* mold 23-L

mourir to die 13

mouvement *m* movement 21-L

moyen, -enne medium 18-L

multiplié, -e multiplied 4

multiplier to multiply 18-C

multitude *f* multitude

municipal, -e municipal

mur *m* wall 3

muscle *m* muscle 17-L

musée *m* museum 5

musical, -e musical 19-C

  comédie musicale *f* musical comedy

musicien, -enne *m, f* musician 2

musique *f* music 2

nager to swim

naissance *f* birth 21-L

naître to be born 7

nana *f* woman (*slang*) 23-C

national, -e national 1-L; 11

nationalisé, -e nationalized 9-L

nature *f* nature

naturel, -elle natural 3-L

navet *m* turnip, rotten film 19-C

navré, -e sorry 22-C

ne... pas no, not 1

  n'est-ce pas? is it not? don't you? *etc.* 1

  ne... jamais never 15

  ne... personne no one, nobody 15

  ne... plus no more, no longer 7; *use* 15

  ne... que only 15

  ne... rien nothing 7-L; *use* 15

nécessaire necessary 5-L; 14

négatif *m* negative

négatif, -ive negative

négativement negatively

Négritude *f* literary movement 21-L

neige *f* snow 5-L; 17

neiger to snow 10
nettoyer to clean 13-L
neuf nine 1
neuf, neuve new 13-L; 22
neveu *m* nephew
nez *m* nose 17-C
ni... ni neither . . . nor 14-L
niçois, -e having to do with the
　　city of Nice
niveau *m* level 13-L
Noël *m* Christmas 7-L; 13
　　Père Noël *m* Santa Claus 7-L
noir, -e black 2; *m, f* black
　　person 21-L
nom *m* name, noun
　　nom de famille *m* last name
　　　23-L
nombre *m* number 1
nombreux, -euse numerous 2-L
non no 1
nonrespect *m* nonrespect, non-
　　observance 22-L
nord *m* north 5
　　Amérique du Nord *f* North
　　　America 5
nord-africain, -e North African
　　3-L
normal, -e normal 22-L
nos our 6
note *f* grade, note 13
notre our 6
nôtre ours 18
nourriture *f* food 3
nous we 1; we, us 6; us 14; to us
　　14; ourselves 17
nouveau, nouvelle new 6-L; 11
nouvel *special form of* **nouveau**
　　used before a masculine
　　singular noun beginning
　　with a vowel sound 11
nouvelles *f* news 10
novembre *m* November 7
nuit *f* night 1-C; 2
numéro *m* number 9-C
　　faire le numéro to dial (the
　　　phone) 9-C
　　numéro de téléphone *m* tele-
　　　phone number 9-C
obéir à to obey 11 (*conjugated*
　　like **finir**)

obésité *f* obesity 17-L
objet *m* object 7
obligation *f* obligation 22-L
obligatoire required 2-L; 9
obligé, -e required 2-L
obliger to oblige, to require 22-L
observateur *m* observer 21-C
obtenir to obtain 13 (*conjugated*
　　like **tenir**)
occasion *f* occasion, opportunity
　　7-L
occupé, -e occupied, busy 9-C
occuper to occupy 6-L
　　s'occuper de to deal with, to
　　　take care of 19
océan *m* ocean
　　l'océan Pacifique Pacific Ocean
octobre *m* October 2-L; 7
odeur *f* odor, scent 6
oeil, *pl.* **yeux** *m* eye 17-C
œuf *m* egg 23
　　œufs en gelée eggs in gelatin
　　　(aspic)
œuvre *f* work 11-C
officiel, -elle official 6-L; 9; *m, f*
　　official 21-C
offrir to offer 9-L; 14
omelette *f* omelet 6
on one, people, they, we 1
　　l'on one 7-L
oncle *m* uncle 10
onze eleven 1
opéra *m* opera 5-L
opinion *f* opinion 14-L
optimisme *m* optimism 14-L
optimiste optimistic 2
orage *m* storm 10
　　faire de l'orage to storm 10
orange *f* orange 11-C
orchestre *m* orchestra 10-L; main
　　floor of a theater 19-C
ordre *m* order 3-C
oreille *f* ear 17-C
organisation *f* organization
organiser to organize 19-L
original, -e original 19-C
originel, -elle original 23-L
origine *f* origin 6-L
ou or 1-L; 9
　　ou... ou either . . . or 15-L

où where 1-L; 3; where, on
　　which, when 3-C; 5
oublier de to forget to 6
ouest *m* west 21-C
oui yes P
ouolof *m* the Wolof language 6-L
outre mer overseas 21-L
ouvert, -e open 2
ouvreuse *f* usherette 19-C; 21
ouvrier, -ère *m, f* worker 14-L
ouvrir to open 1

page *f* page 1
pain *m* bread 3
paix *f* peace 22-C
panne *f* breakdown 13-C
　　tomber en panne to have a
　　　breakdown 13-C
panneau *m* road sign 13-C
panorama *m* panorama 11-L
pantalon *m* pants 6
papier *m* 1-L
par by, through 6-L
　　par avion airmail 9-L
　　par contre on the other hand
　　　6-L
paragraphe *m* paragraph
parapluie *m* umbrella 7
parc *m* park 3-C; 6
parce que because 5
pardon *m* pardon, excuse me 5-C
parenthèse *f* parenthesis
parents *m* parents, relatives 6
paresseux, -euse lazy 2
parfait, -e perfect 11
pari *m* bet 19-L
parisien, -enne Parisian 2
parking *m* parking lot 5-C
parlé, -e spoken
parler to speak 1
　　parler à to talk to (someone) 5
　　parler de to talk about 5
parmi among 14-L
parrain *m* godfather 15-L
part *f* part, place where 9-C
　　d'autre part on the other hand
　　　22-L
　　quelque part somewhere 14-C

parti *m* (political) party
participe *m* participle
particulier, -ère particular
particulièrement particularly 5-L
partie *f* part 9-L
partir to leave 5; *forms* 11
  à partir de from 21-L
partout everywhere 7-L; 14
pas not 1
  pas encore not yet 6
  pas du tout not at all 5
passage *m* passage 13-L
  passage à niveau railroad
    crossing 13-L
passager *m* passenger 13-L
passé *m* the past 6
  passé composé *m* compound
    past (*tense*) 6
  passé immédiat *m* immediate
    past (*tense*)
passé, -e past, last 6
passeport *m* passport 1-L; 14
passer to pass, to take, to go by,
  to spend (time) 2-L; 7
  passer les vacances to spend
    vacation 5-L; 10
  passer un examen to take a
    test 2-L
pastis *m* licorice-flavored drink
  18
pâté *m* pâté 11-C; 15; block of
  houses 18-L
  pâté de foie *m* liver pâté 15
patience *f* patience 6-C; 13
patient, -e patient 3-C
patin *m* skate 5-L
  faire du patin à glace to go ice
    skating 5-L
patron *m* proprietor, boss 18
pauvre poor 2; *m, f* a poor
  person
payé, -e paid 5-L
payer to pay 3-C
pays *m* country 5
P.C.V.
  en P.C.V. collect (telephone
    call) 9-C
peau *f* skin 17-L
pêche *f* peach 11-C
pédagogique pedagogical 19-L

pelouse *f* lawn, grass 3-C
pencher to lean 3-C
pendant during 7-C; 10
penser to think 6
  penser à + *noun* to think
    about (something or some-
    one) 19
percuter to strike sharply, to
  crash into 13-L
perdre to lose 13
  perdre la tête to lose one's
    mind 13
père *m* father 2
  Père Noël *m* Santa Claus 7-L
permanent, -e permanent, continuous showings (of a
  film) 19-C
permettre à... de to permit 2-C;
  22 (*conjugated like* **mettre**)
permis *m* permit 1-L
  permis de conduire *m* driver's
    license 1-L
perplexe perplexed 15-L
personne *f* person 11; nobody,
  no one 14-L; 15
personnel, -elle personal 9-L; *m*
  personnel 22-L
peser to weigh 9-L
pessimisme *m* pessimism 14-L
pessimiste pessimistic 2
petit, -e small, little 2
  petit ami *m* boy friend 2
  petit déjeuner *m* breakfast 3-L;
    11
  petite amie *f* girl friend 2
  petit-enfant *m, f* grandchild
    15-L
  petits pois *m* peas
peu (de) few, little 6-C; 14
  un peu (de) a little, some 1
peuple *m* people 23-L
peur *f* fear 14
  avoir peur (de) to be afraid (of)
    14
peut-être perhaps, maybe 13
phare *m* headlight 13-C
pharmacien *m* pharmacist
pharmacie *f* drugstore 5
  pharmacie de garde *f* all-night
    drugstore 17-C

philharmonique philharmonic
  10-L
philosophie *f* philosophy 10
photo *f* photo 3
phrase *f* sentence 10
physique physical 10
physique *f* physics 10
piano *m* piano 19
  jouer du piano to play the
    piano 19
pièce *f* coin 3-C; (theatrical) play
  18
pied *m* foot 3-C
  à pied on foot 5-C
piéton *m* pedestrian 13-C
pilote *m* pilot 2
piloter to pilot, to fly (a plane)
pinard *m* wine (*slang*) 23-C
pipe *f* pipe
pique-nique *m* picnic 22
  faire un pique-nique to go on
    a picnic 22
pirate *m* pirate
pis worse 22-C
  tant pis too bad 22-C
piscine *f* swimming pool 17-L;
  22
pittoresque picturesque 11-L
pizza *f* pizza
place *f* place, seat, city square 5
  de la place room, space 5
placer to place 6
plage *f* beach 5
plaine *f* plain
plaire to please 1-L; 3
  s'il vous plaît please (*formal*)
    1-L; 3
  s'il te plaît please (*informal*) 3
plaisir *m* pleasure 10-C
plan *m* plan, design, map 11-L;
  level 19-L
planteur *m* planter 21-L
plat *m* dish, platter 11-C; 15
  plat principal *m* main course
    11-C; 15
playboy *m* playboy
plein, -e full 5
  faire le plein to fill up (with
    gas) 13-C
pleuvoir to rain 10

plupart *f* the most, the greater part 15-L
  pour la plupart mostly 15-L
pluriel *m* plural (*number*)
plus (de) more 1-C; 23
  de plus what's more, in addition 14-L
  de plus en plus more and more 14-L
  en plus in addition 10-L
  encore plus even more 10-L
  ne... plus no more, any more 7
plusieurs several 6
pneu *m* tire 11-L
pneumatique *m* pneumatic 9-L letter sent through pneumatic tubes
poche *f* pocket 10-C
poème *m* poem 18
poète *m* poet 21-L
poids *m* weight 18-C
poignée *f*
  poignée de main *f* handclasp
point *m* point 21-C
poire *f* pear 11-C
pois *m* peas 11-C
  petits pois *m* green peas 11-C
pointe *f* point, peak, top 21-L
poisson *m* fish 11-C; 15
poli, -e polite 2
police *f* police 1-L; 2
policier, -ère having to do with detectives / police 19-C
  film policier *m* detective film 19-C
politique political 10
politique *f* politics
politiquement politically 21-L
pollution *f* pollution
Pologne *f* Poland 5
pomme *f* apple 11-C
  pomme de terre *f* potato 11-C
pont *m* bridge 13-L
populaire popular 3-L
popularité *f* popularity 19-C
population *f* population 14-L
porc *m* pork 11-C
port *m* 21-L
porte *f* door 1
portefeuille *m* wallet 13

porter to wear 5-L; 6
portière *f* car door 13-C
Portugal *m* Portugal 5
portugais *m* the Portuguese language 11
poser to put, to set
  poser une question to ask a question
positif, -ive positive 21-L
position *f* position 14-L
posséder to possess 17
possessif, -ive possessive
possession *f* possession
possibilité *f* possibility
possible possible 2
  le plus possible as much as possible 17
postal, -e postal 9-L
poste *f* post office 9-L
  Poste Restante *f* general delivery 9-L
poste *m* post 22-L
pot *m* jar, pot 23
  prendre un pot to have something to drink (*familiar*) 23
poulet *m* chicken 11-C
pour for, in order to 5
  pour ce qui est de as for 22-L
pourboire *m* tip 3-C
pourquoi why 5
pousser to push 3-C
pouvoir to be able to 9; **pourriez-vous** Could you . . . 5-C
  il se peut it is possible 14
pratique practical 9-L; *f* practice 21-L
pratiquer to practice 18-L
préavis *m* person-to-person 9-C
précieux, -euse valuable 9-L
précis, -e precise
précisément precisely 22-L
préférable preferable 14
préféré, -e preferred, favorite 6
préférence *f* preference 11-L
préférer to prefer 3; *forms* 17 (*conjugated like* **posséder**)
préhistorique prehistoric
préliminaire preliminary
premier, -ère first 7; *m, f* the first person 19-L

prendre to take 11
  prendre de l'essence to get gas (for a vehicle) 13-C
  prendre de l'huile to get oil (for a vehicle) 13-C
  prendre les billets to buy tickets 19-C
  prendre un pot to have something to drink (*familiar*) 23
préoccuper preoccupy 10
préparé, -e prepared 2-L; 15
préparer to prepare 3
préposition *f* preposition 19
près de near 5
présence *f* presence 2-L
présent, -e present 2; *m* present (*tense*)
présentation *f* presentation, introduction 2-C
présenter to present, to introduce 2-C; 11
président, -e *m, f* president 2
presque almost 23-L
presse *f* press 21-C
pressé, -e pressed (for time), in a hurry 11-L
pression *f* pressure 17-L
prestige *m* prestige 6-C
prêter to lend 11
prévision *f* forecast 10-L; 22
prier to ask, to beg 9
  je vous en prie you're welcome 9
prière *f* prayer 3-C
  prière de faire suivre please forward 10-C
primauté *f* preeminence 22-L
primitif, -ive primitive
prince *m* prince
principal, -e principal, main 11-C; 15
principalement principally, chiefly 11-L
printemps *m* spring 7
priorité *f* priority, right of way 13
privé, -e private 19-L
  école privée *f* private school 19-L
prix *m* price, prize 21

probable probable 14

problème *m* problem 11

prochain, -e next 1-C; 7

    à la prochaine till the next
    time 1-C

proche near 5

procurer to procure, to obtain
    14-L

production *f* production 18-L

produire to produce 18 (*conjugated like* **conduire**)

produit *m* product 18

professeur *m* teacher, professor 1

profession *f* profession

professionnel, -elle professional

programme *m* program, agenda
    10-L

progrès *m* progress 21-C

progressif, -ive progressive 23

progressivement progressively
    6-L

projet *m* project, plan 19-L

promenade *f* walk 6

    faire une promenade to take a
    walk 6

promener to walk 17 (*conjugated
like* **acheter**)

    se promener to go for a walk
    17

promettre à... de to promise 22
    (*conjugated like* **mettre**)

prompt, -e prompt 17-C

pronom *m* pronoun

prononciation *f* pronunciation 6

proposer to propose 11-L

proposition *f* proposition, statement 22-C

propre own, clean

proprement properly, cleanly,
    strictly 21-L

propriétaire *m, f* landlord, landlady 21

protégé, -e protected

province *f* province 22-L

provisions *f* provisions, supplies,
    groceries 14

prudent, -e prudent, careful 2

psychiatre *m, f* psychiatrist 17-L

psychologie *f* psychology 10

psychologique psychological 17-L

public *m* public, audience

    en public in public

public, publique public 22-L

publicité *f* advertising, publicity
    10-L

publier to publish 11-L

puis then, next 10-L

puisque since 10

pulvériser to pulverize 13-L

punir to punish 11 (*conjugated
like* **finir**)

pyramide *f* pyramid

quadrupler to quadruple 18-L

quai *m* quay, wharf

qualité *f* quality, 11-L

quand when 2

quarante forty 2

quart *m* quarter, one fourth 9

quartier *m* quarter (of a city),
    neighborhood 19-C

    cinéma de quartier second-run
    theater or revival house
    19-C

quatorze fourteen 1

quatre four 1

quatre-vingt-dix ninety 5

quatre-vingts eighty 5

que what 1; that, which, whom
    1; *use* 21; than 23

    Qu'est-ce que c'est? What is
    this / that? 1

Québec *m* Quebec 6

Québécois, -e *m, f* native of
    Quebec 6-L

québécois, -e having to do with
    Quebec 6

quel, quelle what, which 1-L; 6;
    forms 9

quelque some, any 14

    quelque chose something 14

    quelque part somewhere 14-C

quelquefois sometimes 23

quelqu'un someone, somebody
    14

question *f* question 1

qui who, whom 1-L; 6; that,
    which, who 7-L; 21

quinze fifteen 1

    quinze jours two weeks 17

quitter to leave 9

    Ne quittez pas. Don't hang up
    (the phone). 9

quoi what 1

    Il n'y a pas de quoi. Don't
    mention it. 1

quotidien *m* daily newspaper
    21-C

raccrocher to hang up 9-C

raconter to tell, to narrate

radio *f* radio 1

raffiné, -e refined 3-L

rail *m* rail 13-L

raisin *m* grape 11-C

raison *f* reason 13

    avoir raison to be right 13

rang *m* rank 14-L

râpé, -e grated 11-C

rapide rapid, fast 2

rapidement rapidly 3-C; 23

rappeler to call back, to remind
    9-C; 21

    se rappeler to remember, to
    recall 17

rapport *m* relationship

rare rare 14

rarement rarely

ravi, -e delighted 22-C

rayon *m* aisle 14

réaction *f* reaction

réalité *f* reality 17-L

récemment recently 6

récent, -e recent 18-L

réception *f* reception, registration desk 7

réceptionniste *m, f* receptionist 9

recevoir to receive 9-L; 15

recommandé, -e recommended
    9-L

    en recommandé registered
    mail 9-L

recommander to recommend 15

reconnaissant, -e grateful 10-C

reconnaître to recognize 21 (*conjugated like* **connaître**)

redevance *f* tax 10-L
réduction *f* reduction, discount 19-C
réel, -le real 23-L
refaire to redo, to do again
réfléchir à to think about (*conjugated like finir*)
refléter to reflect 21-L
refuser de to refuse 19
regarder to look at, to watch 1
régime *m* diet 6
région *f* region 6-L
régional, -e local, regional 3-L
registre *m* register 11
règle *f* rule
régler to settle, to sort out 22-L
régner to reign, to rule 15-L
regret *m* regret
regretter de to regret, to be sorry 1-L; 7
régulier, -ère regular
régulièrement regularly 11-L
relatif, -ive relative
relation *f* relationship 23-L
religieux, -euse religious 7-L
remarquable remarkable 11-L
remercier to thank 10-C
remettre to put back, to restore 18-L; 22 (*conjugated like mettre*)
remplaçant replacing
remplacement *m* replacement 23-L
remplacer to replace 3-L
Renault *f* Renault, a French car
rencontre *f* meeting, encounter 1-C
rencontrer to meet 14
rendez-vous *m* appointment, date 9
  avoir rendez-vous to have an appointment 9
rendre to give back 13 (*conjugated like perdre*)
renseignements *m* information 3
renseigner to inform 11-L
rentrer to come home, to return, to reenter 3-L; 7 to bump into 13
repas *m* meal 3-L; 10

repasser to retake 2-L
répéter to repeat 1; *forms* 17 (*conjugated like posséder*)
répondre à to answer 1; *forms* 13 (*conjugated like perdre*)
réponse *f* answer, response 10
reportage *m* report, reporting 18
reposer to rest, to repose 19-L
  se reposer to rest 17
représentant *m* representative
représenter to represent, to perform 9-L
république *f* republic 7-L
réputation *f* reputation
réseau *m* network
réservé, -e reserved 18-L
résidence *f* dormitory 5
résolution *f* resolution
respect *m* respect 22-L
respectivement respectively
respirer to breathe 17-L
responsabilité *f* responsibility 19
responsable *m* person responsible, person to blame 13-L
ressembler à to resemble 2-L; 11
restaurant *m* restaurant 3
rester to remain, to stay 5
résultat *m* result
résulter to result
rétabli, -e re-established 21-L
retard *m* delay 5
  en retard late 5
retenir to hold back, to remember 13 (*conjugated like tenir*)
retenu, -e retained 23-L
retirer to withdraw 9-L
retourner to go back, to return 13
retrouver to find (again) 13
réussir à to succeed 11 (*conjugated like finir*)
se réveiller to wake up 17
revenir to come back 13 (*conjugated like venir*)
revenu *m* income, revenue 15-L
rêver to dream 19
révision *f* review
revoir to see again 1
  au revoir goodbye 1

révolte *f* revolt 21-L
révolution *f* revolution 7-L
révolutionnaire revolutionary 21-L
revue *f* inspection, review 7-L; magazine 18
rez-de-chaussée *m* ground floor 21
rhumatisme *m* rheumatism 17-L
riche rich 2
rien nothing 7-L; 15
  de rien you're welcome 1
rivage *m* shore, bank 11
rival *m* rival
rive *f* bank (of a river) 23-L
rivière *f* river
riz *m* rice 11-C
robe *f* dress 6
robot *m* robot
rock *m* rock 'n roll 2
rôle *m* role 22-L
Romain, -e *m, f* native of Rome 6-L
roman *m* novel 18
rompre to break 23-L
rosbif *m* roast beef 11
rose pink
rôti, -e roasted; *m* roast
rouge red 2
rouler to roll, to drive 13-C
  rouler à + *number* to drive ____ mph / kph 13-C
route *f* road, route 5-L; 11
routier, -ère having to do with roads 11-L
rubrique *f* section of a newspaper or magazine 21-C
rue *f* street 5
rugueux, -euse rough, coarse 19-L
Russe *m, f* native of Russia
russe *m* the Russian language 10
russe Russian 17-L
Russie *f* Russia 5
rythmique rhythmical 18-L

sa his, her, its 1-L; *forms* 6
sac *m* purse, bag 13

sachet *m* packet 13-L
saint, -e *m, f* saint 23
saison *f* season 7
salade *f* salad 3
    salade niçoise *f* salad as pre-
        pared in Nice 15
salarié *m* wage earner, employee
    5-L
salé, -e salt, salty 17-L
salle *f* room 5-C
    salle de bains *f* bathroom
    salle de classe classroom 5-C
salut *m* hi, so long 1
salutation *f* greeting 10-C
Samaritain -e a large department
    store in Paris
samedi *m* Saturday 7
sandwich *m* sandwich 6
sans without 3-C; 5
santé *f* health 14-L; 18
satisfaction *f* satisfaction 22-C
satisfaisant, -e satisfactory 19-L
satisfait, -e satisfied 22-C
saucisse *f* sausage
saucisson *m* hard salami 11-C
saumon *m* salmon 6
sauvage primitive 5-L
sauver to save 19-L
savoir *m* knowledge 14-L
savoir to know 1; *forms* 21
scepticisme *m* scepticism 19-L
scène *f* scene, stage 19-C
science *f* science 10
    sciences politiques political
        science 10
scientifique scientific 17-L
scolaire having to do with school,
    scholastic 5-L
se himself, herself, itself, them-
    selves 2-L; 17
séance *f* session, sitting 17-L;
    showing (of a film) 19-C
sec, sèche dry 15-C; 23-L
    être à sec to be broke (*slang*)
        15-C
sécession *f* secession
sécher to dry out 2-L; *forms* 17
    (*conjugated like* **posséder**)
    sécher un cours to cut a class
        2-L; 17

second, -e second 21-L
secondaire secondary 2-L
seconde *f* second (*unit of time*) 9
secours *m* help, aid 17-C
secret *m* secret 17-L
secrétaire *m, f* secretary 2
secteur *m* sector 21-L
section *f* section 1-L
sécurité *f* security, safety 13-C
seize sixteen 1
séjour *m* stay 1-L
    Bon séjour. Have a good stay.
        1-L
sel *m* salt
selon according to 11-L
    selon le cas accordingly
semaine *f* week 5-L; 6
sembler to seem 14
semestre *m* semester 10
sénateur *m* senator
Sénégal *m* Senegal 5
Sénégalais, -e *m, f* native of
    Senegal 23
sens *m* sense, direction 13-C
    sens interdit do not enter
        13-C
    sens unique one way 13-C
sensationnel, -elle sensational
sentiment *m* sentiment, feeling
    10-C
sentir to smell, to feel 13
    se sentir to feel 17-C
séparer to separate
sept seven 1
septembre *m* September 2-L; 7
sérieux, -euse serious 2
serveuse *f* waitress 11-C; 23
servi, -e served 22-L
service *m* service 9-L
    station service *f* service station
        13-C
serviette *f* napkin, towel 11-C
servir to serve 3-C (*conjugated*
    like **partir**)
ses his, her, its 6
seul, -e alone, only 2
seulement only 11-L; 23
sévère strict 14
sexe *m* sex
sexiste sexist

Seychelles *f* Seychelles Islands 5-L
si yes (*affirmative response to a*
    negative question) 15
si so 11
si if 1-L; 3
    s'il te plaît please (*informal*) 3
    s'il vous plaît please (*formal*)
        1-L; 3
siècle *m* century 22
sien, sienne his, hers 18
signer to sign 7-L
signification *f* meaning,
    significance
signifier to signify, to mean 7-L
similarité *f* similarity
simple simple 2
simplement simply 11-L; 23
sincère sincere 2
sincérité *f* sincerity 2
singulier *m* singular (*number*)
sinon except, if not
site *m* site 11-L
situation *f* situation 21-L
situé, -e situated 13-L
six six 1
ski *m* 5-L
    faire du ski to go skiing, to ski
        5-L
S.N.C.F. (Société Nationale des
    Chemins de Fer Français)
    f French national railroad
    company 5-C
snob *m* snob
social, -e social 22-L
société *f* society 5-C
sociologie *f* sociology 10
sœur *f* sister 3
soi one, oneself 21-L
soif *f* thirst 3
    avoir soif to be thirsty 3
soigner to take care of 17-L
soir *m* evening 5
soirée *f* evening, duration of the
    evening 21
soixante sixty 2
soixante-dix seventy 5
soleil *m* sun 10
    faire du soleil to be sunny 10
solution *f* solution 23-L
somme *f* sum, total 15-L

son his, her, its 2; *forms* 6

sondage *m* poll 14-L

    sondage d'opinion *m* public opinion poll 14-L

Songhaï *m* Songhai 23-L

sonner to ring 9-C; 13

Sorbonne *f* university in Paris 10

sorte *f* sort, kind 17-L

sortir to leave, to go out 11; to take out 13-L (*conjugated like partir*)

sou *m* cent 15-C

    avoir de gros sous to be rich 15-C

    être près de ses sous to be stingy 15-C

    ne pas avoir le sou to be broke 15-C

souhaiter to wish 7-L; 14

soupe *f* soup

souplesse *f* flexibility 18-L

source *f* source 14-L

sous under 5

sous-titre *m* subtitle 19

souvenir *m* souvenir, memory

souvent often 2

soviétique Soviet 17-L

speakerine *f* announcer 10-L

spécial, -e special 7-L

spécialisé, -e specialized 21-C

spécialité *f* specialty 3-L

spectacle *m* show (movie, concert, theater, night club) 21-C

spirituel, -elle spiritual 14-L

sport *m* sport 5-L; 7

    faire du sport to play sports 7

sportif, -ive *m, f* sports enthusiast 17-L

squash *m* squash 18-L

station *f* station 13-C

    station service *f* service station 13-C

    station thermale *f* spa 17-L

stationnement *m* parking 13-C

    stationnement interdit no parking 13-C

stationner to park a vehicle 13-C

statue *f* statue

stipuler to stipulate 22-L

stop *m* stop 13-C

stricte strict 17-L

studieux, -euse studious 2

stupide stupid 2

stylo *m* pen 1

subjonctif *m* subjunctive (*mood*)

substituer to substitute

subventionner to subsidize 22-L

succès *m* success 14-L

sucre *m* sugar 3

sud *m* south 5

    Amérique du Sud *f* South America 5

Suède *f* Sweden 5

suer to sweat 18-L

suffire to suffice 22-C

    Ça suffit! That's enough! 22-C

suffisamment enough 23

suffisant, -e sufficient, enough 15

suggestion *f* suggestion

Suisse *f* Switzerland 5

Suisse *m, f* native of Switzerland 23

suite

    tout de suite right away 21

suivant, -e following 10-L

suivre to follow 10

    suivre un cours de to take a course / class in 10

sujet *m* subject

supérieur, -e superior, upper 15-L; 23

supermarché *m* supermarket 3-L; 5

superposer to superimpose 23-L

supporter to stand, to put up with, to support 9

sûr, -e sure, certain 14

    bien sûr of course 21

sur on, about 2; out of (with percentages) 14-L

surprenant, -e surprising 10-L

surpris, -e surprised 14

surtout especially 11-L

surveillance *f* supervision 22-L

survivre to survive 22-L

symbole *m* symbol 11-L

sympathie *f* sympathy, fellow feeling 19-L

sympathique nice 2

syndicat *m* syndicate, bureau 5

    syndicat d'initiative *m* tourists' information bureau 5

système *m* system 2-L

ta your 6

tabac *m* tobacco 9-L

    bureau de tabac tobacco store 23

table *f* table 5

    A table! Dinner's ready! 11-C

tableau *m* board, picture

tact *m* tact 6-C; 22

taire

    Tais-toi! Shut up! 23-C

talent *m* talent 3

tango *m* tango

tant so much 22-C

    Tant mieux! Good! 22-C

    Tant pis! Too bad! 22-C

tante *f* aunt 10

tard late 1-C; 5

    A plus tard. See you later. 1-C

tasse *f* cup 6-C

taxi *m* taxicab 22

Tchad *m* Chad 5

te (t') you 10-C; 14; to you 2-C; 3; yourself 17

    s'il te plaît please 3

tel, telle such, like 23

télécommunications *f* telecommunications 9-L

télégramme *m* telegram 9-L

télégraphe *m* telegraph 9-L

téléphone *m* telephone 9-C; 13

téléphoner to phone 9

téléphonique telephonic 9-C

téléphoniste *f* telephone operator 9-L

téléspectateur *m* television viewer 10-L

télévisé, -e televised 18

télévision *f* television 1

tellement really 23

température *f* temperature 18-C

temps *m* weather, time 10

    à temps in time, on time 13

    de temps en temps from time to time

tendance *f* tendency 21-L
tenir to hold 13
    tenir à + *noun* to be fond of 13
    tenir à + *verb* to be anxious to, to insist on 13
tennis *m* tennis 18-L; 19
    jouer au tennis to play tennis 19
terme *m* term
terminé, -e finished, ended 17
terminer to end, to finish 1
terrain *m* ground, terrain 5-L
    terrain de camping *m* campground 5-L
terrasse *f* sidewalk (of a café) 23
terre *f* ground, earth 11-C
terrible terrible, super (*slang*) 22-C
tes your 6
tête *f* head 13
    perdre la tête to lose one's mind 13
texte *m* text, passage 1-L; 18
T.G.V. (train à grande vitesse) *m* a very fast French train 5-C
thalassothérapie *f* therapeutic treatment with sea water 17-L
thé *m* tea 3
théâtre *m* theater 5
thermal, -e thermal 17-L
thèse *f* thesis, subject 19
    film à thèse *m* message film 19
tien, tienne yours 18
Tiens! Hey! 2
timbre *m* postage stamp 9-L; 11
timbrer to stamp 9-L
timide timid, shy 2
tirer to pull, to draw, to shoot 3-C
titre *m* title 18-L
    gros titre *m* headline 21-C
toi you 6; yourself (*affirmative imperative form*) 17
tomate *f* tomato 11-C
tomber to fall 13
    tomber en panne to have a breakdown 13-C

ton your 6
tort *m* wrong 13
    en tort in the wrong 13
tôt early 11
total, -e total 21-L
toujours always 2-L; 7
tour *m* tour, turn 6
    faire un tour to take a walk / drive 6
tour *f* tower 6
touriste *m, f* tourist 5-L; 6
touristique having to do with tourists 11-L
tourner to turn 5-C
tous all 2-L; 5
    tous deux both (of you) 10-C
    tous les ans every year 11-L
    tous les jours every day 2-L
    tous les soirs every evening 10-L
Toussaint *f* All Saints' Day 7-L
tout all, everything 1-C; 6; every
    A tout à l'heure! See you later! 1-C; 9
    tout de suite right away 21
    tout droit straight ahead 5-C
    tout le monde everybody
    pas du tout not at all 5
tradition *f* tradition 3-L
traditionnel, -elle traditional 7-L; 23
traditionnellement traditionally
traducteur, -trice *m, f* translator 23
traduire to translate 18 (*conjugated like* **conduire**)
train *m* train 3
    en train by train 5-C
    en train de + *verb* in the process of 19-L
    train à grand vitesse (T.G.V.) high-speed train 5-C
    train de marchandises freight train 13-L
traitement *m* treatment
tranche *f* slice 15
tranquille quiet, tranquil 2
transaction *f* transaction 9-L
transformer to transform 23-L
travail *m* work, job 6-C; 15

travailler to work 1
travailleur, -euse hard-working; *m* worker 22-L
traverser to cross 5-L; 10
treize thirteen 1
trente thirty 2
très very 1
triangulaire triangular 21-L
trimestre *m* quarter (of an academic year) 10
triomphe *m* triumph
tripler to triple 18-L
triste sad 11
trompette *f* trumpet 19
    jouer de la trompette to play the trumpet 19
trop (de) too much, too many 6-C
trois three 1
tropical, -e tropical 21-L
troupe *f* troop 7-L
trouver to find 3
    se trouver to be located 5-C
truc *m* thingamajig, gadget 14-C
tu you 1
type *m* man (*slang*) 23-C
typique typical 6
typiquement typically 3-L

un, une a, an 2; 3; one 1
uni, -e united 5
union *f* union 17-L
    Union Soviétique *f* Soviet Union 17-L
unique unique 13-C
    sens unique one way 13-C
univers *m* universe 18-L
universitaire having to do with a university 2-L
université *f* university 1
URSS *f* Union of Soviet Socialist Republics 5
usage *m* usage, use 6-L
usine *f* factory 5
utile useful 2
utilisant using
utilisé, -e used, employed
utiliser to use 3-L; 10

vacances *f* vacation 5
  en vacances on vacation 5-L; 7
  les grandes vacances summer
    vacation 5-L
vacancier *m* vacationer 5-L
vaccin *m* vaccine
vaisselle *f* tableware 6
  faire la vaisselle to do the
    dishes 6
valise *f* valise, suitcase 6
valoir to be worth 14
  il vaut mieux it is better 14
varié, **-e** varied 11-L
veau *m* veal 11-C
vélo *m* bike 5-C
  à vélo on a bike 5-C
  faire du vélo to ride a bike
vendeur, **-euse** *m, f* salesman
    21-C; saleswoman 14
vendre to sell 3; *forms 13 (conju-
    gated like **perdre**)*
vendredi *m* Friday 7
venir to come 9; *forms 13*
  venir de + *verb* to have just
    (done something) 13
  venir de + *noun* to come from
    13
vent *m* wind 10
  faire du vent to be windy 10
ventre *m* belly, stomach 17-C
venu, **-e** come 21-L
verbal, **-e** verbal
verbe *m* verb
vérifier to check 13-C
  vérifier les pneus to check the
    tires 13-C
véritable veritable, true 5-L
vérité *f* truth 18
verre *m* glass 6-C; 17
vers about, around, toward 17
version *f* version 10-L
  en version originale (en v.o.)
    (film) with subtitles 19-C
vert, **-e** green 2

vêtement *m* garment 11
viande *f* meat 3
vice-président, **-e** *m, f* vice-presi-
    dent
victime *f* victim 13-L
vide empty 18
vie *f* life 5
vieil *special form of* **vieux** *used
    before a masculine singu-
    lar noun beginning with a
    vowel sound* 11
vietnamien, **-enne** Vietnamese
    3-L
vieux, vieille old 11; *m, f* an old
    person 19-L
village *m* village 7-L
ville *f* city, town 5
  en ville downtown, to town 5
vin *m* wine 2
vingt twenty 1
vingtaine *f* about twenty 11-L
violent, **-e** violent
violet, **-ette** purple 2
violon *m* violin 19
  jouer du violon to play the
    violin 19
virage *m* curve 13-L
virgule *f* comma 7
visible visible 23-L
visite *f* visit, house call 11-L
visiter to visit (a place) 5
vite fast, quickly 13
vitesse *f* speed 13-C
  vitesse limitée à cent maxi-
    mum speed 100 kph 13-C
vocabulaire *m* vocabulary
vodka *f* vodka
voici here is, here are 1
voilà there is, there are 1-L; 2
voir to see 10
voisin, **-e** *m, f* neighbor 13
voiture *f* car 5-C; 11
  en voiture by car 5-C
  voiture de sport *f* sports car

volant *m* steering wheel 13-C
volcan *m* volcano 21-L
voler to steal 14
volume *m* volume 18-C
vos your 1-L; 6
voter to vote
votre your 1
vôtre yours 18
vouloir to want to 3; *forms 9;*
    veuillez 3-C; **voudrais**
    2-C; 3
vous you; P; to you 2-C; 3; your-
    self, yourselves 1; 17
  s'il vous plaît please (*formal*) 3
voyage *m* trip 5
  faire un voyage to take a trip 6
voyager to travel 1-L; 2
voyageur *m* traveler 11-L
vrai, **-e** true 2
vraiment really, truly 14-L; 23
vue *f* view 11

wagon *m* wagon, train car 13-L
week-end *m* weekend 5
western *m* western (film) 10-L;
    19

y there 1; *use 19*
yeux *m plural of* **œil**: eyes 17-C
yoga *m* yoga 18-L

Zaïre *m* Zaire 5
zéro *m* zero 1
zut darn 22-C
  Zut alors! Darn! 22-C

English–French

a un 2; une 3

about autour (de) 23; de 1; sur 2; vers 17

absence absence *f* 10

absent absent, -e 2

absolutely absolument 14

(to) accept accepter (de) 1-L; 19

accident accident *m* 13

(to) accord accorder 11

across from en face de 21

actor acteur *m* 2

active actif, -ive 23

actress actrice *f* 2

(to) admire admirer 9

address adresse *f* 9-L; 11

advance avance *f* 5

advice conseil *m* 17

(to) advise conseiller (à) 19

affair affaire *f* 6

affectionate affectueux, -euse 2

Africa Afrique *f* 5

after après 1

afternoon après-midi *m* 9

again encore 6

age âge *m* 17-L; 19

agency agence *f* 5

travel agency agence de voyage *f* 5

agent agent *m* 1-L; 2

agreeable agréable 2

ahead d'avance 18

air air *m* 3

airplane avion *m* 3

by plane en avion 5-C; 7

aisle rayon *m* 14

alcohol alcool *m* 3

all tout, -e 2-L; 5; tout 1-C; 6

not at all pas du tout 5

(to) allow laisser 7

alone seul, -e 2

alphabet alphabet *m* 1

already déjà 6

also aussi 2

always toujours 2-L; 7

ambience ambiance *f* 23

ambitious ambitieux, -euse 2

America Amérique *f* 5

North America Amérique du Nord *f* 5

South America Amérique du Sud *f* 5

American (citizen) Américain, -e, *m, f* 1-L; 7

American américain, -e 2

amusing amusant, -e 10-L; 19

and et P

angry fâché, -e 21; furieux, -euse 14

animal animal (*pl.* animaux) *m* 5

anniversary anniversaire *m* 7-L; 14

announcement annonce *f* 21

(to) announce annoncer (à) 10-L; 13

(to) answer répondre (à) 1; *forms* 13

answer réponse *f* 10

anthropology anthropologie *f* 10

any en 7; *use* 19; quelque 14

any more ne... plus 7

apartment appartement *m* 5

apparatus appareil *m* 9

appetite appétit *m* 3

appetizer *hors d'œuvre *m* 11-C; 15

appointment rendez-vous *m* 9

(to) appreciate apprécier 2

April avril *m* 7

Arabic (language) arabe *m* 10

architecture architecture *f* 10

around autour (de) 23; vers 17

(to) arrive arriver 5

art art *m* 2

article article *m* 13-L; 14

artist artiste *m, f* 2

as aussi 23; comme 3

as . . . as aussi... que 23

as far as jusqu'à 5-C; 10

as many autant (de) 15-L; 23

as much autant (de) 15-L; 23

as much as possible le plus possible 17

as soon as aussitôt que 22; dès que 22

(to) ask (for) demander 1-L; 5; prier 9

(to) ask (someone) demander à 3

Asia Asie *f* 5

at à 1

at home à la maison 5

at the house / place / office of chez 3

atmosphere ambiance *f* 23

attention attention *f* 1

(to) pay attention (to) faire attention (à) 6

August août *m* 5-L; 7

aunt tante *f* 10

Austria Autriche *f* 5

author auteur *m* 2

autumn automne *m* 7

(to) avoid éviter (de) 17

bad mauvais, -e 2; méchant, -e 2

to be bad (*weather*) faire mauvais 10

badly mal 1

bag sac *m* 13

baggage bagages *m* 6

bank banque *f* 5

baseball baseball *m* 19

(to) play baseball jouer au baseball 19

basilica basilique *f* 22

bath bain *m* 11

(to) be être 1; *forms* 2

(to) be able to pouvoir 5-C; 9

(to) be afraid (of) avoir peur (de) 14

(to) be anxious to tenir à + *infinitive* 13

(to) be awful (weather) faire mauvais 10

(to) be better valoir mieux 14

(to) be born naître 7

(to) be cold (people) avoir froid 3

(to) be cold (weather) faire froid 10
(to) be cool (weather) faire frais 10
(to) be foggy faire du brouillard 10
(to) be fond of aimer bien 23; tenir à + *noun* 13
(to) be hot (people) avoir chaud 3
(to) be hot (weather) faire chaud 10
(to) be hungry avoir faim 3
(to) be interested in s'intéresser à 19
(to) be located se trouver 5-C; 17
(to) be named s'appeler Commençons; *forms* 17
(to) be nice (temperature) faire bon 10
(to) be nice (weather) faire beau 10
(to) be right avoir raison 13
(to) be sorry regretter (de) 1-L; 7
(to) be stormy faire de l'orage 10
(to) be sunny faire du soleil 10
(to) be thirsty avoir soif 3
(to) be windy faire du vent 10
(to) be worth valoir 14
beach plage *f* 5
   beachfront bord de la mer 5
bean *haricot *m* 3
   green bean *haricot vert *m* 3
beautiful beau (bel), belle 10; *forms* 11
because car 6-L; 11; parce que 5
(to) become devenir 13
   What became of him? Qu'est-ce qu'il est devenu? 13
bed lit *m* 11
beer bière *f* 3
before avant 13
(to) beg prier 9
(to) begin commencer (à) 1; se mettre à 22
beginning début *m* 7
behind derrière 5

Belgian (citizen) Belge *m, f* 23
Belgium Belgique *f* 5
(to) belong (to) appartenir (à) 13
best le / la meilleur, -e 10-C; 23
better meilleur, -e 10-C; 23; mieux 2
   it is better il vaut mieux 14
between entre 5-L; 9
bicycle bicyclette *f* 5-C; 6
billion milliard *m* 7
biology biologie *f* 10
birthday anniversaire *m* 7-L; 14
black noir, -e 2
blond blond, -e 2
blouse chemisier *m* 6
blue bleu, -e 2
   blue jeans blue-jean *m* 22
book livre *m* 1
bookstore librairie *f* 5
border bord *m* 5
boring ennuyeux, -euse 2
boss chef *m* 7; patron *m* 18
boy garçon *m* 2
   boyfriend petit ami *m* 2
box boîte *f* 2
(to) brake freiner 13
Brazil Brésil *m* 5
bread pain *m* 3
breakfast petit déjeuner *m* 3-L; 11
breathalizer test alcootest *m* 13
(to) bring apporter 11
broadcast émission *f* 10-L; 21
brother frère *m* 3
brown brun, -e 2
Brussels Bruxelles 23
building bâtiment *m* 23
(to) bump into rentrer (dans) 13
bureau agence *f* 5
bus autobus *m* 3
business affaire(s) *f* 6
but mais 1
butter beurre *m* 3
(to) buy acheter 3-L; 6; *forms* 17
   (to) buy groceries faire des provisions 14

café café *m* 1

cake gâteau *m* 3
calendar calendrier *m* 7
California Californie *f* 23
(to) call appeler 7; *forms* 17
   (to) call back rappeler 9-C; 21
calm calme 11
Canada Canada *m* 1
Canadian canadien, -enne 2
capital capitale *f* 10
car auto *f* 3; voiture *f* 5-C; 11
card carte *f* 1-L; 19
   (to) play cards jouer aux cartes 19
careful prudent, -e 2
caretaker concierge *m, f* 21
cat chat *m* 17
(to) celebrate célébrer 7-L; 22
century siècle *m* 22
certain certain, -e 2; sûr, -e 14
certainly certainement 23
Chad Tchad *m* 5
chair chaise *f* 3
(to) change changer (de) 3-L; 7
charming charmant, -e 2
cheap bon marché 23
   cheaper meilleur marché 23
cheese fromage *m* 3-L; 14
chemistry chimie *f* 10
child enfant *m, f* 1
China Chine *f* 5
Chinese (language) chinois *m* 10
chocolate chocolat *m* 3
choice choix *m* 14
(to) choose choisir (de) 9
Christmas Noël *m* 7-L; 13
church église *f* 5
cigar cigare *m* 18
cigarette cigarette *f* 3
city ville *f* 5
   city hall hôtel de ville *m* 23
class classe *f* 1; cours *m* 2-L; 10
   classroom classe *f* 3
   in / to class en classe 1
classical classique 2
classified ad petite annonce *f* 21
(to) close fermer 1
closed fermé, -e 2
closing fermeture *f* 5-L; 22
clothes vêtements *m* 11
cloudy couvert, -e 10

club club *m* 18-L
   night club boîte de nuit *f* 2
coast côte *f* 5
coat manteau *m* 22
coffee café *m* 1
cold froid *m* 9; froid, -e 2
   (to) be cold (people) avoid froid 3
   (to) be cold (weather) faire froid 10
(to) come venir 9; *forms* 13
   (to) come back revenir 13
   (to) come down descendre 13
   (to) come from venir de + *noun* 13
   (to) come home rentrer 3-L; 7
comma virgule *f* 7
(to) communicate communiquer 1-C; 21
competent compétent, -e 2
complete complet, -ète 11-L; 23
completely complètement 23
complicated compliqué, -e 2
compound composé, -e 6
comrade camarade *m*, *f* 2
concert concert *m* 7
consequence conséquence *f* 11
(to) consult consulter 10
(to) consume consommer 3
(to) continue continuer (à) 1
conventional conventionnel, -elle 9
(to) cook faire la cuisine 2
cooking cuisine *f* 2
cool frais, fraîche 3-C; 10
   (to) be cool (weather) faire frais 10
country pays *m* 5 campagne 5-L
courageous courageux, -euse 2
course cours *m* 2-L; 10
   main course plat prinicpal *m* 11-C; 15
   of course bien sûr 21
covered couvert, -e 10
crayfish écrevisse *f* 3
cream crème *f* 3
crêpe crêpe *f* 6
(to) cross traverser 5-L; 10
crown couronne *f* 23
curious curieux, -euse 17-L; 23

(to) cut a class sécher un cours 2-L; 17

damage dommage *m* 13-L; 14
(to) dance danser 1
dangerous dangereux, -euse 2
(to) date (socially) fréquenter 2
date date *f* 7-C; 9; rendez-vous *m* 9
daughter fille *f* 2
day jour *m* 2-L; 7; journée *f* 17
(to) deal with s'occuper de 19
dear cher, chère 10
December décembre *m* 3
(to) decide décider (de) 10-L; 14
delay retard *m* 5
delicious délicieux, -euse 3
Denmark Danemark *m* 5
dentist dentiste *m*, *f* 7
(to) describe décrire 18
description description *f* 7
desire envie *f* 19
desk bureau *m* 3
   registration desk réception *f* 7
dessert dessert *m* 7-L; 9
dialogue dialogue *m* 1
dictionary dictionnaire *m* 10
(to) die mourir 13
diet régime *m* 6
difficult difficile 2
dinner dîner *m* 3
diplomat diplomate *m*, *f* 2
disagreeable désagréable 2
dish plat *m* 11-C; 15
(to) disobey désobéir (à) 11
divided divisé, -e 4
   (to) do faire 1; *forms* 6
   (to) do homework faire des / les devoirs 6
   (to) do housework faire le ménage 6
   (to) do the dishes faire la vaisselle 6
doctor docteur *m* 9; médecin *m* 2
dog chien *m* 7
dollar dollar *m* 7
domestic ménager, -ère 14

Don't hang up (the phone)! Ne quittez pas! 9
Don't mention it! Il n'y a pas de quoi! 1
door porte *f* 1
dormitory résidence *f* 5
(to) doubt douter 14
downtown en ville 5
(to) dream rêver (de) 19
dress robe *f* 6
(to) drink boire 15
drink boisson *f* 3
   before-dinner drink apéritif *m* 18
(to) drive conduire 1-L; 18
drugstore pharmacie *f* 5
during pendant 7-C; 10
duty devoir *m* 5

early de bonne heure 13; en avance 5; tôt 11
(to) earn gagner 15-L; 18
easily facilement 23
easy facile 2
(to) eat manger 1
economical économique 11
economist économiste *m*, *f* 2
edge bord *m* 5
education éducation *f* 10
   physical education éducation physique *f* 10
effort effort *m* 22
egg œuf *m* 23
eight *huit 1
eighteen dix-huit 1
eighty quatre-vingts 5
element élément *m* 14-L; 15
eleven onze 1
elsewhere ailleurs 23
employee employé, -e *m*, *f* 7
empty vide 18
(to) end terminer 1
ended terminé, -e 17
engineer ingénieur *m* 2
England Angleterre *f* 5
English (language) anglais *m* 1
English anglais, -e 2

enough assez (de) 6-C; 7; suffisamment 23; suffisant, -e 15

(to) enter entrer (dans) 3-C; 13

errand course *f* 6

    (to) run errands faire des courses 6

essential essentiel, -elle 9-L; 14

Europe Europe *f* 2

evening soir *m* 5; soirée *f* 21

ever jamais 15

every tout, -e 2-L; 5

everybody tout le monde *m* 18

everything tout 1-C; 6

everywhere partout 7-L; 14

evil mal (*pl.* maux) *m* 9

exactly exactement 9

examination examen *m* 2-L; 7

(to) examine examiner 17

excellent excellent, -e 11

exercise exercice *m* 2

(to) exist exister 23

expensive cher, chère 3; dispendieux, -euse (Quebec French) 6

(to) explain expliquer 1

facing en face (de) 21

factory usine *f* 5

(to) fail échouer (à) 2-L; 19

faithful fidèle 14

(to) fall tomber 13

    (to) fall asleep s'endormir 17

false faux, fausse 2-L; 5

family famille *f* 6-L; 11

famous célèbre 11

fantastic fantastique 2

far loin (de) 5

    far away loin (de) 5

father père *m* 2

fascinating fascinant, -e 5

fast rapide 2; vite 13

fat gras, grasse 6

fault faute *f* 15

favorite préféré, -e 6

fear peur *f* 14

feast fête *f* 7-L; 22

February février *m* 7

(to) feel sentir 13

    (to) feel like avoir envie (de) 19

feminine féminin, -e 2

few peu de 6-C; 14

fewer moins (de) 6-C; 23

fifteen quinze 1

fifty cinquante 2

film film *m* 5

    message film film à thèse *m* 19

(to) find trouver 3

    (to) find again retrouver 13

(to) finish finir (de) 11; terminer 1

finish line arrivée *f* 18

finished fini, -e 17

first premier, -ière 7

fish poisson *m* 11-C; 15

five cinq 1

floor (of a building) étage *m* 21

    ground floor rez-de-chaussée *m* 21

fog brouillard *m* 10

(to) follow suivre 10

food nourriture *f* 3

for car 6-L; 11; pour 5

forecast prévision *f* 10-L; 22

foreign étranger, -ère 3-L; 10

(to) forget oublier (de) 6

former ancien, -enne 2

fortunately heureusement 10

forty quarante 2

four quatre 1

fourteen quatorze 1

fourth quart *m* 9

franc franc *m* 3-C; 7

France France *f* 1-L; 5

French (language) français, *m* 1

Frenchman, -woman Français -e *m, f* 5-L; 7

French français, -e 1

    French fries frites *f* 3

frequent fréquent, -e 23

fresh frais, fraîche 3-C; 10

Friday vendredi *m* 7

friend ami, -e *m, f* 1

    boyfriend petit ami *m* 2

    girlfriend petite amie *f* 2

from de 1

full plein, -e 5

funny amusant, -e 10-L; 19

future avenir *m* 10; futur *m* 5

gallery galerie *f* 7

game match *m* 13

generous généreux, -euse 2

gentleman monsieur *m* 1-L; 3

gentlemen messieurs *m* 5

geography géographie *f* 10

geology géologie *f* 10

German (language) allemand *m* 10

German allemand, -e 2

Germany Allemagne *f* 5

(to) get

    (to) get dressed s'habiller 17

    (to) get off descendre 13

    (to) get on monter 7

    (to) get up se lever 17

gift cadeau *m* 6

girl fille *f* 2

    girlfriend petite amie *f* 2

(to) give donner 3

    (to) give back rendre 13

glad content, -e 2

glass verre *m* 6-C; 17

(to) go aller, *forms* 5

    (to) go back retourner 13

    (to) go by passer 2-L; 7

    (to) go down descendre 13

    (to) go for a walk se promener 17

    (to) go for a walk / drive faire un tour 6

    (to) go in entrer (dans) 3-C; 13

    (to) go out sortir 11

    (to) go to bed se coucher 17

    (to) go up monter 7

    (to) go _____ mph / kph faire du + *number* 13

golf golf *m* 19

    (to) play golf jouer au golf 19

good bon, bonne 1-C; 3; *forms* 11

    Good-bye Au revoir 1; Bonjour (in Canada)

    Good day Bonjour *m* P

    Good evening Bonsoir *m* 1

grade note *f* 13

gram gramme *m* 15

grandmother grand-mère *f* 10

grant accorder 11

gray gris, -e 2

great formidable 2; grand, -e
  5-C; 7
Great Britain Grande-Bretagne *f*
  5
Greek (language) grec *m* 10
green vert, -e 2
groceries provisions *f* 14
guitar guitare *f* 10
  (to) play the guitar jouer de la
    guitare 19

half demi, -e 9
  half hour demi-heure *f* 9
ham jambon *m* 11-C; 15
  smoked ham jambon de
    Bayonne *m* 15
hand main *f* 15-L; 17
handsome beau (bel), belle 10;
  forms 11
(to) happen arriver 9
happy heureux, -euse 2
harm dommage *m* 13-L; 14
(to) hate détester 2
(to) have avoir 3
  (to) have a good time s'amuser
    17
  (to) have a picnic faire un
    pique-nique 22
  (to) have an ache / a sore avoir
    mal à 9
  (to) have an appointment avoir
    rendez-vous 9
  (to) have dinner dîner 5
  (to) have just venir de + *in-
    finitive* 13
  (to) have lunch déjeuner 7
  **(to) have something to drink
    (familiar)** prendre un pot
    23
  (to) have to devoir + *infinitive*
    15; falloir 14
  (to) have trouble avoir du mal
    à 19
he il 1; lui 6
head (person in charge) chef *m* 7
head (of the body) tête *f* 13
health santé *f* 14-L; 18
(to) hear entendre 10-L; 13

(to) heat chauffer 22
hello âllo (telephone only) 9;
  bonjour *m* P
her elle 6; la (l') 10; sa 1-L; 2;
  forms 6; ses 6; son 2
  (to / for) her lui 11
here ici 1
  here is / are voici 1
hers sien, sienne 18
herself se 2-L; 17
(to) hesitate hésiter (à) 15-L; 19
hey tiens 2
hi salut *m* 1
him le (l') 10; lui 6
  (to / for) him lui 11
himself se 2-L; 17
his sa 1-L; 2; *forms* 6; ses 6; sien,
  sienne 18; son 2
history histoire *f* 6-L; 7
(to) hold tenir 13
  (to) hold back retenir 13
holiday fête *f* 7-C; 22
Holland *Hollande *f* 5
holy saint, -e 23
homework devoirs *m* 5
(to) honk (the horn of a vehicle)
  klaxonner 13
(to) hope espérer 14; *forms* 17
horrible affreux, -euse 2
hospital hôpital *m* 3
hostess hôtesse *f* 5
hot chaud, -e 2
hotel hôtel *m* 1
hour heure *f* 1-C; 5
  half-hour demi-heure *f* 9
house maison *f* 5
household ménage *m* 6; ménager,
  -ère 14
housework ménage *m* 6
  (to) do the housework faire le
    ménage 6
how comment 1
  How are you? Comment ça
    va? 1-C; 5; Comment al-
    lez-vous? 1-C; 5
  How's it going? Ça va? P
  How long? Depuis quand? 7
  How many? Combien (de)? 1
  How much? Combien (de)? 1
hundred cent 5

hunger faim *f* 3
(to) hurry se dépêcher (de) 17
(to) hurt
  (to) hurt one's . . . avoir mal
    à... 9
husband mari *m* 10
hypocrisy hypocrisie *f* 2
hypocritical hypocrite 2

I je P
ice cream glace *f* 3
idea idée *f* 6
idiocy imbécillité *f* 19
if si (s') 1-L; 3
imbecility imbécillité *f* 19
immediate immédiat, -e 13
imperfect imparfait *m* 13
impolite impoli, -e 2
important important, -e 3-L; 14
impossible impossible 2
impression impression *f* 14
impressive impressionnant, -e 10
in à 1; dans 1; en 1
  in class en classe 1
  in front of devant 5
  in order to pour 5
  in the wrong en tort 13
included compris, -e 21
incompetent incompétent, -e 2
independent indépendant, -e 2
(to) indicate indiquer 5-C; 9
inexpensive bon marché 23
information renseignements *m* 3
inhabitant habitant *m* 7
ink encre *f* 3
innocent innocent, -e 23
inside dans 1
(to) insist insister 2
  (to) insist on tenir à + *infini-
    tive* 13
instant instant *m* 9-C; 13
institute institut *m* 23
insufficient insuffisant, -e 23
intelligent intelligent, -e 2
(to) interest intéresser 14-L; 21
interesting intéressant, -e 2
interpreter interprète *m, f* 23
interstate highway autoroute *f* 11

into dans 1
intolerance intolérance *f* 2
(to) introduce présenter 2-C; 11
(to) invite inviter (à) 1
Ireland Irlande *f* 5
it ça P; ce 1; elle 1; il 1; la (l') 10;
    le (l') 10; lui 6
  it is c'est 1
  (to / for) it lui 11
its sa 1-L; 2; *forms* 6; ses 6; sien,
    sienne 18; son 2
itself se 2-L; 17
Italian (citizen) Italien, -enne *m*,
    f 19
Italian (language) italien *m* 10
Italian italien, -enne 2
Italy Italie *f* 5

jam confiture *f* 3
January janvier *m* 7
Japan Japon *m* 5
jar pot *m* 23
jazz jazz *m* 19
jeans jeans *m* 6
jersey maillot *m* 18
journalism journalisme *m* 10
journalist journaliste *m*, *f* 2
July juillet *m* 5-L; 7
June juin *m* 2-L; 7
just juste 21

key clé *f* 13
kilometer kilomètre *m* 18
(to) kiss embrasser 10-C; 14
kiss baiser *m* 10
(to) know connaître 21; savoir 1;
    forms 21
known connu, -e 23

laboratory laboratorie *m* 7
lady dame *f* 10-L; 13
lake lac *m* 11
lamp lampe *f* 21

landlord, -lady propriétaire *m*, *f* 21
language langue *f* 6-L; 10
large grand, -e 5-C; 7
last dernier, -ère 6; passé, -e 6
late en retard 5; tard 1-C; 5
Latin (language) latin *m* 6-L; 10
law droit *m* 10
lazy paresseux, -euse 2
leader chef *m* 7
(to) learn (to) apprendre (à) 11
(to) leave laisser 7; partir 5;
    forms 11; quitter 9; sortir
    11
left gauche *f* 5-C; 18
leisure loisir *m* 14
(to) lend prêter 11
length longueur *f* 11-L
  at length longuement 23
lenient indulgent, -e 14
less moins (de) 1; 23
  less . . . than moins... que 23
lesson leçon *f* 1
letter lettre *f* 7-L; 10
liaison liaison *f* 6
library bibliothèque *f* 5
lie mensonge *m* 18
life vie *f* 5
(to) like aimer 1
  I would like Je voudrais 2-C; 3
like comme 3; tel, telle 23
list liste *f* 5
(to) listen to écouter 1
literature littérature *f* 10
little petit, -e 2; peu (de) 6-C; 14
  a little un peu (de) 1
(to) live (in) habiter 1
liver foie *m* 15
long long, longue 17-L; 23; long-
    temps 7
  for a long time longtemps 7
(to) look at regarder 1
  (to) look for chercher 3
  (to) look out on / over donner
    sur 11
(to) lose perdre 13
  (to) lose one's mind perdre la
    tête 13
Louisiana Louisiane *f* 6-L; 20
(to) love adorer 2; aimer 1
luggage bagages *m* 6

(to) lunch déjeuner 7
lunch déjeuner *m* 3-L; 7

ma'am madame *f* 2
machine appareil *m* 9
magazine magazine *m* 18
magnificent magnifique 2
mail courrier *m* 9-L; 15
mailman facteur *m* 9-L; 13
main principal, -e 11-C; 15
  main course plat principal *m*
    11-C; 15
(to) make faire 1; *forms* 6
man homme *m* 1
many beaucoup (de) 1
map carte *f* 3
March mars *m* 5-L; 7
marvelous merveilleux, -euse 6
masculine masculin, -e 2
match match *m* 13
material matière *f* 10
mathematics (math) mathéma-
    tiques (maths) *f* 10
May mai *m* 2-L; 7
maybe peut-être 13
me me (m') 14; moi 2
  (to / for) me me (m') 5-C; 14
meal repas *m* 3-L; 10
  Enjoy your meal! Bon appétit!
    3
meat viande *f* 3
medicine médecine *f* 10; médica-
    ment *m* 17-L
(to) meet rencontrer 14
menu carte *f* 3
meter mètre *m* 5-C; 18
Mexican mexicain, -e 2
Mexico Mexique *m* 5
Michelin (guide) (Guide) Mich-
    elin *m* 11
midnight minuit *m* 9
milk lait *m* 3
million million *m* 6-L; 7
mine mien, mienne 18
mineral minéral, -e 3
  mineral water eau minérale *f* 3
minus moins 1
minute minute *f* 7-C; 9
Miss mademoiselle *f* 1

modern moderne 15-L; 23
Monday lundi *m* 7
money argent *m* 3
month mois *m* 5-L; 7
   in the month of au mois de
     5-L; 7
monument monument *m* 6
moon lune *f* 7
   to / on the moon sur la lune 7
more encore 15; plus (de / que)
   1-C; 23
   any more ne... plus 7
morning matin *m* 5; matinée *f* 6
Morocco Maroc *m* 5
mother mère *f* 2
movie film *m* 5
   movie theater cinéma *m* 2-L; 5
movies cinéma *m* 2-L; 5
Mr. monsieur *m* 1-L; 3
Mrs. madame *f* 2
much beaucoup (de) 1
   as much as possible le plus
     possible 17
   much more bien plus 23
multiplied multiplié, -e 4
museum musée *m* 5
music musique *f* 2
musician musicien, musicienne
   m, f 2
my ma 1-L; 2; *forms* 6; mes 6;
   mon 2
myself me (m') moi-même 6

national national, -e 1-L; 11
naughty méchant, -e 2
near près (de) 5; proche 5
necessary nécessaire 5-L; 14
necktie cravate *f* 6
(to) need avoir besoin de 15-L;
   19; falloir 14
neighbor voisin, -e *m, f* 13
never jamais 15; ne... jamais 15
new neuf, neuve 13-L; 22; nouveau, nouvelle 6-L; 11
news informations *f* 18; nouvelles
   f 10
newspaper journal *m* 13
next prochain, -e 1-C; 7

next to à côté de 5
nice sympathique 2
night nuit *f* 1-C; 2
nine neuf 1
nineteen dix-neuf 1
ninety quatre-vingt-dix 5
no ne... pas 1; non 1
   no longer ne... plus 7; *use* 15
   no more ne... plus 7; *use* 15
   no one ne... personne 15
nobody personne 14-L; 15
noise bruit *m* 14
noon midi *m* 9
north nord *m* 5
   North America Amérique du
     Nord *f* 5
not ne... pas 1
   is it not? n'est-ce pas? 1
   not at all pas du tout 5
   not yet pas encore 6
note note *f* 13
notebook cahier *m* 6
nothing ne... rien 7-L;
   use 15
novel roman *m* 18
November novembre *m* 7
now maintenant 5
number nombre *m* 1

(to) obey obéir à 11
object objet *m* 7
(to) obtain obtenir 13
occupation métier *m* 19
October octobre *m* 2-L; 7
odor odeur *f* 6
of de 1
   of course bien sûr 21
office bureau *m* 3; cabinet *m* 9
   lost and found office bureau
     des objets trouvés *m* 7
often souvent 2
oil huile *f* 3
(to) offer offrir 9-L; 14
official officiel, -elle 6-L; 9
OK Ça va (bien). P; d'accord 17
one on 1; un, une 1
old ancien, -enne 2; vieux (vieil),
   vieille 11

omelet omelette *f* 6
on sur 2
only ne... que 15; seul, -e 2;
   seulement 11-L; 23
(to) open ouvrir 1
open ouvert, -e 2
opinion avis *m* 10-L; 11
optimistic optimiste 2
or ou 1-L; 9
(to) order (food or drink) commander 15
other autre 14
our notre 6; nos 6
ours nôtre 18
ourselves nous 17
over there là-bas 5
(to) owe devoir + *direct object*
   15

(to) pack (luggage) faire les
   bagages 6
page page *f* 1
pain douleur *f* 9; mal (*pl.* maux)
   m 9
pants pantalon *m* 6
parents parents *m* 6
Parisian parisien, -enne 2
park parc *m* 3-C; 6
(to) pass passer 2-L; 7
passage texte *m* 1-L; 18
passport passeport *m* 1-L; 14
past passé *m* 6; passé, -e 6
pâté pâté *m* 11-C; 15
   liver pâté pâté de foie *m* 15
path chemin *m* 5-C; 13
patience patience *f* 6-C; 13
(to) pay attention (to) faire attention (à) 6
pen stylo *m* 1
pencil crayon *m* 1
people on 1; monde *m* 22
perfect parfait, -e 11
perhaps peut-être 13
(to) permit permettre (à) . . .
   (de) . . . 2-C; 22
person personne *f* 11
pessimistic pessimiste 2
philosophy philosophie *f* 10

(to) phone téléphoner (à) 9
phone téléphone *m* 9-C; 13
  on the phone à l'appareil 9
  phone call coup de téléphone *m* 9-C; 15
photo photo *f* 3
physical physique 10
physics physique *f* 10
piano piano *m* 19
  (to) play the piano jouer du piano 19
picnic pique-nique *m* 22
  (to) have a picnic faire un pique-nique 22
pilot pilote *m* 2
(to) place placer 6
place place *f* 5
platter plat *m* 11-C; 15
(to) play jouer 1
  (to) play baseball jouer au baseball 19
  (to) play cards jouer aux cartes 19
  (to) play football jouer au football américain 19
  (to) play golf jouer au golf 19
  (to) play soccer jouer au football 19
  (to) play sports faire du sport 7
  (to) play tennis jouer au tennis 19
  (to) play the guitar jouer de la guitare 19
  (to) play the piano jouer du piano 19
  (to) play the trumpet jouer de la trompette 19
  (to) play the violin jouer du violon 19
play pièce *f* 10-L; 18
player joueur *m* 18-L; 23
pleasant agréable 2
(to) please plaire 1-L; 3
please s'il te plaît (*informal*) 3; s'il vous plaît (*formal*) 1-L; 3
pleased content, -e 2
poem poème *m* 18
Poland Pologne *f* 5
police police *f* 1-L; 2

policeman agent de police *m* 1-L; 2; gendarme *f* 13
polite poli, -e 2
political politique 10
poor pauvre 2
poorly mal 1
pork butcher charcutier, -ière *m*, *f* 15
  pork butcher's shop charcuterie *f* 15
Portugal Portugal *m* 5
Portuguese (language) portugais *m* 11
(to) possess posséder 17
possessions affaires *f* 6
possible possible 2
  as much as possible le plus possible 17
  it is possible il se peut 14
pot casserole *f* 10; pot *m* 23
practice exercice *m* 2
(to) prefer aimer mieux 2; préférer 3; *forms* 17
preferable préférable 14
preferred préféré, -e 6
preoccupy préoccuper 10
(to) prepare préparer 3
prepared préparé, -e 2-L; 15
preposition préposition *f* 19
(to) present présenter 2-C; 11
present cadeau *m* 6; présent, -e 2
president président, -e *m*, *f* 2
pretty joli, -e 6
price prix *m* 21
principal principal, -e 11-C; 15
priority priorité *f* 13
prize prix *m* 21
probable probable 14
problem problème *m* 11
(to) produce produire 18
product produit *m* 18
professor professeur *m* 1
program (TV) émission *f* 10-L; 21
progressive progressif, -ive 23
(to) promise promettre (à), (de) 22
pronunciation prononciation *f* 6
proprietor patron *m* 18
provisions provisions *f* 14
prudent prudent, -e 2

psychology psychologie *f* 10
(to) punish punir 11
purple violet, -ette 2
purse sac *m* 13
(to) put mettre 9-L; 22
  (to) put back remettre 18-L; 22
  (to) put on mettre 9-L; 22
  (to) put up with supporter 9

quail caille *f* 15
quarter quart *m* 9
quarter (of a school year) trimestre *m* 10
Quebec Québec *m* 6
Quebecois québécois, -e 6
question question *f* 1
quickly vite 13
quiet calme 11; tranquille 2

race course *f* 6
radio radio *f* 1
(to) rain pleuvoir 10
raincoat imperméable *m* 7
(to) raise lever 17
rapid rapide 2
rapidly rapidement 3-C; 23
rare rare 14
rather assez 6-C; 7
(to) read lire 1; *forms* 18
really tellement 23; vraiment 14-L; 23
reason raison *f* 13
(to) recall se rappeler 17
(to) receive recevoir 9-L; 15
recently récemment 6
reception réception *f* 7
receptionist réceptionniste *m*, *f* 9
(to) recognize reconnaître 21
(to) recommend conseiller (à) 19; recommander 15
record disque *m* 1
red rouge 2
(to) reenter rentrer 3-L; 7
refrigerator Frigidaire *m* 5
(to) refuse refuser (de) 19
register registre *m* 11
(to) regret regretter (de) 1-L; 7

relatives parents *m* 6
(to) relax se détendre 17
(to) remain rester 5
(to) remember se rappeler 17; retenir 13
(to) remind rappeler 9-C; 21
rent loyer *m* 21
(to) rent louer 21
(to) repeat répéter 1; forms 17
repetition fois *f* 5
report reportage *m* 18
required obligatoire 2-L; 9
(to) resemble ressembler (à) 2-L; 11
resident habitant *m* 7
response réponse *f* 10
responsibility responsabilité *f* 19
(to) rest se reposer 17
restaurant restaurant *m* 3
(to) restore remettre 18-L; 22
(to) return rentrer 3-L; 7; retourner 13
rich riche 2
(to) ride monter 7
right droit *m* 14-L
  right of way priorité *f* 13
right droite *f* 5-C; 13
right away tout de suite 21
(to) ring sonner 9-C; 13
(to) rise se lever 17
Riviera Côte d'Azur *f* 5
road chaussée *f* 7; chemin *m* 5-C; 13; route *f* 5-L; 11
roast beef rosbif *m* 11
rock 'n roll rock *m* 2
room chambre *f* 2
roommate camarade de chambre, *m, f* 2
room de la place *f* 5
route route *f* 5-L; 11
(to) run errands faire des courses 6
Russia Russie *f* 5
Russian (language) russe *m* 10

sad triste 11
saint saint, -e 23

salad salade *f* 3
  Niçoise salad salade niçoise *f* 15
saleswoman vendeuse *f* 14
salmon saumon *m* 6
same même 7
sandwich sandwich *m* 6
Saturday samedi *m* 7
(to) save money faire des économies 10
savings économies *f* 10
(to) say dire 1; forms 18
scent odeur *f* 6
school école *f* 2-L; 3
  secondary school lycée *m* 2-L; 5
science science *f* 10
  political science sciences politiques *f* 10
sea mer *f* 5
seashore bord de la mer *m* 5
season saison *f* 7
seat place *f* 5
second seconde *f* 9
secretary secrétaire *m, f* 2
(to) see voir 10
  (to) see again revoir 1
  See you a little later! A tout à l'heure! 1-C; 9
(to) seem sembler 14
(to) sell vendre 3; forms 13
semester semestre *m* 10
Senegal Sénégal *m* 5
Senegalese (citizen) Sénégalais, -e *m, f* 23
sentence phrase *f* 10
September septembre *m* 2-L; 7
serious grave 17; sérieux, -euse 2
(to) serve servir 3-C; 11
seven sept 1
seventeen dix-sept 1
seventy soixante-dix 5
several plusieurs 6
she elle 1
shirt chemise *f* 6
shoe chaussure *f* 6
(to) shop magasiner (Quebec French) 6
shore rivage *m* 11
(to) show montrer 1

shower douche *f* 11
shy timide 2
side côté *m* 5
sidewalk (of a café) terrasse *f* 23
simple simple 2
simply simplement 11-L; 23
since depuis 7; puisque 10
sincere sincère 2
sincerity sincérité *f* 2
(to) sing chanter 1
sir monsieur *m* 1-L; 3
sister sœur *f* 3
(to) sit down s'installer 23
six six 1
sixteen seize 1
sixty soixante 2
skirt jupe *f* 6
sky ciel *m* 10
(to) sleep dormir 11
  (to) sleep late faire la grasse matinée 6
slice tranche *f* 15
slow lent, -e 9-L; 23
slowly lentement 15
small petit, -e 2
(to) smell sentir 13
(to) smoke fumer 1
(to) snack goûter 3-L; 22
(to) snow neiger 10
snow neige *f* 5-L; 17
so donc 15; si 11
  so long salut *m* 1
soccer football *m* 13-L; 19
sociology sociologie *f* 10
sock chaussette *f* 6
some en 7; *use* 19; quelque 14; un peu (de) 1
someone quelqu'un 14
something quelque chose *m* 14
sometimes quelquefois 23
song chanson *f* 18
soon bientôt 1-C; 10
Sorbonne Sorbonne *f* 10
sorry désolé, -e 14
(to) sound (the horn of a vehicle) klaxonner 13
south sud *m* 5
  South America Amérique du Sud *f* 5
Soviet Union URSS *f* 5

space place *f* 5

Spain Espagne *f* 5

Spanish (language) espagnol *m* 10

Spanish espagnol, -e 2

(to) speak parler 1

(to) spend dépenser 10

   (to) spend (time) passer 2-L; 7

   (to) spend vacation passer les vacances 5-L; 10

sport sport *m* 5-L; 7

   (to) play sports faire du sport 7

spring printemps *m* 7

(city) square place *f* 5

stage *(in a process)* étape *f* 18

stamp timbre *m* 9-L; 11

(to) stand supporter 9

star étoile *f* 11

state état *m* 23

   United States Etats-Unis *m* 5

station station *f* 13-C

   train station gare *f* 5

(to) stay rester 5

steak bifteck *m* 3

(to) steal voler 14

step *(in a process)* étape *f* 18

still encore 6

(to) stop cesser (de) 19

store magasin *m* 5-L; 9

(to) storm faire de l'orage 10

storm orage *m* 10

story histoire *f* 6-L; 7

story *(of a building)* étage *m* 21

street rue *f* 5

strict sévère 14

student étudiant, -e *m, f* 1

studious studieux, -euse 2

(to) study étudier 1

stupid stupide 2

   stupid thing imbécillité *f* 19

subject matière *f* 10; thèse *f* 19

subtitle sous-titre *m* 19

subway métro *m* 7

(to) succeed réussir (à) 11

such tel, telle 23

sufficient suffisant, -e 15

sugar sucre *m* 3

suitcase valise *f* 6

summer été *m* 5-L; 6

sun soleil *m* 10

Sunday dimanche *m* 7

superior supérieur, -e 15-L; 23

supermarket supermarché *m* 3-L; 5

supplies provisions *f* 14

(to) support supporter 9

sure sûr, -e 14

surprised surpris, -e 14

Sweden Suède *f* 5

swimming pool piscine *f* 17-L; 22

Swiss (citizen) Suisse *m, f* 23

Switzerland Suisse *f* 5

table table *f* 5

tableware vaisselle *f* 6

tact tact *m* 6-C; 22

(to) take passer 2-L; 7; prendre 11

   (to) take a class / course (in) suivre un cours (de) 10; faire + *article* + *academic subject* 10

   (to) take a trip faire un voyage 6

   (to) take a walk faire une promenade 6; faire un tour 6

   (to) take away enlever 17

   (to) take care of s'occuper de 19

   (to) take off enlever 17

tale conte *m* 18

talent talent *m* 3

(to) talk parler 1

   (to) talk to parler à 5

   (to) talk about parler de 5

tall grand, -e 5-C; 7

(to) taste goûter 3-L; 22

taxicab taxi *m* 22

tea thé *m* 3

(to) teach enseigner 23

teacher professeur *m* 1

team équipe *f* 13

telephone téléphone *m* 9-C; 13

   on the phone à l'appareil 9

   telephone call coup de téléphone *m* 9-C; 15

televised télévisé, -e 18

television télévision *f* 1

(to) tell dire 1; *forms* 18

ten dix 1

tennis tennis *m* 18-L; 19

   (to) play tennis jouer au tennis 19

text texte *m* 1-L; 18

than que 23

thank you merci *m* P

   thanks a million merci mille fois 5

that ça p; ce (c') l; ce (cet), cette 5; *forms* 9; cela 5; que l, *use* 21; qui 7-L, *use* 21

   that one celle 18; celui 17-L; 18

the le (l') 1; la (l') 1; les 1

theater théâtre *m* 5

their leur 6

theirs leur 18

them elles 6; eux 6; les 10

   (to / for) them leur 11

themselves eux-mêmes 6; se 2-L; 17

there là 5; y 1; *use* 19

   over there là-bas 5

   there is / are il y a 1; voilà 1-L; 2

therefore donc 15

these celles 18; ces; ceux 18

thesis thèse *f* 19

they elles 1; eux 6; ils 1; on 1

thing chose *f* 6

   something quelque chose *m* 14

   stupid thing imbécillité *f* 19

(to) think penser 6; réfléchir (à) 11

   (to) think about (someone / something) penser à + *noun* 19

thirst soif *f* 3

thirteen treize 1

thirty trente 2

this ce (c') l; ce (cet), cette 5; *forms* 9

   this one celle 18; celui 17-L; 18

those celles 18; ces 9; ceux 18

thousand mille 5

three trois 1

(to) throw jeter 22
   (to) throw out jeter 22
Thursday jeudi *m* 7
time fois *f* 5; heure *f* 1-C; 5; temps *m* 10
   for a long time longtemps 7
   on time à l'heure 5; à temps 13
   spare time loisir *m* 14
timid timide 2
tired fatigué, -e 2
to à l; en 1
   to class en classe 1
tobacco tabac *m* 9-L
   tobacco store bureau de tabac *m* 9-L; 23
today aujourd'hui 3
together ensemble 1
tomorrow demain 1-C; 5
tongue langue *f* 6-L; 10
too aussi 2
tooth dent *f* 9
tour tour *m* 6
tourist touriste, *m, f* 5-L; 6
   tourists' information bureau syndicat d'initiative *m* 5
tower tour *f* 6
town ville *f* 5
   downtown en ville 5
traditional traditionnel, -elle 7-L; 23
train train *m* 3
   train station gare *f* 5
tranquil tranquille 2
translate traduire 18
translator traducteur, -trice *m, f* 23
(to) travel voyager 1-L; 2
travel agency agence de voyage *f* 5
treatment cure *f* 17-L; 21
tree arbre *m* 3
trip voyage *m* 5
true vrai, -e 2
truly vraiment 14-L; 23
trumpet trompette *f* 19
   (to) play the trumpet jouer de la trompette 19
truth vérité *f* 18
(to) try essayer (de) 10-L; 15
Tuesday mardi *m* 7

turn tour *m* 6
twelve douze 1
twenty vingt 1
two deux 1
   two weeks quinze jours 17
typical typique 6

ugly laid, -e 2
umbrella parapluie *m* 7
uncle oncle *m* 10
under sous 5
(to) understand comprendre 11
understood compris, -e 21
(to) undress se déshabiller 17
unfortunate malheureux, -euse 2
unfortunately malheureusement 23
unhappy malheureux, -euse 2
united uni, -e 5
   United States Etats-Unis *m* 5
university université *f* 1
unpleasant désagréable 2
until jusqu'à 5-C; 10
up-bringing éducation *f* 10
upper supérieur, -e 15-L; 23
up to jusqu'à 5-C; 10
us nous 6; nous; 14
   (to / for) us nous 14
(to) use utiliser 3-L; 10
useful utile 2
useless inutile 2
usherette ouvreuse *f* 19-C; 21
utilities charges *f* 21

vacation vacances *f* 5
   on vacation en vacances 5-L; 7
valise valise *f* 6
vegetable légume *m* 3
very très 1
view vue *f* 11
violin violon *m* 19
   (to) play the violin jouer du violon 19
(to) visit fréquenter 2; visiter 5

(to) wait for attendre 11
waiter garçon *m* 3
waitress serveuse *f* 11-C; 23
(to) wake up se réveiller 17
(to) walk promener 17
walk promenade *f* 6
wall mur *m* 3
wallet portefeuille *m* 13
(to) want désirer 2
   (to) want to vouloir 2-C; 3; *forms* 9
warm chaud, -e 2
(to) wash laver 15-L
   (to) wash up se laver 17
(to) watch regarder 1
watch montre *f* 9
water eau *f* 3
   mineral water eau minérale *f* 3
we nous 1; nous 6; on 1
(to) wear porter 5-L; 6
weather temps *m* 10
   weather report météo *f* 22
Wednesday mercredi *m* 7
week huit jours *m* 7; semaine *f* 5-L; 6
   two weeks quinze jours *m* 7
weekend week-end *m* 5
well bien p
western (film) western *m* 10-L; 19
what que 1; quel, quelle 1-L; 6; *forms* 9; quoi 1
   What are you up to? Qu'est-ce que tu deviens? 13
   What is this? Qu'est-ce que c'est? 1
when lorsque 13; où 5; quand 2
where où 1-L; 3
which que 1; *use* 21; quel, quelle 1-L; 6; *forms* 9; qui 1-L; 6; qui 7-L; 21
white blanc, blanche 2
who qui 1-L; 6; qui 7-L; 21
whom que 1; *use* 21; qui 1-L; 6
why pourquoi 5
wife femme *f* 3
(to) win gagner 15-L; 18
wind vent *m* 10
window fenêtre *f* 1
wine vin *m* 2

winter hiver *m* 5-L; 7
(**to**) **wish** souhaiter 7-L; 14
with avec 1
without sans 3-C; 5
woman femme *f* 1
wonderful merveilleux, -euse 6
(**to**) **work** travailler 1
work travail *m* 6-C; 15
world monde *m* 6-L; 18
(**to**) **worry** inquiéter 17;
    s'inquiéter 17
(**to**) **wrap** envelopper 10
(**to**) **write** écrire 9-L; 18
writer écrivain *m* 23

wrong tort *m* 13
    in the wrong en tort 13

year an *m* 3; année *f* 2-L; 6
yellow jaune 2
yes oui P; si (*affirmative response to a negative question*) 15
yesterday hier 6
you te 10-C; 14; toi 6; tu 1; vous P; vous 1-L; 14; vous 1
    You're welcome. De rien. 1; Je vous en prie. 9

(**to / for**) **you** te 2-C; 3; vous 2-C; 3
yourself te 17; toi (*reflexive affirmative imperative form*) 17; vous 17
yourselves vous 1; *use* 17
young jeune 1-L; 11
your ta 6; tes 6; ton 6; vos 1-L; 6; votre 1
yours tien, tienne 18; vôtre 18

Zaire Zaïre *m* 5
zero zéro *m* 1

Index

1 2 3 4 5 6 7 8 9 0